LES HOMMES
qui sont bons pour vous
pour
vous

Cet ouvrage a été originellement publié par
TEN SPEED PRESS
Post Office Box 7123
Berkeley, California 94707

Sous le titre: Men who are good for you and men who are bad

Publié avec la collaboration de
Montreal-Contacts/The Rights Agency
C.P. 596, Succ. «N»
Montréal (Québec)
H2X 3M6

LES ÉDITIONS QUEBECOR
une division de Groupe Quebecor inc.
4435, boul. des Grandes Prairies
Montréal (Québec)
H1R 3N4

Distribution: Québec Livres

SUSANNA HOFFMAN, Ph.D.

LES HOMMES
qui sont bons
pour
vous

Traduit de l'américain
par
Monique Plamondon

Les Éditions
Quebecor

PRÉFACE

Depuis 15 ans que je ne cesse de parler de l'importance de bien se situer, de se connaître le mieux possible, afin de ne pas sélectionner les modèles d'hommes qui ne nous aiment pas.

Voici enfin un livre qui décrit en détail les 22 types d'hommes existants: ceux avec qui nous pouvons construire une vie à deux satisfaisante, mais aussi ceux avec qui nous sommes susceptibles d'améliorer notre relation de couple. Par contre, il y a ceux avec qui nous sommes sans cesse malheureuses et dans ces cas, il est essentiel de les éviter.

Susanna Hoffman, anthropologue culturelle, travaille depuis plusieurs années à faire le point sur le sujet. À l'aide de ses expériences personnelles, de celles de ses amies et de ses connaissances, elle brosse un tableau fort réaliste des relations de couple d'aujourd'hui. De plus, elle a constaté au cours de ses recherches que nous ne sommes pas les seules à choisir de mauvais conjoints: les hommes le font également et ce, très *subtilement!*

J'ose croire que vous ne serez pas trop déçue de ne pas avoir toute cette responsabilité, de vous sentir, par le fait même, moins coupable, moins en situation de contrôle!

Un livre déculpabilisant pour les femmes, facile à lire et très aidant pour améliorer la vie à deux.

Ne perdez pas de vue que c'est s'accorder beaucoup d'importance que de croire que nous sommes responsables de tous les malheurs de ceux qu'on aime.

Bonne lecture!
Amicale tendresse

Solange Harvey

TABLE DES MATIÈRES

COMMENT APPRENDRE À FAIRE LA DIFFÉRENCE ENTRE LES BONS ET LES MAUVAIS HOMMES

Les hommes.

Un homme peut sembler merveilleux au début d'une relation, et devenir un misogyne critiqueux dès qu'une femme est liée sérieusement avec lui. D'autres fois, un homme qui s'amène bras ouverts, plein d'affection, peut n'avoir en tête que l'idée de passer quelques semaines ou quelques mois à jouir de la compagnie et du corps d'une femme. Il n'a aucunement l'intention de s'engager davantage. D'autres hommes choisissent des femmes particulièrement susceptibles de les dominer. Certains charment les femmes en leur faisant miroiter l'image de la vie excitante qu'ils ont à offrir, mais négligent d'ajouter qu'ils se considéreront toujours plus importants qu'elles. Peut-être que, sous un sourire séduisant, un homme cache que ce qu'il désire vraiment, c'est un soutien, financier ou autre. Il reste un éternel enfant ou bien, avec sa perpétuelle bonté mielleuse, il fait passer la femme pour une mégère constamment en colère.

D'autres fois, un homme qui semble merveilleux s'avère bel et bien merveilleux. C'est un homme aimant, attentionné, engagé pour la vie. Il partage avec vous à tous points de vue. Il est possible qu'il ait une grande dévotion pour quelque chose d'autre que vous, son travail ou un passe-temps, mais à part cela, c'est un partenaire aimant, romantique et dévoué.

Le problème, c'est comment le reconnaître?

Comment savoir si on est en train de s'allier à un homme attentionné et dévoué ou à un homme tellement attiré par le pouvoir et les réalisations professionnelles qu'il ignorera toujours sa compagne? Comment savoir si on a affaire à un homme qui mettra continuellement en danger sa vie et celle de sa partenaire, ou bien qui sera toujours paternaliste? Quels sont les premiers signes d'un homme qui déteste les femmes, ou d'un homme qui les respecte? Une femme devrait-elle quitter un homme qui lui sape ses énergies avec son irrésistible véhémence émotionnelle? Ou devrait-elle rester?

Je crois qu'il y a bien des façons pour les femmes de connaître la réponse. Nous pouvons apprendre à décoder la différence entre un homme qui est bon pour nous et un homme qui est mauvais. Nous pouvons identifier les relations qui donneront de bons résultats et celles qui sont préjudiciables. Il existe même des indices de nos façons d'attirer les hommes qui nous choisissent et des rôles que nous jouons dans les unions que nous formons.

Voilà ce dont il est question dans *Les hommes qui sont bons pour vous et les hommes qu'il vous faut éviter*. Il s'agit d'un ouvrage qui parle des hommes en relation avec les femmes. Mon intention est de donner aux femmes les informations et les outils dont elles ont besoin pour connaître les différents types d'hommes et quelles sortes de relations elles peuvent établir avec eux.

Dans *Les hommes qui sont bons pour vous et les hommes qu'il vous faut éviter*, je décris plusieurs types d'hommes, et j'explique comment se déroulent les relations avec ces hommes. Je parle des hommes que nous aimons mais que nous ne devrions pas aimer, des hommes que nous devrions aimer mais que, bien souvent, nous n'aimons pas, et j'explique pourquoi. Je décris en détail les relations qui s'épanouissent et celles qui tournent au vinaigre, celles qui enrichissent et celles qui risquent même de devenir physiquement dangereuses.

Afin qu'il soit un outil d'apprentissage vraiment utile, un guide que toutes et chacune d'entre vous puissent mettre en pratique dans leur vie, j'ai voulu que cet ouvrage soit spécifique. J'y décris en détail les types d'hommes. J'y dépeins les premiers signes d'avertissement qu'un homme donne à propos de son caractère. J'y expose quel sera son comportement, quels vêtements il portera probablement, quel genre d'auto il est susceptible de conduire, quelles sont ses motivations. J'explique en détail comment il se comporte au lit, comment il utilise son argent et comment il traite les membres de sa famille. Je souligne ses traits positifs et j'analyse pourquoi une femme pourrait le vouloir comme compagnon ou l'aimer, malgré ses défauts.

Après avoir décrit un homme, j'explique comment se déroule généralement une relation avec cet homme. Je donne le détail de chaque étape de la relation, des symptômes de problèmes, des signes qui indiquent si la relation va bien ou si elle va mal. Je résume les chances de réussite d'une telle relation pour une femme, je souligne les options et j'offre des conseils à celle qui se demande si elle doit, ou non, poursuivre sa relation avec un tel homme. Mais, plus important encore, je précise le genre de femmes recherchées par différents types d'hommes, de sorte que chacune d'entre nous puisse examiner ce qu'elle fait consciemment ou inconsciemment, pour attirer certaines sortes d'hommes et encourager certains types de relations.

Ce livre peut être utile à n'importe quelle étape d'une relation. Il offre de l'aide à la femme qui cherche à établir une union stable. Il seconde celles qui sont déjà engagées dans des relations, donne confiance à la plupart d'entre nous, et nous aide à comprendre ce qui s'est passé avec un homme que nous avons connu ou dans une relation que nous avons déjà vécue.

J'ai écrit ce livre pour plusieurs raisons. La première était d'offrir des connaissances aux femmes. En fait, il ne s'agit pas vraiment de connaissances, mais de perspicacité, de rapidité et d'exactitude de jugement, de discernement. À titre de professionnelle des sciences sociales, de conseillère, d'amie d'un grand nombre de femmes, et en tant que femme moi-même, je me suis rendu compte que, trop souvent, nous nous engageons dans des relations aveuglément. Peu importe la raison, nous n'utilisons pas notre perspicacité. Nous ne décodons pas les signaux que les hommes nous transmettent sur leur caractère et sur leur conduite future comme partenaires. Pourtant, les signes sont là et, armées d'une meilleure compréhension des indices à notre portée, nous pouvons mieux décider quelle sorte d'homme nous voulons, quel type est le meilleur pour nous et si la relation que nous visons vaut la peine d'être poursuivie. Nous sommes capables de reconnaître qu'une relation que nous avions crue susceptible de nous rendre heureuse est en train de tourner autrement. Nous sommes en mesure de savoir si un homme se révèle autre que nous l'avions espéré.

Ces connaissances nous suggèrent des alternatives. L'idée de choix entre en jeu. La connaissance des résultats probables, des possibilités de changements, nous permet de peser le pour et le contre. Nous pouvons décider si une liaison «en vaut la peine». Nous pouvons choisir de rester ou de partir. Et si nous décidons de rester avec certains hommes ou de poursuivre certaines relations malgré leurs déficiences, nous ne sommes pas prises par surprise. Nous n'avons pas à regretter les décisions que nous avons prises. Nous découvrons également que nous ne sommes pas les seules à attirer certains types d'hommes, ou à tolérer certains genres d'unions. Il y en a d'autres comme nous.

J'ai aussi écrit ce livre pour nous donner du lest. Récemment, on a prodigué beaucoup de conseils aux femmes. On nous a disputées pour avoir trop aimé, on nous a mises en garde contre les hommes qui nous détestent, mais que nous aimons tout de même, et on nous a dit que nous faisons des choix stupides. Tout cela est peut-être vrai. Je crois sincèrement au bien-fondé de chacun des livres qui traitent de ces sujets. Mais les ouvrages qui ont été publiés récemment ont aussi tendance à perpétuer certains mythes. Ils alimentent la vieille notion concernant les femmes, et que les femmes acceptent trop souvent, à l'effet que nous sommes les parties fautives. Peut-être le font-ils inconsciemment et avec les meilleures intentions du monde, mais ils le font tout de même. Si un choix est mauvais, c'est nous qui l'avons fait. Si quelque chose ne fonctionne pas dans nos liaisons amoureuses, c'est notre faute. Nous l'avons permis, nous ne l'avons pas prévu, ou c'est arrivé parce que nous avions un problème. Ces livres nous enjoignent également de «corriger» la situation. Encore une fois, c'est à nous, et à nous seulement, qu'il revient de jouer le rôle de «réparatrices» de liaisons, notamment en nous «réparant» nous-mêmes.

Je crois, comme l'a souligné avec justesse Robin Norell, que les femmes peuvent aimer trop et que c'est un syndrome destructeur. Je suis également d'accord avec Susan Forman, qui dit que certains hommes détestent les femmes et que bien des femmes les aiment quand même. J'admets que, souvent, nos choix d'hommes sont stupides. Mais aucun de ces ouvrages ne tient compte du fait que parfois, nous ne choisissons pas nos hommes, ce sont eux qui nous choisissent. Nous ne choisissons pas nécessairement les genres d'hommes que nous rencontrons ou que nous fréquentons; nous jouons souvent un rôle passif. Parfois, les hommes nous intimident ou nous entraînent dans des relations avec eux. Et puis, si nous aimons «trop» les hommes, nous ne pouvons pas le faire seules; souvent, ce sont les hommes qui nous poussent à les aimer de cette façon. Bien des hommes savent exactement comment garder les femmes dans un vortex émotionnel, et y réussissent très bien. Et nous ne pouvons pas nécessairement changer nos choix d'hommes ou d'unions, surtout pas simplement en changeant nous-mêmes. Souvent, nous n'en avons pas la possibilité. De plus, nous faisons certains choix volontairement, en sachant très bien quels problèmes nous devrons affronter, et nous sommes satisfaites de ces choix.

Les livres récents ne nous disent pas non plus tout ce que nous avons besoin de savoir. Ils ne nous disent pas quels sont les premiers signes avertisseurs qu'un homme nous déteste ou qu'un homme ne serait pas un bon choix. Ils ne décrivent pas comment ces hommes agissent et ce qu'ils font. En outre, ils mettent tous les hommes et les problèmes dans le même panier. Par exemple, on rencontre plusieurs types d'hommes — il n'y en a pas seulement un — qui détestent les femmes. De plus, certains hommes qui ne sont pas misogynes ne sont tout de même pas bons pour nous. D'autres sont, en apparence, d'un grand soutien, mais ils nous manipulent ensuite sournoisement pendant quarante ans. D'autres encore nous écrasent sous le poids de leur irresponsabilité, ou nous choisissent parce que nous sommes jeunes, ou passives, ou de culture étrangère, et qu'ils peuvent nous dominer.

Les livres en question ne parlent pas non plus de l'évolution de la relation, de sorte que nous puissions savoir si elle est mauvaise pour nous. Ils n'indiquent pas les signes qui, durant la période des fréquentations, nous avertissent des problèmes à venir. Ils ne décrivent pas les moments décisifs, ni quoi faire quand ces moments arrivent. Ces livres nous ont sûrement beaucoup aidées. Ils analysent. Ils clarifient. Mais ce ne sont pas des guides pratiques. Ce sont de bons livres, excellents même. Mais nous avons besoin de plus.

Je crois également que ce récent déluge de conseils prodigués aux femmes perpétue un autre mythe qui dure depuis longtemps, à savoir que pour avoir une bonne union, une femme doit être parfaite. Elle doit choisir parfaitement, pour ensuite tout faire à la perfection. Elle doit, en outre, s'améliorer continuellement. Une bonne part de ces conseils tient également pour acquis que toutes les femmes veulent un homme. Et pas seulement un homme, mais une alliance permanente, à vie, avec un homme. Et ce n'est pas le cas.

Dans *Les hommes qui sont bons pour vous et les hommes qu'il vous faut éviter*, je décris le rôle que la femme joue dans la relation qu'elle établit. J'explique en quoi elle contribue peut-être à créer de mauvaises situations, à les aggraver, ou à recréer continuellement les mêmes relations. Ces renseignements nous aident énormément. Nous les voulons et nous en avons besoin. Mais cet ouvrage se concentre principalement sur les hommes. Peut-être ai-je tort, mais je crois que nous avons besoin d'en savoir autant sur les hommes que sur nous-mêmes. Nous avons besoin de savoir quels hommes sont néfastes pour les femmes, et lesquels sont bons. En outre, nous avons besoin de savoir que les hommes, même les bons, ne sont pas tous de bons partis pour toutes les femmes. Même les meilleures relations ne sont pas sans accrocs. Et nous devrions également songer à la possibilité de nous lier à certains hommes sur une base temporaire, plutôt que sur une base permanente.

Cet ouvrage est le fruit non seulement de mes perceptions de femme, mais aussi de mon travail d'anthropologue. À titre d'anthropologue, je suis entraînée à observer et à étiqueter le comportement culturel des gens. L'analyse des types d'hommes utilisée ici dérive, en fait, de la théorie anthropologique selon laquelle les gens de n'importe quelle culture suivent des modèles de comportement. Les modèles d'une culture ne sont pas nombreux. Ils sont limités. Ils ne sont pas rares non plus. Bien au contraire. Un grand nombre de personnes appartenant à une même société apprennent et suivent les mêmes modèles. Ils les expriment dans leur emploi du temps et de l'espace, dans leurs parures, et même dans le «scénario» qu'ils suivent dans la vie. Un anthropologue observe une personnalité «de groupe», plutôt qu'une personnalité individuelle. Et c'est ce que j'ai fait ici. J'ai analysé les syndromes communs à bon nombre d'hommes. Mon analyse est aussi basée sur le type d'explication scientifique qui se limite à l'identification, c'est-à-dire à apprendre la nature d'un sujet, plutôt que de décoder comment ce sujet est devenu ce qu'il est. Après tout, connaître la nature de quelque chose est une première étape nécessaire à l'apprentissage de ce qui a occasionné sa formation. L'identification, à elle seule, peut expliquer bien des choses. Quand vous connaissez la nature d'une chose, vous pouvez prédire ses caractéristiques probables. Vous savez comment un sujet va agir, vous pouvez calculer ce qu'il va faire, et vous pouvez déterminer s'il est possible qu'il change.

J'étudie les genres et les comportements dans notre société depuis plusieurs années; j'ai écrit des livres et des articles et j'ai tourné des films sur ce sujet. Les modèles que je décris ici sont ceux des hommes d'aujourd'hui. Ce ne sont pas exactement les mêmes modèles que ceux des hommes d'autrefois, mais ils ne sont pas entièrement différents non plus. Et ils resteront probablement les mêmes pendant un bon bout de temps. Nous, les femmes, rencontrerons probablement, dans différentes circonstances, les hommes décrits dans ce livre. J'ai structuré l'ouvrage de façon à traiter surtout des alliances romantiques: les sorties, les fréquentations, les unions, puisque ce sont habituellement les sujets qui préoccupent les femmes. Mais les hommes décrits seront aussi nos patrons, nos employés, nos collègues, nos hommes politiques. Nous les rencontrerons parmi les avocats, les banquiers, les vendeurs, les artistes, les artisans, les amis et les ennemis avec qui nous faisons affaire chaque jour.

Bien sûr, j'ai aussi écrit à partir de mes expériences. J'étais seule pendant que je poursuivais mes études, puis je me suis mariée, j'ai eu des enfants, j'ai divorcé et je suis redevenue célibataire; comme femme, j'ai donc eu ma part de relations. J'ai connu personnellement, pour m'être liée avec eux, deux ou trois types d'hommes. J'en connais d'autres parmi mes associés et mes amis. Et j'en reconnais d'autres encore parmi ma parenté, mes supérieurs, mes étudiants et les partenaires de mes amies. J'ai commis ma part d'erreurs romantiques. Presque toutes les femmes de notre époque en ont fait. Le domaine des relations n'a pas été facile pour nous. Il est rare aujourd'hui qu'on trouve une alliance et un partenaire parfaits du premier coup. Nous rencontrons plus d'hommes et nous menons des vies beaucoup plus complexes que celles de toutes les générations qui nous ont précédées. Nous ne dénichons souvent pas la bonne relation même la deuxième ou la troisième fois. Bon nombre d'entre nous ont vécu plusieurs ruptures. D'autres n'ont fait qu'une erreur, mais une erreur qui a duré vingt ou trente ans. Par contre, certaines d'entre nous ont trouvé des relations qui leur ont permis de s'épanouir rapidement, ou qui se sont formées après seulement une ou deux tentatives. Nous devrions tirer des leçons de celles-là aussi.

Cet ouvrage s'adresse à la femme prudente, mais large d'esprit, qui aime les hommes. Il est écrit du point de vue des femmes qui veulent une de ces «choses» qu'on appelle, de façon générale, «une relation avec un homme». La relation peut être longue ou brève, temporaire ou permanente, mais je ne traite pas des «aventures d'une nuit» anonymes. Non pas que je les condamne, mais je crois que la plupart des femmes veulent davantage. Elles veulent un échange, une amitié, une vie de couple. En fait, la plupart des femmes recherchent quelque chose de durable, et j'essaie d'établir leurs chances d'y parvenir avec chaque type d'homme. J'écris aussi pour ces femmes qui, même si elles ne sont pas du genre à coucher avec un homme dès la première rencontre, croient que le sexe doit passer avant un engagement total. Le sexe fait partie de la période des fréquentations et révèle beaucoup de choses sur un homme, sur ce que serait une union avec lui et quelle importance il aurait. Comment un homme utilise son argent, comment il traite sa famille, ce qu'il pense des enfants et de l'amitié sont aussi des éléments très révélateurs. J'écris pour les femmes qui veulent entretenir une haute estime d'elles-mêmes et qui veulent se traiter avec bonté.

Évidemment, chaque homme est un individu complexe, et aucun homme ne cadrera exactement avec aucun des portraits. Et alors qu'on trouvera dans l'ouvrage de nombreuses caractéristiques spécifiques, aucun homme n'en sera une copie conforme. Vous connaissez peut-être, par exemple, un collectionneur de liaisons éphémères dont la dernière liaison a duré plusieurs mois plutôt que quelques semaines. Vous connaissez peut-être un papa a raison qui est généreux avec son argent, et non pingre. Mais sachez aussi que certains hommes sont précisément un type particulier. La plupart englobent plusieurs types. Ils présentent une combinaison de caractéristiques, avec prédominance d'un ensemble particulier. Je note les combinaisons les plus vraisemblables à la fin de chaque chapitre, mais il peut y en avoir d'autres. En outre, certains hommes changent. Avec l'évolution de la vie, l'âge, le succès financier, ou l'échec, ils passent d'un type d'homme à un autre. Souvent, par exemple, un chou à la crème chéri deviendra un manipulateur inavoué. Un homme qui rêve d'être nabab devient parfois un misogyne ou un voleur de berceaux. D'autres ne changent jamais d'un iota. J'ai énuméré les changements les plus courants.

Occasionnellement, je donnerai peut-être l'impression que les hommes que je décris sont conscients de leur façon de se conduire avec les femmes et que leurs actions sont réfléchies. C'est peut-être parfois le cas, mais ce ne l'est habituellement pas. Je parle surtout de modes de comportement profondément ancrés et inconscients. Les hommes qui se conduisent selon ces modèles regrettent peut-être autant leurs actions que les femmes qu'ils connaissent. Cet ouvrage n'a absolument rien d'une diatribe contre les hommes! Au contraire, c'est un livre qui s'adresse aux femmes qui sont en faveur des hommes et qui s'en préoccupent. Il s'adresse aux femmes qui croient que, de façon générale, les hommes veulent la même chose qu'elles mais qui comprennent qu'il existe différents types de personnalités masculines et féminines et que certaines ne s'accordent pas aussi bien que d'autres. Alors, même si je cherche toujours à être précise dans mes descriptions, mon propos n'est jamais motivé par l'amertume. Et bien que je ne décrive pas les différents types de femmes pour le bénéfice des hommes, ni la douleur et le désespoir qu'ils ressentent parfois, j'ai beaucoup d'empathie pour eux. En somme, j'espère améliorer les relations de tout le monde, hommes et femmes. Il est évident qu'on pourrait écrire un livre de ce genre au sujet des femmes. Peut-être le ferai-je un jour.

Cet ouvrage est la version révisée et augmentée d'un livre que j'avais écrit plus tôt, avant que les notions de misogynes et de mauvais choix soient aussi répandues qu'elles le sont aujourd'hui. J'ai essayé de mettre beaucoup d'humour dans la version originale, de même que dans la version actuelle. La plupart des conseils dispensés aux femmes traitent de nos erreurs et de nos problèmes de façon tellement austère! Oui, nos relations avec les hommes peuvent être douloureuses. Il est vrai que changer nos propres modes de comportement et nos relations exige beaucoup de travail. Nous avons souvent besoin d'aide professionnelle. Mais tout n'est pas sombre. Parfois, rire nous permet de prendre un peu de distance. L'humour transcende la douleur et nous aide à nous regarder nous-mêmes objectivement. Il peut nous aider à reprendre confiance en nous faisant voir que, même si nous nous sommes mis les pieds dans les plats, nous ne sommes pas seules dans le pétrin et ce n'est pas entièrement notre faute. Peu importent les expériences que nous avons acquises, et peu importe si elles incluent de nombreuses années, trois enfants, deux chiens et la faillite financière, ce ne sont tout de même que des expériences, souvent même courantes. Nous pouvons survivre, surtout si nous pouvons regarder en face nos faiblesses, en rire et en tirer des leçons.

Les chapitres de cet ouvrage sont structurés de façon à commencer par les hommes qui sont les plus néfastes pour les femmes. Suivent ensuite les hommes qui sont parfois préférables, pour en arriver finalement aux meilleurs. Ceux qui sont les pires pour les femmes constituent un groupe hétérogène. Certains sont physiquement dangereux; d'autres, dominateurs. Certains diminuent les femmes, d'autres ont des comportements trompeurs. Tout de même, nous pouvons choisir de rester avec un de ces hommes pour plusieurs raisons. Par exemple, un collectionneur de liaisons éphémères peut être parfait pour celles qui ne désirent pas d'unions à long terme. Même un courtier en catastrophes ou un roi fainéant peut être bon pour une période aventureuse. Toutefois, certains hommes sont carrément dangereux, et je conseille fortement à toutes les femmes de les éviter absolument. Parmi les hommes qui sont bons pour nous, sans nécessairement être les meilleurs, certains pourraient tout de même être trop néfastes pour certaines femmes spécifiques. Par exemple, le papa a raison et l'homme-enfant seraient très destructeurs pour moi. Généralement toutefois, les hommes qui sont le plus près de la fin de l'ouvrage et qui font partie du groupe des «meilleurs» ont un plus grand potentiel de changement. Chacun des trois meilleurs types offre une relation merveilleuse. Tout de même, ils ne sont peut-être pas bons pour toutes et chacune d'entre nous. Certaines femmes flétriraient avec un traditionaliste aimant, mais s'épanouissent avec un homme aimant à multiples facettes, ou vice versa. D'autres trouveraient le traditionaliste et l'homme à multiples facettes trop accaparants et préféreraient le type de relation plus distante du partenaire aimant à responsabilité limitée.

C'est vrai, *Les hommes qui sont bons pour vous et ceux qu'il vous faut éviter* ne décrit que trois types d'hommes comme étant les meilleurs pour les femmes, alors qu'il révèle beaucoup plus de types qui sont mauvais. Il y a deux raisons à cela. D'abord, il y a tout simplement davantage de genres d'hommes qui sont mauvais pour nous. L'autre raison est que la plupart des hommes aimants et qui forment les meilleures unions avec nous n'appartiennent qu'à trois catégories. Il semble que les éléments de base: aimer, traiter avec bonté, respecter et priser, ne varient pas tellement. Par contre, les mauvais traitements peuvent prendre plusieurs formes. Et même les trois types de «bons hommes» sont très rapprochés et s'imbriquent souvent.

Il est important de lire l'ouvrage au complet. Les hommes décrits sont très différents les uns des autres. Plusieurs choix sont présentés. Sautez des chapitres pour aller lire ce qu'on dit des hommes que vous reconnaissez le mieux, si vous le voulez. Mais revenez. Les hommes que vous ne reconnaissez pas encore apparaîtront peut-être plus tard dans votre vie. Ils seront peut-être votre frère, votre pâtissier, le mari de votre soeur, ou votre prochain petit ami. Vous aurez tout de même une relation avec eux, et ils vous traiteront de la même façon qu'ils traitent les autres femmes, que vous soyez leur maîtresse ou leur cliente. De plus, ne vous découragez pas si l'ouvrage semble pencher plus lourdement vers les hommes qui sont loin d'être merveilleux. Allez lire ce qu'on dit des meilleurs, mais revenez. Vous apprendrez plus de choses sur les hommes, sur les relations et sur vous-même si vous lisez l'ouvrage au complet, et surtout si vous le lisez dans le bon ordre.

Il y a beaucoup à apprendre. Comment les unions évoluent, quel rôle nous jouons, et quels sont les indices d'une relation destructive sont des sujets complexes. Je ne vous promets pas que vous ne ferez plus d'erreurs après avoir acquis toutes ces informations. Mais je vous promets que vous serez plus consciente de ce que vous faites. Vous serez en mesure d'éviter les mauvaises initiatives si vous le voulez. Vous serez plus consciente de ce qui est bon pour vous. Vous serez plus libre.

Quand vous aurez appris la différence entre les hommes qui sont bons pour vous et ceux qui vous sont nuisibles, vous ne ferez peut-être quand même pas le bon choix ou vous ne prendrez peut-être pas la bonne décision au sujet d'une relation. Vous ferez peut-être même exprès pour prendre la mauvaise décision! Mais au moins, vous en connaîtrez les conséquences et pourrez vous préparer. Par contre, il se pourrait fort bien que vous preniez la meilleure décision possible au sujet d'une relation, d'un homme ou de vous-même.

Chapitre 1

LE COLLECTIONNEUR
DE LIAISONS ÉPHÉMÈRES

L'homme qui se cache derrière un mur et qui sait d'avance que «ça ne marchera jamais».

Le premier type d'homme que je vais décrire en est un que les femmes rencontrent souvent aujourd'hui. Il est devenu très commun. Je l'appelle «le collectionneur de liaisons éphémères». Pour vous préparer à le rencontrer, allez au tableau et écrivez cent fois: «Bonjour, bonsoir.» C'est ce que vous devrez dire lorsque vous aurez fait la connaissance du collectionneur de liaisons éphémères: «Bonjour, bonsoir.»

Le collectionneur de liaisons éphémères est un peu magicien. Mais plutôt que de faire disparaître des lapins, ce sont ses liaisons qu'il fait disparaître. C'est un maître de la prestidigitation, le roi de l'évasion. Un jour il est à vos côtés, plein de vie, pétillant, et il semble se passer quelque chose de sérieux entre vous deux. Le lendemain, il est disparu, et votre «quelque chose» est réduit en poussière. Tout ce qu'il en reste dans votre chambre à coucher est un peu de fumée... sans feu.

S'il vous semble si disponible lorsque vous le rencontrez, c'est parce qu'il l'est. Ses liaisons ne durent pas assez longtemps pour le retirer longtemps du circuit. Il est bel et bien disponible, mais pour peu de temps. Vous pouvez l'emprunter pour un mois ou deux, mais vous devez ensuite le retourner d'où il vient.

Malheureusement, le collectionneur de liaisons a tendance à rechercher la femme qui n'en a justement pas besoin en ce moment. Si vous traversez une période où vous doutez de vous-même, où vous vous sentez seule ou abandonnée, un peu trop aliénée au bureau ou en voyage, en train de vous remettre de blessures sentimentales ou peut-être en train de chercher nerveusement une relation stable, c'est alors que le collectionneur de liaisons vous met le grappin dessus. Les femmes qui ont besoin exactement de ce qu'il ne peut pas donner — la permanence et la stabilité — l'attirent tout particulièrement. Elles lui fournissent une excuse toute prête pour pouvoir éventuellement se sauver. Vous rencontrerez probablement une dizaine de collectionneurs de liaisons pendant que vous essayez de vous remettre d'une union profonde, maintenant défunte, avec quelqu'un d'autre.

Cas vécu

J'ai vu mon ancienne élève, Suzanne, s'amouracher à plusieurs reprises de collectionneurs de liaisons. L'un après l'autre, c'était toujours le même refrain, sous des titres différents.

Suzanne venait d'une petite famille étroitement liée et aimante. Mais, pour des raisons que j'ignore, elle ne s'était jamais sentie populaire, ni spéciale. La seule longue liaison qu'elle avait eue avait échoué. Elle avait quelques bons amis, mais elle avait un peu tendance à vivre en solitaire. Suzanne en avait assez de son lit étroit, de son travail aliénant et de ses repas solitaires. Elle avait hâte de perdre son étiquette de «célibataire».

Réalisatrice d'émissions de télévision, son travail la tenait à l'écart. À la station de télévision et en voyage, elle rencontrait des tas de gens qui attendaient quelque chose d'elle: son approbation. Lorsqu'elle a commencé à fréquenter Patrick, un des hommes libres qu'elle a rencontrés, elle se sentait obsédée par un refrain. Dès le début, Patrick a traité Suzanne comme si elle était la plus grande découverte de sa vie. Il l'aimait beaucoup, il se sentait attiré vers elle, il en était amoureux. En moins de temps qu'il n'en faut pour le dire, il s'était installé chez elle. Il avait mis son rasoir sur la tablette de sa salle de bains, accroché ses chemises dans son placard et rempli son garde-manger de son chili en conserve favori.

De temps à autre, il laissait échapper un petit défaut. Il allait bientôt devoir retourner au travail. Ou il n'était pas encore tout à fait remis d'une ancienne liaison avec une autre femme. Ou il n'était pas vraiment du genre à vivre en couple (même si son comportement affirmait plutôt le contraire). Un nombre étonnant de femmes lui téléphonaient quand il lui arrivait de retourner à son appartement. Il se montrait très gentil avec toutes et chacune d'entre elles. Il discutait avec elles de leurs problèmes, de leurs emplois et, occasionnellement, il lui arrivait même d'aller souper avec l'une d'elles. Et Suzanne n'y voyait que du feu. Patrick était chaleureux et plein d'affection, attentionné et respectueux. Sa technique sexuelle était remarquable, même s'il n'en finissait plus et qu'il lui arrivait souvent de ne pas atteindre l'orgasme.

Puis, il a subitement été pris de panique. Après tout, une femme essayait de le faire manger à des heures régulières, lui empruntait ses chemises et (Dieu le protège!) s'attendait même à l'avoir avec elle tous les dimanches. Une symphonie d'excuses a suivi. Il disait qu'il était incapable d'écrire s'il faisait l'amour. Que son avenir était trop incertain pour qu'il puisse s'engager sérieusement dans une liaison. Il n'en avait pas le temps. Il était malade. Des amis devaient le visiter chez lui. Son chat avait la leucémie. Un bizarre trou noir avait engouffré tout son argent. Lentement, il a construit un mur insurmontable de rendez-vous obligatoires et de problèmes insolubles, derrière lequel il s'est graduellement retiré. Son shampooing antipellicules et sa bouteille de sauce barbecue sont disparus. Il a jeté le blâme sur Suzanne qui, disait-il, était trop dépendante à son endroit, trop assoiffée d'attention.

La silhouette de Patrick Langlois avait disparu à l'horizon avant même que Suzanne n'ait eu le temps d'apprendre son surnom. Mais il avait laissé une carte d'affaires et son numéro de téléphone. Maintenant, elle était du nombre des femmes qui téléphonaient chez lui. Il lui parlait de loin, comme un vieil ami. Lorsqu'elle traversait une période difficile, il l'amenait souper au restaurant.

C'est ça, un collectionneur de liaisons éphémères. Il apparaît dans votre vie, vous parlez au présent puis, en moins de temps qu'il n'en faut pour cuire un gâteau, il disparaît et vous parlez au passé. Une partie de lui désire le corps et l'âme d'une femme, mais une autre partie de lui est complètement terrifiée. À un moment donné, quelqu'un lui a dit qu'une femme c'est un embarras, pas un réconfort. Et cette idée s'est bien imprimée dans son cerveau. Aujourd'hui, malgré toutes les preuves à l'effet du contraire, et malgré peut-être ses propres désirs, il considère toute relation intéressante avec une femme comme un prélude au désastre.

Il possède une qualité qui le rachète: le collectionneur de liaisons éphémères n'est pas difficile à identifier. Il affiche ses couleurs de bien des façons; en fait, il révèle presque toujours sa véritable identité. Le problème que vous aurez peut-être, c'est de refuser de le croire. Dans lequel cas, vous risquez de vous en mordre les pouces lorsque vous rentrerez chez vous un jour, pour pleurer à chaudes larmes devant son côté de placard vide.

Comment reconnaître ce genre d'homme?

Préparez-vous à rencontrer un grand nombre de collectionneurs de liaisons éphémères. C'est un homme très populaire auprès des autres hommes. Le monde en est plein.

Parce que ce genre d'homme est très répandu, ses différents traits superficiels, ses façons de s'habiller, de dépenser, etc. sont beaucoup plus nombreux que ceux des autres types d'hommes. Il reste que tous les collectionneurs de liaisons affichent certains traits qui les trahissent.

Tous les collectionneurs de liaisons ont une façon de s'avancer et de reculer en même temps. On sent une certaine nervosité chez eux. Le collectionneur aime aussi à toujours faire les choses de façon un peu différente des autres, ou contraire à tout le monde. Il travaille à des heures différentes de tout le monde, souvent tard en soirée. Il mange des aliments bizarres et, souvent, laisse la moitié de son repas. Il est un tantinet étrange, juste assez pour résister à la norme et pour s'assurer que personne, même vous, ne peut arriver à coordonner sa vie avec la sienne.

Il se retient. Même au lit.

Souvent, le collectionneur a déjà été marié, sinon il a déjà eu une «grosse» histoire d'amour, mais qui était destinée à l'échec dès le début. C'était une histoire étrange, vouée à la ruine et, après avoir joué le rôle de plaqueur à la défense pendant un bon bout de temps, il a pris le chemin des douches. Les petites escapades qu'il s'est permises pendant ou immédiatement après cette relation tumultueuse lui ont permis de découvrir le nombre exact de femmes qu'il était capable de rencontrer et de séduire. Son ancienne liaison lui a aussi fourni la meilleure porte de sortie: il a déjà essayé de vivre une relation permanente, mais ça n'a pas marché. Il a peur d'essayer de nouveau.

Lorsque vous le rencontrez, toutefois, il semble bondir dans votre vie, plein de passion et prêt à aimer. Du même coup, cependant, si vous l'écoutez bien, il commence à vous expliquer toutes les raisons pour lesquelles ça ne marchera jamais. Il rassemble déjà toute une série d'obstacles.

De fait, le collectionneur est toujours au bord de la faillite financière. Du moins, c'est ce qu'il affirme. Inévitablement, il ne s'est pas encore remis d'une liaison antérieure. Toujours, il a découvert qu'il n'était pas fait pour le mariage, «certaines personnes ne sont vraiment pas faites pour le mariage, tu sais, et c'est mon cas».

Il est clair qu'il craint de perdre le contrôle s'il s'engage sérieusement avec une femme. Mais ce n'est pas qu'avec les femmes qu'il a l'impression de ne plus être maître de sa vie. C'est une crainte qu'il entretient de façon générale. Il n'est pas capable de se laisser aller. Il est mal à l'aise lors de repas en groupes ou de réceptions. Il ne se sent pas accepté. Il s'inquiète de l'avenir de façon obsessive. Il va manquer d'argent, dit-il. Comment parviendra-t-il à survivre? Il ne peut s'engager sérieusement avant que sa situation financière ne soit stable. Ce problème l'empêche de vivre au présent. Il s'inquiète toujours de «ce qui va se passer après» et de «où tout cela va me mener».

Des indices additionnels

Observez les habitudes vestimentaires du collectionneur de liaisons. Il se présente sous différents habits, mais il porte toujours une combinaison de vêtements chic, à la mode, et de vêtements démodés ou excentriques. Étrangement, même lorsqu'il porte des vêtements dernier cri, il a l'air conformiste. Ses chemises sont déboutonnées au collet, mais pas assez pour lui donner un air décontracté. Il vient de s'acheter un pantalon plissé, juste au moment où tout le monde s'est remis à porter des jeans. Il porte son blouson de jogging avec son meilleur pantalon et des souliers de course avec n'importe quoi. Il a les cheveux en broussaille.

On ne sait pourquoi, mais les collectionneurs de liaisons semblent toujours s'inquiéter de leurs pieds. Ils ne portent que certaines marques de chaussures particulières. Ou ils possèdent une énorme collection de chaussures, toutes acquises au nom du confort, mais dont ils n'utilisent que deux paires. Les autres étaient des erreurs. Les semelles voulaient bien avancer mais, comme c'est typique dans le cas du collectionneur de liaisons, qui avance et recule en même temps, les orteils disaient non.

Comme pour ses vêtements, les manières et le vocabulaire du collectionneur sont toujours suffisamment dans le vent pour lui permettre de fonctionner en société sans trop d'accrochages, mais il n'est jamais complètement à la hauteur. Il comprend les plus récentes expressions argotiques, mais il ne les utilise pas. Il réussit toujours à être à la fois de son temps et dépassé.

Même sa voiture est une étrange combinaison de tape-à-l'oeil et de réserve, d'économie et de bravade. Il conduira peut-être, par exemple, une Volkswagen (pas une Porsche)... dorée, ou la plus grosse... Nissan (pas une Cadillac).

Lorsqu'il brasse des affaires, il fonctionne à heures normales. Mais dans sa vie privée, il fonctionne à l'envers de l'horloge. Il mange à des heures anormales, ou pas du tout. Il décide de se mettre à travailler quand les autres ont envie de faire la fête. Même s'il est vingt-trois heures, il ne peut pas sortir: il vient juste de commencer à travailler. Vous lui téléphonez le matin et il est en train de faire un somme. Il connaît tous les comptoirs d'aliments à emporter où il peut se procurer des côtes levées sur barbecue (pas de salade ni de légumes), qu'il soit quatre heures ou seize heures. Il boit peut-être, mais il est tout probable qu'il se satisfait de «presque» boire. Son cocktail favori est peut-être un Virgin Mary, ou peut-être boit-il juste assez de bière ou de vin pour être un peu, mais pas complètement, ivre. Un verre suffit habituellement à le rendre foufou.

Il vit juste assez éloigné du centre-ville pour que le transport aller-retour soit un problème. Il aime les quartiers et les maisons étranges. Il vit dans un endroit d'accès un peu difficile, où il peut battre en retraite. Son chez-lui est habituellement un appartement, et il est possible que sa demeure soit aussi son lieu de travail. S'il est propriétaire d'une maison, il est tout probable qu'il la loue et que lui-même vit dans un appartement loué, moins encombré. Son chez-lui est l'essence même du style célibataire, très mâle, un peu austère. Son appartement est généralement une combinaison de meubles et d'accessoires bien choisis et de grands espaces vides. On y trouve des sérigraphies un peu, mais pas tout à fait, érotiques, un gros divan (qui a beaucoup servi), une petite collection de disques favoris qu'il fait tourner continuellement, toujours les mêmes. Son réfrigérateur est vide, ou peut-être contient-il un *six-pack* de bière légère. Lorsqu'il fait la cuisine, sa spécialité, c'est le poulet rôti.

Comme l'homme qui rêve d'être nabab, le collectionneur de liaisons a tendance à prendre sa carrière très au sérieux. Comme monsieur-génie, sa carrière est probablement liée aux arts ou nécessite une certaine créativité, mais toujours, en tout cas, l'autonomie. Son travail, surtout s'il est son propre patron, lui fournit un mur assuré derrière lequel il peut se cacher: il peut toujours avoir quelque travail à finir, un nouveau but ou un certain salaire à atteindre avant de pouvoir penser à vivre en couple. Ce n'est qu'à ce moment-là qu'il pourra prendre le risque de s'engager, se dit-il, ou vous confie-t-il.

Le collectionneur de liaisons contrôle parfaitement sa vie, et chaque fois que vous réussissez à surmonter une barricade, il en érige une nouvelle. Il a toujours l'oeil sur la porte de sortie. Mais sous cette assurance apparente se cache une absence de contrôle véritable. Alors qu'il dit à son cerveau de maîtriser la situation et qu'il espère que son corps suivra les ordres de son cerveau, il n'y arrive pas toujours. Il est souvent un peu trop maigre ou trop gras. Il attrape des rhumes, ce qui est une autre façon de s'esquiver. Il réagit de façon excessive aux médicaments, à l'alcool, et même au café, ou du moins le croit-il. Il ne fait pas d'exercices de façon régulière (ses pieds ou son dos ne le lui permettent pas). Son régime alimentaire n'est pas équilibré.

Il vous démontre en peu de temps, et vous prouve, qu'il est préférable qu'il vive seul, que vous serez plus heureuse sans lui. La force magnétique de l'attrait initial n'a aucune importance.

Les indices sexuels

Il y a malgré tout un avantage extraordinaire à fréquenter un collectionneur de liaisons (lequel avantage risque toutefois de devenir un problème). C'est un homme très sensuel.

Avide de sensations tactiles, il aime être caressé, touché, frotté et sucé. Il aime vraiment beaucoup le sexe. Bien sûr, cela devient aussi pour lui une autre excuse. Il dit aimer trop le sexe pour pouvoir se limiter à une seule femme.

Le collectionneur est un homme plein de surprises délicieuses et excitantes. Il aime étreindre et réconforter. Il aime que vous lui fassiez la même chose que vous aimez qu'il vous fasse. Vous pouvez explorer ses zones érogènes cachées et lui servir les mêmes gestes osés qu'il utilise pour vous exciter, et ça marche. Il aime vous faire et se faire faire l'amour oral. C'est habituellement un amant très habile et polyvalent. Après tout, il a appris d'un grand nombre de partenaires.

Mais c'est souvent au lit que vous percevrez le premier signe de son incapacité de s'abandonner. Le collectionneur a tendance à avoir de la difficulté à atteindre l'orgasme, surtout au début de la liaison. Volontairement ou non, il se retient. Même lorsqu'il est à l'aise, il peut prendre tellement de temps à éjaculer que la relation sexuelle se prolonge excessivement, ce qu'il considère un avantage, parfois avec raison mais parfois erronément.

Histoire de faciliter les choses, il ajoute un élément de fantaisie. Souvent, le collectionneur de liaisons s'adonne plus à l'imagination sexuelle qu'au sexe lui-même. Il passe plus de temps que n'importe quel autre homme à imaginer toutes sortes d'aventures érotiques. La simple vue d'une femme sur la rue peut déclencher dans son imagination le scénario d'aventures amoureuses, où il joue le rôle de satyre. Mais il ne vit pas ces fantaisies dans la réalité; il se contente de les vivre dans sa tête. Il aime donner un coup de main au lit: il aime se masturber. Lorsque votre partenaire le plus fidèle est juste au bout de votre bras, il n'est pas nécessaire de former un couple permanent avec une femme.

Lors des premiers épisodes passionnés, le collectionneur se livre avec vous à des rencontres sexuelles mutuellement satisfaisantes. Mais peu importe à quel point il apprécie les expériences sensuelles qu'il vit avec vous, il commence bientôt à craindre votre affection grandissante. L'impression que vous êtes un boulet à son pied commence à prendre le dessus. Il pense que vous êtes peut-être devenue trop profondément amoureuse de lui (un danger grave). Ou lui-même s'est trop amouraché de vous (un danger encore plus grave). Ce que vous pensez n'a aucune importance. Il court se cacher dans son château et s'empresse de lever le pont-levis.

Il aime les femmes. On ne peut le nier. Il les choisit soigneusement, comme s'il s'agissait d'un assortiment de chocolats exquis de Chez André, mais il les dévore comme si elles étaient des M&M. Pour assurer sa liberté, le collectionneur de liaisons choisit toujours des femmes légèrement désespérées et qui manquent d'assurance, des femmes qui désirent exactement les choses qu'il craint: l'intimité et l'espoir d'une relation durable. Bien qu'il préfère les femmes qui occupent des emplois qui sortent de l'ordinaire et qui mènent une vie intéressante, il semble avoir un talent particulier pour dépister celles qui, bien que sophistiquées, font tapisserie et se sentent seules, plutôt que celles qui sont véritablement autonomes. Ces femmes sont plus vulnérables à sa passion éphémère. Il évite celles qui n'ont pas besoin de ce qu'il est incapable de donner. Il se protège des femmes qui sont aussi distantes que lui, en les traitant de femmes «froides» et «dures».

Entre deux liaisons, il vit en reclus. Il ressort de chez lui lorsque se présente la possibilité d'un nouveau flirt. Il s'envoie en l'air avec encore une autre femme, puis bat en retraite encore une fois et se replie dans son fort. Comme il s'imagine que toutes les femmes essaient de le capturer, il se félicite d'avoir réussi à s'échapper, mais il ne réussit malheureusement qu'à sauver sa peau et laisse derrière lui le trésor d'une relation enrichissante. La durée de ses périodes de retraite se prolonge avec l'âge, car il se fatigue lui-même de ses façons d'agir. Le collectionneur de liaisons est un homme qui n'a jamais réussi à établir l'équilibre entre le besoin des autres et le besoin de solitude. Il n'est pas heureux dans sa solitude, et il la combat continuellement. Il la tient en échec au moyen de périodes d'intérêt intense pour son travail, le cinéma, la lecture et les fantasmes.

L'aspect financier

Le collectionneur de liaisons traite l'argent comme il traite les femmes: il le dépense, mais s'en inquiète. Il ne veut pas une fortune, mais plutôt un approvisionnement régulier. Le problème, c'est qu'il n'est jamais certain d'avoir suffisamment d'argent et il ne peut rien faire d'autre tant qu'il n'est pas certain. L'argent lui fournit un autre obstacle. Il dépense facilement, généreusement même. Habituellement, il aime vous sortir et il insiste pour payer. Peut-être cela fait-il partie de son idée de partage, puisqu'il sait que cette liaison ne durera qu'un certain temps. Ou peut-être est-ce une indication qu'il n'hésite pas à dépenser pour son propre plaisir.

L'aspect familial

Alors qu'avec les femmes il fait un pas de géant en avant puis quarante-deux pas en arrière, son attitude avec sa famille est l'inverse: quarante-deux pas en arrière puis un pas en avant, lorsqu'on a besoin de lui. Il s'éloigne des membres de sa famille dans l'espace, mais il garde avec eux un contact suffisant pour s'amener au pas de course.

Il a habituellement l'impression d'avoir eu une enfance malheureuse ou solitaire. Il n'a pas appris à établir des liens avec d'autres personnes à cause de parents étranges, d'un isolement physique ou de quelque événement traumatisant. Bien qu'il considère avoir été marqué par sa famille, il ne blâme personne. Mais il parle beaucoup de ses problèmes, comme s'il voulait justifier son comportement.

Il pense qu'il aimerait avoir des enfants, mais il ne finit pas toujours par en avoir, ce qu'il regrettera, à son aise, trop tard. Ou bien il a des enfants, mais il ne vit pas avec eux, ce qu'il regrette «vraiment». S'il a des enfants, présumément d'un mariage antérieur, ils sont les seuls à pouvoir surmonter son grand mur. Toutes les portes sont ouvertes pour eux, et c'est un père aimant.

Il compte des amis parmi ses associés d'affaires et son monde professionnel, mais il cultive rarement des amitiés intimes; ses principaux amis sont des femmes. Et il en a beaucoup.

Il est évident que le collectionneur de liaisons éphémères a des problèmes distincts. Sous son apparente indépendance, il a de sérieux problèmes d'amour-propre. Il n'accepte pas bien les critiques: elles lui hérissent les poils et lui rongent le cerveau. Souvent, il est excessivement jaloux des autres hommes; il envie leurs réalisations, leur succès, et surtout leur réussite avec les femmes.

Une liaison avec un collectionneur est de courte durée. Votre tour peut durer d'une à six semaines. Lorsque votre liaison prend fin (et que c'est vous qui lui téléphonez, et non plus lui qui vous téléphone), cela flatte son amour-propre, mais pas le vôtre. Et il ne peut tout simplement pas croire que vous n'aviez pas quelque intention inavouée de le capturer.

Mais le collectionneur a aussi de bons côtés. Il a beaucoup à donner en dépit de lui-même. Il aime vraiment les femmes et en tire un plaisir que n'importe quelle d'entre elles peut apprécier, même si c'est de courte durée. Il est intéressant. Il a cette espèce d'intellect à la don Quichotte attribuable à la prudence (ou à la paranoïa). Il est amusant pendant un bout de temps. Et il peut devenir un bon compagnon pour converser au téléphone dans les moments de cafard.

Qu'est-ce qui vous attend?

Supposons que vous assistiez à un rodéo, et que la cloche sonne pour annoncer l'arrivée des taureaux. Le spectacle ne dure que huit secondes. Le cowboy monte l'animal, tout va bien au début, puis l'animal se penche, se cambre et le tour est fini.

Une liaison avec un collectionneur est comme un rodéo. Vous êtes encore en train de dire «bonjour» que votre cowboy vous dit «adios». Les femmes encore «en circulation» rencontrent très souvent des collectionneurs. Il y a, dans le circuit, de véritables armées d'hommes qui jouent au petit jeu intense et bref du «je ne veux pas m'attacher». Une fois que vous avez reconnu qu'une véritable horde de murs s'avance vers vous, vous pouvez décider ce que vous allez faire.

Vous pouvez finir par vous sentir comme le chien de Pavlov. Pendant deux semaines, chaque fois que vous pressez un bouton, vous obtenez un os. Puis, tout à coup, vous recevez un choc électrique, et vous êtes punie. Vous pouvez aussi vous sentir comme une photocopie: pareille à toutes les autres. Ou bien, avec un peu d'anticipation (puisqu'il vous avertit à l'avance), vous pouvez vraiment avoir du bon temps, rester détachée et continuer votre chemin quand il aura pris un détour. Ou vous pouvez refuser la balade. Pour pouvoir faire un choix, il vous faut savoir ce qui vous attend au bout de la ligne.

Dans son for intérieur, le collectionneur a peur des femmes. Il ne peut chasser de son esprit l'image d'une femme en tablier et armée d'un rouleau à pâte de vingt-cinq kilos.

Il est aussi absolument incapable d'accepter d'être rejeté, alors il joue un petit jeu «tours et détours» qui lui permet de partir le premier. Il s'organise pour vous rejeter; de cette façon, il évite d'être lui-même victime d'un rejet.

Évidemment, si vous avez encore envie de le voir après qu'il vous a quittée, vous allez sans doute vous poser des questions. Votre nez est-il tout à coup devenu vert? Votre miroir de salle de bains est-il truqué, de sorte que vous n'y voyez pas vos imperfections? Vous étiez tout simplement fantastique il y a à peine quelques jours. Et aujourd'hui, on vous traite comme une mouffette vagabonde.

De son point de vue, c'est à vous, en effet, que revient le blâme. Il ne vous trouve pas une multitude de défauts, comme ce serait le cas si vous aviez affaire à un misogyne; il ne vous en reproche qu'un seul: le fait que vous désiriez être aimée, ce qui, selon lui, signifie que vous avez «besoin» d'amour. Cela n'est pas bon, pense-t-il; avoir «besoin» n'est pas bon. Il oublie que ce besoin est inhérent à la nature humaine, qu'il n'a rien, en soi, de bon ou de mauvais et que, en réalité, c'est lui, et non pas nécessairement vous, qui n'est pas capable de faire face à la situation. Il se peut néanmoins que vous sortiez de cette relation avec la conviction que désirer s'engager sérieusement est une espèce d'erreur, quelque chose de malsain. Vous risquez d'avaler le plat de rejet qu'il vous a servi.

Le collectionneur de liaisons est différent du racoleur. Il veut bien s'engager avec vous, dans une certaine mesure. Le racoleur n'offre aucun engagement émotionnel que ce soit. La seule chose qui rachète le collectionneur, c'est qu'il lui arrive de sortir de sa tanière de temps à autre. Une liaison avec lui ne se termine habituellement pas dans l'amertume, mais plutôt dans la résignation. D'une certaine façon, il crée une situation où personne n'est à blâmer. On ne peut reprocher à un tatou d'avoir des écailles; ce n'est pas très futé de lui donner un coup de pied, et vous le savez.

Même si votre liaison avec lui ne durera que quelques courtes semaines, son amitié et son affection vous seront probablement acquises à jamais. C'est comme si votre liaison avait fait de vous une petite soeur inoffensive. Il est toujours prêt à recevoir vos appels téléphoniques et il peut presque toujours vous insérer quelque part dans son horaire. Une fois votre liaison terminée, il rentrera probablement chez lui après vous avoir raccompagnée chez vous quand vous sortez ensemble. Il aura toujours un peu peur que vous essayiez de nouveau de le capturer. Et puis, maintenant que vous êtes sa «soeur», faire l'amour ensemble serait plutôt incestueux, non?

Quels sont les signes précurseurs de problèmes?

Écoutez-le bien. Toute phrase qui commence par «je ne suis pas prêt» est un feu clignotant. Mais écoutez attentivement. Il se peut qu'il enterre son signal «je ne suis pas prêt» dans des conversations tout à fait anodines, des discussions sur les raisons pour lesquelles les éléphants indiens ont de plus petites oreilles que les autres. Il ne veut pas attirer votre attention sur ses signaux d'avertissement. Il est encore en train de vous faire la cour quand il vous indique qui il est vraiment, alors il le fait de manière à ne pas vous faire peur. Il se livre pourtant. Bien sûr, vous pouvez observer son style: à la fois excentrique et réservé; exubérant une journée, austère le lendemain; sa façon d'éviter les gens, les réceptions, les endroits populaires, ou le nombre d'appels téléphoniques qu'il reçoit de femmes qu'il appelle maintenant des «amies».

Certains des autres signaux sont plus subtils. Par exemple, il pense que parce qu'il vous a dit, peu importe combien subtilement, que la liaison n'allait pas durer, vous êtes suffisamment prévenue. Il tient pour acquis que vous savez depuis le début qu'il n'avait pas l'intention de rester avec vous pour toujours. Alors, lorsqu'il devient moins disponible, voyez-le se surprendre de ce que vous soyez surprise. Ces indices devraient vous permettre de vous rendre compte que vous êtes en présence d'un collectionneur de liaisons. C'est déjà un point critique pour vous. Vous pouvez décider de poursuivre ou de mettre un terme immédiatement à la relation, établir vos propres limites et choisir l'attitude que vous adopterez.

Le deuxième point critique arrive lorsque le nombre d'excuses qu'il trouve pour ne pas vous voir est égal au nombre de briques de la grande muraille de Chine. Son horaire est de plus en plus chargé. Il avait prévu quelque chose d'autre. Il a des appels téléphoniques à faire. Des tas d'amis ont besoin de lui de façon soudaine et pressante. Quand vous en êtes là, c'est que, peu importe à quel point le début de votre liaison était passionné, vous commencez déjà à faire partie du passé. Vous commencez à avoir l'impression qu'il n'est disponible que lorsqu'il veut bien, et non plus quand vous avez envie de le voir. Il passe chez vous pour faire l'amour en vitesse, puis rentre immédiatement chez lui. Lorsque vous commencez à sentir qu'il abuse de vous, il est temps de vous demander qui va mettre fin à la charade.

Puis il vous quitte. D'abord ses sacs de thé disparaissent, puis sa brosse à dents. Vous lui téléphonez et vous avez toujours l'impression de le déranger. Vous le rencontrez lors d'une soirée chez des amis communs et il agit comme si vous étiez un virus: il vous dit bonsoir, puis se met la main devant la bouche et tourne la tête. Il vous dit que votre liaison a duré plus longtemps que la plupart de celles qu'il a eues avant, alors vous devriez vous estimer chanceuse. Vous n'en êtes plus qu'à une déviation sur votre parcours: vous êtes rendue au bout du chemin.

Quelles sont vos possibilités et que devriez-vous faire?

Aussi longtemps que le collectionneur de liaisons n'aura pas changé, si c'est possible, toutes ses liaisons amoureuses seront temporaires. Par contre, ses amitiés peuvent durer très très longtemps. Il est vrai que personne ne peut traverser tous les écrans protecteurs d'une autre personne, mais le collectionneur de liaisons croit tellement fort au dicton «il vaut mieux prévenir que guérir» que vous ne pouvez même pas vous approcher de lui suffisamment pour tenter de l'atteindre.

Vous pourriez peut-être être sa première jeune épouse, mais vous découvrirez qu'il essaie de devenir ce qu'il croit devoir être. Entre-temps, ce qu'il est vraiment mènera votre mariage à l'échec.

Changera-t-il? Il arrive que des collectionneurs de liaisons finissent par changer. Mais ils s'épanouissent sur le tard, lorsqu'il leur arrive de s'épanouir. Ils accusent dix ans de retard sur les autres. Lorsqu'ils changent, c'est souvent pour devenir des «partenaires de relations limitées». Les collectionneurs vivent seuls depuis trop longtemps, retenus qu'ils sont par divers obstacles, pour trouver acceptable n'importe quelle forme d'intimité complète. En outre, ils n'évoluent que dans la solitude. Selon toutes probabilités, vous ne pourrez pas poursuivre une relation avec un collectionneur en attendant qu'il change. Vous devrez attendre qu'il ait changé pour établir une relation avec lui.

Si vous avez rencontré ou si vous connaissez un collectionneur de liaisons, je vous conseille de ne pas même essayer d'établir une relation permanente avec lui, encore moins de vous battre pour tenter de la lui imposer. Premièrement, il est tout probable qu'il se sauvera. Deuxièmement, si vous réussissez à le retenir pendant un bout de temps, ce que vous obtiendrez de lui ne sera pas satisfaisant.

Quant à savoir si vous devriez ignorer complètement les collectionneurs de liaisons, c'est une tout autre question. Tout dépend de ce que vous pensez des autres choses qu'il a à vous offrir. Si vous avez affaire à un collectionneur, vous pouvez le jeter tout simplement par-dessus bord, ou vous pouvez laisser tomber gracieusement le côté amant et réchapper ce qu'il reste pour vous en faire un ami. (Bien que l'idée de se retrouver sur une longue liste d'amies puisse répugner à certaines femmes.) Si vous optez pour la seconde possibilité, c'est-à-dire laisser tomber l'amour en faveur de l'amitié, je vous suggère de laisser s'écouler un certain temps avant de passer de maîtresse à amie.

Selon le degré de passion du début, donnez-lui (et donnez-vous à vous-même) six mois ou plus avant d'établir le nouveau genre de relation. Gardez à l'esprit que c'est probablement vous qui devrez lui téléphoner. Les durillons de vos doigts vous sembleront insultants si vous ne les acceptez pas, car son idée de l'amitié se résume à recevoir des appels téléphoniques, et non pas à en faire.

Bien sûr, comme toujours, il y a d'autres façons de faire, surtout si vous-même ne voulez pas vous attacher. Vous pouvez accepter le collectionneur pour ce qu'il est et ce qu'il a à offrir, ne pas prendre des vessies pour des lanternes et vous imaginer que vous avez découvert ce qui le fait «cliquer». Prenez ce qu'il y a d'intéressant à prendre pendant que vous le pouvez puis, quand la fin arrive, ramassez vos pénates et allez les colporter ailleurs. Permettez-vous une aventure agréable et brève avec votre collectionneur, puis dites-lui bonsoir. Si vous attendez l'homme de votre vie ou que vous soyez en train de vous remettre d'une peine d'amour, une liaison passagère vaut parfois mieux que pas de liaison du tout. La flatterie et la sensualité du collectionneur peuvent certainement vous donner de l'assurance, surtout s'il est le genre qui préfère donner les massages plutôt que les recevoir. Vous n'avez d'ailleurs pas besoin de décider tout de suite si vous voulez vous en faire un ami à long terme. Vous pouvez prendre cette décision plus tard.

Toutefois, si vous êtes incapable de mettre un terme à une brève liaison sans vous sentir blessée et rejetée, sachez le reconnaître et ne vous engagez tout simplement pas dans la relation. Ne faites que ce qui est bon pour vous. Ne répétez pas des situations qui vous font mal. Désirer une intimité permanente n'est pas un problème. Ce n'est pas une erreur ni une cause de rupture. C'est un désir sain qui exige le bon environnement. Ce n'est pas le fait de vouloir une relation permanente qui occasionne les liaisons de courte durée.

Si vous êtes vraiment amoureuse d'un collectionneur, prête à vous cramponner et en mesure de le faire, gardez à l'esprit qu'il est comme le bonhomme de pain d'épices. Il pense que vous êtes le renard. Ce n'est pas la meilleure situation dans laquelle se placer. Il y aura toujours une certaine nervosité dans votre vie, et vous devrez garder présente à l'esprit la fragilité de la situation. Votre collectionneur pourrait devenir claustrophobe d'un moment à l'autre. Vous ne saurez jamais quand. Quand il décidera qu'il en a assez, il ne servira à rien de devenir hystérique. Une longue laisse est peut-être ce qu'il lui faut. Ne tenez pas la laisse trop serrée. Restez calme, détachée, et donnez-lui de l'espace. Entre-temps, soyez consciente que si vous avez une aventure amoureuse avec un autre homme, vous provoquerez chez votre collectionneur une crise de jalousie mâle épouvantable. Car il pense déjà que les autres hommes sont meilleurs que lui. Réfléchissez donc avant d'agir.

Certains collectionneurs qui veulent devenir partenaires dans une liaison limitée acceptent de vivre en couple, mais sans mariage. Je ne crois pas que j'accepterais un tel arrangement. «Pas de mariage» signifie qu'il veut se garder une porte de sortie. Un ancien collectionneur de liaisons qui veut vivre seul — avec vous — n'est pas encore prêt. Il ne veut s'engager qu'à moitié. Il veut peut-être avoir quelqu'un à la maison, et maintenir en même temps son statut de célibataire. Par contre, les bons partenaires de liaisons limitées reconnaissent qu'ils sont liés, même s'ils ont des vies professionnelles séparées. Ils n'essaient pas de jouer les célibataires en public.

Quel rôle jouez-vous dans cette relation?

Les collectionneurs de liaisons abondent. Vous en rencontrerez probablement plus d'un dans votre vie, mais si vous en rencontrez trop, il est peut-être temps de vous asseoir et de réfléchir.

Il y a probablement une explication au fait que vous attirez des hommes qui se promènent avec des pancartes qui disent «n'essaie pas de m'attraper». Il est tout probable que vous essayez de rester seule tout en vous faisant croire que vous voulez établir une relation. Vous ne voulez pas vous démarquer de ce que les autres désirent, alors vous cherchez un moyen de prétendre que vous voulez vous lier, tout en vous organisant pour que cela ne se produise pas.

Une façon de régler le problème est de jouer un personnage solitaire et tragique, entourée des fantômes de vos relations antérieures — de tas de relations antérieures, qui ont duré de quelques semaines à quelques mois — et toujours prête à vous faire rabrouer de nouveau. C'est une bonne façon de vous assurer qu'il ne vous arrivera rien de permanent.

Bien sûr, de telles intentions cachées signifient que c'est vous qui serez rejetée, et non pas vous qui rejetterez. Autrement, comment pourriez-vous prétendre que vous aspiriez à la permanence? De plus, bien des femmes ont de la difficulté à rejeter quelque homme que ce soit, collectionneur ou autre. Leurs parents leur ont dit, il y a très longtemps, que c'est elles qui devaient partir en chasse, avec le résultat qu'elles se croient obligées de ramasser n'importe quelle proie qui leur tombe sous la patte.

Analysez votre propre comportement et voyez ce qu'il vous révèle. Puis demandez-vous ce que vous voulez vraiment: rester libre ou avoir un partenaire, du moins pour l'instant. Aucune décision n'est nécessairement permanente. Vous découvrirez peut-être que vous n'avez tout simplement pas le goût d'une liaison amoureuse en ce moment. Vous découvrirez peut-être que vous désirez vraiment une union permanente, mais que vous avez des peurs qui vous retiennent. Vous avez le choix d'avouer que vous ne voulez pas vous attacher et d'abandonner le rôle de femme rejetée, ou bien de combattre vos peurs. C'est ce qu'a fait Suzanne. Elle a découvert qu'elle voulait un mari, mais que l'atmosphère renfermée de sa famille lui avait fait peur. Elle percevait les relations permanentes comme mortellement ennuyeuses. Quand elle s'est rendu compte qu'il pouvait en être autrement — et avec la vie excitante qu'elle menait, ce serait probablement le cas — elle s'est sentie libérée. Par la suite, quand un homme lui disait «je ne veux pas m'engager», elle lui répondait «eh bien! moi oui. Alors on se verra plus tard.»

L'incertitude de ce que vous voulez, une indépendance peut-être moins grande que celle que vous affichez, le dégoût de la solitude, une peine d'amour, sont tous des facteurs de votre manque de confiance en vous-même et de votre vulnérabilité. Et c'est exactement ce que le collectionneur de liaisons éphémères reconnaît en vous, alors soyez particulièrement sur vos gardes.

Par contre, peut-être préférez-vous les liaisons passagères. Et il n'y a rien de mal à cela. Mais si vous acceptez qu'il en soit ainsi, alors dites-le. Ne prétendez pas que vous voulez la permanence, si vous refusez d'agir en ce sens. Si l'avenir, la famille et le foyer vous semblent une proposition trop finale, mais que vous appréciez, à l'occasion, la présence d'un homme, prêtez-vous au jeu du collectionneur. Il a ses avantages. Assurez-vous cependant que vous êtes vraiment capable de vivre des liaisons éphémères sans regrets. Certaines personnes ont plus de facilité que d'autres à vivre des aventures passagères. Et vous pouvez parfois avoir le moral si haut qu'aucune liaison, longue ou brève, ne peut vous déchirer alors qu'à d'autres périodes, vous avez le moral si bas que n'importe quelle liaison peut vous démoraliser.

Pendant les périodes de cafard, il peut être préférable de faire route seule, de ne pas essayer d'établir de relations. Les collectionneurs de liaisons ont tendance à s'immiscer le plus souvent dans votre vie, malgré vous, lorsque vous essayez de fuir la tristesse. Il vous faudra apprendre, tôt ou tard, à vivre avec votre solitude. Vautrez-vous dans vos émotions pendant un bout de temps, puisque vous ne pouvez les fuir. Apprenez à reconnaître vos périodes de vulnérabilité et quels types d'hommes elles attirent, surtout si vous êtes en train de vous remettre d'une déception amoureuse sérieuse. Vous avez une influence réelle sur le genre d'hommes qui sont attirés vers vous. Soyez préparée.

Dernier point, mais non le moindre: vérifiez un dernier camouflage possible. Jouer à l'éternelle tragédienne est souvent un truc appris par une personne seule pour attirer l'attention. De cette façon, elle peut continuer de rester seule, pendant que les gens continuent de la plaindre. S'amouracher continuellement d'un collectionneur de liaisons après l'autre, c'est comme attraper rhume sur rhume: c'est une maladie chronique. Cherchez plutôt à attirer la sympathie par des moyens qui ne vous exposent pas, de façon répétée, à la déception d'une liaison éphémère que vous aviez crue, encore une fois, permanente, ainsi que vous l'aviez annoncé à tout le monde.

Certains collectionneurs de liaisons éphémères, ceux qui prétendent ne pas pouvoir s'engager émotionnellement avant d'avoir réalisé leur prochaine réussite, ont des traits de caractère qui ressemblent à ceux de l'homme qui rêve d'être nabab. D'autres ressemblent au racoleur, dont le but est de faire l'amour avec des tas de femmes, et d'avoir des liaisons amoureuses encore plus brèves que celles du collectionneur. Des liaisons d'une nuit, par exemple. Si vous vous posez des questions au sujet d'un collectionneur de liaisons éphémères, vous feriez peut-être bien de lire aussi les chapitres qui parlent de l'homme qui rêve d'être nabab et du racoleur.

Au chapitre suivant, je traite d'un type d'homme qui, malheureusement, est aussi très courant. Une liaison avec lui est beaucoup plus désastreuse qu'avec le collectionneur de liaisons éphémères. C'est un homme qui vous embobeline dans une liaison beaucoup plus longue, qui ira peut-être même jusqu'à vous épouser, pour passer ensuite le plus clair de son temps à détruire votre assurance, votre amour-propre et vos valeurs. Il s'agit du misogyne, l'homme qui déteste les femmes.

Toutes les femmes devraient lire ce chapitre, parce que, même si vous n'êtes pas liée émotionnellement à un misogyne, vous allez le rencontrer quelque part. C'est triste, mais un grand nombre de femmes aiment ou ont aimé des misogynes.

Chapitre 2

LE MISOGYNE

L'homme qui vous humilie, vous critique et vous maltraite émotionnellement.

Avez-vous déjà arraché les pétales d'une marguerite en chantonnant «Il m'aime... il ne m'aime pas...» dans l'espoir de deviner où vous en étiez avec votre Prince Charmant?

Eh bien, il existe un type de relation où les deux réponses sont vraies. Vous avez raison, que vous fassiez une prédiction ou l'autre, mais l'ordre dans lequel vous les faites est important. D'abord il vous aime, après il ne vous aime pas. Ce double sort douteux est souvent celui de femmes qui sortent de l'ordinaire. Si vous êtes, ou étiez avant de le rencontrer, intelligente et sophistiquée, dynamique et admirée, en d'autres termes un «beau parti», attention à vous. Vous êtes la cible favorite du misogyne.

Le misogyne maltraite les femmes. Mais, contrairement au batteur de femmes, il ne les frappe pas, ne les bat pas. Il les humilie par ses critiques et son refus d'aimer. Il diminue la compétence et mine la confiance de n'importe quelle femme qui s'attache à lui.

Malheureusement, bien qu'il soit l'un des hommes les plus destructeurs pour les femmes, il est aussi l'un des plus difficiles à reconnaître pour ce qu'il est. C'est une bombe à retardement bien camouflée. Il traite merveilleusement bien, au début, la femme qu'il courtise. Ce n'est qu'après que la femme qu'il a choisie lui a cédé son coeur, sa tête et, souvent, sa main en mariage, qu'il change bout pour bout.

Il est peut-être banal de dire qu'un homme déteste les femmes. Le misogyne le nierait certainement. Souvent même, sa compagne prend sa défense. Mais son mépris ne se révèle pas dans ce qu'il dit, ni même dans ce qu'il prétend ressentir pour les femmes. Il se révèle éventuellement dans sa façon d'agir.

Comme c'est le cas pour la plupart des hommes, il choisit une femme qui convient à son tempérament. Une partie de ce qui l'intéresse est de conquérir quelque chose de spécial. Il veut donc gagner le gros lot ou escalader la plus haute montagne. Il choisira peut-être une femme jeune et dynamique, à peine entrée dans le grand monde, et plutôt spéciale. Il en choisira peut-être une un peu plus âgée. Mais d'une façon ou d'une autre, il veut une Mercedes de femme. Il fréquente les belles femmes, celles qui font tourner les têtes, celles qu'on remarque, ou alors, si elles ne sont plus tout à fait jeunes, il ira vers celles qui sont indépendantes, aventureuses, sûres d'elles-mêmes.

Cas vécu

Le misogyne attrape donc souvent exactement le genre de femme qu'on aurait cru immunisée contre lui.

Prenez, par exemple, le cas de Clarisse, une des femmes que j'ai interviewées. Elle était brillante et dynamique. Elle ne pouvait se retenir de se jeter à fond dans tout ce qui l'intéressait — voyages, amour, études, travail — tout en menant une vie sociale très active. Il avait fallu du temps à Clarisse pour s'habituer à son propre dynamisme et à l'effet qu'il avait sur les gens mais, une fois parvenue à la fin de la vingtaine, elle n'avait plus de problème, ne voyait plus de contradiction à être belle, sensible et intelligente en même temps. Elle avait mis tous ces traits ensemble, en avait fait un paquet plutôt impressionnant. Sa carrière allait bien, de même que sa vie sociale et son évolution personnelle. Plutôt que de cacher qu'elle avait du flair, elle le cultivait. Elle écrivait et enseignait, parée de plumes et de foulards. Son assurance et sa beauté étaient magnétiques.

Quand Jean s'est mis à sa poursuite, il avait déjà mauvaise réputation. Il avait déjà traité d'autres femmes de façon plutôt dure. Sachant cela, Clarisse lui avait d'abord résisté; mais s'il en avait été autrement, il aurait perdu intérêt. Elle croyait avoir accumulé suffisamment d'expérience et de sagesse pour ne s'intéresser qu'à un homme qui l'aimerait vraiment. Elle était habituellement capable de refuser les mauvais partis.

Mais Jean était si attentionné qu'en dépit de son oeil critique Clarisse s'est mise à croire que le Prince Charmant était venu frapper chez elle. Il lui apportait des roses parfaites et des bouteilles de vin rare. Il lui préparait des repas fabuleux et lui faisait voir de vieux films sur son magnétoscope. Il était très affectueux. Il l'amenait magasiner dans les boutiques d'antiquités et l'accompagnait dans des réceptions, la complimentait, ne disait jamais rien qui puisse la diminuer. Son respect pour elle lui semblait acquis. Clarisse se faisait fort d'être elle-même avec lui; elle voulait s'assurer qu'il l'aimait vraiment, avec ses défauts comme avec ses qualités. Elle ne lui cachait pas plus ses sautes d'humeur que son enthousiasme.

Elle est restée détachée et distante pendant un bout de temps, mais il l'attendait dans le tournant.

Lorsqu'elle a accepté, après avoir hésité pendant longtemps, de faire l'amour avec lui, il a vraiment sorti toute son élégance. Jean avait poussé le sexe au-delà de la sensualité et en avait fait un art rare et cultivé. Tout ce qu'il faisait était à la fois précis et exquis. Il a réveillé toutes les parties de son corps. Elle a été tellement transportée par son exquise technique qu'elle s'est à peine rendu compte qu'il ne l'avait pas serrée contre lui une seule fois.

Depuis le début, Jean avait insisté pour rendre leur relation permanente, mais Clarisse avait refusé. Finalement, voyant qu'il continuait d'être attentionné et qu'ils étaient encore bien ensemble, Clarisse a cédé. Elle a décidé qu'il l'aimait vraiment et qu'elle voulait se lier à lui de façon sérieuse. Quand elle lui a dit «oui», elle était sûre de sa décision. Elle lui a donné son coeur, a emménagé avec lui et l'a épousé.

Le mariage a été le point tournant. Tout s'est mis à mal aller à partir de ce moment-là. Jean a changé radicalement. Clarisse s'est bientôt retrouvée dans un cauchemar progressif de critiques et d'affection refusée. Tout ce qu'elle avait de bon auparavant était maintenant mauvais. Il critiquait son apparence, son travail, chacun de ses gestes. Il ne lui faisait plus de cadeaux. Lorsqu'elle se mettait à pleurer, il prenait la porte. Il dépensait tout son argent pour lui-même et la laissait se débrouiller avec les dépenses de la maison. Lorsqu'il lui arrivait de lui donner de l'argent, il le faisait du bout des doigts, comme à une mendiante. Il ne lui accordait son attention qu'en maugréant. Quand elle parvenait à lui arracher quelque compromis, il lui faisait payer cher. Si elle sortait un soir, il la boudait toute une semaine. Lorsqu'il l'aidait à la maison, il l'humiliait en public. Il l'excluait de ses soupers et réceptions de bureau et, pour Clarisse, le fait d'être exclue lui faisait plus mal que s'il l'avait trompée avec une autre femme. Petit à petit, elle a commencé à perdre confiance en elle-même et à se sentir continuellement fatiguée.

Elle m'a dit: «Toute la deuxième partie de notre relation s'est déroulée dans une atmosphère de compte à rendre. J'avais l'impression que, parce qu'il s'était tellement dépensé pour me conquérir, il m'en voulait continuellement et s'attendait à ce que je compense tous les efforts qu'il avait faits. Chaque jour, chaque moment, il fallait que je gagne son amour. Il fallait que je le cajole pour tirer une conversation de lui et que je lui murmure des mots doux pour qu'il m'aide dans la maison. Pour l'intéresser au sexe, je devais me charger de tous les préambules. Il m'a dit que je ne savais pas me présenter en public, alors j'ai essayé de m'améliorer pour regagner le droit de sortir avec lui. Je faisais tout dans la maison, mais ce n'était jamais assez pour mériter un compliment.»

Clarisse était confuse et désemparée. Elle se demandait comment elle avait pu se tromper à ce point, qu'est-ce qui s'était passé pour que son mariage tourne aussi mal. Elle a continué d'essayer de plaire à Jean, de découvrir ce qu'il voulait, de continuer et d'attendre que le «vrai» Jean revienne, mais il trouvait toujours quelque chose à critiquer. Elle savait qu'elle aurait dû le quitter mais, pour d'étranges raisons, elle voulait que Jean lui confirme de nouveau qu'elle était spéciale. Elle le désirait maintenant comme lui l'avait désirée auparavant. Elle avait finalement décidé de l'affronter mais la veille du jour où elle avait prévu de le faire, Jean l'a quittée. Clarisse était atterrée. Lentement, elle a commencé à s'en remettre. Aussitôt qu'elle y est parvenue, Jean a rappliqué. Et une fois bien installé de nouveau, il a recommencé à la critiquer. Et tout ce temps-là, il lui parlait des liaisons qu'il avait eues avec d'autres femmes fantastiques. Ce scénario s'est répété deux fois, jusqu'à ce que Clarisse se rende compte que la seule façon de rompre avec lui était de rompre totalement. Elle a choisi un petit incident sans importance comme excuse pour le mettre à la porte. Puis, en dépit du fait qu'ils avaient maintenant un enfant (Jean n'en avait pas voulu, mais elle l'avait «gagné»), elle ne lui a plus jamais parlé face à face et n'a plus jamais accepté de le recevoir chez elle.

Quand on a affaire à un misogyne, il n'y a presque aucun moyen de prévoir comment la relation va se dérouler avant d'avoir sauté le pas. Vous vous engagez dans des circonstances selon toute apparence bien définies, pour vous rendre compte ensuite que les règles du jeu ont changé. Un revirement aussi imprévisible peut laisser bouche bée même la femme la plus forte. Il est presque obligatoire d'avoir une liaison avec un misogyne pour en reconnaître un la fois suivante. Mais un loup est un loup, et bien que le misogyne puisse se donner des airs de brebis, il est possible de le démasquer à partir de certains indices caractéristiques.

Comment reconnaître ce genre d'homme?

D'abord, le misogyne est un homme qui s'aime. En fait il s'aime énormément, ou du moins agit comme s'il s'aimait énormément. Il est souvent sophistiqué, instruit, grand voyageur, ou du moins essaie d'en donner l'impression. Il veut ce qu'il y a de mieux pour lui-même; il a donc souvent une vie prestigieuse. Il est possible qu'il soit connaisseur de bons vins, qu'il achète les liqueurs les plus fines et fume les meilleurs cigares. Il n'est pas impossible qu'il vive un peu au-dessus de ses moyens. S'approprier tout ce à quoi il pense avoir droit dépasse les limites du matériel. Le misogyne a tendance à se fixer des buts élevés dans tous les domaines. Il choisit une carrière difficile, aspire à des revenus bien au-delà de la moyenne, et préfère les circuits sociaux sophistiqués.

Il est habituellement sociable. Il est charmant et galant. Il excelle autant dans l'art de plaire que dans les autres domaines. Lorsqu'il raconte qui il est, ce qu'il fait, ce qui se passe dans sa vie, il est fascinant; il sait bien raconter, charmer par ses paroles. Il peut séduire bien des gens, mais se fait peu de véritables amis.

Inutile de dire que lorsqu'il décide de vous inclure dans sa quête des fines choses de la vie, il est absolument magnétique. Sa recherche constante de trophées et sa certitude qu'il parviendra à les gagner sont certainement flatteuses pour vous. Par-dessus tout cela, il semble adorer l'image de la femme. Son appât est son amour du flair féminin que vous-même aimez, son hameçon, l'espoir sincère que vous répondrez à ses attentes.

Vous êtes le trophée, la femme spéciale.

Longtemps avant que vous ayez compris combien et à quel point il s'aime lui-même, le charme qu'il déploie pourrait être votre premier indice. Si vous regardez de plus près, il ne cherche pas vraiment à savoir quels besoins, quelles humeurs ou quelles attitudes sont peut-être enfouis sous votre façade féminine. Et il est beaucoup plus intéressé à vous voir lui résister au début qu'à vous voir éventuellement lui céder.

Des indices additionnels

Il porte probablement des vêtements coûteux. Dans les magasins, il se dirige tout droit vers les comptoirs d'articles de qualité supérieure et ne voit tout simplement pas les produits inférieurs. Il exige des tissus fins, purs: laine, coton, soie. Il aime porter des foulards et des bas qui montent jusqu'aux genoux. Son apparence a un petit côté conservateur. Il a tendance à croire que les styles traditionnels, sobres, font montre d'une plus grande élégance. Il porte habituellement un veston, souvent un blazer. Mais il adopte parfois une «élégance décontractée», un style continental. Il aime le gris.

Ses cheveux ne sont jamais trop longs ni trop courts. Il ne semble pas leur porter attention, mais il doit sûrement s'en occuper parce qu'ils ne changent jamais d'un centimètre. Il est très préoccupé par ses mains. Ses doigts sont longs, sa peau douce, ses ongles longs et brillants. Son deuxième orteil est plus long que le gros, et il prétend que c'est la marque d'un aristocrate.

Il aime les belles voitures, celles qui ont de la classe. Il choisit les automobiles qui ont de la valeur, qui sont reconnues à la fois pour la qualité de leur mécanique et leur apparence élégante. Le moteur est spécial, de même que la marque, et probablement le prix. S'il conduit une vieille voiture, c'en est probablement une qui avait de la distinction autrefois et qui est presque considérée comme une voiture classique aujourd'hui. Comme une voiture est un bien personnel très visible, son véhicule a habituellement meilleure apparence que l'endroit où il vit.

Il préfère vivre dans les quartiers plus que simplement huppés, et il aimerait avoir la plus belle maison du quartier où il vit. Il est attiré par la plus haute colline, la meilleure vue, ou la maison la plus particulière. S'il ne peut se payer un tel palais, il s'organisera pour en louer un, pour en louer une partie, pour en garder un pour des amis absents ou pour devenir un invité installé en permanence chez des amis plus fortunés. N'importe quel appartement ou maison qu'il choisit doit avoir beaucoup d'espace et de classe. Il aime les âtres délicats, les alcôves, les arches. Pourtant, il place ses meubles de façon formelle, souvent rigide. L'air ne bouge pas chez lui, et on a l'impression d'être dans un musée.

De fait, son environnement est bien celui d'un musée: sa maison est pleine de choses. Le misogyne est très consommateur. Vous lui découvrirez peut-être neuf caméras, deux voitures, vingt-six chemises de soie, trois appareils d'exercices à ramer qu'il n'utilise pas, en plus de toutes sortes de petits ustensiles pour peler les citrons, ouvrir les bouteilles de champagne et couper les favoris. Un homme qui s'aime autant que lui se doit, en effet, d'évoluer dans un monde qui soit à sa hauteur, sur le plan de la quantité autant que sur le plan de la qualité. Il achète tout ce qu'il se croit en droit de posséder, et peut-être en deux copies. Et le misogyne n'aime pas qu'aucune de ses possessions soit tarée ni souillée.

Il aime que les choses aient de la classe et qu'elles restent telles qu'elles sont. Votre intérêt pour sa collection de produits de consommation et votre admiration pour son bon goût lui confirment l'image qu'il a de lui-même.

La confirmation publique de sa supériorité est un domaine important et délicat pour cet homme. Comme tout le monde, il veut être la preuve vivante de sa propre image de soi, mais l'image dans ce cas-ci est très fantaisiste. Si, par hasard, il excelle dans un certain sport, il jouera pour la galerie. Mais s'il est incapable de faire montre de talents particuliers, les activités sportives ne l'intéresseront pas du tout. Il n'aime pas se retrouver dans des foules nombreuses. S'il fait de l'exercice, ses motivations sont probablement la peur des attaques cardiaques, de l'obésité et des bourrelets disgracieux. Il pédale, court, pousse, tire et pratique tous ses exercices avec le même zèle qu'il applique à ses autres activités.

Les indices sexuels

Le misogyne a tendance à choisir les femmes qui sont, à son avis et à celui des autres, les «meilleures». Il est attiré par les femmes ambitieuses et créatives, celles qui ont tout: instruction, talent et beauté. Le statut social et la richesse sont aussi des facteurs intéressants.

Son modus operandi, lorsqu'il vous courtise, est d'annoncer carrément que vous êtes spéciale. Il fait des efforts pour vous plaire. Il organise des occasions et des événements spéciaux. Il ne dit pas: «Hé! regardons la télévision ensemble.» Il vous amène plutôt faire un tour dans un petit bateau. Il ouvre une bouteille de vin très vieux. Il sort les napperons de lin et vous déstabilise avec sa façon d'afficher ouvertement son désir pour vous. Il veut vous «avoir».

Bien que, pour certains hommes, la conquête sexuelle d'une femme soit le but final, ce n'est pas le cas pour le misogyne. Il trouve utile, voire encourageant, que vous lui cédiez votre corps, mais ce n'est pas tout ce qu'il désire. Il veut plus: il veut que vous vous consacriez à lui. Si, après un bout de temps, que vous ayez eu ou non des relations sexuelles, vous êtes toujours distante, il s'inquiète. C'est lui qui alimente la relation en intensité.

Faire l'amour avec lui pour la première fois n'a jamais rien d'agressif. Il est tout probable qu'il s'agira plutôt de la culmination d'une fine soirée sensuelle et séduisante. Le sexe est servi comme un dessert élégant: cerises flambées et brandy. Il est bon au lit. Après tout, il a cultivé des tas de goûts raffinés. Il vous évalue avec l'oeil excité du connaisseur, vous traite comme une princesse, dépose des baisers précis là même où vous les voulez. Il caresse, fait une visite guidée de votre corps. La séance dure longtemps.

Il est bon, mais il n'étreint pas. Le sexe, pour lui, est une chorégraphie délicate, une danse exquise qui n'est pas vraiment tendre. L'intensité de sa technique amoureuse peut créer au début l'illusion de l'intimité. Souvent, il se passe beaucoup de temps avant que les déficiences de son affection deviennent flagrantes. Il faudrait qu'il aime vraiment la femme que vous êtes pour être tendre au cours de vos relations sexuelles. Et aimer, malheureusement, est son point faible.

Comme il ne chasse que pour conquérir et que, ce faisant, il découvre exactement ce qu'il voulait découvrir — que son image de la femme ne sera jamais parfaitement satisfaite — ses attitudes changent de façon dramatique dès qu'il a remporté la victoire. Une fois que vous lui êtes acquise, vous devenez en même temps plus et moins ce qu'il espérait. Oui est un mot clé pour lui. Dès que vous avez prononcé le mot, il devient distant. Les choses se mettent à changer terriblement. Il vous ferme l'accès à sa vie. Il change la serrure de la porte de son bureau et oublie de vous donner une copie de la nouvelle clé. Il déclare les chatouillements hors la loi. Tout à coup, vous êtes trop lourde pour vous asseoir sur ses genoux. Il lève le nez sur une frasque amusante que vous avez partagée. Au lit, il refuse vos avances sexuelles. Graduellement, vous vous rendez compte que ce n'est pas parce qu'il est fatigué, mais parce qu'il veut vous contrarier.

Tout ceci est typique de son caractère: il a un talent fou pour tous ces petits détails. En fait, c'est là un de ses traits révélateurs: tout ce que fait un misogyne, il le fait bien. Au début, il est expert dans l'art de courtiser et plus tard, il est tout aussi expert dans l'art de rejeter.

L'aspect financier

L'argent du misogyne n'appartient qu'à lui. C'est lui seul qui détermine ce qui est nécessaire et quelle élégance ses possessions devraient avoir. Vos revenus, cependant, appartiennent à vous deux. Ils aident à maintenir le foyer que vous partagez. Donc, après qu'il a acheté tout ce qu'il désire, vous en êtes réduite à tirer vos propres dépenses du budget d'épiceries.

Il est fort probable que beaucoup d'argent sera dépensé au cours de la durée de votre relation. Pour le misogyne, l'argent est fait pour être dépensé, et le plus rapidement possible. Le misogyne peut être très convaincant lorsqu'il s'agit d'acquérir des biens matériels. Les nécessités impérieuses de la vie poussent comme des champignons. Les cartes de crédit et l'accumulation de dettes deviennent une façon de vivre. Il déteste qu'on mette un frein à ses dépenses et usera certainement d'une campagne de charme ou de critiques pour vous convaincre de lui signer un chèque.

L'aspect familial

Peu de misogynes veulent des enfants. Ils ne sont pas tellement tentés de devenir pères adoptifs non plus. Les enfants représentent pour eux de trop sérieuses entraves à leur liberté. Ils ont besoin d'attention véritable. Ils sont malpropres. Ils brisent les choses. Si vous décidez d'avoir des enfants, le contrat stipulera que vous vous en occuperez vous-même, toute seule. Le misogyne prétend aimer ses enfants, mais il ne fait pas grand-chose pour eux. Il se conduira peut-être en père magnanime, mais il ne sera pas du genre de père à jouer à la lutte sur le tapis, et il est peu probable qu'il change ses plans de façon à pouvoir garder les enfants quand vous sortez.

La relation du misogyne avec ses parents et ses frères et soeurs donne habituellement lieu à toutes sortes de brouilles. Il a typiquement l'impression d'avoir dépassé l'échelon social de sa famille et en arrive graduellement à avoir honte de ses liens avec elle. Il ne remplit que le minimum d'obligations familiales auxquelles il se sent tenu et, souvent, uniquement après s'être occupé de ses propres besoins et de ce qu'il considère comme des obligations sociales et professionnelles plus importantes que sa famille.

Plutôt que de flirter trop sérieusement avec l'opinion sociale, le misogyne considère qu'il peut maintenir plus facilement son estime de soi s'il reste seul ou s'il ne s'entoure que d'un cercle d'amis exclusif. Par conséquent, bien qu'il soit capable de charmer un grand nombre de personnes, il a peu d'amis intimes. Il a aussi tendance à en changer souvent. À part les quelques amis, clients ou contacts sociaux qu'il courtise, il réussit habituellement à garder ses relations sociales sous contrôle en se montrant toujours légèrement distant. Il est le plus âgé, le patron, l'expert, ou tout simplement le plus conformiste. Si quelqu'un s'imagine qu'être ami avec le misogyne lui donne le droit de discuter de ses insuffisances aussi ouvertement que de ses talents, c'est qu'il oublie à quel point le misogyne est narcissique. Le misogyne ne considère pas la franchise comme un outil potentiellement bénéfique, mais comme une attaque. Il est difficile pour n'importe qui d'être franc et honnête avec le misogyne. Il n'est pas fort en humilité et trouve que les autres ne sont pas tout à fait assez compétents ou assez bons pour pouvoir le juger. En outre, il ne fréquente pas n'importe qui, et c'est pourquoi il abandonne ses amis au fur et à mesure qu'il avance plus loin qu'eux dans la vie.

Le misogyne a de nombreux défauts. Il est égoïste, tyrannique, critiqueur, pingre. Son élégance est tachée d'arrogance. Il peut être impossible d'être vraiment soi-même avec lui. Il coûte cher. Et pourtant, il est toujours fascinant. Il a un grand rêve excitant de ce que sera sa vie, de ce qu'il va accomplir, de l'importance de la richesse qu'il va accumuler. Il a du brio et paraît bien en public, seul ou avec vous. Si le calme, la normalité, la sécurité, les investissements, les engagements et l'ennui vous répugnent, il peut certainement vous paraître attrayant, et il paraît bien à votre bras. Mais prenez garde!

Qu'est-ce qui vous attend?

Que faire si on vous montre une Lincoln Continental et que ce ne soit qu'après la signature du contrat d'achat que vous vous rendez compte que c'est une Volkswagen sans amortisseurs de chocs que vous avez plutôt acquise?

La première chose à faire est d'empêcher les Volkswagen de se cacher dans les coffres des Continental. Si vous n'y parvenez pas, vous pouvez tout au moins essayer de déterminer où vous vous en allez et qu'est-ce qui vous attend. Vous serez alors en mesure de choisir entre abandonner votre Volkswagen ou vous acheter les amortisseurs de chocs les plus résistants.

Si vous soupçonnez que vous fréquentez un misogyne, il y a des choses qu'il vous faut savoir. D'abord, le fait que le misogyne est un récidiviste n'augure rien de bon. La possibilité de permanence absolue est plutôt mince. Peut-être votre relation durera-t-elle deux ans, peut-être quatre, peut-être plus, mais elle ne durera pas éternellement. S'il ne vous quitte pas au moment où vous êtes le plus déprimée, il vous quittera quand vous serez plus vieille. Pour une autre. C'est aussi prévisible que le fox-trot: après le premier pas, vient le deuxième. D'abord, la relation est un véritable trésor de support moral, de compliments et d'amour. Pour quiconque a la moindre soif d'amour, un tel traitement est à la fois tentant et délicieux. Mais les critiques et le refus d'affection qui font leur apparition à la deuxième étape sont les facteurs les plus importants. Comme deux énormes bouteurs, elles détruisent graduellement le paysage du début de votre relation. Les éléments de ce paysage disparaissent tellement rapidement que vous vous demandez si vous ne les aviez pas imaginés. Malheureusement, l'intérêt antérieur du misogyne pour vous n'était pas basé sur sa perception de vous comme personne, mais sur une perception de vous à titre d'objet. Dès que vous lui êtes acquise, il n'a plus besoin de se placer sur la même longueur d'onde que vous. Les mots d'amour, l'affection, les compliments, tout cela est bien fini. En fait, vous avez plutôt droit maintenant à l'inverse, et vous n'avez pas fini de voir s'allonger la longue liste de vos défauts.

Aussitôt qu'une femme s'est liée de façon permanente à un misogyne, le ressentiment que ce dernier éprouve à son égard à cause de la tendresse qu'il a dû déployer pour la «conquérir» commence à faire surface. Le refus d'aimer donne au misogyne un pouvoir incroyable sur la femme qui essaie d'être sa partenaire conjugale. Sa conduite trahit sa vraie personnalité, celle d'un homme qui hait plutôt qu'aimer, d'un individu trop enragé contre les femmes en général pour pouvoir vivre avec et laisser vivre une de leurs représentantes. Certaines femmes restent parce qu'elles sont prises au piège, parce qu'elles ont des enfants ou sont financièrement dépendantes du misogyne. Mais un grand nombre de femmes — et peut-être est-ce l'espoir inavoué de la plupart de celles qui continuent de vivre avec des misogynes — entretiennent la vaine attente que le misogyne se remettra bientôt, ou du moins éventuellement, à les inonder d'affection comme autrefois. Dans leur tentative de recréer les circonstances initiales, elles cherchent à améliorer tout ce qu'il trouve de déficient en elles. Elles ont l'impression de s'entendre dire: «Je t'ai conquise, alors à toi de me conquérir à ton tour.» Par conséquent, un coup liées, elles essaieront peut-être de conquérir leur misogyne, de regagner son amour. Mais il y a un piège: il est imprenable. Une fois qu'il vous a retiré l'affection et les compliments du début, il ne vous les rendra plus jamais. Une fois qu'il aura commencé à vous trouver des défauts, il découvrira de plus en plus de tares à votre caractère.

Vous pouvez chanter, danser, écrire des poèmes en son honneur et essayer tous les programmes d'amélioration possibles. Rien ne parviendra à faire en sorte qu'il vous lance des baisers de l'autre bout de la pièce, comme il le faisait autrefois. Et si vous vous mettez vous aussi à le critiquer, cela ne servira qu'à renforcer ses accusations à votre endroit. Vous romprez peut-être plusieurs fois. Vous le quitterez, ou il vous quittera, et vous recommencerez. Premièrement, parce que lorsque vous n'êtes plus avec lui, il aime à vous reconquérir. Et deuxièmement, parce que la plupart des femmes, du moins celles qui réussissent à partir, trouvent extrêmement difficile de se détacher de leur misogyne. Elles continuent d'espérer des preuves de son amour et le retour aux compliments. Lorsque vous mettez un terme à une relation avec un misogyne, il est très rare que vous puissiez vous en faire un ami, du moins pas avant très longtemps. Vous resterez sensible à ses nombreux gestes mesquins et à ses critiques. Il ne pourra sans doute pas se retenir de vous piquer verbalement chaque fois que vous ferez quelque chose qu'il n'aime pas. Vous resterez peut-être liée à lui émotivement, mais votre relation sera désormais basée sur la rancoeur et une haine dévorante, et non plus sur l'affection.

En plus des dangers émotionnels, certains problèmes de partage des tâches risquent de surgir dans votre vie si vous êtes liée à un misogyne. N'oubliez pas les choses qu'il a achetées. Il faut que quelqu'un les garde propres. C'est écrit dans son contrat que c'est vous qui devez servir de bonne à ces objets. Même s'il achète des machins pour répondre à tous ses besoins, l'attitude du misogyne n'est pas que ces objets doivent vous servir à vous aussi, mais que

44

vous, et non lui, devez servir ces objets. Pas de taches ni d'accrocs, vous vous souvenez? Vous devrez donc faire tout le travail et assumer la responsabilité des tâches quotidiennes. Les femmes engagées dans ce genre de relations se voient habituellement tenues de poursuivre leur carrière et, simultanément, de se débattre financièrement, de continuer de soigner leur apparence et de faire la cuisine, de s'occuper de la maison, du budget, des problèmes de la voiture, des enfants, des assurances et d'organiser des réceptions. Et alors qu'avec certains types d'hommes votre belle-famille serait toujours rendue chez vous, dans le cas du misogyne c'est à vous, et à votre conscience, qu'il revient de choisir et d'entretenir les liens familiaux et sociaux que vous jugez importants.

Vous devrez aussi prendre soin de vous-même. Il vous sera déjà bien difficile de faire ce que vous voulez, mais vos circonstances risqueraient de s'aggraver davantage si vous tombiez malade ou si vous perdiez votre emploi. Compte tenu des standards du misogyne, il aura de la difficulté à vous tolérer quand vous ne serez plus à votre mieux. Si vous avez des enfants, attendez-vous à travailler jusqu'à épuisement, et à ce qu'il vous reproche ensuite d'être épuisée. Pour échapper au travail, vous reposer ou pouvoir assister à des événements sociaux, vous devrez faire d'importantes dépenses de garde d'enfants, sinon vous devrez rester chez vous. Et n'ayez surtout pas l'indécence de vieillir.

Quels sont les signes précurseurs de problèmes?

Bien sûr, il y a des indices qui devraient vous signaler que vous avez acheté autre chose que ce que vous croyez. Si d'anciennes partenaires se plaignent du comportement abusif que votre poursuivant actuel a manifesté à leur endroit, alors même qu'il vous traite, vous, comme une princesse, dites-vous bien qu'il y a anguille sous roche. Vérifiez surtout si ses partenaires précédentes étaient des femmes qui vous ressemblent. Elles sont en train de vous expliquer comment se terminent ses liaisons, alors même que vous êtes en train d'en vivre les préambules. Prenez note également s'il vous énumère les défauts des femmes qu'il a connues avant vous. Les risques sont très élevés que les choses se déroulent de la même façon pour vous. Soyez également sur vos gardes s'il lui arrive, au début de la liaison, de se fâcher parce que vous avez pris des décisions unilatérales qui ne concordent pas avec ses plans. Cela peut être le signal qu'il attend déjà secrètement que vous changiez, en échange contre la gentillesse dont il croit faire preuve à votre égard.

Mais l'avertissement le plus sérieux est le moment où son comportement change brusquement. Ce changement se manifeste presque toujours lors de moments cruciaux dans votre relation: lorsque vous commencez à vivre ensemble, lorsque vous vous fiancez, lorsque vous vous mariez, ou lorsque vous lui annoncez que vous êtes enceinte. Les premiers indices peuvent sembler insignifiants, mais ils s'accumulent. Vos relations sexuelles ne sont plus enlevantes; elles deviennent banales, puis non existantes. Il cesse de vous manifester de l'affection en public. Tout à coup, dans une réception, il vous traite comme si vous étiez une spore d'une autre planète. Il vous dit qu'il est toujours en train de vous expliquer la bonne façon de vivre et que vous persistez obstinément à agir à votre façon, c'est-à dire la mauvaise, juste pour le contrarier. Il commence à vous reprocher d'utiliser trop d'origan, pas assez de cire à plancher; il critique votre façon de vous habiller, votre conduite ou n'importe quoi d'autre. Il refuse de vous aider parce que c'est vous, dit-il, qui avez mis la maison en désordre. Lorsque vous avez de la compagnie, il fait des blagues à votre sujet. Il laisse entendre que même si vous êtes en charge de cinq boutiques, quatre bureaux, trois voitures et deux maisons, vous êtes incapable d'additionner un plus un. Le début de la deuxième étape est le point critique, le moment pour vous de songer à le quitter.

Lorsque le misogyne passe à d'autres objectifs dans sa vie personnelle, alors il est possible que ce soit lui qui vous quitte. Il sait qu'il vous tient sous sa dépendance avec son refus d'affection, et il n'aime pas que les choses qu'il acquiert l'abandonnent. Il tient à ses objets. Chaque fois que vous êtes sur le point de partir, le misogyne trouve un moyen de vous attacher de nouveau. La plupart du temps, il reprend son comportement du début, pendant un bout de temps. Il vous offre des miettes de la belle époque, vous joue le rôle, jusqu'à ce qu'il ait décidé de partir. Il peut partir bientôt, comme il peut partir plus tard: tout dépend du moment où il décide que vous n'êtes plus spéciale et qu'il mérite mieux.

Quelles sont vos possibilités et que devriez-vous faire?

En résumé, malgré tous vos efforts, la plupart des liaisons avec un misogyne prennent fin tôt ou tard. Ou il vous quitte, ou vous décidez de limiter les dégâts. Certaines relations perdurent, mais ce ne sont pas des situations intéressantes ni saines pour n'importe quelle femme.

Malheureusement, le misogyne a un petit potentiel de changement. Fort de la haute estime qu'il a de lui-même, il ne voit jamais la nécessité pour lui de changer, et puisqu'il a tant de considération pour lui-même, votre opinion au sujet de ses qualités et de ses défauts ne s'accordera jamais avec la sienne. Il n'a tout simplement pas de point sensible qui puisse permettre d'espérer qu'il change. Il n'a pas de philosophie personnelle au sujet de l'idée de changement (c'est-à-dire qu'il ne croit pas à l'amélioration de soi, à l'idée d'«évoluer»; il pense qu'il est parfait tel qu'il est). Ses amis ne sont pas assez intimes avec lui pour lui parler de ses défauts, et vous-même êtes probablement la dernière candidate sur sa liste de personnes influentes. Pour pouvoir changer, il lui faudrait de l'aide professionnelle, mais la possibilité qu'il s'«abaisse» à voir un psychologue est plutôt mince.

46

imp Toutes choses étant considérées, et compte tenu du bilan de votre situation avec le misogyne, je vous conseille d'éviter ce type d'homme. Je vous conseille aussi de fuir si vous en avez déjà un dans votre vie.

Une fois que vous vous êtes liée à un misogyne, vous êtes dans une situation où, quoi que vous fassiez, vous ne pouvez gagner. C'est à vous de décider quelles possibilités vous voyez et quels avantages vous gagnez à poursuivre votre relation avec lui, mais certains types d'hommes sont plus critiqueurs que d'autres, et le misogyne est le pire de tous. Survivre moralement aux attaques constantes et vivre dans une atmosphère dénuée d'amour est au-delà de ce que la plupart des femmes peuvent, ou devraient, supporter. Pourquoi accepter tant de difficultés quand d'autres situations offrent plus pour moins cher?

Partir est une décision sage pour une autre raison: pour l'amour de vous-même. Si vous étiez réellement spéciale, vous allez avoir de la difficulté à vivre avec vous-même si vous restez. Vous épargnerez votre énergie et votre amour-propre si vous partez le plus tôt possible. Gardez à l'esprit que les critiques et les bouderies ne feront que se multiplier. La confiance en soi est vulnérable, même pour une femme pleine de dynamisme. Il est donc sage de faire le bilan de vos pertes et de sauver ce qu'il vous reste d'assurance.

Il y a cependant une autre possibilité à considérer, à part le rejet total du misogyne. Le truc, avec lui, est peut-être de ne jamais dire oui. De cette façon, vous pouvez songer à prendre ce qu'il a à vous offrir au cours de la première étape, et à lui dire adieu avant de passer à la deuxième. Prenez ce qu'il vous donne, puis prenez vos jambes à votre cou. Personnellement, je crois qu'on ne peut pas retirer grand-chose d'une relation si l'on ne donne rien soi-même. Mais si vous ne cherchez pas de relation sérieuse de toute façon, cette suggestion a certainement des possibilités.

Si vous voulez continuer à vivre avec un misogyne, peu importe la raison, il existe des moyens de survivre. Gardez à l'esprit que c'est parce que vous avez de la classe, parce que vous êtes sophistiquée et forte qu'il s'est senti attiré vers vous. S'il a un point faible, c'est bien celui-là. Les misogynes réagissent et prêtent attention à l'élégance. Cultivez votre style et affrontez les périodes difficiles avec toute la classe dont vous êtes capable. Rappelez-vous aussi que vous ne pouvez lui faire part de détails intimes à votre sujet avec l'assurance qu'il ne les utilisera pas contre vous. Faites-vous des amis en dehors de votre relation et tenez-les à l'écart de votre misogyne. Mieux encore, continuez d'être votre meilleure amie. Pour résister aux critiques, cultivez une opinion positive de vous-même et n'en démordez pas. Si vous êtes vulnérable sous un aspect particulier — votre apparence, votre intelligence, votre compétence — il existe des techniques pour vous aider à répondre aux critiques: apprenez-les.

Vous pouvez vous retrouver avec un tas de craintes si vous vivez avec un misogyne: êtes-vous ou pourrez-vous encore être spéciale, attrayante, aventureuse, à l'aise financièrement? Il existe une bonne arme pour combattre ces peurs. Gardez à l'esprit que ce n'est certainement pas lui qui va calmer vos doutes. Comme je l'ai déjà dit, un grand nombre de femmes sont liées par un fil d'espoir invisible: elles espèrent que le misogyne va finir par se remettre à les complimenter et à les rassurer. Mais ce n'est pas vers lui que vous devez aller si vous avez besoin d'être rassurée. Demander à un critiqueur de vous faire un bilan positif, c'est faire marche arrière. Lorsque vous avez besoin qu'on vous confirme que vous êtes toujours vous-même, trouvez quelqu'un d'autre qui pense que vous êtes fantastique.

Si votre relation évolue jusqu'à la rupture, le simple fait de savoir que c'est inévitable quand on a affaire à un misogyne vous renforcera contre le doute de vous-même. Il a bien déjà été follement attiré vers vous, au début, et il disait même qu'il vous aimait. C'est un bon souvenir.

Quel rôle jouez-vous dans cette relation?

C'est vrai, les misogynes sont attrayants. Ils sortent de l'ordinaire, ils sont ambitieux, énergiques. Ils exhalent un parfum d'excitation. Mais si vous êtes continuellement attirée vers ce genre d'hommes, si vous vivez régulièrement les deux étapes et en ressortez plus meurtrie à chaque fois, vous devriez en retirer des informations sur vous-même.

Soyez également consciente de ce qu'un grand nombre de femmes très indépendantes ont encore de fortes envies de dépendance cachées qui attirent le misogyne. Peut-être entretenez-vous le vieux fantasme d'être enlevée et entretenue par le Prince Charmant? Un compagnon aimant vous rendra la vie beaucoup plus facile, même si vous avez choisi une vie plutôt complexe.

Pendant la première étape, celle durant laquelle il vous courtise, le misogyne est sur la même longueur d'onde que ces espoirs profonds et cachés que vous entretenez. C'est comme si même votre arrogance l'attirait, comme si elle ne faisait aucunement obstacle à ce qu'il vous courtise. Peut-être avez-vous aussi l'impression que parce que vous n'avez pas «besoin» d'un homme, vous ne pourrez pas établir de relation amoureuse, et vous craignez donc votre indépendance. En fait, balayer ces dernières velléités de dépendance vous libérera des incessantes montagnes russes de la bonne ou mauvaise opinion de votre partenaire ou de l'illusion qu'un misogyne va vraiment prendre soin de vous.

Croyez-vous que vous devez être parfaite pour avoir de la valeur, que vous devez être extraordinaire pour qu'on vous aime? Avez-vous choisi un homme sophistiqué pour vous attirer l'approbation de personnes prestigieuses, comme il l'a fait avec vous, ou par besoin d'un défi ou de quelqu'un qui soit votre égal? Réfléchissez dès maintenant à ce que vous attendez de la vie et de l'amour. Si ce que vous voulez est en partie ou en totalité ce que nous venons de mentionner dans ce paragraphe, alors, allez-y, liez-vous à un misogyne. Sinon, abstenez-vous.

Aux points de vue du manque d'affection dont vous aurez éventuellement à souffrir avec un misogyne, et de ses aspirations à la richesse, à un statut social élevé et au luxe, il peut ressembler énormément à l'homme-qui-rêve-d'être-nabab. Il peut aussi partager plusieurs traits de caractère avec le roi-fainéant et monsieur-génie. Pire encore, il peut devenir un batteur de femmes, si sa violence devient aussi physique que psychologique.

Le genre qui ressemble le plus au misogyne est celui dont je vais maintenant parler. Alors que le mépris du misogyne pour les femmes est subtil et qu'il n'exprime pas publiquement sa haine, le phallocrate est le bonhomme dépassé, ancien, qui croit sincèrement que les hommes sont supérieurs. Et il se conduit en conséquence. Suivez-moi.

Chapitre 3

LE PHALLOCRATE

L'homme qui pense que les hommes sont supérieurs et les femmes, inférieures.

Jadis, toutes les créatures se reproduisaient en se scindant en deux et en donnant ainsi naissance à des clones. Puis, un jour fatidique, quelqu'un, deux personnes pour être exact, a inventé le sexe. À partir de ce jour, on a eu beaucoup de plaisir, mais on a eu aussi beaucoup de problèmes.

Par la suite, bien qu'il semble généralement que la première forme biologique ait été femelle, et le mâle une pensée après coup, certains membres de l'espèce masculine s'étaient mis dans la tête qu'ils étaient meilleurs que le sexe originel, nommément les femmes. Il n'existe virtuellement pas de preuves, sauf ce qu'ils ont eux-mêmes écrit, pour soutenir une telle prétention. Malgré tout, des myriades de descendants de ces spécimens de départ affichent encore des couleurs de phallocrates.

C'est l'esprit du phallocrate qui fait problème. Il croit que les hommes sont les créatures les plus élevées de l'univers. Les hommes sont, et étaient destinés à être, supérieurs aux femmes et les femmes doivent rester inférieures aux hommes. Bien sûr, un grand nombre d'hommes croient que leur sexe est préférable au sexe féminin. Ils ont l'impression d'être équipés d'attributs que ne possèdent malheureusement pas le genre opposé. Compte tenu de ces attributs, ils ne voudraient pas changer de sexe, pas même par le biais de la réincarnation. Un grand nombre de femmes pensent de la même façon; elles croient que ce sont les femmes qui ont hérité de la meilleure part. Elles considèrent que le sexe féminin est le sexe par excellence, que ses avantages sont sans égal, et elles ne voudraient en changer pour rien au monde. Alors, les deux côtés finissent par se dire «O.K. notre sexe est le meilleur. Les hommes et les femmes sont certainement différents. Mais, sous la plupart des aspects, nous sommes encore plutôt équivalents.»

Le phallocrate n'est pas d'accord.

Le phallocrate souscrit entièrement à la suprématie du mâle. Il croit que les mâles sont non seulement équipés de précieux appareils, mais qu'ils ont aussi hérité de qualités supérieures et de privilèges spéciaux; qu'ils ont le monopole de l'intelligence, de la compétence et du statut social; qu'ils possèdent le droit exclusif d'être maîtres, surtout maîtres du sexe opposé; et qu'ils sont libres de faire ce qu'ils veulent, alors que les femmes ne le sont pas.

Par exemple, les hommes doivent avoir des relations sexuelles. Ils en ont besoin. Ils sont, de par leur nature, des créatures très sexuées. Par conséquent, le phallocrate prend en chasse presque n'importe quoi de féminin, pour voir ce qu'il est capable d'attraper. Il croit qu'il y a deux classes de femmes: les «dévergondées» et les «pures». Pourtant, ses classes se chevauchent. Il teste toujours les femmes, même les femmes apparemment pures, pour pouvoir les assigner à l'une ou l'autre de ses deux classes, et pour voir s'il est capable de les transformer, et dans quelle mesure, de femmes pures à femmes dévergondées. Lorsque, éventuellement, il s'engage dans une relation permanente, il veut que sa femme soit presque une sainte, qu'elle ne jette même pas un coup d'oeil du côté d'un autre homme, mais qu'elle soit complètement déchaînée au lit, avec lui. Et pour finir, c'est à la femme — sa femme — qu'il revient d'élever les enfants et de le servir.

Cas vécu

En cours de carrière, j'ai rencontré un grand nombre de phallocrates et j'ai connu bien des femmes qui vivaient avec eux et qui avaient des histoires à raconter. De toutes ces histoires, celle de Thérèse est la plus typique. Son homme, David, n'était pas un phallocrate partiel. Il avait tous et chacun des traits du catalogue.

Thérèse a grandi dans une petite ville et faisait partie d'une culture où les idées traditionnelles et conventionnelles influençaient la vie de tout le monde. Son village natal et son milieu social lui ont enseigné que, pendant que les garçons «jettent leur gourme», les filles «se font de mauvaises réputations». Les hommes étaient évidemment les chefs de familles, à qui il revenait, tout naturellement, de prendre les décisions. Au mieux, les femmes étaient seconds lieutenants. Elles avaient de l'influence, mais elles n'avaient pas la capacité mentale ni la stabilité physique nécessaires pour diriger.

La famille et les amis de Thérèse lui ont aussi inculqué d'autres dogmes traditionalistes. Ils lui ont dit qu'une fois marié, le couple doit vivre et aimer en paire et ne jamais divorcer. Par conséquent, Thérèse aspirait à un mariage traditionnel, et ne se posait pas de questions. Et elle est restée «bonne» pour le mériter. Elle était parfaitement d'accord avec l'idée que ses tâches et celles de son homme diffèrent, qu'elle s'occupe de la maison pendant qu'il travaille, et qu'il assume généralement le rôle de membre le plus important du couple. Mais elle pensait que tout le reste devrait être égal entre eux. Tous deux deviendraient instantanément, et resteraient indéfiniment, fidèles l'un à l'autre. Ensemble, ils fonctionneraient comme les deux côtés d'une pièce de monnaie. C'est donc naïve et le regard plein d'émerveillement qu'elle s'est enfuie avec David, son amoureux de collège, aussitôt qu'il est revenu du service militaire.

Mais les notions de bonheur conjugal de David différaient de celles de Thérèse. Selon lui, les couples ne vivaient pas entrelacés, mais suivaient plutôt les ordres du maître et roi. Célibataires ou mariés, les mâles avaient des prérogatives. La seule chose qui changeait avec le gâteau de noces, c'était la façon dont Thérèse pouvait se conduire. Elle devait lui appartenir et faire ce qu'une femme doit faire: s'occuper de la maison, suivre ses commandements, le servir et l'accommoder sexuellement, lui et lui seul. Elle ne pouvait plus rien faire sans son approbation. Elle n'allait nulle part sans lui; quand il était absent, elle restait à la maison. Entre-temps, lui avait le droit de faire ce qu'il voulait.

Le soir de leurs noces, David a tellement bu qu'il est tombé ivre mort avant que Thérèse ait eu le temps de se déshabiller. Puis, aux petites heures du matin, il s'est jetée sur elle et, en un rien de temps, c'était fini. Le lendemain, il est rentré à trois heures du matin. Même si elle était fâchée, il a insisté pour faire l'amour immédiatement et pour qu'elle lui fasse des choses qu'elle n'avait même pas cru possibles.

Avec le temps, elle a commencé à se dire qu'elle avait une vie sexuelle excitante. Mais elle ne pouvait nier que, même s'il n'y avait pas exactement de la violence dans leurs relations, il y avait toujours un élément de contrainte. David maintenait que Thérèse aimerait, ou du moins apprendrait à aimer, tout ce qu'il faisait. Il lui arrivait souvent de feindre plus de plaisir qu'elle n'en éprouvait. Elle n'avait pas un mot à dire sur la fréquence ni sur la manière dont se déroulaient leurs relations sexuelles, sauf lorsqu'elle avait occasionnellement «mal à la tête», ou pendant ses menstruations (que David lui reprochait à chaque fois). Et comme elle ne savait jamais quand viendrait le temps des prochaines relations, ni ce qu'il exigerait d'elle sexuellement, elle était toujours un peu inquiète.

Au début, elle faisait ce que David voulait, au lit et ailleurs. Cela lui semblait la règle pour les femmes, et elle n'avait pas d'autre exemple à suivre. Mais elle a commencé à remarquer qu'avec le renoncement volontaire à son indépendance elle avait aussi perdu une bonne part de sa liberté personnelle. David lui dictait sa façon de s'habiller et de se coiffer. Il a déchiré tous ses jeans. Il voulait qu'elle se donne une voix douce, un ton docile et qu'elle soit toujours prête à l'accueillir et à recevoir ses amis. Quand il n'était pas satisfait, il piquait des crises épouvantables et brisait même des objets. Il ne lui permettait pas d'aller travailler, mais ne lui donnait qu'un montant minimal pour s'occuper de la maison, acheter les épiceries et payer tous les «extra». Elle n'avait donc que très peu ou pas d'argent pour elle-même.

Une fois passée la période de la lune de miel, David s'est mis à sortir de plus en plus souvent. Ses excursions de chasse et de pêche étaient de plus en plus fréquentes. De même que les nuits passées avec ses copains. Parfois, il ne rentrait pas souper et, occasionnellement, il découchait. Lorsqu'il rentrait, il avait de la poudre sur son veston et ses bas étaient à l'envers. Les gens ont commencé à être aux petits soins avec elle et à la consoler, mais sans lui dire pourquoi.

Puis, Thérèse a appris qu'elle était enceinte et David ne rentrait presque plus à la maison. Le soir où elle a accouché, on n'a même pas pu le trouver. C'est un voisin qui l'a amenée à l'hôpital, et sa soeur qui lui a tenu la main. Lorsque David est finalement apparu, le lendemain, il a semblé aimer sa petite fille. Il a quand même dit à Thérèse «tu fais mieux d'avoir un garçon la prochaine fois». Et même s'il se vantait de sa fille, il ne la prenait jamais dans ses bras. Thérèse a eu trois autres filles avant d'avoir un garçon. Elle continuait d'essayer pour David, qui y tenait toujours, même s'il ne l'aidait jamais à faire le ménage ni à s'occuper des enfants. Il allait et venait à son gré.

Finalement, et enfin, ses escapades amoureuses, ses colères, son attitude dominatrice et ses absences sont devenues trop humiliantes. Thérèse l'a jeté dehors. Il l'a suivie partout comme un chien de poche — pour voir s'il y avait un autre homme dans sa vie — jusqu'à ce qu'elle accepte de le reprendre. Mais après trois semaines de bonne conduite, après avoir ouvert un compte conjoint à la banque, et après deux semaines de vacances, David a repris ses vieilles habitudes.

Thérèse s'est dit à elle-même, et a dit à David, qu'elle allait lui donner une dernière chance. Elle a déjà dit cela auparavant. Elle ne s'attend pas à ce qu'il change radicalement du jour au lendemain, mais elle insiste pour qu'il change certaines choses qu'elle ne peut plus tolérer. Elle affirme être indifférente à certaines restrictions, que ce qui la trouble, c'est l'humiliation. David court toujours les jupons. Et Thérèse suit des cours de cuisine, va à l'église et s'occupe des enfants, mais elle n'a pas d'argent.

Elle n'est pas certaine de pouvoir être autre chose qu'une épouse traditionnelle. Elle croit toujours que l'homme de la maison doit avoir un rôle prépondérant. David pourvoit à ses besoins et à ceux des enfants, et il se montre aussi paternel que ses limites le lui permettent. Mais Thérèse n'a pas l'intention de le laisser la maltraiter ou lui manquer de respect de nouveau.

Lors d'une de leurs séparations, elle a commencé à vraiment apprécier son état de célibataire. Elle a appris à conduire et est allée dîner dans les restaurants. Elle est même allée en camping, seule avec les enfants. Elle a commencé à se dire que renoncer à l'idée d'un seul et unique homme n'est peut-être pas une si mauvaise idée. Elle est sérieuse à propos d'une dernière chance. Mais elle ne s'attend pas vraiment à ce que David tienne ses promesses.

Les phallocrates le sont dans différentes mesures, de légères à importantes. Étonnamment, ce genre d'homme est très facile à identifier bien qu'il puisse parfois sembler modérément phallocrate au début, et le devenir dans une mesure extrême après que vous vous soyez installée avec lui. Le problème, c'est que la façon d'être du phallocrate est conforme aux attentes conscientes ou inconscientes de certaines femmes. Mais même si l'on suppose que le fait d'appartenir à un sexe différent permet une conduite quelque peu différente, cela ne veut pas dire qu'on doit accepter de vivre avec quelqu'un qui insiste sur des différences visiblement injustes. Le phallocrate ne se contente pas de faire des sujets de discussions de ses prétentions. C'est un homme littéral. Il pratique ce qu'il prêche. Si vous vous liez à lui, ses opinions vont devenir vos conditions personnelles, et ce ne sont pas nécessairement des conditions agréables. Puisque vous avez le choix d'accepter ou de refuser ce qu'il propose, vous devriez prendre le temps d'analyser ses prétentions avant de vous engager.

Comment reconnaître ce genre d'homme?

Le phallocrate croit que tout existe en quantités limitées, des ouvre-boîtes au respect des femmes. Sa valeur et son estime de lui-même dépendent donc de sa capacité d'obtenir le plus de choses possible (du moins, d'en obtenir plus que ses concurrents), de protéger ses possessions contre les autres, et de présumer que le fait que les autres aient aussi des possessions signifie qu'il y en a moins pour lui (ce qui explique qu'il s'empare des biens des autres quand ceux-ci ont le dos tourné).

Avec un tel point de vue, son foyer devient son château fort. Les femmes deviennent des perles: sa femme, ses filles et ses soeurs devraient rester accrochées à son cou; les autres existent pour être pêchées. Le prestige équivaut à surpasser et à déposséder les autres. Il devient un seigneur de la guerre, un conquérant. Il élargit son territoire et protège ses possessions au moyen d'une carabine. Il aime les armes à feu. Et c'est un homme très jaloux.

Des indices additionnels

Il est très important pour lui d'être viril à tous les égards: dans sa façon d'être, dans son apparence et sa conduite. Il n'a rien de froufrou; il est direct et autoritaire. Il magasine dans les boutiques pour hommes ou aux comptoirs pour hommes des grands magasins. Il évite tout ce qui porte l'étiquette «unisexe». Il ne mettra les pieds à l'étage de la lingerie féminine que pour acheter un cadeau qui servira à appâter une femme. Et même alors, il demandera à la vendeuse de choisir quelque chose pour lui.

Il porte son pantalon un peu bas sur les hanches et les retient au moyen d'une grosse ceinture épaisse. Il aime les gros motifs et préfère le bleu, le noir et le rouge. Son complet est en serge ou en tissu écossais. Ses vestons ne sont ni dégagés ni ajustés; ils sont longs, droits, à hauteur des hanches, et souvent de style western. Le plus souvent, il porte un veston de cuir noir ou brun foncé, avec une rangée de boutons ronds.

Il préfère les voitures tape-à-l'oeil, les plus récentes et les plus grosses possible. Souvent, il possède deux station-wagons, ou peut-être des Bronco ou des jeeps. Il aime aussi les camionnettes découvertes, les remorques et les caravanes; elles sont conformes à son idée de plaisir et lui procurent son genre de confort: une randonnée cahoteuse, raide, éreintante.

Avant de vivre en couple, le phallocrate n'attache aucune importance à l'endroit où il vit. Ce n'est pas son genre de s'inquiéter de décoration. Souvent, il vit là où sa mère ou ses soeurs peuvent se charger du travail domestique qu'il ne fait pas. Lorsqu'il vit seul, il loue un appartement meublé ou loue ce dont il a besoin auprès d'une entreprise de location de meubles. Il choisit un appartement à grandes pièces carrées, qu'il équipe d'une énorme table à café rectangulaire, de tapis et des nécessités. Il choisit un appartement, non pas situé près de son lieu de travail, mais à proximité de l'endroit où il passe ses soirées. Il réside habituellement au centre-ville, près du campus, près des boîtes de spectacles musicaux ou près des tavernes. Il nettoie rarement son logis. Il mange toujours à l'extérieur. Il envoie chez le nettoyeur tous ses vêtements, ses serviettes et ses draps, y compris un ensemble de literie à rayures. Et s'il oublie d'aller les reprendre, ce qui lui arrive souvent, il dort sur un matelas sans drap et s'essuie le visage avec la chemise qu'il a portée la veille.

Mais lorsqu'il vit en couple, il aime le faire de façon complètement différente.

S'il en a les moyens, il s'en va vivre dans une maison isolée, loin des bruits de la ville. Peu importe le genre de logis qu'il choisit, et qu'il soit situé en ville ou en banlieue, préférablement en banlieue, il en fait son château et le déclare suffisant. Surtout si vous n'êtes pas d'accord. S'il a le choix, il préfère les maisons modernes. Comme il aime avoir une grande pelouse, il préfère les maisons situées à des intersections, et avec le moins de voisins possible. Bien sûr, c'est vous qui serez enfermée dans cette maison pendant que lui s'en ira vaquer à ses occupations dans son monde d'hommes. Vous découvrirez que vous jouissez d'un accès facile aux écoles, aux boutiques et aux magasins, mais qu'il vous est difficile de vous rendre au centre-ville. Mais avec lui, vous vous rendrez compte qu'il n'est pas facile de sortir de votre quartier, même si vous vivez dans un appartement du centre-ville.

Il aime les appareils électriques. Il les définit comme des outils qui vous facilitent la vie. L'achat de nouveaux appareils se situe très haut sur sa liste de priorités. Votre cuisine sera probablement équipée de trois fours: un four encastré, un four ordinaire et un four à micro-ondes, sans parler du grille-pain (bien qu'une voiture passe en premier, et que si vous n'en avez qu'une, c'est lui qui en aura l'usage). Il vous installera une laveuse, une sécheuse, un broyeur d'aliments et vous construira un énorme comptoir. Il ne comprend rien aux petites choses, mais il est conscient des grosses, surtout si elles coûtent cher et sont évidentes.

Il veut que la salle de séjour brille comme un ancien parloir. On y entre rarement et on n'y crée pas de désordre, puisque c'est là que se trouvent vos plus beaux meubles. Dans cette pièce, vous recevez les visiteurs, quand lui est présent. Les enfants ont leur propre pièce désordonnée, sinon ils restent dans la cuisine.

Il mange beaucoup. Il boit beaucoup aussi. Il aime la viande rouge, surtout les steaks. Il a un barbecue sur le patio. C'est lui seul qui se charge de faire le feu. Il tient à ce que vous prépariez d'énormes repas et à ce que le congélateur soit toujours bien rempli. Il a tendance à l'embonpoint en vieillissant. Il n'aime pas cela, mais il n'est pas capable de s'astreindre à un régime amaigrissant. Peu importent les efforts que vous faites pour l'aider, il mange en cachette. Comment pourriez-vous savoir mieux que lui ce qui est bon pour lui?

Il est habituellement assez sociable, bien que certains phallocrates soient tranquilles et sévères. En tout cas, il est plein de vie en présence d'autres hommes, car il préfère leur compagnie à celle des femmes. Souvent, lorsqu'il sort avec vous, il parle plus avec le propriétaire du restaurant, avec le serveur ou avec le barman qu'il ne parle avec vous. Il exagère. Il aime être actif. Il s'agite s'il n'a pas quelque endroit bruyant à visiter au moins tous les deux soirs.

Il est bien informé sur tous les sujets que les hommes sont supposés connaître. S'il ne pratique pas de sports, il les regarde à la télévision et connaît toutes les statistiques actuelles. S'il n'est pas en affaires, il s'y connaît quand même. S'il n'est ni pêcheur ni chasseur, il l'a déjà été. S'il ne défait pas la voiture en morceaux, c'est qu'il n'en a pas le temps, ou alors c'est parce qu'il attend que son fils soit assez grand pour qu'il puisse lui montrer ce qu'est une voiture.

Il est possible qu'il aime se payer du luxe, comme il est possible que cela le laisse indifférent, mais il est certainement généreux avec lui-même quant aux permissions. C'est-à-dire qu'il fait ce qu'il veut quand cela lui plaît, et qu'il fait une sainte colère si vous essayez de l'en empêcher. D'ailleurs, la colère est à peu près la seule émotion qu'il ait tendance à démontrer. Il a mis tellement de couches de muscles ou de graisse sur ses émotions que lorsqu'une d'elles parvient parfois à traverser sa cuirasse, elle est plutôt du genre explosif.

Avoir de l'autorité signifie pour lui qu'il a le loisir d'établir toutes sortes de limites et des commandements qui s'appliquent tous à vous. Il se fâche, fait beaucoup de bruit, et peut même parfois devenir dangereux ou violent si vous négligez de faire ce qu'il vous dit de faire, surtout s'il a bu. Il possède un vocabulaire illimité de sacres et de phrases grossières qu'il utilise surtout en présence de ses copains. Mais lorsqu'il est fâché, il sort ses gros mots en présence de n'importe qui.

Les indices sexuels

Il court après toutes les femmes sauf, peut-être, les épouses actuelles de ses meilleurs amis. C'est un chasseur et un rôdeur: les infirmières, les secrétaires et les serveuses ne sont pas à l'abri de ses avances. Il n'approuve pas que les femmes soient avocates, docteurs, chefs d'entreprises ou cadres, mais cela ne l'empêche pas de leur faire les yeux doux. Il ne s'embarrasse pas de faire des distinctions entre les femmes mariées, célibataires, vierges ou sages, mais il ne court habituellement pas après les très jeunes femmes, à moins qu'elles sachent ce qu'elles font et qu'elles soient en mesure de le satisfaire.

Il ne s'installera qu'avec une femme qui lui aura prouvé qu'elle restera probablement sa propriété privée. Cela ne veut pas dire qu'il faut que vous restiez vierge jusqu'au jour des noces. Mais il faut qu'il vous courtise, que vous vous refusiez à lui et qu'il vous fasse des promesses avant que vous ne succombiez à son charme. Et il ne devrait pas y avoir eu plus qu'un autre homme avant lui, qu'il détestera d'ailleurs en rétrospective. Votre résistance lui prouve que vous ne donnerez pas à un autre ce qui lui appartient de droit, bien qu'il continuera de douter de vous. Il se sentira plus en sécurité si vous êtes relativement jeune, c'est-à-dire si vous n'avez pas eu beaucoup de temps pour vous amuser auparavant. Une première épouse sera au dernier stade de l'adolescence ou au début de la vingtaine, et une seconde n'aura pas beaucoup plus de trente ans, et seulement si elle sort d'un long mariage.

Sa version des fréquentations est de vous amener avec lui partout où il va. En outre, il vous téléphone souvent et s'amène chez vous sans avertissement. Il est persévérant et tenace jusqu'à ce qu'il vous ait gagnée. Une fois que c'est fait, il vous installe à la maison et vous sort de moins en moins. Il n'y a pas un moment où son attention n'est pas sexuelle. Une partie de sa virilité est proportionnelle à la facilité avec laquelle il entre en érection. Sa présence se fait sentir, littéralement, car il exhale une odeur musquée. Son regard scrute votre corps. Ses mains aussi, chaque fois qu'il en a l'occasion. Il fait le premier geste sans hésitation, et le deuxième, et le troisième, etc. Vous êtes constamment occupée à le fuir, ou à le «laisser faire», dans la cuisine, près des enfants, n'importe quand.

Il n'est pas un compagnon reposant. Il vous traite comme si vous étiez un spermophile et lui, un tigre. Faire l'amour avec lui n'est habituellement pas une expérience délicate ni langoureuse. Il ressemble trop à un homme affamé qu'on inviterait à un festin, même s'il s'est régalé de viande féminine seulement quelques heures auparavant. Dans toute relation sexuelle, il s'assigne le rôle actif, et vous laisse le rôle passif. Il vous dit quoi faire et quelle position adopter ensuite. Vu qu'il interprète vos gestes autonomes comme des efforts pour augmenter le plaisir, le sien et non le vôtre, il a tendance à vous interrompre juste au moment où vous commenciez à jouir. Il pense qu'une bonne relation sexuelle se juge selon la durée et la vitesse du rythme. Il varie un peu mais, en réalité, il est plutôt limité. Si les parties corporelles appropriées n'entrent pas en contact après un certain temps, il s'énerve. Il lui arrive occasionnellement d'être impuissant. Lorsque cela se produit, il vous embarque avec lui dans une campagne qui vise à surmonter ses difficultés. Il ne sert à rien de lui dire que ce n'est pas grave. Et si tous vos efforts échouent, il attendra que vous soyez endormie, se donnera une érection, et vous réveillera pour vous prouver sa virilité.

L'aspect financier

Parfois, le phallocrate est un travailleur stable; parfois, c'est un vagabond qui change continuellement d'emploi et de domicile, avec vous en remorque. Mais peu importe comment il travaille, ses revenus lui appartiennent et c'est lui qui décide comment les utiliser. Il distribue l'argent comme s'il s'agissait de serviettes de papier qu'on ne doit utiliser que lorsque c'est nécessaire, et de façon qu'elles durent longtemps. Vous et la maison ne fonctionnez qu'avec l'argent qu'il vous accorde au compte-gouttes, quand cela lui plaît, bien qu'il lui arrivera à l'occasion de vous faire des cadeaux de prix. Il règle les comptes lui-même. Souvent, il se promène en voiture le samedi et règle ses comptes argent comptant.

De temps à autre, il fait des choses secrètes avec son argent. Il considère que ses dépenses ne vous concernent pas, et il ment au sujet de bien des choses: il placera peut-être de l'argent sans vous en faire part, achètera des choses sans vous consulter ou jouera à l'argent malgré votre situation financière précaire. Il dépense beaucoup d'argent pour boire, parier, assister à des rencontres sportives, acheter des armes à feu, payer des tournées à ses amis, au gré de sa fantaisie.

Il n'aime pas que vous travailliez à l'extérieur ni que vous ayez votre propre argent. Si les circonstances vous obligent à chercher du travail, il verra peut-être à ce que vous perdiez plus d'emplois que vous n'en gardez. Il exigera certainement que votre emploi soit inférieur au sien, peut-être servile ou temporaire, et que vous ne soyez pas trop entourée d'hommes dans votre milieu de travail. Votre patron est déjà un autre homme de trop. Il vous conduira au travail en voiture et vous attendra à la sortie à heure exacte, ou peut-être avec cinq minutes d'avance. Il s'attendra à ce que vous lui remettiez votre chèque de paie.

L'aspect familial

Le phallocrate moyen veut environ quatre enfants, mais seulement avec son épouse. Avec les «autres» femmes, il utilise des condoms. Certains phallocrates se font vasectomiser après avoir eu les enfants qu'ils désirent, pour s'assurer de ne pas avoir de problèmes. Tous vos enfants témoignent de sa virilité, mais il est préférable que vous ayez des garçons. Sinon, il lui faudra plusieurs filles pour lui assurer le même statut que s'il avait un garçon. Il ne sait pas trop comment se conduire avec ses filles, à part les gâter, leur acheter des animaux en peluche et les surveiller de son oeil de faucon. Avec les garçons, il est dur, strict et les encourage à s'intéresser davantage aux sports qu'aux sujets académiques. Il aime que ses enfants l'appellent «monsieur».

Il respecte ses parents. Toutefois, c'est à vous qu'il incombe de les servir lorsqu'ils sont en visite chez vous. Il s'attend que vous assumiez un rôle secondaire et que vous passiez au second rang en présence de ses parents, et parfois même de ses frères et soeurs. Il prend leur part contre vous. Il ne règle jamais l'animosité qu'il peut y avoir entre vous et ses frères et soeurs. Par contre, il reste distant avec votre famille, à moins de pouvoir s'attirer leur éternelle admiration. Il ira même jusqu'à s'opposer en principe à votre famille et à tenter de vous tourner contre elle.

S'il est intime avec qui que ce soit, c'est avec ses amis mâles. Lui et ses amis semblent incapables d'admettre combien ils s'aiment, autrement qu'en cherchant continuellement à être ensemble. Appeler cela de l'amour n'est pas «viril», mais c'est bien d'amour qu'il s'agit. Souvent, ses amis datent du temps où ils allaient à l'école. D'autres datent d'époques ultérieures. Mais quoi qu'il en soit, ils sont tous comme lui.

Il fait des déclarations qui séparent les hommes en qui il a confiance de ceux pour qui il a peu de considération: «Je lui confierais ma femme», dit-il. Si un homme n'est pas son ami, c'est un ennemi. Aussi amical qu'il puisse paraître avec tous les hommes, il ne laisse voir sa vraie personnalité que lorsqu'il se sent parfaitement en confiance. Il a tendance à ne socialiser qu'avec un cercle d'amis très restreint.

Il établit rarement de véritables amitiés avec des femmes. Il arrive parfois qu'un phallocrate ait une amie, une espèce de maîtresse, qu'il voit à l'occasion depuis plusieurs années. Elle seule devient alors amie et conseillère; il la traite comme il traite ses copains, mais ne l'amène jamais chez lui. De façon générale, le phallocrate veut que vous évitiez vous aussi d'être amie avec des femmes. Il acceptera vos amies d'enfance mais se sentira menacé si vous vous en faites de nouvelles. Si bien que, souvent, vous aurez tendance à évoluer dans un cercle de six ou huit personnes, toujours les mêmes année après année, après année.

Le phallocrate a bien quelque chose d'attirant. Son assurance virile est très convaincante. Il exhale quelque chose de vaguement... sécurisant. Il peut vous donner l'impression qu'il prendra soin de vous, que tout compromis sera largement récompensé. Il vous fait croire que lui seul peut vous exciter, qu'il est sexy et que, sans lui, vous ne l'êtes pas. Il vous donne l'impression de pouvoir affronter n'importe quoi, qu'il s'agisse d'un ouragan ou d'un grille-pain brisé. Lui-même n'est peut-être pas sans danger, mais il vous protégera au moins contre d'autres pires que lui.

Mais ses mauvais côtés se multiplient par deux, trois, puis quatre, au cours des années. Le fait qu'il soit un tyran jaloux et qu'il brime votre liberté lui semble tout à fait naturel, jamais un inconvénient. À mesure qu'il vieillit, il résiste de plus en plus aux idées nouvelles et aux changements. L'idée même de changement le fait tirer de plus en plus fort sur les rênes et empire son caractère.

Les prédateurs dont il vous protège sont habituellement imaginaires. C'est le phallocrate qui fait une victime de vous; et lui appelle cela vous protéger.

Avant d'aller plus loin, je dois vous parler du nouveau phallocrate. C'est un homme moderne, aux idées anciennes, adepte de la règle des deux mesures, et qui sent sa suprématie menacée. Face au désir d'égalité des femmes, il se dit qu'elles vont en avoir pour leur argent. Il connaît toutes les habitudes sociales qui ont été changées par l'émancipation féminine, et s'en fait des armes contre les femmes qu'il fréquente. Non seulement exige-t-il que vous payiez la moitié de la facture de restaurant (c'est juste, bien que payer chacun son tour est plus gracieux), mais il veut aussi que vous payiez les frais d'entrée à la boîte de son choix, même s'il sait que c'est au-dessus de vos moyens. Et si vous refusez, il vous laisse à la porte et entre seul. Il veut que son ex-épouse (surtout si c'est elle qui l'a laissé) lui paie une pension alimentaire. Il veut qu'elle lui paie une pension pour les enfants, les mois où il en a la garde, ou alors il compte le nombre de repas qu'il leur paie et les déduit de la pension qu'il doit payer. Il demande la garde des enfants chaque fois que vous vous faites un ami. Il vous fait servir des injonctions chaque fois que vous essayez de faire quelque chose.

Bien que le phallocrate moderne diffère du phallocrate classique sous presque tous les aspects, les éléments essentiels restent les mêmes. Il croit tout autant que son ancienne version, peut-être même davantage, que les femmes sont méchantes et indignes de confiance. Sous couvert de vouloir tout partager en deux, il élimine toute gentillesse et toute réciprocité. Même s'il a l'air de son temps, dans le fond c'est encore la même vieille histoire. Retournons maintenant à notre phallocrate classique.

Qu'est-ce qui vous attend?

Une chose est absolument certaine. Tôt ou tard, il dira qu'il va faire de vous une «vraie» femme, une femme «naturelle». C'est le temps de vous arrêter et de réfléchir. Être une femme «naturelle», c'était peut-être bien du temps des cavernes, mais qu'est-ce que cela signifie au vingtième siècle? Et il y a un autre problème.

Que signifient exactement les mots «naturelle», «vraie»? Quiconque essaie de vous expliquer ce qui est et ce qui n'est pas naturel ou vrai prêche pour sa paroisse. Votre «vrai» mâle n'est pas en train de vous expliquer ce qui est naturel, car personne ne le sait: il est en train de vous dire ce qu'il veut, lui. Il peut vous jeter de la poudre aux yeux. Vous pouvez même vous jeter de la poudre aux yeux vous-même. Il se peut que vous vous mettiez d'accord avec lui et que vous ne trouviez jamais de raison de changer d'idée, ou, au contraire, que vous trouviez artificiel et plutôt dominateur ce qui vous avait semblé naturel.

Le début de votre relation avec un phallocrate vous paraîtra peut-être aussi simple que celle de Tarzan et de Jane. (Étrange que leur seul enfant ait été un garçon, et non une fille, n'est-ce pas?) Mais le phallocrate croit que les choses qui diffèrent sont supposées rester différentes, comme l'huile et l'eau, ou les pommes et les oranges. Faire l'amour avec lui ne veut pas dire que vous vous fondez en une seule personne. Deux éléments distincts — vos organes sexuels — font contact dans un but spécifique, mais la ligne de démarcation ne cesse pas d'exister. Et cette ligne de démarcation est indestructible. Pour le phallocrate, les deux mesures ne servent pas uniquement à décider qui a droit à la liberté sexuelle et qui n'y a pas droit: elles établissent aussi qui a le droit d'utiliser quel espace, quand, quelles choses, quels vêtements, quels mots, et quelle conduite. Elles établissent même qui se tient derrière l'autel et parle à Dieu, et qui doit s'asseoir sur le banc et écouter le sermon. Avec un phallocrate, donc, on vit deux vies bien distinctes et qui s'imbriquent rarement.

De l'avis du phallocrate, les femmes ont besoin de limites et de restrictions, alors que les hommes ont toutes les permissions. Vous vivez avec l'implication que vous êtes, de par votre nature, insoumise et difficile à discipliner. Seules des créatures malfaisantes et incorrigibles méritent autant de restrictions. Plutôt que d'être une personne foncièrement bonne, à qui il arrive occasionnellement de faire quelque chose de mal, vous êtes, à ses yeux, une personne fondamentalement mauvaise, qui doit essayer d'être bonne. Vous êtes un paquet de troubles ambulant. Et vous êtes un tantinet impure.

Vous n'avez pas de possibilités d'évolution: vous êtes dans une situation permanente, déterminée par votre condition de «femme» et vous y êtes reléguée à partir du moment où vous lui appartenez. Quand on ne peut faire d'erreurs sans que ce soit une preuve qu'on n'est bon à rien, la honte et la peur se mettent de la partie. On devient son propre inlassable critique. On surveille et censure soi-même tout ce qu'on fait. On se met des bâtons dans les roues. Et on ment beaucoup.

Femme de phallocrate, vous vivez dans des cercles étroits: de la maison à l'épicerie et vice versa, en plus de l'église, de l'école, du bureau si nécessaire. Mais vos allées et venues sont toujours connues. Vous rentrez au foyer à 18 heures et ne sortez jamais après le crépuscule. Vous pouvez cuire vos aliments au four, les faire bouillir ou les frire, mais jamais en forêt, seule. Vous pouvez boire du vin ou mettre de l'eau de Seltz dans votre whisky, mais vous ne devez jamais en prendre plus de deux verres. Vous pouvez dire «maudit», «câline» ou «seigneur», mais jamais rien de plus osé.

Même à la maison, votre règne est limité. Votre mari est le dictateur; vous suivez les ordres. Vous n'avez de pouvoir qu'avec l'âge, que s'il souffre de maladie débilitante ou qu'il meurt, que vos filles sont mariées et vos fils sont devenus adultes. Entre-temps, vous avez droit à la cuisine, à la marmaille et aux tâches connexes. Il ne s'immisce pas dans votre domaine.

Il trône dans la salle de séjour et prend place à l'extrémité de la table dans la salle à manger. Vous ne pouvez porter votre robe soleil que dans la cour, mais il a le droit de porter son short sur le balcon. Les gros appareils lui appartiennent, et vous êtes propriétaire des draps. Tous les éléments que la règle des deux mesures attribue aux femmes deviennent votre fardeau personnel. Vous finissez par croire vous-même que vous manquez d'intelligence, que vous êtes incompétente, confuse et apte à occasionner toutes sortes de problèmes.

Chaque fois que vous empiétez sur son domaine, vous mettez votre estime de vous-même en péril. Vous agissez comme agit une mauvaise femme, ou vous vous conduisez comme une putain. Par conséquent, vous n'avez pas d'autre choix que de vous tenir à l'écart de son royaume et de vous éloigner de plus en plus de lui. C'est la seule façon pour vous d'être certaine de faire les choses comme il se doit. Une relation avec un phallocrate exclut éventuellement toute possibilité d'intimité.

Un grand nombre de femmes qui, au début, veulent devenir intimes avec un phallocrate finissent éventuellement par démissionner. Plus il vous rabaisse, ce qu'il fait continuellement, plus votre carapace épaissit, et le fait de vivre dans un monde séparé du sien finit par vous rendre insensible à ce compagnon de lit qui vous est étranger. La compagne d'un phallocrate a tendance à devenir de plus en plus indifférente à ce qui se passe dans la vie de son partenaire. Le lien qui les retient ensemble devient de plus en plus ténu et de moins en moins réel, jusqu'à ce qu'ils n'aient même plus de relations sexuelles. Elle finit habituellement par se consacrer exclusivement à l'entretien de la maison et aux enfants, tâches dans lesquelles elle s'évade complètement. Ses enfants deviennent sa vie et elle vit son avenir par procuration à travers eux.

Quels sont les signes précurseurs de problèmes?

Vous n'avez pas besoin d'un appareil radio pour capter les ondes émises par le phallocrate. Il parle fort et clairement et on l'entend aussi bien de loin que de près. Écoutez-le et prenez note de son vocabulaire. Le phallocrate a des centaines de mots pour désigner la femme, et aucun d'eux ne fait référence à sa nature humaine. Il ne dit jamais «femme», encore moins «dame». Pour décrire les personnes du genre féminin, il choisit des mots qui désignent habituellement des animaux, des objets ou, au mieux, des êtres humains dépourvus de maturité: «poulette», «pouliche», «poupée», «catin», «bébé». Il utilise aussi un certain nombre de termes péjoratifs: il appelle certaines femmes des «connes», des «touffes», des «plottes» et des «putains». Les femmes qui font partie de son cercle d'amis et de sa famille sont «les filles». Le mot «femme» a une trop forte connotation de maturité, et maturité est beaucoup trop près d'égalité. Ou alors, lorsqu'il utilise le mot «femme», il le dit comme si c'était une insulte, comme s'il disait «conne». Il exprime son intérêt pour l'équipement mammaire avec des mots comme «tétons», «boules», et ainsi de suite.

Les phallocrates pensent que le sexe est un remède à la rébellion, à la dépression, à la tristesse, à la colère, et l'hygroma de la hanche. C'est très mauvais signe quand un homme vous dit «ce qu'il te faut, c'est une bonne baise», comme façon de remédier à des humeurs qu'il n'apprécie pas chez vous. S'il se considère lui-même membre du club RNFO (dont la devise est «Ramasse-les, Nourris-les, Fourre-les puis Oublie-les»), dites-vous bien qu'en plus de vous avoir ramassée il pratique probablement sa religion ailleurs aussi. S'il vous pelote, vous dit que ce n'est pas gentil de l'arrêter, que c'est vous, après tout, qui l'avez excité en le laissant faire, renvoyez-le chez lui. Et si vous entendez cet autre cliché «les femmes, il faut les garder enceintes et pieds nus», c'est peut-être plus une prédiction qu'une farce. Remettez vos souliers et prenez vos jambes à votre cou.

Quelles sont vos possibilités et que devriez-vous faire?

Une relation avec un phallocrate peut durer éternellement si c'est ce que vous voulez, mais les conditions donnent matière à réflexion. Ce que vous ne pouvez faire, c'est le changer. Les poules qui ont des dents, cela vous dit quelque chose? Ou le soleil qui se lève à l'ouest? Changer cet homme est tout aussi impossible.

Le phallocrate considère ses convictions comme des évidences, dont il est lui-même la preuve. Il est, après tout, un spécimen supérieur. Il ne prend même pas au sérieux la moindre contradiction. Il vous remet à votre place avec son gros rire et ses farces, ou vous ignore tout simplement. Ou bien il vous montre ses biceps, vous demande si les vôtres sont aussi musclés et dit: «La voilà, la preuve.»

S'il lui arrive de changer, c'est habituellement pour le pire. Le batteur de femmes n'est qu'à un doigt du phallocrate. Le vôtre ne compte peut-être pas la violence dans son arsenal, mais lorsqu'un homme, quel qu'il soit, croit qu'il a le droit de garder sa femme à sa place, les risques de violence ne sont pas entièrement inexistants.

Personnellement, je vous conseille de fuir n'importe quel phallocrate qui s'approche de vous. Je vous recommande également de lui faire vos adieux si vous en avez déjà un dans votre vie, même si cela vous attriste. Il n'est pas (écoutez-moi bien!) le partenaire intime numéro 1, l'homme traditionaliste aimant. Il n'y a rien de mal à ce que l'on assigne des domaines différents à l'homme et à la femme, ou à ce que l'homme soit chef, si c'est conforme à vos attentes et à vos désirs. Mais il y a un problème inhérent à toute liaison avec un homme qui méprise le sexe féminin dans son ensemble. Et vous pouvez vous attendre à des maux de tête avec un homme qui se donne le droit de rabaisser sa partenaire. Les hommes doivent être fiers de leur virilité. Mais les phallocrates appartiennent à une autre époque et à d'autres lieux. Peut-être même n'ont-ils jamais eu de raison d'être.

C'est vous qui avez toutes les raisons de vouloir changer votre relation avec un phallocrate. (Il n'y a aucune raison pour lui de vouloir changer la situation.) Vivre avec lui pour toujours, c'est pour très très longtemps. Dissoudre une relation avec un phallocrate, une fois qu'elle est bien cimentée, peut s'avérer difficile. Souvent, il considère la rupture de votre relation comme une entorse à sa réputation. Et puis, cela sert ses intérêts de rester accroché à vous. Mais l'enjeu est probablement très élevé pour vous aussi: la maison, les enfants, la sécurité financière, votre propre éducation. Vous êtes peut-être même issue d'une communauté ethnique qui croit que vous êtes censée n'avoir qu'un seul homme dans votre vie.

Si c'est le cas, vous voudrez peut-être essayer de faire quelques ajustements. Annoncez les limites de votre tolérance et la mesure de respect que vous allez exiger et sans laquelle ce sera la rupture. Vous en récolterez peut-être une certaine discrétion au sujet de ses infidélités et peut-être même un meilleur traitement.

Je vous déconseille de donner une leçon au phallocrate en essayant de le rendre jaloux. Provoquer le phallocrate en lui servant exactement ce qu'il ne peut tolérer, c'est jouer avec le feu. Ne faites pas exprès pour flirter avec les autres mâles, lui faire croire que vous le trompez, ou le tromper de façon que tout le monde le sache. Et assurez-vous que votre père et votre frère sont de votre côté, avant de compter sur eux pour vous défendre. Ils sont peut-être d'accord avec la suprématie mâle eux aussi.

Si vous décidez de mettre un terme à votre relation une fois pour toutes, ramassez tout votre courage et faites-le proprement, clairement, et légalement. Si vous voulez vraiment en sortir (et s'il ne s'agit pas uniquement d'une réaction explosive), utilisez tout ce dont vous disposez: les documents, l'éloignement et la porte. Et c'est vous qui devez agir. User de tactiques pour tenter de le convaincre de partir lui-même est carrément dangereux.

Vous pouvez rester et faire contre mauvaise fortune bon coeur. Mais avant de devenir une «femme totale», demandez-vous si cela convient à votre personnalité. Ne vous laissez pas intimider, ne vous laissez pas convaincre d'adopter son point de vue si ce n'est pas aussi le vôtre. La confiance n'est pas basée sur des restrictions; elle est basée sur la foi, de part et d'autre.

Quel rôle jouez-vous dans cette relation?

Une femme qui a déjà été amoureuse d'un phallocrate répète presque iné-vitablement son erreur, s'il lui arrive d'en rencontrer un autre. Un tel penchant devrait être révélateur.

Le phallocrate n'existe pas en vase clos; il faut être deux à reconnaître son existence. Lorsque vous donnez votre consentement à sa domination, vous acceptez aussi ses dogmes. Mais si votre soumission involontaire à ses idées de domination vous rend malheureuse, vous feriez mieux d'analyser vos motivations secrètes si vous ne voulez pas vous retrouver avec un autre phallocrate.

Vous arrive-t-il parfois, en parlant de la condition féminine, de dire des choses comme «C'est notre lot!»? Cachez-vous vos Tampax et faites-vous semblant de ne pas avoir de relations sexuelles (alors que lui il vante les siennes partout)? Croyez-vous qu'une femme doive accepter toutes les avances que lui font les hommes? Si c'est le cas, c'est que vous souscrivez à la théorie selon laquelle «une femme doit prendre ce qu'elle peut, parce que c'est l'homme qui choisit et elle qui est choisie», ou que vous êtes d'accord avec l'idée que c'est l'homme qui doit porter la culotte. Croyez-vous que si une femme n'est pas vierge (ou du moins discrète à propos de ses relations antérieures) au moment de s'engager dans une relation permanente, son union en portera toujours une cicatrice invisible, mais que le passé d'un homme ne diminue en rien la relation? En fait, vous trouvez que les hommes «s'améliorent avec l'expérience» et vous ne voudriez pas qu'il en soit autrement? Ou que pensez-vous de l'idée qu'un homme peut toujours trouver une autre femme mais qu'une femme, une fois utilisée, ne peut pas en trouver un autre? Si vous avez un partenaire, vous cramponnez-vous à ce que vous avez ou vous préparez-vous à finir votre vie seule?

Découvrir que vous acceptez inconsciemment certains concepts d'infério-rité féminine — et il y en a d'autres que ceux qui sont énumérés dans le para-graphe précédent — n'est pas une condamnation de vous-même aussi terrible que vous le croyez. Après tout, le phallocrate a appris la règle des deux mesu-res; peut-être vous l'a-t-on inculquée à vous aussi. Je dis bien «inculquée», et non que vous la possédez de façon innée. Les femmes appartiennent bel et bien à la même société que les hommes. Elles absorbent les mêmes leçons qu'eux et les perpétuent. Votre mère vous a-t-elle dit que le sexe avec n'importe quel homme était péché, mais que votre mariage serait béni du ciel? Il est aussi difficile pour nous que pour les hommes de nous purger de ces affirmations sans fondement. Mais il y a un facteur qui ne s'applique qu'à nous: c'est nous qui avons le mauvais bout du bâton, nous qui faisons les frais de ce qui est un mythe plutôt qu'une réalité. Et comme c'est nous qui sommes victimes de ce mythe, il est de notre intérêt de faire la différence entre la réalité et ce qui ne l'est pas.

La règle des deux mesures sous-entend que c'est votre féminité qui pousse les hommes à se conduire comme ils le font. Le simple fait que vous êtes femme est une tentation pour chaque mâle. Vous êtes responsable de son érection. Mais le chromosome qui détermine le sexe ne contient pas de défaut de caractère, et aucun comportement masculin ne peut être imputé entièrement à votre présence sexuelle. Les actions de l'homme lui appartiennent; de la même façon, lorsque c'est vous qui séduisez, vous ne pouvez vraiment pas prétendre que «la chair est faible». Vous êtes responsable de vos actions, de même que des regrets et du plaisir qui en découlent.

Un grand nombre de femmes, surtout des femmes traditionalistes qui ont tendance à souscrire à la suprématie masculine, veulent vivre un rêve dans lequel elles aiment un macho qui les aiment en retour et pour la vie. Mais vous devez évaluer ce fantasme d'après ce qu'il vous coûte en réalité. Si vous ne recevez pas l'amour dont vous rêvez, si vous n'êtes pas heureuse et satisfaite de votre vie, à quoi sert de continuer à vivre votre rêve?

Si votre relation avec un homme s'avère insatisfaisante (et c'est le cas aujourd'hui pour bon nombre d'entre nous), le problème n'est pas intrinsèquement imputable à votre caractère ni à votre comportement. Votre relation n'a pas fonctionné parce qu'elle n'a pas fonctionné, un point, c'est tout! Dire adieu n'est peut-être pas ce que vous aviez espéré. Mais vous avez encore ce que vous aviez: vous-même, et la possibilité d'aimer de nouveau!

Le batteur de femmes n'est pas le seul homme qui reste à une porte du phallocrate. Parfois, le courtier en catastrophes et monsieur-génie sont aussi des phallocrates dans leur for intérieur. C'est parfois le cas également pour le misogyne, l'homme qui rêve d'être nabab et le roi-fainéant.

Mais le batteur de femmes. Ah! le batteur de femmes. C'est le plus dangereux de tous les hommes qui portent en eux des notions de suprématie masculine. C'est le sujet de mon prochain chapitre. J'espère pour vous que vous n'avez jamais rencontré de batteur de femmes. Beaucoup trop de femmes ont eu affaire à lui. C'est étonnant et c'est dramatique, mais il y en a de plus en plus et non de moins en moins. Il est donc de la plus haute importance que vous lisiez ce qui est écrit à son sujet, que vous appreniez à le reconnaître et à l'éviter.

Chapitre 4

LE BATTEUR DE FEMMES

L'homme qui maltraite les femmes physiquement, qui les frappe, les gifle, les pince et les bat.

Le batteur de femmes est un homme qui maltraite les femmes physiquement. Il frappe et il fait mal. Il est issu de toutes les conditions sociales: des classes à revenus élevés, moyenne et ouvrière, des différentes races et de toutes les religions. Mais il a un dénominateur commun: il exprime ses frustrations par la violence, et seulement contre des personnes plus faibles que lui, c'est-à-dire les femmes et les enfants.

C'est l'ennemi public numéro un. Et pourtant, il n'en a jamais l'air. Qui devinerait que c'est un batteur de femmes? Il a simplement l'air «un peu plus» que les autres, un peu plus ambitieux, un peu plus tendu. Il semble posséder une calme maîtrise de soi, une assurance réfléchie et une indéniable virilité. Il est plein de traits admirables. Mais regardez-y d'un peu plus près, et vous vous apercevrez que sa confiance en soi n'est pas rassurante: il s'affirme d'un ton péremptoire, et bien qu'il soit ambitieux, il est frustré. Sous cet habit de super-héros se cache le pire des lâches.

Il frappe habituellement à des endroits qui ne se voient pas. Et lorsque personne ne regarde, il vous tord les bras, vous tire les cheveux, vous enferme dans les placards, vous donne des coups sur le corps. Il frappe quand vous êtes à la maison, le soir, ou quand les visiteurs sont dans une autre pièce. Les portes fermées et vos vêtements lui servent de bouclier.

Le secret est connu d'une autre personne, bien sûr... la victime. Il s'organise pour faire une complice de vous. Défense de raconter à qui que ce soit; il vous console en vous faisant des excuses élaborées, ou vous menace de vous maltraiter davantage. Et il joue sur la théorie que s'il est «plus viril», cela vous rend «plus femme».

Il croit que vous aussi pensez que c'est viril de sa part de vous battre lorsque vous vous conduisez mal, qu'il est un dompteur chargé de domestiquer le lion qui est en vous. Il pense que c'est pour cette raison que vous acceptez ses mauvais traitements. Il compte sur votre silence. Même si vos blessures paraissent, vous coopérez: vous dites aux gens que vous êtes tombée dans l'escalier ou que vous avez glissé dans la baignoire. Et vous ne portez pas de maillot de bain en public. Il a besoin d'une femme qu'il peut menacer, pour qui l'absence d'un pourvoyeur, le manque d'argent, ou l'absence d'un mari macho serait un désastre. La femme favorite du batteur de femmes est Blanche-Neige. Sans son prince, elle ne peut tout simplement pas survivre. Il préfère les femmes dont l'éducation a inclus une forte dose d'abaissement féminin, et qui ont donc tendance à souscrire à l'idée qu'elles devraient accepter n'importe quoi pour sauver leur mariage. La femme battue accepte d'emblée les clichés destructeurs tels que «c'est le sort des femmes», ou «je n'aurai pas d'autre homme».

Le batteur de femmes a conclu un marché spécial. Contrairement à papa-a-raison, qui veut contrôler une enfant, ou au traditionaliste aimant, qui veut une compagne qui reste au foyer mais qui est son égale, le batteur de femmes offre de vous loger, de vous habiller et de vous nourrir, en échange d'un bouc émissaire. C'est un mauvais marché.

Cas vécu

Quand Janine, une amie de cégep, a épousé Benoît, nous avons tous cru qu'elle avait décroché un champion. Un champion de boxe, peut-être. Ce n'est que plusieurs années plus tard que nous avons appris qu'elle était vite passée de mariée rougissante à femme battue. Janine n'avait fait que deux ans de cégep. Elle tuait le temps en attendant que Benoît finisse ses études. Puis elle a laissé tomber ses études pour un mariage «parfait». Dès que Benoît a commencé à travailler pour une maison de courtage en biens immobiliers, ils se sont mariés.

Les gens disaient de Janine qu'elle était une poupée vivante. Et c'était une évaluation juste. Elle n'avait jamais pris de cours spécialisé à l'école. Elle n'avait jamais occupé d'autre emploi que celui d'empaqueteuse de frites chez McDonald's. Elle pouvait à peine épeler «police d'assurance». Et elle était toujours surprise quand la banque lui retournait ses chèques avec la note «sans provision». Le fait que Benoît se chargeait du budget, qu'il signait tous les documents et s'occupait de tous les achats importants ne lui avait pas paru louche. Il prenait «soin» d'elle. La vie était une grosse douillette de polyester. Non pas qu'elle ne travaillait pas. Mais ils n'ont jamais considéré important le travail qu'elle faisait. Elle gardait la maison propre et s'occupait des enfants; on ne pouvait pas appeler cela du travail.

Pendant que Janine s'occupait de produire deux enfants, Benoît n'a obtenu aucune promotion. Malgré ses succès du début, son étoile pâlissait. Et même s'il réussissait à se donner l'apparence du succès, ce qui lui avait valu l'envie de tout le monde au cégep, Benoît était fragile dans son for intérieur. Il n'arrivait pas à contenir ses frustrations et sa jalousie. En privé, il piquait des crises de rage et de jalousie mal placée.

Il aimait parler entre hommes. Il pensait que les tombeurs de femmes avaient la meilleure philosophie de la vie; il regrettait de ne pas l'avoir essayée. Son père avait voulu que Benoît fût élevé en garçon et devienne un «vrai homme». Il avait frappé Benoît quand il était enfant, puis il avait frappé sa mère. Même si Benoît avait peur de son père, sa force «virile» l'avait impressionné. Il avait traduit violence par pouvoir. Par conséquent, une fois en charge de sa propre vie, il s'était mis à agresser Janine.

Chaque fois qu'il passait sa rage sur Janine, il essayait de la compenser. Tout mielleux et doux, il s'excusait et la séduisait de nouveau. Après un bout de temps, ils ont développé un véritable talent pour la bataille. Ensemble, ils amplifiaient leurs différends jusqu'à ce que Benoît frappe Janine, puis ils se réconciliaient avec passion. Cependant, les coups devenaient de plus en plus sérieux.

Un jour, Janine s'est rendu compte qu'elle se réconciliait avec lui parce qu'elle avait peur, et non pas parce qu'ils avaient du plaisir ensuite. À ce stade, toutefois, ses protestations tombaient dans l'oreille d'un sourd. Benoît, lui, s'attendait à ce que tout rentre dans l'ordre avec un simple baiser. Pourquoi une côte brisée serait-elle différente d'une gifle? Un jour, il l'a même jetée en dehors de la voiture et a menacé de l'écraser. Janine était terrifiée. Mais son bilan n'était pas très encourageant: emploi, 0; enfants: 2. Elle n'avait pas d'argent et nulle part où aller.

Une nuit, Benoît l'a frappée jusqu'à ce qu'elle perde connaissance. Inquiet à l'idée qu'il était allé trop loin, il a appelé une ambulance. Sans s'en rendre compte, il a jeté le pont-levis qui donnait sur son royaume. Les autorités ont envahi la scène. Un après l'autre, des conseillers, des travailleurs sociaux, des policiers et des conseillers juridiques sont allés visiter Janine à l'hôpital. Elle a résisté à leurs efforts. Mais seulement jusqu'à ce qu'elle rentre chez elle. Elle a appris que, pendant son absence, Benoît s'était retourné contre les enfants et les avait frappés.

Quand il est allé travailler le lendemain, elle a ramassé son courage et décroché le téléphone. Elle a fait sa valise rapidement et elle est partie. Heureusement pour elle, c'était le début d'une époque de sensibilisation sociale. Elle a trouvé un grand nombre d'agences prêtes à lui venir en aide. Il a fallu un peu de temps, mais elle est indépendante aujourd'hui.

Cela peut arriver à n'importe quelle femme, des femmes plus éduquées, des femmes de carrière, des femmes qui travaillent à l'extérieur, des femmes mariées, des femmes qui vivent en concubinage, des femmes qui ne vivent pas avec leur partenaire, des femmes qui n'ont eu qu'une relation amoureuse et des femmes qui en ont eu plusieurs.

Je ne peux me retenir de donner un conseil péremptoire à la victime du batteur de femmes. Sans aucune exception, je dis QUITTEZ-LE LA PREMIÈRE FOIS QU'IL VOUS FRAPPE ET NE RETOURNEZ SOUS AUCUN PRÉTEXTE. Si toutes les femmes, partout, quittaient le foyer immédiatement lorsque leur mari les frappe, les batteurs de femmes n'auraient pas l'occasion de pratiquer leur perversion.

Maintenant que j'ai donné mon conseil, je vais poursuivre pour celles qui ne le mettront pas en pratique.

Comment reconnaître ce genre d'homme?

Alors que le misogyne croit aimer les femmes et ne les aime probablement pas, le batteur de femmes ne pense même pas aux femmes sur le plan de quelque chose à aimer. Il n'a jamais appris que c'est ce qu'il est censé faire. Pour lui, une femme est quelque chose qu'on montre aux autres hommes, quelque chose de servile et qui sert au sexe.

Le batteur de femmes est presque aussi difficile à reconnaître que le misogyne, au début de la relation. Pendant qu'il vous courtise, sa violence éventuelle reste dans l'obscurité. Ce n'est pas tellement lorsqu'il pense que vous lui appartenez, mais lorsque vous-même le pensez, qu'il change. En devenant jaloux, autoritaire ou possessif, il annonce que vous lui appartenez. Si vous ne protestez pas, si vous vous soumettez, vous jouez à Pandore. Plus tard, de mauvais esprits vont sortir de sa boîte.

Il émet un certain nombre de signaux d'avertissement: votre liaison se teinte de jalousie, peut-être aussi d'une certaine passion impérieuse. Mais observez aussi ces caractéristiques: il est compétitif avec les autres hommes, il flirte avec les autres femmes parce que cela fait partie de son image publique, il tient ses émotions sous couvert, il blâme les autres pour ses problèmes, il a besoin d'avoir l'air d'être le partenaire dominant de votre couple aux yeux du monde. Il se peut qu'il vous frappe avant le mariage. Si cela lui arrive, il s'empresse de vous séduire, de vous emporter dans une parodie romantique de la passion. Tout comportement qui semble vouloir dire «Tarzan regrette d'avoir battu sa Jane et il va te donner quinze orgasmes et un bouquet de fleurs» devrait signifier pour vous un incendie à cinq signaux d'alarme.

Le batteur de femmes cache de sérieux problèmes d'amour-propre sous l'apparence d'une virilité flamboyante. Ses doutes se situent essentiellement sur les plans du succès et de l'échec, de la force et de la faiblesse, du respect et du mépris. Dans chacun de ces domaines, il se mesure aux hommes, pas aux femmes; il s'inquiète de son statut de mâle relativement aux autres hommes. Une épouse soumise, agrémentée peut-être de quelques aventures extramatrimoniales, confirment sa virilité. Une grande partie du vocabulaire relatif aux émotions est tabou pour lui, ce qui le laisse avec des émotions essentiellement négatives. Il est rare qu'un batteur de femmes soit ému de joie ou émerveillé. Il considère ces émotions «féminines». Lorsque ses émotions se mettent à déborder, il bout de colère, souvent de rage, ce qui l'étonne souvent lui-même. Sa fureur cache de la jalousie. Il se torture intérieurement avec un tableau de mesures des autres hommes sur lequel il n'a aucun contrôle. Ce que les autres hommes ont et qu'il n'a pas — des ventes, des promotions, du prestige, de l'argent — il en tient son épouse responsable. Elle est mauvaise administratrice. Elle a flirté, a dépensé trop d'argent, l'a critiqué, a donné l'hospitalité à un fainéant. Bientôt, le corps de son épouse devient le symbole de ce monde pourri. Lorsqu'il a envie de donner un coup de pied au monde, il donne un coup de pied à sa représentante: sa femme.

Le batteur de femmes a besoin d'ordre et de discipline. Il veut que sa femme marche au pas, qu'elle soit à temps et à sa place. Il garde en réserve un code secret d'infractions criminelles qu'il peut réviser à sa guise. C'est plus amusant et cela lui fournit une excuse pour vous frapper si vous commettez un délit sans même vous en rendre compte. Une femme avertie en vaut deux, et il ne veut pas que vous soyez prévenue, à moins de pouvoir compter sur vous pour allumer vous-même la mèche de son bâton de dynamite, en faisant exprès pour oublier ses règlements ou lui désobéir.

Des indices additionnels

Il s'habille avec précision. Peu importe son occupation, qu'il soit chauffeur d'autobus ou avocat, il insiste habituellement pour que son uniforme soit en ordre. Il jette peut-être des serviettes sales partout, mais ses tiroirs doivent contenir des piles de chemises alignées en rangées comme de petits soldats de plomb; ses caleçons doivent être aussi blancs que des drapeaux de capitulation, et les plis de ses pantalons doivent être aussi droits que des rayons laser.

Dire que c'est une personne qui manque de souplesse, c'est peu dire. Il n'aime pas les visiteurs qui s'amènent sans avertir. Les rencontres fortuites l'énervent. Il n'aime pas les réceptions. Il coupe court aux conversations avec des étrangers. Surtout vos conversations avec des étrangers masculins.

Sa vie suit un horaire précis, une routine: déjeuner traditionnel, souper à heure exacte, enfants assis, détente planifiée, exercices rigoureux. Il aime les sports, qu'il pratique avec d'autres hommes. Les jeux de balle, le squash et la boxe lui permettent de se mesurer à ses ennemis dans une atmosphère virile. Il ne tient de conversations qu'avec des hommes. Parfois, il s'exerce avec des instruments bizarres dans un gymnase. Il pense qu'en ayant l'air dur il pourra impressionner ses semblables.

Ses exigences horaires deviennent l'horloge de votre vie: vous devez vous assurer d'avoir rapporté ses chemises du nettoyeur avant qu'il revienne de son travail. Vous laissez votre amie et votre magasinage assez tôt pour avoir amplement le temps de préparer le souper avant qu'il arrive. Lorsque vous devez le rencontrer quelque part, vous arrivez à temps et exactement à l'endroit qu'il vous a indiqué. Vous occupez vos journées à accomplir les tâches dont il vous a chargée, même si vous n'en avez pas envie. Vous lui cachez les mauvaises actions de vos enfants. Vous faites très attention à ce que vous dites.

Son enfance est un mystère. Il ne vit pas souvent seul ni longtemps. Avoir une femme fermement attachée à lui fait partie de son image, alors il en a presque toujours une. Il se marie jeune. Il faut qu'il prouve que, comme son père, il est capable de produire des enfants. Il se lie rapidement à une autre femme si sa liaison échoue, afin de prouver que sa virilité n'était pas en cause.

Il conduit une voiture virile, jamais une voiture frivole. Pas question de Subaru pour le batteur de femmes. Il conduira n'importe quoi, une Chevy Van ou une Chrysler, pourvu que ce soit une voiture lourde.

Il dépense beaucoup d'argent pour soigner son apparence. C'est lui qui joue le rôle de personne publique; vous êtes la personne privée. Il a besoin d'un bureau, d'outils, de voitures, de complets; vous, vous n'avez pas besoin de tant de choses... jusqu'à ce qu'il soit question de réception. Lorsque vous allez à son bureau ou souper au restaurant, votre apparence devient importante. Il exigera que vous soyez impeccable. L'argent alloué à l'entretien domestique doit être dépensé pour la partie publique de la maison, celle que les visiteurs peuvent voir. Vous décorez et époussetez le salon et la salle à manger, mais vous réparez la laveuse et la sécheuse avec des épingles à cheveux et de la gomme à mâcher: elles sont installées au sous-sol et n'ont aucune importance.

Il arrive parfois que le batteur de femmes désire que son épouse soit une espèce de mannequin et qu'elle ne travaille pas du tout. Mais même si elle travaille fort, il projette une image d'elle qui laisse croire à un article de luxe qu'il daigne entretenir. Si vous mettez cette image en doute, par votre travail, votre argent ou votre indépendance, vous risquez de provoquer des crises majeures.

Les indices sexuels

Afin de bien établir son image de propriétaire-pourvoyeur, le batteur de femmes choisit sa compagne parmi les femmes qui sont mal préparées pour l'avenir, qui se croient faibles ou incapables de survivre seules. Il aime les femmes conformistes. Pas celles qui décident de leur propre vie, mais celles qui se montrent un tantinet arrogantes avant de prendre «leur place». Souvent, il choisit une femme qui a déjà de jeunes enfants et qui a de la difficulté à les faire vivre. Il peut sentir à des kilomètres une femme qui manque de force. Le batteur de femmes sait instinctivement qu'une femme n'a pas de diplômes, aucune formation spécialisée, aucun investissement financier, aucune expérience de la vie, ou qu'elle ne veut pas vivre seule malgré sa capacité d'indépendance. Si elle lui laisse le moindrement entendre qu'elle veut être possédée, il est prêt à acheter.

Aux yeux de ce genre de femmes, il a une image très forte. Il sait qu'elles sont attirées par l'expression de la force masculine. C'est lui qui prend les décisions. Lui qui conduit la voiture. Il annonce qu'il n'aime pas telle robe ou telle coiffure, pour voir si vous ferez les choses à sa façon.

Et le sexe. Le sexe avec lui est passionné, pas tendre. Il est peut-être même un peu agressif, comme s'il piquait un morceau de viande avec sa fourchette. Les longs préambules affectueux, ce n'est pas son genre; il insiste pour que le rythme soit vigoureux et frénétique. Il faut toujours que les choses se passent à sa façon. Il aime la position du missionnaire, le rôle de directeur. Il ne pose pas de questions. Un petit viol peut être de mise, surtout si vous lui résistez ou s'il veut se réconcilier après une bataille. Il ne fait aucun doute que, puisque vous êtes sa propriété, vous êtes à sa disposition. Il n'aime pas qu'on lui refuse. Il en redemande, trois, quatre ou cinq fois d'affilée. Le sexe est fini quand lui a fini et que vous êtes complètement épuisée.

L'aspect financier

L'argent est un facteur clé de la relation. Si vous acceptez son support financier, vous acceptez ses mauvais traitements: c'est l'idée que se fait le batteur de femmes d'obtenir quelque chose pour son argent. Il peut ne vous donner qu'un chèque de paie par mois, comme il peut tout aussi bien vous inonder de diamants ou vous laisser vivre d'espoir. D'une façon ou d'une autre, vous êtes une cible sans valeur.

Voyez-vous, tout l'argent est son argent. Si vous avez des revenus ou des fonds personnels, il les prend en charge et garde le chéquier avec lui. Il est plus que probable qu'il ne vous permettra pas d'occuper un emploi. S'il vous arrive d'aider au soutien de la famille, il s'assurera que vous ne gagnez pas autant que lui. Il insiste pour que vous quittiez votre emploi ou s'organise pour vous le faire perdre.

Il veut acheter lui-même tout ce que vous portez et utilisez. Il interdit à la famille de vous faire des cadeaux. Vous vous prenez peut-être pour une épouse mais, à ses yeux, vous êtes une femme entretenue, achetée. Lui seul se charge des achats importants. Il détient les titres de la maison et de la voiture. Et il est pingre. Il vous donne peut-être de l'argent, mais il se tient au courant de la moindre dépense. Il déteste acquitter des comptes médicaux. À son avis, vous ne devriez pas gaspiller de l'argent pour voir des médecins. Il s'attend que le budget alimentaire ne soit pas élevé, mais il cassera la vaisselle si le souper n'est pas à son goût.

Pour le batteur de femmes, l'argent c'est le pouvoir. Vous êtes peut-être emprisonnée dans la relation par des liens psychologiques, mais il vous empêche de vous évader en vous attachant au moyen de liens économiques.

L'aspect familial

Naturellement, il exige le rôle de chef de famille. Et pas de bêtises. C'est un époux et un père autoritaire. Il désire habituellement des enfants, bien que quelques batteurs de femmes froids et solitaires n'en veulent pas. Généralement, les enfants servent à renforcer la virilité de son image de soi, tout en gardant son épouse à sa place. Il veut créer un monde parfait pour ses enfants, mais il finit habituellement par les frapper eux aussi. Le battage d'enfants et le battage de la femme vont habituellement de pair. Les enfants sont les cibles les plus vulnérables qui existent.

Ses relations avec sa mère et ses frères et soeurs sont celles d'un dictateur, d'une autorité. Il arrive que les membres de sa famille soient les premiers à se rendre compte qu'il bat sa femme et qu'ils lui en glissent un mot, mais il les a probablement déjà maltraités eux-mêmes pendant des années, et ce qu'ils ont à dire le laisse indifférent. Son père est une autre histoire. Une passion, probablement négative, existe entre le père et le fils. Le batteur de femmes essaie continuellement de convaincre son père de le traiter comme le nouveau chef de la bande.

Les beaux-parents représentent pour lui une menace et un risque d'interférence. Le batteur de femmes essaiera de rompre complètement vos liens avec votre propre famille, le plus tôt possible.

Il cherche à être l'égal de ses amis masculins. Il n'a pas d'amies parmi les femmes. Son monde est un monde d'hommes, et il y passe une bonne partie de son temps. Entre hommes, il construit une fausse camaraderie: histoires d'hommes, farces d'hommes, occupations d'hommes, toutes au détriment des femmes. Ses amitiés manquent d'intimité et sont extrêmement liées à son statut. Il joue à monsieur-sait-tout et à qui-réussit-le-mieux financièrement, en affaires et dans les sports. Il flirte avec les serveuses des bars. Il cultive l'idée que les autres hommes sont comme lui.

Quant aux défauts du batteur de femmes, il n'en a pas: il en «est» un. Il est un accident parlant et ambulant, une voiture qui roule dans le mauvais sens sur l'autoroute de la vie. Ce n'est pas qu'il n'aime pas les femmes. Il les méprise totalement. On ne fait pas un souffre-douleur de quelqu'un qu'on aime. Regardons les choses telles qu'elles sont. Rien ne rachète un homme qui menace votre santé et votre vie.

Qu'est-ce qui vous attend?

Comparez le batteur de femmes à un paquet de cigarettes. Peu importe l'élégance de l'emballage, peu importe que les cigarettes soient longues, courtes, douces, fortes, filtrées ou parfumées, elles sont dangereuses pour la santé. Il y a plusieurs façons de jouer avec le feu, mais un seul règlement: ne le faites pas! Vous pourriez perdre la vie.

Il est vrai que le batteur de femmes fait partie des fantasmes de certaines femmes. Mais il y a une grosse différence entre la réalité et l'imagination. Dans vos fantasmes, si un homme vous soumet à sa passion, c'est tout de même vous qui contrôlez le rêve. C'est vous qui organisez les circonstances. C'est vous qui choisissez l'homme, jusqu'où vous laissez aller les choses, et les choses exactes qu'il vous fait. Mais lorsque le batteur de femmes existe dans votre vie réelle, et non dans vos fantasmes, ce n'est pas vous qui avez le contrôle. C'est lui. Et il ne connaît pas vos limites. Il ne connaît probablement même pas les siennes. Une fois qu'il a commencé, il ira aussi loin que le poussera sa frénésie. Il est préférable de garder les brutes dans le monde des fantasmes. Là, ils peuvent vous faire battre le coeur et saliver, mais ils ne risquent pas de vous casser le nez.

Avec le batteur de femmes, il n'y a pas de stades, que des rages. Une fois qu'il vous a battue, vous pouvez prédire la direction que va prendre votre relation: de mal en pis. Les coups peuvent rester modérés pendant plusieurs années. Puis, ils peuvent accélérer subitement. Ou ils peuvent augmenter en importance lentement et régulièrement: d'abord, des pouces tordus, puis des os cassés. Si vous pensez que la première fois était le résultat de circonstances exceptionnelles, pour l'amour du ciel, vous ne pouvez plus nourrir de doutes la deuxième fois! Il n'a aucune raison d'arrêter si vous ne l'arrêtez pas. Malheureusement, il n'y a qu'une façon de l'arrêter: SAUVEZ-VOUS.

Tant et aussi longtemps que vous ne prendrez pas la porte ou que vous ne le rapporterez pas aux autorités, vous resterez dans des conditions d'assaut chronique, et devrez vivre votre vie cachée. Sa brutalité deviendra plus régulière, les intervalles de plus en plus courts. Sa violence s'étendra aux enfants, peut-être à votre soeur, ou même à une vieille mère.

Il peut contenir ses coups pendant longtemps, toujours vous frapper de façon que les marques ne se voient pas. Mais il se peut qu'un jour, un coup soit de trop. Les voisins entendent. Des amis voient vos ecchymoses. Un médecin pose des questions. Et votre vie, jusqu'alors secrète, devient totalement publique. Des étrangers s'amènent officieusement chez vous. Chacun vient d'une agence avec laquelle vous pensiez ne jamais avoir de contact. Votre nom se retrouve dans les dossiers des policiers, des représentants du ministère public, des travailleurs sociaux, des contrôleurs judiciaires, des représentants des services de protection de la jeunesse... ou votre mort fait la une des journaux.

Quels sont les signes précurseurs de problèmes?

Il existe des signaux indicateurs de batteur de femmes. Si un homme interprète comme une accusation de faiblesse toute offre d'aide, c'est mauvais signe. En fait, si un homme parle trop de force et de faiblesse, je me tiendrais sur mes gardes: la faiblesse est un sujet délicat à discuter avec le batteur de femmes.

En outre, bien que certains hommes se contentent de dire «tout ce dont une femme a besoin, c'est d'une bonne baise», d'autres mettent leur cliché en pratique. Si l'homme que vous fréquentez met en pratique la théorie de «la bonne baise» lorsqu'il juge votre conduite inacceptable, la théorie du «bon coup de poing» risque de suivre peu de temps après.

Prenez note également si un homme dit que les femmes doivent être mises à leur place, et qu'il se mette ensuite en colère si vous quittez la vôtre. Dans ce cas, alerte rouge. Qui sait ce qu'il sera prêt à faire pour vous remettre là où il juge que vous devriez être?

Si un homme menace de vous faire mal ou de vous frapper, vous devriez faire un test. Défiez-le de le faire. Dites-lui de ne pas se gêner, de vous frapper. Ce n'est pas payer trop cher pour l'information que vous en retirerez. Il ne peut y avoir que trois résultats à votre défi. Premièrement, il cessera de vous menacer et ne vous menacera plus jamais, jamais, et ne vous frappera jamais. C'est bien. Ou deuxièmement, il continuera de vous menacer, mais ne vous frappera jamais. Dans ce cas, vous devriez le quitter de toute façon. Il essaie de vous maîtriser par la peur. Votre corps n'en ressent pas de blessure, mais votre esprit, lui, en souffrira. Ou troisièmement, il vous frappera ou vous fera mal. Alors vous savez à quoi vous en tenir. Partez immédiatement.

Dans n'importe lequel des cas mentionnés plus haut, cherchez à savoir si l'homme que vous fréquentez a été battu lorsqu'il était enfant. S'il exprime encore de l'admiration pour un parent qui l'a maltraité, considérez cela comme un signal de danger.

Il n'y a pas de signaux mineurs dans le cas d'un batteur de femmes; il n'y a que des signaux majeurs. Tous et chacun d'entre eux signifient que vous devez rompre.

Quelles sont vos possibilités et que devriez-vous faire?

Les possibilités de changer un batteur de femmes sont presque nulles. Elles sont certainement nulles, en tout cas, si vous êtes sa cible. Il a besoin d'aide professionnelle, et c'est urgent. Pour cela, il faut du temps, de l'argent et le désir de changer. Malheureusement, il est peu probable qu'il soit prêt à investir aucun de ces trois éléments. Il est encore plus improbable qu'il soit prêt à avouer qu'il vous bat. Il ne peut supporter d'être critiqué. Il a peur qu'on pense qu'il est faible ou qu'il est émotionnellement déséquilibré. Il est terrifié de la portée que sa colère peut avoir. Et de toute façon, il pense que tous les hommes sont comme lui.

Le problème, c'est que le batteur de femmes ressent peu ou pas d'émotions autres que sa colère. Par conséquent, il ne sait pas reconnaître les signes qu'une crise est imminente, ni pourquoi, de sorte qu'il admet rarement avoir un problème. En outre, il est toujours absolument certain de ne pas recommencer. Le fait que vous le quittiez, les officiers de police, la menace d'emprisonnement, les accusations de voie de fait et les tribunaux peuvent finir par le convaincre de vouloir changer. Mais même après une thérapie, il continue de présenter des risques. Il ne change pas facilement et si vous faisiez partie de sa photo d'«avant», il est peu probable que vous fassiez partie de sa photo d'«après». D'autre part, s'il se fait prendre, il ne fait souvent que se prêter au jeu et prétend vouloir changer, jusqu'à ce qu'il se retrouve seul de nouveau. Il retourne alors exactement à ce qu'il était.

Je vous conseille de fuir à n'importe quel prix. Et le plus tôt possible. Même si vous êtes victime d'un batteur de femmes depuis quarante ans, si vous avez subi d'innombrables raclées, si vous avez des enfants, si vous n'avez pas d'argent: PARTEZ! Partez toute nue si nécessaire! Appelez à l'aide, allez chez le voisin, enfermez-vous dans une chambre, utilisez le long bras de la loi, avant qu'il ne vous porte le prochain coup.

Puis, ne retournez plus chez vous. C'est le plus difficile. Le batteur de femmes a besoin de vous et il essaiera de vous convaincre de revenir. Votre départ détruit son image personnelle et publique de l'homme parfait. Et après tout, vous lui appartenez et vous êtes son objet à frapper. Vous étiez de connivence avec lui, vous avez joué un petit jeu à deux; comment osez-vous partir et le laisser sans camarade de jeu? Mais croyez-moi, il ne changera pas plus vite qu'un léopard peut changer de taches.

Un grand nombre de femmes qui vivaient avec des batteurs de femmes sont terrifiées à l'idée de partir pour de bon et ce, pour bien des raisons. Il y a l'argent, la honte, le sentiment d'avoir accepté d'être une victime. Ou vous vous croyez incapable de subvenir à vos propres besoins, d'avoir de l'assurance et confiance en vous-même de nouveau. Et il y a la peur qu'il vous trouve. Mais rappelez-vous, il y a des gens qui sont là pour vous aider. Vous n'êtes pas obligée de vous débattre toute seule. Il y a des centres pour femmes battues, des lignes téléphoniques d'urgence, des travailleurs sociaux, des représentants de services médicaux et des refuges. Il y a aussi les officiers de police, les représentants du ministère public, les psychologues, la thérapie familiale, les cliniques, les amis et la famille. Trouvez les gens qui peuvent vous aider. La violence conjugale et les femmes battues sont des questions d'intérêt national qui reçoivent actuellement l'attention des gouvernements. La plupart des provinces ont des programmes destinés à vous aider à vous remettre sur pied. Il existe des refuges secrets. On peut vous aider à trouver un emploi. Parents et amis sont plus informés. Utilisez tous les contacts et les numéros de téléphone que vous avez. Lorsque vous décidez de partir, ce n'est pas le temps d'être timide.

Si vous continuez de vivre avec le batteur de femmes, que ce soit par peur ou par espoir de jours meilleurs, ou si vous retournez vivre avec celui que vous avez quitté, essayez au moins de changer votre condition. Allez voir un psychologue, en cachette s'il le faut. Allez chercher du renfort et essayez de comprendre votre situation. De nos jours, un grand nombre de psychologues offrent des moyens de voir clair en soi-même; ils offrent aussi des conseils et un entraînement à des façons plus saines de se quereller. Si votre batteur de femmes présente le moindre rayon d'espoir, peut-être pourrez-vous le convaincre de vous accompagner.

Demandez-vous s'il n'est pas possible que vous provoquiez la colère de votre partenaire. Pas en faisant les choses dont il vous accuse — il trouvera n'importe quelle excuse — mais de façons subtiles, psychologiques. Par exemple, vous pensez peut-être que vous méritez d'être punie, si bien que vous vous organisez inconsciemment pour déclencher sa colère. Évitez les phrases explosives, les petits flirts ou les oublis que vous savez déclencheurs de sa rage. Commencez aussi à apprendre comment ne pas être une victime. Apprenez à prendre des positions fermes, calmes, pleines de sang-froid. Endurcissez-vous lentement. Pratiquez-vous à l'auto-détermination, apprenez un métier, ou même un art martial! Refusez de lui servir de souffre-douleur et ne reprenez plus ce rôle.

Il est fort probable que ces méthodes mèneront tout de même à la rupture éventuelle de votre relation. Mais peut-être serez-vous plus forte lorsque vous serez enfin prête à partir. Sinon, elles vous aideront peut-être au moins à éviter des blessures vraiment sérieuses. Par contre, elles auront peut-être des effets inverses. Il résistera peut-être à vos changements et redoublera peut-être de violence. Si c'est le cas, tout ce que je peux vous dire est: sauvez-vous et sauvez vos enfants. Et par-dessus tout, ne le menacez pas de le quitter: faites-le!

Quel rôle jouez-vous dans cette relation?

Qui a déjà entendu le bruit que fait une main qui frappe l'air? Personne. La violence conjugale est un jeu qui se joue à deux. Vous remplissez un rôle indispensable.

Si vous vous surprenez à attraper ce que lance un batteur de femmes, il est temps de commencer à penser que, pour une raison ou pour une autre, vous êtes peut-être une victime consentante. Le mot clé est «consentante». Vous n'êtes peut-être pas consciente d'être consentante, mais vous l'êtes tout de même.

Si c'est le cas, vous êtes aux prises avec le masochisme, et il est temps d'analyser votre situation. Un grand nombre de femmes ont une certaine tendance au masochisme, le «syndrome des douces souffrances». Il est inculqué en nous par la société. On peut en être légèrement atteinte, et alors on s'excuse lorsque quelqu'un nous rentre dedans, on adopte le rôle d'épouse et de mère qui souffre patiemment en silence, ou l'on accepte d'être exploitée au travail. Ou bien on en est sérieusement atteinte, et l'on devient victime consentante de la violence physique et sexuelle. Arrêtez-vous et examinez certaines de vos convictions et de vos attitudes. Croyez-vous à la théorie du sexe fort et du sexe faible? Pensez-vous que vous devez «endurer» certaines choses en silence? Êtes-vous toujours coupable? Pensez-vous que la soumission est naturelle, peut-être belle, ou même sexy? Avez-vous la conviction profonde et secrète que vous méritez d'être frappée, que vous êtes mauvaise? Après tout, vous faites des choses mauvaises, vous avez des mauvaises pensées, et vous vous conduisez mal, n'est-ce pas?

Peut-être acceptez-vous aussi d'être la propriété d'un homme, que c'est merveilleux d'être possédée par un homme, de lui appartenir. C'est une croyance facile à accepter pour nous. Puisque les femmes, dans notre société, se font «acheter» depuis très longtemps, il est facile d'oublier que vous n'êtes pas une possession, mais une personne. Malgré tout, et même autrefois, les dots et le prix des mariées n'incluaient tout de même pas le droit de les saigner. Et le fait qu'un homme fasse vivre sa famille n'a jamais voulu dire qu'un bouc émissaire était inclus dans le prix. Rappelez-vous: vous n'êtes la propriété de personne. Vous êtes une personne. Vous n'appartenez qu'à vous-même.

C'est vrai, reconnaître que vous n'appartenez qu'à vous-même signifie qu'il vous faut renoncer à l'illusion que l'homme qui vous possède vous protégera. (Est-ce de la protection que de se faire battre?) Il prendra soin de vous, vous nourrira et, c'est le plus important, décidera pour vous. Mais vous n'êtes pas plus femme parce que quelqu'un d'autre se charge de ces choses à votre place. Vous devenez, par contre, une victime. Votre féminité, tout comme votre être, n'appartient qu'à vous-même. Et si vous ne prenez pas soin de ce qui vous appartient, y compris vous-même et votre féminité, il est possible que quelqu'un d'autre s'amuse à les détruire. Demander à quelqu'un d'autre de prendre votre vie en charge, d'être votre propriétaire, votre gardien, votre entraîneur et votre directeur a un prix. Être responsable de soi-même, seule ou en couple, a aussi un prix. Mais vous payez pas mal cher si vous servez de *punching-ball*. Peu importe ce que vous obtenez en échange, que ce soit de la purée ou des bijoux, vous payez certainement trop cher. Il peut être plus simple et moins coûteux de changer votre rôle de Blanche-Neige pour celui de Scarlett O'Hara (dans *Autant en emporte le vent*) et de commencer à vous occuper de vous-même. Il est difficile de renoncer à ses rêves, mais l'illusion qui vous fait prendre le batteur de femmes pour le Prince Charmant éclate au grand jour et est démentie chaque fois qu'il vous frappe.

Il est possible de vaincre le masochisme et la conviction d'être la propriété de quelqu'un. Rien ne vaut le prix du rabaissement de soi-même et de la flagellation. Suivez un entraînement à l'affirmation de soi, des cours d'amélioration de l'assurance et de la confiance en soi. Apprenez un métier. Suivez des cours sur les assurances, des cours de mécanique, des cours sur l'art d'élever les enfants. Faites-vous amie avec des femmes compétentes et indépendantes; observez comment elles mènent leur vie et imitez-les. Il faut beaucoup de courage pour quitter un batteur de femmes et prendre la responsabilité de soi-même. Parfois, un mal familier est plus rassurant que l'inconnu. Mais gardez ceci à l'esprit, et vous finirez probablement par vous en sortir: tout ce qui vous arrive sera perpétué dans la prochaine génération. Si votre homme vous frappe, c'est ce que feront vos enfants plus tard, et ils perdront ce qui est le plus important pour eux: les personnes les plus importantes de leur vie, celles qui les aiment. Et c'est un héritage affreux.

Comme je l'ai déjà dit, le batteur de femmes est proche parent du misogyne et du phallocrate.

Je vais maintenant vous parler d'un homme qui est beaucoup moins dangereux que le batteur de femmes. Toutefois, même s'il ne vous blesse pas physiquement, il peut vous mener à l'épuisement et à la dépression. Il est beaucoup plus difficile à identifier que le batteur de femmes. En fait, souvent, vous ne voulez pas le reconnaître. Il semble être — enfin — l'homme qu'il vous faut, le grand amour. Il est irrésistible, électrisant, excitant. Il vous adore intensément et il est intimement lié à vous. En fait, il est si étroitement lié que vous avez l'impression qu'il va vous «manger tout rond». Et c'est parfois ce qu'il fait.

Chapitre 5

L'HOMME IRRÉSISTIBLEMENT VÉHÉMENT (MAIS FOU)

Il vous attire vers lui. Il est magnétique, intime, merveilleux. Mais il vous sape votre énergie, votre esprit… votre vie.

C'est un rêve. C'est un cauchemar. Devinez pour qui. Pour vous. Vous savez que vous vous êtes fait avoir dès l'instant où vous l'avez regardé dans les yeux. Ou plutôt, dès le premier courant électrique qu'il vous a lancé du regard.

Lorsque vous rentrez de votre première sortie avec l'homme irrésistible-ment véhément (mais fou), vous vous sentez fiévreuse, épuisée. Vous avez l'impression d'avoir traversé le cycle pour vêtements tachés de votre Maytag.

Et c'est fantastique. Il est tellement présent. Il remarque les changements subtils de vos yeux et de vos humeurs. Il tient compte de vos points forts et de vos points faibles, de vos appétits et de ce que vous n'aimez pas. Il veut les assimiler. Les surveiller. Les apprécier. Il a un répertoire merveilleux de gestes d'affection. Il vous appelle par votre petit nom, se concentre sur ce que vous dites, se joint à vos taquineries. Il rit avec vous et vous connaît très bien. Il semble vous comprendre parfaitement. Il vous saisit à fond.

Mais voici le problème. Il est tout aussi intense dans les autres domaines de sa vie. Il marche sur une corde raide, tendue entre le génie et la folie. Il est fusionné à sa propre psyché. Alors, tout ce qu'il fait, il le fait à l'extrême. Tout ce qu'il fait, il le fait sans répit et au maximum. Il se jette tout aussi inten-sément dans ses pensées, la musique, l'océan, le crime, la drogue, que dans sa relation avec vous.

Ou il veut être avec vous continuellement, ou il mène une double vie tré-pidante. Lorsqu'il est avec vous, il est tellement obsédé que vous le devenez tout autant. Par conséquent, lorsqu'il est avec vous, il est «tellement» avec vous!

Mais lorsqu'il est absent, il est «tellement» absent! Et vous savez qu'il a autre chose d'intense dans sa vie. Il a une autre femme dans sa vie. Ou c'est un criminel. Ou il fait partie d'un milieu clandestin. Ou c'est autre chose d'aussi sérieux. Vous vous en faites. Cela vous fait mal. Mais vous ne le jetez pas à la porte.

Il a tendance à choisir des femmes qui sont véhémentes elles aussi. Des femmes cérébrales, vives, explosives ou profondes. Ou il se trouve des femmes dépendantes, désespérées, qui ont peut-être tenté de se suicider, qui sont enceintes ou qui traversent d'autres crises. En fait, il n'est pas impossible qu'il en ait une de chaque sorte. L'homme irrésistiblement véhément a presque toujours une deuxième partenaire. Il semble toujours avoir besoin d'une autre âme à explorer (à court ou à long terme). Ou il lui faut un autre lien à temps plein, aussi accaparant que le vôtre, dans lequel se débattre.

Souvent, ses femmes ont des traits complètement opposés: une blonde, une brune; une qui est frénétiquement énergique, l'autre qui bouge à peine; une pleine de vie et verbale, l'autre réfléchie et irascible. Les extrêmes lui conviennent. Il est blanc ou noir, allumé ou éteint. L'homme irrésistiblement véhément (mais fou) n'a aucune nuance de gris.

Cas vécu

Tout ce que mon amie Caroline fait, elle le fait à la perfection, même si elle affirme être rongée d'indécision. Il est clair qu'elle vit avec passion. C'est peut-être pour cette raison qu'elle a un penchant pour les hommes irrésistiblement véhéments (mais fous). Ils sont d'accord avec elle sur la profondeur qu'une liaison amoureuse devrait avoir.

Dès le début, elle a toujours l'intuition qu'une fusion aussi furieuse ne peut que mener au désastre. Puis elle oublie et se jette dans la mer émotionnelle créée par l'homme irrésistiblement véhément (mais fou). Elle est follement amoureuse d'un homme en particulier, Claude, et leur liaison a duré des années.

Claude a électrisé Caroline dès le premier instant où ils se sont rencontrés. Il n'était pas particulièrement beau, grand, suave, ni rien d'autre qui puisse normalement attirer l'attention. Il était tout simplement électrisant. Elle s'est sentie transpercée par son premier regard, comme s'il était enchanté de la trouver et de se fixer en elle. Et les terminaisons nerveuses de Caroline se sont mises à l'attention. Il se concentrait sur elle, la mangeait des yeux, oubliait tout le reste du monde. Sa présence exhalait une sensualité fascinante, presque odoriférante, qui semblait se répandre et l'envelopper. Il lui a suggéré d'aller prendre un café ou un verre de vin, seuls, et elle a accepté.

Revenue chez elle, Caroline était déjà obsédée. Elle se sentait à mi-chemin vers l'orgasme. Elle ne pouvait cesser de penser à lui. Elle flottait de bas en haut comme un hélicoptère. Claude lui a téléphoné le lendemain. En la voyant, il lui a caressé les cheveux et a pris son visage dans ses mains. La fois suivante, elle a fondu follement, frénétiquement dans ses bras, puis dans son lit. Peu de temps après, Claude et Caroline se connaissaient si bien, si entièrement, que le monde ne semblait contenir qu'eux deux. Ils avaient des noms, des phrases et des gestes qu'ils étaient les seuls à connaître, des jeux qu'ils étaient les seuls à jouer. Ils lisaient les pensées l'un de l'autre. Ils se connaissaient jusqu'au bout des doigts. La vie est devenue les pas d'une danse privée. Ils entraient par effraction l'un chez l'autre pour se laisser des mots d'amour. Les cadeaux qu'ils se faisaient, et qui auraient pu sembler bizarres aux autres, avaient une signification secrète pour eux. Leur amour est devenu une véritable drogue pour Caroline. Personne d'autre que Claude ne semblait exister. Après un bout de temps, elle pouvait à peine fonctionner sans lui.

Pourtant, il était souvent absent. Ils n'ont jamais vraiment vécu ensemble. Il devait toujours aller quelque part. Il lui a dit qu'il n'était pas prêt à s'engager totalement. Il avait besoin d'indépendance; il téléphonait quand il voulait, allait la voir quand il voulait. Il fallait qu'elle attende, et a-t-elle attendu! C'était tout juste si elle ne dormait pas avec son appareil de téléphone. On aurait juré qu'elle était encadrée dans sa fenêtre, pleine d'espoir qu'il arrive. Pourtant, quand il venait la voir, il était si intensément intime qu'elle ne se plaignait pas.

Le chez-soi de Claude était un taudis d'une pièce où il se terrait. Ses vêtements étaient empilés sur le plancher. Son lit était toujours défait et sans draps. Le plancher était jonché de livres, de feuilles de musique, de cassettes, de papiers et de substances étranges. Les rideaux étaient toujours tirés, la pièce toujours sombre.

Un jour, Caroline a reçu un appel d'une femme qu'elle ne connaissait pas. Elle aussi fréquentait Claude, lui a-t-elle dit. Et Caroline devrait être mise au courant qu'ils étaient très très intimes. Lorsque Caroline a questionné Claude, il a avoué. L'autre liaison, toutefois, n'avait pas autant d'importance que la leur. L'autre femme avait besoin de lui. C'est pour cette raison qu'il ne pouvait la quitter. Il avait peur de ce qu'elle pouvait se faire à elle-même s'il la laissait. Caroline l'écoutait mais elle savait, dans son for intérieur, que la véritable raison était qu'il aimait l'intensité dramatique créée par ce triangle. D'autres femmes ont surgi sans avertissement. Claude mentait chaque fois qu'il allait en voir une. Elles étaient de «vieilles amies», des collègues. Mais, d'une façon ou d'une autre, Caroline finissait toujours par apprendre la vérité. Des femmes venaient frapper à sa porte par erreur, en se croyant chez Claude. L'une d'elles était enceinte. Une autre avait une maladie vénérienne.

Finalement, un jour, quelqu'un de différent est venu demander Claude. Il était recherché par l'escouade des moeurs. De même que par des bandits armés. Claude disait qu'il ne faisait qu'essayer de faire un peu d'argent. Mais comme il aimait les situations dramatiques, il avait brassé des affaires dangereuses avec des associés sans scrupules.

C'en était assez. Caroline savait que tout son être se faisait saper par la véhémence de Claude. Elle avait des tremblements, souffrait d'insomnie, fumait et buvait. Elle savait qu'il fallait qu'elle reprenne sa vie en main, sinon elle risquait de rester à tout jamais accrochée à son absorption délirante mais épuisante. Elle pensait à Claude nuit et jour. Elle vivait sa vie à travers lui, et non pas à travers elle-même. Il l'épuisait, sans rien lui promettre en retour. Elle a décidé de rompre avec lui et de se remettre sur pied. Elle s'est jetée dans son travail et elle a fait un long voyage méditatif.

Claude est resté dans son esprit pendant longtemps. Les tête-à-tête extasiés lui manquaient, de même que leurs incroyables emportements sexuels. Mais Caroline avait en elle un penchant très fort pour la stabilité. Elle aimait la fraîcheur d'une vie simple et n'avait pas envie d'être folle, même pas passionnément folle. Lentement, son amour pour Claude s'est éteint.

Et vraiment, il est préférable que l'homme irrésistiblement véhément (mais fou) soit un bon souvenir plutôt qu'un régime quotidien. Certaines femmes décident très rapidement qu'il prend beaucoup trop de place. Elles verrouillent leurs portes. Mais pour d'autres, il a l'attrait d'«une expérience qu'on ne vit qu'une fois», celle d'une osmose complète avec une autre personne, d'une intimité totale et merveilleuse. Ces femmes-là ne le reconnaissent qu'après que la Maytag les a crachées, complètement étourdies et aplaties.

Comment reconnaître ce genre d'homme?

L'homme irrésistiblement véhément (mais fou) est une espèce de sauteur à la perche sexuel. Il saute avant même que vous ayez eu le temps de le voir venir. Vous l'avez dans la peau, en direction de votre for intérieur en moins de temps qu'il n'en faut pour le dire.

Lorsque vous reliez ensemble toutes les parties de son comportement, vous vous rendez compte qu'il ressemble étrangement à un moteur à combustion spontanée. Il brûle toute l'énergie qu'on lui donne. Il a le teint de quelqu'un qui aurait dépensé toute sa vitalité. Ses cheveux n'ont plus la force de faire autre chose que de rester là, aplatis. Il fait penser à une créature venue de loin, d'un endroit où le soleil se meurt, en quête d'un environnement plus favorable et qui a besoin d'absorber de nouveaux humanoïdes.

Il ne se prépare pas pour l'avenir et ne s'attarde pas au passé. Il vit dans le présent. Tout ce qu'il fait, il le fait à la voix active. Il pénètre. Il se répand. Il danse. Il use tout: les gens, les places, les vêtements, les appareils, les concepts, et vous.

Il s'apparente au courtier en catastrophes. Mais contrairement à lui, il ne provoque pas les crises. Ce sont plutôt les crises qui l'attirent, lui. Il est prédisposé à sa propre destruction. Si les policiers ne l'arrêtent pas, ce sont ses pensées qui le mettent sous arrêt. Si la mort ne le réclame pas, c'est la dissipation qui s'empare de lui. S'il n'aboutit pas dans un asile d'aliénés, il vit dans la crainte que c'est ce qui va lui arriver.

Des indices additionnels

L'homme irrésistiblement véhément est entouré d'une atmosphère d'épuisement. Il respire mal. Il expire plus qu'il n'inspire. Il fume probablement. Sa tête, parfois son corps tout entier, penche vers l'avant, dans une attitude préoccupée. Il oublie de manger et s'agite au point de s'éreinter. Il marche sur une corde raide. On dirait que son énergie lui échappe par tous les pores de la peau. Il se force les yeux, qu'il a très cernés. Il se les frotte avec les doigts et les poings. Il a besoin de lunettes et utilise des gouttes pour les yeux. Il a l'air un peu luisant et transparent, même lorsqu'il vient juste de sortir de la douche.

Il ne s'habille pas bien. Ses vêtements lui servent à se camoufler, ou à se fondre à son entourage; souvent, il s'habille tout de noir. (Il se peut toutefois qu'il porte une boucle d'oreille ou qu'il se donne un air un peu punk.) Il préfère que vous aussi soyez habillée de noir ou de vêtements-camouflage. Pourquoi attirer l'attention sur votre petite fête privée, avec des couleurs vives?

C'est un homme qui use les choses. Il peut user les coudes d'un manteau en un rien de temps, réduire son jeans en lambeaux en une nuit, érafler ses bottes noires ou ses mocassins bruns en un instant. Ses talons sont usés et minces comme des crêpes. Ses semelles sont décollées. Sa queue de chemise traîne partout.

Vous ne l'aimez pas à cause de ses goûts vestimentaires (à moins que vous n'aimiez les couleurs foncées vous aussi). S'il est beau, il ne s'en rend pas compte. Si vous lui en faites la remarque, il le nie. Son style repose sur l'élégance de sa proximité. Son attrait est son intérêt intense pour vous. Vous êtes un objet d'art pour lui, le seul objet d'art qu'il désire.

Il a son propre appartement, bien qu'il y soit rarement. Il est particulier, solitaire. Il n'est pas du genre à partager un appartement. Il ne désire qu'une intimité furieuse. Ses draps ne sont pas appareillés, s'il en a. Ses livres sont éparpillés, et ils ont tous perdu leurs jaquettes. Son appartement n'est pas confortable. Le lit est trop grand pour la niche. Il n'a pas de meubles, ou très peu. Le quartier où il demeure lui importe peu, mais il préfère les rues délabrées et déprimantes.

Sa voiture lui importe peu elle aussi. Il achète presque n'importe quoi, du moment que c'est de seconde main. Puis il s'en sert jusqu'à ce qu'elle tombe en morceaux. C'est toujours un vieux tacot cabossé. Des serviettes de tissu éponge recouvrent les trous des banquettes. Il pourrait utiliser ses pneus pour jouer à «une de ces choses n'est pas comme les autres» avec la bande de Sesame Street. Une des portières n'est pas non plus de la même couleur que les autres.

Il est clair que l'homme irrésistiblement véhément (mais fou) ne prend pas soin de lui-même. Du moins, si vous en jugez par l'extérieur. Il traite son personnage intérieur un peu mieux. Il nourrit ses passions avec voracité. Comme un enfant dont les parents auraient acheté un magasin de bonbons, il est incapable de se gâter lentement. Il risquera de souffrir de malnutrition plutôt que de suivre un régime de vie équilibré.

Les indices sexuels

En matière de femmes, il aime celles qui sont uniques, sauvages, exotiques, individualistes, mais indéniablement sexuelles, un genre de femmes grisantes. Une saveur extrême est nécessaire pour satisfaire son palais. Une fois qu'il a décidé qu'il aimait le piquant d'une femme, il veut la dévorer. Il est intrigué par les femmes qui sont le reflet de lui-même, des femmes ardentes. L'apparence, l'élégance et le flair ne semblent pas entrer en ligne de compte. Mais une fois qu'il vous a remarquée, il s'accroche à vous. Ce n'est plus de l'oxygène que vous respirez, c'est sa présence. Vous ne vivez plus isolée dans l'enveloppe de votre peau. Il y a quelqu'un d'autre avec vous là-dedans.

Le sexe est un aspect de vous qu'il doit absolument connaître. Une fois qu'il le connaît, il est l'amant ultime sur le plan de l'intimité. Faire l'amour avec lui prend beaucoup de temps. Cela commence sur le tapis, pour finir dans la baignoire ou le lit. C'est un festin de places, de mouvements, de positions, de pénétration et de profondeur. Il veut tenir votre tête, il veut vos oreilles et votre bouche, il veut partager vos pensées. Le sexe devient une chanson que vous vous chantez mutuellement et continuellement. Lorsque vous êtes ensemble, vous sentez toujours comme si vous veniez juste d'avoir des relations sexuelles. Vous êtes toute humide et chaude. Il vous laisse des cadeaux drôles et phalliques que vous apprenez à ouvrir seulement lorsque vous êtes seule. La femme qu'il aime quitterait volontiers le paradis pour lui.

Il ne veut peut-être pas faire des victimes des femmes, mais c'est ce qu'il fait. C'est certainement lui qui domine la relation. Il vous dévore comme si vous étiez le veau gras et lui le lion, bien qu'il ne soit probablement pas conscient de le faire.

L'aspect financier

L'argent est le point faible de l'homme irrésistiblement véhément (mais fou). Il ne semble pas savoir comment l'obtenir, comment le garder ni comment, au juste, le dépenser. L'argent lui sert à alimenter sa folie. Il lui fait faire des choses folles. En réalité, l'argent ne l'intéresse pas, mais il sait qu'il est censé en avoir et ne sait pas comment résoudre ce problème.

Vous avez presque toujours plus d'argent que lui. Mais il hésite à dépenser le vôtre. Il veut vous dépenser, vous, pas votre argent. Vous partagez les dépenses et n'achetez que ce qu'il peut se permettre, c'est-à-dire pas grand-chose. Pourtant, cela l'ennuie d'être indigent. Il refuse de résoudre ses problèmes financiers par des moyens normaux, et planifie plutôt toutes sortes de manigances. Il essaiera de vendre à la pige une idée saugrenue; il se trouvera un emploi farfelu; il vendra des choses qu'il ne devrait pas vendre; il se trouvera un engagement d'une soirée dans un club. Ou bien, renonçant complètement à l'argent, il se fera un fétiche de sa vie immatérielle.

L'aspect familial

L'homme irrésistiblement véhément (mais fou) est souvent en chicane avec sa famille, ou peut-être la prend-il en pitié mais il est incapable de s'en détacher. Il est généralement l'aîné et n'a jamais compris l'amour de sa mère ni quoi faire à son sujet. Il est cachottier. Ses parents ne savent pas comment il vit. Il considère qu'il s'est trop éloigné d'eux pour pouvoir le leur dire. Il se croit différent de ses frères et soeurs, bien qu'il les adore (surtout sa soeur). Il ne comprend pas comment il a pu se retrouver avec un caractère aussi différent des leurs. Ils sont si gentils, et lui si minable. Peut-être vient-il d'une autre planète, peut-être est-il le résultat d'un accident génétique, ou peut-être a-t-il été adopté et que personne ne veut l'avouer. Il se force à visiter sa famille mais, à chaque fois, il la trouve insupportable.

Il ne veut pas vraiment avoir d'enfants. Ils le terrifient. Mais souvent, au cours d'une de ses liaisons passionnées, il en conçoit un. Face à un embryon en croissance, il est tiraillé entre la peur et ses sentiments de culpabilité. Vos chances de mener votre grossesse à terme sont 50-50. (Il a probablement déjà été responsable d'un certain nombre d'avortements.) Mais si, par un incroyable hasard, il devient père, il sera un père zélé et très présent.

En ce qui a trait aux amis, l'homme irrésistiblement véhément (mais fou) choisit des copains aussi étranges que lui. Ce sont surtout des hommes, quelques femmes; l'important, c'est qu'ils brillent d'une flamme aussi ardente que la sienne. Ses camarades peuvent comprendre des prêtres comme des criminels, des génies comme des joueurs, mais ce sont des amis fidèles. Ils ont besoin les uns des autres. Il les tient peut-être à l'écart de ses liaisons amoureuses. Il n'y a peut-être jamais eu de lien amoureux entre eux, mais il est aussi possible qu'il y en ait eu. La bissexualité n'est pas entièrement impossible avec lui.

L'homme irrésistiblement véhément (mais fou) est à la fois un ange et un monstre. Un délice et un désastre. Ceux qui ne sont pas attachés à lui le considèrent comme un fou, un raté ou, au mieux, un homme étrange. Mais ceux qui ont des liens avec lui l'aiment à la folie; ils ne peuvent rien faire d'autre que d'être ses camarades de jeu. Il les transporte en dehors du temps. Il est impossible de l'éviter lorsqu'il est présent: pas question de lire des histoires de détective ou d'écouter la télévision.

Qu'est-ce qui vous attend?

Avez-vous déjà entendu parler de Space Mountain? C'est une attraction, à Disneyland, qui vous donnera les plus grands frissons de votre vie: des montagnes russes dans le noir. L'homme irrésistiblement véhément (mais fou) est semblable au Space Mountain. Le trajet inclut des montées excitantes, des descentes effroyables, des courbes à vous arrêter le coeur. Vous ne savez jamais où vous êtes. Tout arrive à une vitesse vertigineuse. Puis, cachée quelque part dans le noir, une grosse boucle vous attend, qui vous ramènera en arrière. Oh! après cela, il y a bien encore d'autres descentes abruptes, d'autres fracas, d'autres bruits et d'autres grincements. La vitesse est encore rapide, mais les côtes sont plus basses et le rythme plus lent. Puis, tout à coup, c'est fini. La fin paraît toujours soudaine, même si vous vous y attendiez depuis un bout de temps. Et lorsque vous en ressortez enfin, vous avez l'étrange impression de vous retrouver pas très loin du point de départ.

Une partie de l'excitation provient de l'impression d'être toujours au bord du désastre. Se pourrait-il qu'un des chariots déraille? Qu'une des personnes se fasse écraser ou se brise les os? Serait-il possible que vous vous envoliez, que vous disparaissiez dans l'air?

Il est difficile d'arrêter. Vous voulez continuer. Mais il est malsain de rester.

L'homme irrésistiblement véhément (mais fou) est pareil. Toutefois, il y a une différence importante entre Space Mountain et lui. Disneyland avertit ceux qui ont le coeur faible de ne pas essayer le Space Mountain. Mais le monde ne vous met pas en garde de façon aussi claire contre l'homme irrésistiblement véhément. Le problème avec lui n'est pas surtout de le reconnaître dès le début. C'est de vous éloigner de lui pendant que vous tenez encore sur vos deux pieds. Ce n'est que lorsque vous descendez la première côte que vous vous rendez compte que vous avez pris place dans un wagon.

Cette côte, et les courbes et descentes qui suivent, sont les premiers stades d'une relation avec un homme irrésistiblement véhément. Toute émotion nouvelle que vous ressentez est pur délice. Mais après, il y a cette courbe en U. Malgré la passion, une relation avec l'homme irrésistiblement véhément vieillit. Le deuxième stade est amorcé. Les heures sont déterminées par le passage de ses départs et de ses arrivées. Vous vous installez près de votre appareil téléphonique, le centre de votre vie. Vous le transportez avec vous dans la salle de bains et laissez la porte de la douche entrouverte, pour être certaine de l'entendre sonner. Vous décrochez le récepteur lorsque vous sortez, de sorte que, s'il vous appelle, il pensera que vous êtes chez vous, en train de jaser au téléphone, et vous rappellera plus tard. Vous installez à votre porte une sonnette qui sonne fort et vous passez beaucoup de temps à regarder par la fenêtre. Il domine votre existence, que vous viviez ensemble ou non.

Il s'étonne et s'attriste lorsque vous n'êtes pas chez vous. Il agit comme si c'était vous qui limitiez ses visites. Il prétend être deuxième dans votre coeur, affirme qu'il y a quelqu'un d'autre dans votre vie, ou que vous avez des choses plus importantes à faire que d'être avec lui. Vous avez bientôt l'impression de poignarder l'amour de votre vie dans le dos. Plutôt que de courir un tel risque, vous vous rattachez à ses cordes de marionnette. Vous êtes une poupée sans vie, jusqu'à ce qu'il bouge les bâtons. Et vous savez que vous avez toujours moins d'importance que l'excitation fiévreuse qu'il recherche, et que les autres liaisons qu'il entretient menacent la survie du couple que vous formez.

Au cours du deuxième stade, il commence à vous critiquer. Si vous n'agissez pas selon ses désirs, il devient mesquin. Si vous vous trompez dans votre interprétation de ses motivations, il éclate. Dieu vous garde de lui demander carrément ce qu'il fait. Vous êtes censée tout comprendre, alors vous faites semblant.

En dépit de l'intensité de votre relation, beaucoup de choses restent inexpliquées entre vous. Votre langage spécial, vos gestes et vos regards significatifs s'avèrent inefficaces. Ni l'un ni l'autre ne sait vraiment comment l'autre se sent, encore moins ce que l'autre pense. Vous ne discutez pas vraiment. Vous ne dites rien, dans le fond. Vous ne faites qu'entrer en collision et vous fondre l'un dans l'autre.

Avec le temps, la joie se change en agonie. Ses autres passions vous enchaînent. Ses absences vous ravagent et vous rendent jalouse. Votre tour de manège n'est plus qu'émotions négatives; il contient plus de descentes que de montées. Le problème n'est pas d'arrêter cette plongée vers le désespoir. Le véritable risque inhérent à l'homme irrésistiblement véhément (mais fou) est celui d'une relation qui s'éternise indûment. Une fois devenus totalement dépendants l'un de l'autre, vous dépassez le point d'une rupture saine. Très rapidement, les mots «suicide» et «dépression nerveuse» sont insérés dans votre vocabulaire. Votre famille ou votre médecin doit intervenir pour mettre un terme à votre relation, parce que vous en êtes incapable. Avec l'homme irrésistiblement véhément, le combustible finit par s'épuiser. Vous aussi. Six mois — ou vingt ans — plus tard, vous devenez un cas de *burn out*.

Quels sont les signes précurseurs de problèmes?

On ne peut pas voir sans regarder. Le problème avec l'homme irrésistiblement véhément (mais fou), c'est que vous ne voulez pas voir. Des tares étranges existent dès le début de la relation, mais la plupart des gens refusent d'en prendre note. En fait, les signaux d'alarme de l'homme irrésistiblement véhément sont exactement ceux que tout le monde vous souligne et que vous niez, mais qui sont, hélas, vrais.

Une intimité qui vous fait dire que «c'est trop beau pour être vrai» devrait vous porter à réfléchir, surtout si elle s'est établie rapidement. Peu importe à quel point vous voulez croire que cela peut arriver, il faut du temps pour établir une intimité véritable. Partager votre être, plutôt que le perdre, est une procédure délicate qui évolue pas à pas.

Pour avoir une bonne relation, il vous faut aussi garder les deux pieds sur terre. Lorsque les petits jeux que vous jouez ensemble vous séparent du reste du monde, c'est difficile de le remarquer mais c'est un indice que quelque chose ne va pas. C'est agréable d'avoir un camarade de jeu, mais si vous vous laissez transporter dans un monde de mots et de sens exclusifs, vous n'êtes plus de ce monde mais appartenez à un monde que vous avez créé tous les deux.

Si vous vous surprenez à ne désirer que la compagnie de certaines personnes particulières, considérez-vous dépendante (dans le sens de dépendance de la drogue) et demandez-vous: «Qu'est-ce qui se passe quand il n'est pas là?» Vous avez reçu une dose excessive de sa personne. C'est malsain à tous points de vue. Vous êtes plus que des fusibles, vous êtes de véritables disjoncteurs l'un pour l'autre. Pas d'homme véhément, pas de lumière. Vous avez laissé l'amour devenir une drogue plutôt que le meilleur préservatif de la vie.

Si vous n'êtes pas vous-même sans lui, vous tombez sous la définition médicale des personnes atteintes de dépression. Plutôt que de devenir un cas de psychiatrie, pensez à appeler un camion de déménagement avant que les choses ne s'aggravent. Tôt ou tard, votre propre instinct de survie vous forcera à rompre. Plus votre dépendance sera forte, plus il sera difficile de rompre votre habitude.

Quelles sont vos possibilités et que devriez-vous faire?

C'est triste d'être sage, mais les sensations fortes à rabais finissent par coûter plus cher à long terme. Les relations irrésistiblement véhémentes semblent s'amener toutes faites d'avance, mais elles ont leur prix. Vous payez plus tard, en mensualités qui se poursuivent mois après mois, après mois.

Si l'homme irrésistiblement véhément que vous connaissez est dans la force de l'âge actuellement, vos chances de récolter plus tard les fruits de votre relation sont plutôt minces. Il arrive que certains hommes irrésistiblement véhéments (mais fous) changent. Ils survivent à leurs propres tempêtes, diminuent leur intensité, et deviennent un autre genre d'hommes, souvent des hommes aimants à plusieurs facettes. Mais ils opèrent ce changement seuls. Seuls leurs propres bouleversements peuvent les changer. Et la perte d'une partenaire fait partie de ces bouleversements.

En d'autres termes, le meilleur homme irrésistiblement véhément (mais fou) est un ex-homme irrésistiblement véhément (mais fou) — un homme aujourd'hui dans la quarantaine, qui était autrefois un fanatique, mais qui s'est calmé et est devenu une personne positive. Rendu à ce point, c'est un homme qui s'est fabriqué des perches d'équilibriste pour se stabiliser. Il peut encore lui arriver occasionnellement de tomber de sa corde raide. Il vous faudra peut-être lui ajouter du lest. Mais il a habituellement appris les bonnes proportions. Il est encore intime, mais moins enflammé. Par contre, un homme irrésistiblement véhément plus âgé, et non réformé, continue d'être dangereux. Il est presque devenu un marchand de passion amoral. Soyez sur vos gardes. Évitez-le.

Vous avez certainement besoin d'un indice pour vous signaler que vous vous êtes assez gorgée de votre relation avec un irrésistiblement véhément. L'homme véhément est comme un gâteau des anges. Un morceau est délicieux. Mais si vous continuez d'en manger encore et encore, vous en souffrirez sans doute. Il est trop facile de s'embarquer dans le petit jeu du «un prêté pour un rendu!», dans l'approche «je suis capable d'autant de folie que toi». Peut-être ne voulez-vous pas jouer à ce jeu, mais certaines femmes réussissent à retenir leur homme véhément par la ruse, en jouant à «pauvre moi», en ayant des dépressions nerveuses, des rhumes constants, en souffrant d'agoraphobie et de toutes sortes d'autres manies destructives. Qui a besoin de cela? Pas vous. À côté de sa vivacité, les autres expériences paraissent mornes. Et qui a besoin de cela aussi? Les liaisons pastel ont du bon elles aussi.

Puisque je semble toujours en train de dire «il est fantastique» en même temps que je dis «il est terrible», que devez-vous faire? Si vous êtes très romantique et si vous avez tendance à tomber amoureuse de l'idée de l'amour, ne vous attachez pas à cet homme. Rappelez-vous la mise en garde: à éviter si vous avez le coeur faible. Mais si les tours de manège excitants ne vous troublent pas le moins du monde, allez-y, amusez-vous. Assurez-vous toutefois de bien mémoriser votre nom et votre adresse avant de partir.

S'il devenait important pour vous de poursuivre votre relation avec un homme irrésistiblement véhément (mais fou), voici quelques buts à viser. Soyez indépendante. C'est difficile, mais sain. Restez détachée de ses allées et venues. Lorsque votre existence commence à être dictée par ses apparitions, frottez-vous le coprs avec un antistatique. Ne vous privez pas de bons moments avec d'autres personnes. Il n'est pas la seule personne à pouvoir vous faire le bouche à bouche lorsque vous sombrez. Ne jouez pas à la victime. Et surveillez votre balance à mesurer les émotions. Si la mélancolie pèse continuellement plus lourd que la joie, remettez votre relation en question. Il est peut-être temps d'alléger la charge.

Quel rôle jouez-vous dans cette relation?

Plus que n'importe quel autre genre d'homme, l'homme irrésistiblement véhément (mais fou) a tendance à choisir des femmes qui lui ressemblent. Donc, si vous avez un petit côté irrésistiblement véhément ou que vous vous soyez amourachée trop souvent d'hommes de ce genre, qu'est-ce que cela signifie?

Peut-être rêvez-vous d'un impossible rêve, d'une osmose extraordinaire au nom de l'amour, d'une intimité parfaite, d'un paradis enchanteur pour vous deux seulement. Mais entre rêver et obtenir, il y a des millions de kilomètres douloureux à parcourir, quand le monde dans lequel on vit n'a rien de réel. Les aspects de l'amour ne sont pas tous extraordinaires. L'amour ne peut pas rester éternellement un paradis de passion totale à deux. Il faut que quelqu'un aille travailler, fasse les épiceries, sorte les poubelles. Et chacun doit encore poursuivre son existence.

Afin de limiter les dommages, assoyez-vous et décidez quels habits vous voulez porter dans la vie. Il y en a qui sont déjà coordonnés, qui ne permettent pas les mélanges. Les ensembles passionnés présentent des couleurs très vives, mais ils se ternissent vite et vous devez en changer souvent. Les ensembles stables, quant à eux, ont des couleurs plus prosaïques et sont teintés de routine, mais ils sont beaucoup plus durables et restent à portée de la main. N'importe quel choix est acceptable, mais il faut reconnaître qu'un ensemble ne va pas avec l'autre. Vous ne pouvez avoir à la fois les changements et la stabilité, la vivacité et la permanence.

Que vous l'admettiez ou non, si vous tenez régulièrement compagnie à la turbulence, c'est que vous aimez probablement les états de crise vous aussi. Comptez les bouleversements de votre vie. Peut-être que la routine quotidienne vous fait peur. Si c'est le cas, si la routine est synonyme de mort pour vous, songez que c'est peut-être votre perception de la mort, et non des hommes, qui a besoin d'être analysée. Songez aussi que vous êtes peut-être déprimée. Sous votre ardeur forcenée, se cache une dépression secrète, chronique et persistante. Un homme irrésistiblement véhément peut servir de soupape à votre dépression pendant un bout de temps. Mais si vous êtes déprimée quand il n'est pas là, ce n'est pas lui le problème. C'est vous. Vous ne pouvez compter sur votre relation avec quelqu'un d'autre pour vous remonter, vous donner de l'énergie ou maintenir votre joie de vivre. Si c'est le cas, sachez que vous êtes une amour-olique, et demandez de l'aide professionnelle. Les relations ne s'épanouissent pas dans la dépendance.

Vous avez peut-être besoin, au contraire, de choisir des hommes dépendants. Car, en y pensant bien, l'homme irrésistiblement véhément (mais fou) est peut-être l'élément dominant, mais il a désespérément besoin de quelqu'un — ou de plusieurs personnes — pour nourrir sa dépendance. Il a besoin de se recharger, et il ne peut y arriver tout seul. Bien sûr, c'est agréable de sentir que quelqu'un a besoin de vous, et c'est excitant lorsque votre homme revient. Mais vous pouvez aussi facilement vous faire prendre au piège de la gratification qu'il vous offre quand il est présent, au point d'oublier de passer votre commande pour un homme qui vous aimera pour vous, et non pour lui-même.

Ce n'est pas tout le monde qui oublie ce que c'est que d'avoir des liaisons avec des hommes irrésistiblement véhéments et profondément intimes, mais rappelez-vous: le nectar doit être savouré à petites gorgées, et non avalé d'un trait.

Ainsi que je l'ai déjà mentionné, l'homme irrésistiblement véhément (mais fou) peut s'apparenter au courtier en catastrophes. Il peut se présenter sous l'apparence du courtier, un jeune homme passionné qui aime, a besoin de, doit absorber les splendeurs des femmes plus mûres.

Toutefois, il y a un autre homme que j'ai déjà mentionné aussi, qui ressemble davantage à l'homme irrésistiblement véhément, et qui se tient un peu trop près de lui. C'est le marchand de passion amoral et il est dangereux. Il est si dangereux, en fait, que je vais vous en parler immédiatement. Il est important que toutes les femmes apprennent à faire la différence entre les deux et qu'elles se tiennent sur leurs gardes.

Chapitre 6

LE MARCHAND DE
PASSION AMORAL

Un homme dangereux qui fera n'importe quoi au nom de l'amour: il n'hésitera pas à vous poursuivre, vous harceler, vous emprisonner, vous blesser et même...vous tuer.

Vous souvenez-vous de l'homme qui avait lancé de l'acide au visage de la femme qu'il prétendait aimer? Ou de celui qui a emmuré sa petite amie de vacances dans son sous-sol et l'y a gardée prisonnière? Et de celui qui a mis le feu à une boîte de nuit remplie à craquer, parce que la femme qu'il aimait y était allée avec un autre homme?

Le marchand de passion amoral est dangereux. Il croit avoir le droit de faire n'importe quoi au nom de l'amour. Il fait ce qu'il juge nécessaire pour vous garder pour lui-même, parce qu'il vous aime.

Vos sentiments à vous n'ont aucune importance.

Dire qu'il surestime sa propre passion, c'est peu dire. Il pense qu'en plaçant l'objet de ses désirs en lieu sûr, il place aussi en lieu sûr sa propre réalité. Il va au-delà d'acheter et de mendier. Il quitte le monde de la loi et de la raison.

Vous n'êtes habituellement pas sa seule victime. Les marchands de passion amoraux poursuivent une femme après l'autre, souvent plusieurs en même temps. Un grand nombre d'entre eux se marient, épousent une femme après l'autre sans prendre le temps de divorcer d'avec les précédentes.

Sachez en reconnaître les tout premiers signes avant-coureurs et évitez cet homme à tout prix. Prenez garde s'il vous poursuit de façon indûment insistante après seulement une ou deux rencontres. Méfiez-vous d'un homme qui vous demande expressément de renoncer à votre liberté, de lui être fidèle, de l'épouser ou d'aller vivre avec lui, longtemps avant qu'il vous vienne normalement à l'idée de vous engager aussi sérieusement. Méfiez-vous d'une jalousie excessive de la part d'un homme. D'un homme qui vous suit. D'un homme qui vous téléphone continuellement. D'un homme qui s'amène chez vous ou à votre lieu de travail sans avertissement.

Attention à l'homme qui vous envoie des cadeaux injustifiés, surtout s'ils révèlent une connaissance de vos habitudes personnelles qu'il n'aurait pu acquérir qu'en vous épiant. Soyez doublement sur vos gardes si un homme menace de vous faire du mal si vous refusez de lui appartenir. Croyez-le et protégez-vous.

Certains hommes font des choses folles et merveilleuses lorsqu'ils sont amoureux. Ils vous envoient des centaines de roses et des télégrammes chantants, ou peignent votre nom sur un pont. Mais ces gestes ne vous mettent pas physiquement en danger. Ils ne font pas quelque chose «à» vous, mais «pour» vous.

Servez-vous de votre intuition. Elle devrait vous avertir que quelque chose ne va pas. Sa passion est trop extrême. Il manque d'à-propos. Ses mouvements, ses paroles, ses gestes et ses exigences sortent de l'ordinaire. Peu importe ce que vous faites, s'il vous arrive de rencontrer un homme de ce genre, ne jouez pas avec le feu. Utilisez tous les moyens à votre disposition, légaux ou autres, pour mettre un terme à la situation immédiatement. Appelez la police. N'entrez pas en contact et ne communiquez pas avec l'homme en question. Après un bout de temps, vous serez peut-être obligée de quitter la ville par le dernier autobus Voyageur, n'emportant avec vous qu'un pantalon et un nouveau nom. Si c'est nécessaire, faites-le. Vous n'êtes pas à blâmer pour son obsession, mais vous pouvez l'être pour ne pas avoir tenu compte du fait que vous saviez qu'une ardeur aussi excessive est le fait d'un homme dangereux et désaxé. Alors, avant qu'il vous blesse... demandez de l'aide. Faites-le arrêter. Partez si vous n'avez pas le choix. Mais faites quelque chose.

Le marchand de passion amoral est proche parent et souvent, au début, peut passer pour un homme irrésistiblement véhément (mais fou), à la différence qu'il va beaucoup plus loin. Il arrive parfois, cependant, qu'un homme irrésistiblement véhément (mais fou) se transforme en marchand de passion amoral. Les courtiers en catastrophes peuvent aussi se rapprocher dangereusement du marchand de passion amoral. Après tout, les courtiers en catastrophes aiment le risque et le danger, et sont prêts à faire n'importe quoi pour la gloire. Pourquoi pas pour l'amour?

On rencontre souvent le marchand de passion amoral dans le même contexte qu'on rencontre le racoleur. Il fréquente les mêmes endroits, les mêmes bars, les mêmes plages, n'importe où où il peut rencontrer des femmes. Il fait les mêmes ouvertures, vous demande votre nom, votre numéro de téléphone, votre adresse. Le chapitre suivant parle du racoleur. Toutes les femmes en ont rencontré, et habituellement plusieurs. Il est tout de même étonnant de voir combien peu de femmes savent qu'il n'est pas bon pour elles, et combien se font prendre à son piège.

Chapitre 7

LE RACOLEUR

L'homme qui ne cherche que du sexe.

L'amour? Cela n'existe pas. Il n'y a que le sexe. De toute façon, l'amour n'a pas d'importance ce soir. Parler? C'est une perte de temps. Il y a des façons plus rapides de «se connaître», ne crois-tu pas? Baisse donc le store, veux-tu, et déshabille-toi. Nous allons avoir du plaisir.

Pour certains genres d'hommes, l'abandon sexuel n'est qu'une des choses qu'ils veulent des femmes. Oh! ils veulent le sexe, mais ils veulent aussi autre chose. Pour le racoleur, le sexe est le commencement et la fin de tout. Le racoleur ne veut ni engagements, ni conversation sérieuse, ni souper en tête à tête, ni danser (toutefois, il vous paiera peut-être un verre). Il veut une partie de fesses, et plus il en a, plus il est heureux. Il butinera peut-être d'une chambre à coucher à une autre. Il amènera peut-être une femme après l'autre chez lui. Il aime peut-être prendre ses partenaires une à la fois. Il croit peut-être que l'amour en groupe est amusant. C'est la version moderne de l'ancien goujat, coureur de jupons, débauché, libertin et séducteur. Un voyeur combiné à un collectionneur de conquêtes. Et il a le tour de parler aux étrangers, surtout aux femmes étrangères.

De la même façon que certaines voitures peuvent servir à s'entraîner à la privation sensorielle (elles sont munies de coussins pour absorber les chocs, de fenêtres de verre teinté pour éliminer les reflets, et de climatiseurs d'air pour éliminer la chaleur et les odeurs), le racoleur peut servir à s'entraîner à la privation émotionnelle. Il n'offre que des rencontres sexuelles. S'il vous plaît, vous abstenir des émotions. Pas de larmes, pas de craintes, pas d'accrochage, pas d'amour, pas de demain, pas de jalousie. Il obtient tous ses hauts et ses bas de nouvelles rencontres sexuelles avec des corps qu'il n'avait pas encore essayés. Il ne veut pas discuter de désirs, ni de besoins, ni de contacts réels. Tout ce qu'il veut savoir, c'est votre prénom et votre numéro de téléphone.

Il se présente actuellement sous deux formes différentes. Occasionnellement, il s'agit d'un playboy ou d'un swinger. Le plus souvent, il s'agit du célibataire attitré du bar, de la plage ou de la réception. (L'un et l'autre se fichent de savoir si vous êtes libre. Tout ce qui les intéresse, c'est de savoir si vous êtes disponible et consentante.) Puisque probablement toutes les femmes rencontreront des armées de racoleurs au cours de leur vie, bien que dans des circonstances différentes, je vais décrire les deux genres.

Cas vécu

Ma voisine Rolande m'a parlé récemment de ce qu'elle a appelé sa journée «spécial: deux racoleurs pour le prix d'un». D'abord, elle et une autre femme étaient allées, tard en après-midi, prendre un verre dans un bar qu'elles ne connaissaient pas, un bar qui avait l'air «sympathique», histoire de célébrer un projet qu'elles venaient de finir de mettre sur pied. Le bar était presque vide. Elles étaient assises à une table, en train de boire du vin blanc, absorbées dans leur conversation, lorsqu'un homme est venu s'asseoir à côté de Rolande. «Allô, dit-il, je ne t'ai jamais vue ici auparavant.» Il portait un jeans Levi propre, très serré, une chemise foncée, déboutonnée, et un veston sport. Une couette de cheveux lui tombait sur le front, juste de quoi avoir l'air séduisant. «Je n'ai pu m'empêcher de remarquer comme tu es belle», a-t-il ajouté. Rolande se rendait évidemment bien compte qu'on lui faisait «une passe», mais le compliment était si spontané, si flagrant, et si rafraîchissant! Et puis, on ne sait jamais, du moins pas au début. Il pourrait être un gars correct, un gars qu'on aimerait vraiment connaître.

— Merci, dit Rolande, mais je suis en train de jaser avec mon amie.

— Tu peux lui parler n'importe quand, je gage, a-t-il poursuivi. Mais moi, je viens juste de te rencontrer.

— Eh bien, nous ne nous sommes pas vraiment rencontrés, reprit Rolande.

— On pourrait régler ce problème-là en un rien de temps, a-t-il répliqué. Viens faire un tour à mon appartement. Je suis un gars fantastique. Tu verras.

— Je suis avec mon amie présentement, dit Rolande, qui ne se rendait pas compte qu'il était un peu trop vite en affaires pour être un homme qu'elle aimerait rencontrer.

— On pourrait se voir plus tard, quand ton amie sera partie, a-t-il suggéré. À ce point, l'amie de Rolande comprit.

— Écoute, il faut que je m'en aille de toute façon.

— Tu vois, dit l'homme. Tu es libre. Tu pourrais venir chez moi et nous pourrions faire plus ample connaissance. Est-ce que quelqu'un t'a déjà dit que tu as le plus beau sourire du monde?

— Attends-moi, a crié Rolande à son amie. Je pars avec toi.

Mais l'homme l'a suivie jusque dehors.

— Au moins, donne-moi ton numéro de téléphone. Je t'appellerai. Que fais-tu ce soir?

— Mon téléphone ne fonctionne plus, dit Rolande. Mon chat a pissé dessus.

— Je pourrais te suivre jusque chez toi, a suggéré l'homme. Tu ne sais pas ce dont tu te prives. Nous pourrions avoir beaucoup de plaisir. Je suis vraiment bon, tu sais.

Il a caressé ses cheveux, s'est avancé vers elle juste un peu plus et lui a souri mystérieusement.

— Je peux te donner de bonnes sensations, comme tu n'en as jamais eu auparavant.

Il réussissait évidemment assez bien. Comme Rolande insistait pour partir de toute façon, il lui a donné son numéro de téléphone et lui a dit de l'appeler. Rolande a remarqué, en s'assoyant dans sa voiture, qu'il était retourné au bar et en train de se diriger vers deux autres femmes qui venaient juste de s'asseoir à une table.

Rolande était soulagée. Elle s'était déjà fait prendre par ce genre de gars. Le lendemain matin, ils la remerciaient et la mettaient à la porte, en lui disant qu'ils lui téléphoneraient, mais elle n'entendait plus parler d'eux par la suite. Ou bien, le gars lui sautait sur le corps une dernière fois à l'aube, prenait une tasse de café, puis s'habillait tout bonnement et prenait la porte, pour ne plus jamais revenir. Cette fois-ci, elle avait compris à qui elle avait affaire. Rolande semblait attirer les racoleurs. Jolie à la façon d'une étudiante, elle a tout de même un air de quelqu'un qui s'y connaît, pas un air innocent.

Mais son soulagement a été de courte durée. De retour à la maison, son téléphone a sonné: c'était un homme qui la poursuivait depuis des mois.

— Allô, c'est R.G., dit la voix. Je passais par chez vous. J'ai pensé que je pourrais aller faire un tour.

— R.G., a répondu Rolande, tu sais que je ne veux rien savoir des hommes mariés.

— Pas de problème a répondu R.G. C'est tout simplement que j'ai une bouteille de champagne avec moi, et je me disais que cela te ferait peut-être plaisir d'en prendre un verre.

— R.G., a répété Rolande, tu sais que je ne sors pas avec des hommes mariés.

— Nous pourrions simplement jaser. Ou nous pourrions aller faire un tour sur mon bateau.

— Ouais, ouais, répliqua Rolande.

— Voyons, Rolande. Sois pas une pimbèche. Je pourrais même organiser une petite fête, a suggéré R.G. Moi, Jerry, des filles de la marina.

— Non, R.G. Salut, R.G.

— Eh bien! a dit R.G. en terminant. Un gars s'essaie.

Rolande n'avait pas envie de s'envoyer en l'air avec ni l'un ni l'autre de ces deux hommes ce jour-là, mais elle appréciait le fait que, maintenant qu'elle était capable de les reconnaître, les racoleurs ne la laissaient plus perplexe. Même s'ils ne le disaient pas ouvertement, ils indiquaient assez clairement ce qu'ils avaient à offrir. Et on pouvait toujours aller le prendre. Rolande n'aimait pas aller le prendre. Elle avait toujours l'impression que c'était elle qui se faisait «prendre».

En étant plutôt transparent, le racoleur annonce qu'il ne veut négocier qu'à un niveau superficiel. Cela lui permet de présumer, si vous êtes consentante, que vos intentions sont les mêmes que les siennes. Aucune motivation sous-entendue n'est permise avec le racoleur. Il offre exactement ce qu'il a à offrir. Vous savez ce que vous allez obtenir. Et personne n'a d'autre responsabilité que soi-même. Il se dit que ce qui se passe entre vous deux est basé sur le libre arbitre. Mais son genre de libre arbitre signifie qu'il ne s'occupera de rien de plus sérieux qu'une relation sexuelle passagère, et qu'il ne pourra être tenu responsable de rien de ce qui arrivera. Ce ne sont pas toutes les femmes qui se rendent compte du maigre contenu du paquet qu'il offre. Souvent, la femme s'attend à beaucoup plus de sa liaison avec le racoleur. Mais quand tout est fini, une relation avec lui est... eh bien, une non-relation. C'est plutôt du sport.

Comment reconnaître ce genre d'homme?

Les racoleurs aiment se divertir. La vie pour eux est une parade de gens qui passent. Plus on est nombreux, moins il y a de danger, surtout au plan de la variété. Il se passe trop de choses pour qu'on se limite; il se passe trop de choses pour qu'on ait le temps de penser ou de s'inquiéter. «Avoir du bon temps» est leur philosophie. C'est aussi leur géographie. Ils pensent qu'il y a plein de femmes faciles en Europe, encore plus en Asie. Mais il y en a amplement ici aussi. Et ils vont là où ils espèrent pouvoir les trouver.

Toutes choses considérées, les racoleurs sont des gars plutôt superficiels. Ils ne s'intéressent pas à la profondeur, au sens des choses, ni aux émotions ni aux relations. Si la vie est une vague, eux sont des adeptes du surf physique. Il est vrai que certains racoleurs sont des hommes solitaires complexes et frustrés, qui abusent consciemment des femmes. D'autres se font un fétiche du fait d'être frivoles. Ils essaient d'éviter de se lier et de penser. Tous ont horreur de la psychothérapie, de l'idée de s'analyser eux-mêmes, bien qu'il leur arrive de participer à des rencontres et à des sessions de «sensibilisation», surtout les fins de semaines. Aucun d'eux n'est sensible, du moins pas sensible aux femmes. Ils veulent mettre au congélateur tout ce qui est en leur for intérieur, et ne grignoter que des bagatelles.

Par conséquent, le racoleur résume la réalité par l'une de deux devises: 1. la vie est si belle, il faut s'amuser; ou 2. la vie est si triste, vaut mieux s'amuser. C'est un point de vue au singulier, optimiste ou pessimiste, sans aucune explication. Il souscrit probablement à d'autres philosophies modernes mais prosaïques: la liberté, être maître de soi-même, les mariages ouverts, l'espace vital. Lorsqu'il veut vous convaincre de le suivre au lit, il peut rassembler toutes ces phrases pour faire pression sur ce que vous n'êtes pas, et sur ce que vous devriez être. Il peut tout aussi bien les inverser et vous traiter de pimbèche, de dépassée ou de frustrée.

Des indices additionnels

L'un ou l'autre genre de racoleurs, célibataire ou playboy, prend soin de lui-même. Il est la seule personne dont il ait à s'occuper. Il mène une vie plutôt simple: l'absence d'encombrement émotionnel se reflète bien dans l'absence d'encombrement dans son appartement, son sommeil, ses voitures, son habillement minimal. Il ne porte pas de camisoles. Vous ne le surprendrez pas en train d'acheter des caleçons non plus, sauf peut-être de petits bikinis de nylon. Il ne se donne pas toujours la peine de se trouver une paire de bas lorsqu'il met ses chaussures. Il a tendance à ne se vêtir qu'à moitié, ou moins que l'exige l'élégance, parce que peu importe ce qui se passe, il veut avoir l'air sexy. Il possède des tas de jeans et de T-shirts moulants, de T-shirts sans manches ou de chemises «Alligator» ajustées. Certains d'entre eux ont aussi une collection de shorts de gymnastique. Il préférerait mourir plutôt que de se faire surprendre en gros caleçon de boxe démodé.

Il s'habille bien, dans le genre sport. Chemises moitié-soie portées avec deux boutons détachés. Jeans serrés ou pantalon moulant, bien taillé. Mocassins de cuir mou, bottes ou sandales de croisière. Vestons Miami Vice. S'il doit porter un complet, ce sera un complet de coupe française, avec, probablement, une veste à paisley dans le dos. Étrangement, lorsqu'il court ou fait des exercices, seul le bas de sa chemise ou de son T-shirt se mouille de transpiration.

Lorsqu'il est un peu plus vieux, ses vêtements deviennent un peu plus lâches; il adopte le style «confortable» et sexy. Il porte probablement une barbe à ce moment-là, et peut-être des chemises genre tuniques, avec décolletés profonds. À partir de la gorge et en descendant, brille un bronzage remarquablement foncé, qui scintille comme une affiche au néon qui annoncerait «Club de nudistes à la prochaine sortie» (il dira plutôt qu'il s'agit d'un «centre de découverte»).

Le racoleur ajoutera peut-être une touche de rococo: une chaîne en or, un bracelet d'identification, une bague sertie d'un onyx, une boucle de ceinture sertie de turquoises. Certains des racoleurs du genre playboy ont commencé à se teindre les cheveux et à se mettre juste une petite touche de maquillage.

La jeunesse a beaucoup d'importance pour le racoleur, même lorsqu'il est encore jeune. Il ne voit pas comment il pourra continuer à avoir autant de sexe quand il aura perdu sa jeunesse. On voit qu'il est inquiet de vieillir, même s'il n'en parle pas. Il essaiera de rester jeune et continuera d'agir comme s'il l'était. Pourtant, il a probablement l'air plus vieux qu'il l'est en réalité. Son genre de vie lui use l'esprit et le corps, malgré ses efforts pour paraître jeune ou décontracté. Sa peau, ses yeux et son cou trahissent son âge. Il joue trop fort et pense trop peu, et cela paraît.

Le style du racoleur s'étend jusqu'à sa voiture: elle sert à lui plaire et n'est définitivement pas de style familial. Il a l'air prêt. Souvent, il conduit une voiture sport, surtout le style suave ou séducteur: Porsche, Corvette, Alfa, Datsun 300 ZX, ou Mazda RX7. Leur ligne et leur image sont aussi importantes pour lui que leur efficacité. S'il pense grosses voitures, il ira vers les Mercedes, Pontiac ou Mercury.

Souvent le racoleur possède, ou aimerait posséder, un bateau. Pour lui, un yacht ou un yacht de croisière va de pair avec des pique-niques charnels et des parties de palourdes orgiaques. Il aime amener une personne, ou peut-être de petits groupes, dans des endroits peu fréquentés. Il vous passera un verre et vous dira que vous allez avoir, que vous avez ou que vous avez eu beaucoup de plaisir.

Il a son propre appartement (après, peut-être, l'époque du camarade d'appartement). Souvent, il est situé dans un complexe de tours d'habitation, dans le secteur de la ville fréquenté par les sportifs et les célibataires. Son appartement est un peu moderne et un peu cher; il a peu de meubles et ne s'est pas trop préoccupé de décoration. Vous savez ce que je veux dire: quelques affiches encadrées. Le complexe est probablement équipé d'une piscine, d'un sauna et d'un Jacuzzi. (Ou alors sa propre baignoire a des jets d'eau.) S'il est propriétaire, il s'agira plutôt d'un condominium que d'une maison. Il est situé près de la mer, d'une montagne ou d'une forêt. Le balcon qui donne sur l'arrière-cour est très privé. Le placard a été transformé en sauna de cèdre. Le balcon est équipé d'un hot tub. Peu importe où il vit, il a toujours un divan, un gros divan. Les tables sont en bois blond et l'appareil de télévision a un grand écran. Il y a des miroirs, parfois partout et à des endroits étranges, au plafond, par exemple. Un énorme lit sans couvre-lit occupe toute une pièce. Il possède de vastes quantités de grandes serviettes de bain et quelques peignoirs supplémentaires en tissu éponge.

Quelques livres de poche traînent ici et là. Il lit John D. McDonald, Dick Francis, Stephen King et des romans de science-fiction. Il a bien quelques livres un peu plus sérieux, mais il ne les finit jamais. Certains racoleurs sont abonnés à *Playboy* («pour les articles», disent-ils) et à *Hustler* (la raison est évidente).

Il recourt à toutes sortes de services pour rendre son existence plus confortable. Il envoie ses vêtements, ses draps et ses serviettes chez le nettoyeur. (Il peut arriver toutefois que les racoleurs plus jeunes se rendent dans des laveries automatiques ou des salles de lavage, dans l'espoir d'y rencontrer des filles.) Il connaît par coeur le chemin pour se rendre à la pizzeria et aux restaurants mexicains du quartier. Il a un magasin de la Société des alcools, une pharmacie et un restaurant express favoris. Les racoleurs du genre playboy connaissent des épiceries qui font la livraison de bière et de vin.

Étonnamment, toutefois, il ne mange pas beaucoup, sauf au déjeuner. Son appartement est le centre de ses activités. Toutes sortes de choses peuvent arriver chez lui, surtout pendant le «souper», si on peut appeler cela un souper. Voyez-vous, son réfrigérateur ne contient que des jus de fruit et un pot de moutarde. Lorsqu'il a besoin d'aliments, il court en acheter. Son menu consiste en patates chips, en hors-d'oeuvre à tartiner et en fromages, qu'il achète lorsqu'il a de la compagnie. C'est beaucoup plus simple ainsi. Ou alors, il achètera une pizza et des tacos. S'il cuisine, ce sera des steaks sur hibachi, accompagnés d'une salade du comptoir de charcuterie. En fait, il n'offre vraiment qu'un genre de nourriture, et je ne parle pas de nourriture de l'esprit. Cependant, il ne manque jamais de cubes de glace.

Le comptoir de sa salle de bains est son véritable garde-manger. Il contient en abondance une variété d'articles: Tampax, Vaseline, huile pour le corps, huile pour bébé, Close Up et Scope. Mais pas de condoms, même s'il commence à s'inquiéter des maladies vénériennes. En outre, il considère que les moyens contraceptifs sont votre responsabilité.

Le genre playboy, plus âgé, est aussi très équipé dans un autre département — les réserves d'alcool — et il y en a pour tous les goûts. En général, ils achètent les marques moins chères — des jéroboams de vodka de seconde qualité, des litres de bourbon douteux. Les racoleurs plus jeunes vous offriront de la bière, et peut-être du vin. Tous ont essayé la marijuana. Qu'ils aiment cela ou non, ils en ont toujours à vous offrir, et encore là, de qualité inférieure, comme du Tijuana Tan.

Malheureusement, la plupart des racoleurs ont tendance à occuper des emplois qui exigent des heures régulières et une certaine attention. (Bien que quelques-uns d'entre eux aient fait un coup d'argent ou aient hérité.) Habituellement, le racoleur n'est pas le patron. Mais il réussit à avoir une assez bonne position pour pouvoir s'habiller assez bien et bénéficier de temps libre. Il est peut-être représentant de commerce ou expert en informatique. Il est peut-être cadre dans une entreprise d'envergure.

Si la plupart des racoleurs ne prennent pas bien soin de leur âme, ils traitent bien leur corps, par contre. Ils s'occupent de leur forme physique. Ils font du jogging, des exercices, soulèvent des poids ou jouent au racketball. Ils peuvent s'enthousiasmer pour de nouvelles idées au sujet de régimes alimentaires ou de vitamines. Certains éliminent le sucre et la viande rouge de leur régime pendant un bout de temps, ou bien ils essaient des germes de luzerne, de la lécithine ou du son. Les systèmes cardiovasculaires intriguent et effraient les racoleurs. Mais le mot cancer est tabou pour eux.

Les indices sexuels

Le racoleur s'intéresse habituellement aux jeunes femmes minces ou sportives. Le mot clé est jeunes, et cela peut aller jusqu'à la trentaine avancée. Il essaiera presque n'importe quelle femme, mais il préfère celles qui sont jolies. Il préfère éviter les genres cérébral, complexe ou fragile. Il va plutôt vers les femmes qui ont appris à attirer les hommes, qui portent des vêtements attrayants et se maquillent, qui ont l'air de faire des efforts pour être sexuellement attirantes. Il préfère aussi les femmes qui, par les endroits qu'elles fréquentent, semblent se montrer disponibles, qui ne sont ni trop véhémentes ni trop portées à l'analyse psychologique. (Les remarques caustiques ne les rebutent pas tellement. Les racoleurs pensent que ce n'est qu'une façade.) Le racoleur célibataire préfère les femmes «libres», alors que le playboy est attiré par toutes celles qui «aiment bien s'amuser».

Ni l'un ni l'autre des deux genres de racoleurs ne sont timides face aux femmes. Ils engagent la conversation facilement avec n'importe quelle femme qui s'amène dans un bar, une boutique de sport, un gymnase, sur la plage ou à une réception. Ils s'organisent pour vous faire dire d'emblée qui vous êtes et ce que vous faites, habituellement en vous posant des questions un peu impertinentes. Ils vous complimentent. Ils évitent autant que possible de parler d'eux-mêmes, n'ont pas grand-chose à dire de leur travail ou de tout autre sujet, qu'ils résument en un mot, quand ils ne se contentent pas tout simplement de dire que cela ne vaut pas la peine d'en parler. Ils essaient plutôt d'établir un contact avec vous, de provoquer une réaction. Et, dans l'espoir de provoquer un peu plus qu'une simple réaction, ils vous défient bientôt de faire vos preuves. Un grand nombre de femmes semblent tomber dans le panneau. Ils vous questionneront peut-être sur vos habitudes, pour voir si vous êtes «ancienne» ou «collet monté». Ils vous laissent entendre qu'ils sont fantastiques, et que si vous ne partez pas avec eux, c'est vous qui allez en souffrir. Ils parlent de plaisir, de liberté et de se sentir bien. Ils vous offrent de vous «accommoder». Leur offre n'a pas un préambule très long. Les soupers et le théâtre, la danse et les sorties ne font pas partie de leur agenda. Une fois que vous avez fait connaissance, la prochaine étape consiste à partir immédiatement avec lui, chez vous ou chez lui, préférablement chez lui. Il est mieux équipé et c'est là que se trouvent les choses qu'il aime.

Le sexe avec le racoleur est plus qu'efficace. Il tient de l'acrobatie. Il a lu le Kama Sutra de haut en bas et de bas en haut, et c'est dans ce genre de positions que vous vous retrouverez sans doute vous aussi.

Il insiste pour que vous le serviez au lit aussi bien qu'il vous sert. Il insiste peut-être pour que vous le serviez mieux. Il vous montre la façon de vous ajuster à lui qu'il trouve la plus agréable. Il s'attend automatiquement à tous les petits extra qui accompagnent parfois le sexe. Une hésitation de votre part signifierait que vous êtes complexée et que vous n'êtes pas prête à jouir d'une partie de plaisir «décontractée».

Au point de vue performance, ses notes sont excellentes. Il a maîtrisé un grand nombre de variations. Si vous préférez les prouesses à la profondeur, c'est votre homme. Mais les étreintes et les mots tendres ne font pas partie de son répertoire.

L'aspect financier

En général, le racoleur gagne assez bien sa vie. Il a aussi tendance à dépenser beaucoup pour lui-même. Il place son argent, mais il est incapable d'en accumuler beaucoup. Il vit juste un petit peu au-dessus ou à la limite extrême de ses moyens. Sa vie de facilité lui coûte cher. De plus, il aime souvent faire des choses dispendieuses: une fin de semaine de ski, un petit voyage au Mexique. Il possède ou loue des choses qui coûtent cher.

Il a rarement recours à l'argent des femmes. Après tout, il vous divertit sans que cela lui coûte trop cher. Il ne vous sort pas. Il ne vous achète pas de cadeaux. Les femmes sont une denrée plutôt courante et d'accès facile pour lui. Il les trouve sans trop d'efforts. Il n'est attaché à aucune d'elles. Alors pourquoi payer?

L'aspect familial

Il semble ne pas avoir de famille. Vous l'entendrez rarement parler de ses parents. Vous n'êtes jamais interrompus par des appels téléphoniques de membres de sa famille. Il ne semble avoir aucune photo d'eux. Peu importe où ils vivent, ils sont loin. Leur monde et le sien ont des orbites différentes.

Il a un certain nombre d'amis mâles et un grand nombre de connaissances (la plupart sont des amis qu'il s'est faits dans les endroits où il traîne). Il joue au tennis ou va luncher avec ses amis intimes. Ses amis et ses connaissances ont tous l'habitude de présenter le racoleur à d'autres personnes (surtout à des femmes) au cours de réceptions et de pique-niques. Ils sont tous des éléments de leur cercle social respectif. Certains racoleurs se font amis avec des hommes uniquement pour rencontrer leurs petites amies. Dès qu'ils ont le numéro de téléphone de la femme qui les intéresse, ils disparaissent.

Toutes choses étant considérées, le racoleur est un cas plutôt classique d'égocentrisme. Il cultive la distance, et souvent la stupidité, dans la plupart des domaines de sa vie. Si vous faites un effort pour vous rapprocher de lui, il se transforme tout à coup en Casper, le gentil fantôme. Il n'est plus là. Il devient invisible. Non seulement est-il difficile à atteindre, mais si vous y arrivez, il prétend qu'il n'y a rien là. Ou il prétend que ce n'est pas gentil de votre part de lui demander quoi que ce soit. C'est vrai, il a de bons côtés. Il offre des divertissements légers et des plaisirs physiques qui ne vous engagent à rien. Peut-être ne voulez-vous pas vous engager vous non plus cette nuit-là, ce mois-là, ou à jamais. Alors il vous convient. Toutefois, le racoleur n'est probablement même pas conscient du plus grand avantage qu'il offre aux femmes. Avec lui, vous pouvez découvrir exactement dans quelle mesure vous voulez vous envoyer en l'air, jusqu'à quel point vous êtes prête à prendre le sexe à la légère. Pour cette raison, il peut être utile d'essayer un ou deux racoleurs au cours de votre vie. Mais si vous n'avez pas envie de vous envoyer en l'air et si le sexe n'est pas, pour vous, une chose à prendre à la légère, évitez-le.

Qu'est-ce qui vous attend?

Vous ne pouvez pas vraiment dire que vous avez une «relation» avec un racoleur. Vous pouvez vous rencontrer et faire connaissance, jaser et faire l'amour, mais vous ne pouvez pas vous voir régulièrement, sortir ensemble ou vous marier. Le racoleur inscrira votre nom dans son petit carnet noir et, s'il est du genre playboy, vous téléphonera pour vous inviter à des réceptions. Sinon, il vous oubliera. Mais il n'y a aucun lien émotionnel avec lui. Il n'est même pas un partenaire de téléphone comme le collectionneur de liaisons éphémères. Vous ne pouvez téléphoner au racoleur que pour un accrochage réglé à l'amiable et sans aucune répercussion.

Remarquez bien, vous pouvez aussi rester sur sa liste — s'il est du genre à téléphoner une deuxième fois — si vous faites ce qu'il veut. Il raye de son carnet celles qui hésitent et celles qui disent non. Et si vous lui demandez plus que ce qu'il vous donne, il disparaîtra rapidement. Le sexe est tout ce sur quoi il mise. Si vous passez, vous êtes exclue du jeu.

Parfois, il vous faut calculer vos risques et étudier la formule, comme s'il s'agissait d'une course de chevaux, pour établir la différence entre les hommes qui sont bons pour vous et ceux qui vous sont néfastes. Le racoleur, pour sa part, met toute sa force dans le début de la course mais il ne court pas longtemps. Si vous cherchez un bon sprinter, allez-y. Mais si c'est un bon rouleur que vous voulez, choisissez un autre genre d'homme.

Lorsqu'un homme vous invite chez lui, plutôt qu'ailleurs, dès la première rencontre, ou s'il se met à vous parler de prouesses sexuelles avant même de vous avoir demandé votre nom, l'invitation sous-entendue est assez évidente. Une fois que vous avez accepté de le suivre, le reste se déroule très rapidement. Les racoleurs vous emmèneront aussi loin que vous êtes prête à aller, jusqu'à ce que vous les arrêtiez d'un «whoa!» très ferme. Prenez note, en effet, que pour le racoleur un non est toujours un oui, jusqu'à ce que vous lui prouviez le contraire. Il n'est pas facile de le tenir en bride. Si vous allez où que ce soit avec lui, chez lui ou chez vous, il vous sautera dessus. Il présumera qu'en acceptant de l'accompagner, vous avez accepté la course au complet.

La plupart des femmes usent d'astuces pour se protéger jusqu'à ce qu'elles sachent à qui elles ont affaire. Consciemment ou inconsciemment, vous choisissez de rencontrer quelqu'un de nouveau loin de votre chambre à coucher, dans un lieu un peu public, et qui offre des portes de sortie d'urgence. Le racoleur essaiera de vous enlever vos protections: elles sont une perte de temps et d'énergie. Son intention se conjugue au singulier, alors pourquoi s'éterniser?

Il veut du sexe et agit comme si vous étiez d'accord. Alors c'est vous qui êtes fautive lorsque vous refusez ce qui, de son avis, était entendu. S'il obtient ce qu'il veut, s'il a du sexe avec vous et que vous sembliez bouleversée par la suite, il utilisera des tactiques de culpabilité et vous dira que c'était votre choix. Vous ne l'auriez pas fait si vous n'aviez pas voulu, n'est-ce pas? Si vous n'êtes pas bouleversée, il vous fera de gentils adieux. Il a aussi une autre approche de laquelle il déroge rarement: si vous avez fait un ou deux pas vers lui, si vous lui avez parlé, si vous vous êtes embrassés ou caressés, alors vous «devez» aller jusqu'au bout. (J'ai déjà rencontré des hommes qui m'ont suivie jusque dans la rue en hurlant qu'il fallait que je leur donne mon numéro de téléphone, ou que je parte avec eux, simplement parce que je leur avais parlé.) La règle a une variante: ce n'est pas gentil de faire marcher un homme; si vous avez l'intention de reculer, il faut le dire dès le début. Et ainsi de suite.

Ne vous laissez pas avoir. C'est de la foutaise! Peu importe ce qu'il y a entre vous deux, c'est de courte durée. Si vous dites non, il changera de parc très rapidement. Si vous dites oui, c'est fini, l'histoire est terminée. Il vous offrira peut-être des répétitions et des escapades — des journées de plein air pour adultes — mais son parcours tourne en rond. Ce n'est pas une autoroute.

Quand c'est fini, il ne veut pas que vous lui téléphoniez, à moins d'avoir envie d'aller chez lui. Il ne vous dira peut-être même pas son nom et son numéro de téléphone. Rester accroché au téléphone n'est pas l'idée qu'il se fait du plaisir. Le plaisir, pour lui, c'est le contact physique. Vous n'apprenez pas à vous connaître un peu plus à chaque rencontre. Il n'est pas question de présentation à la famille. Une fois la course terminée, le racoleur passe habituellement à une autre écurie.

Puisque vous ne pouvez aller nulle part avec lui, ce qu'il est important de savoir, c'est où vous aboutissez vous-même. Êtes-vous gagnante, placée ou perdante? Vous rencontrerez peut-être d'autres hommes grâce à lui, mais ce seront des numéros du même genre.

Quels sont les signes précurseurs de problèmes?

Le racoleur vous donne sa carte d'affaires très vite. Alors, si vous vous doutez que vous allez finir perdante, ne misez pas sur cette course. Ses indices extérieurs sautent aux yeux comme des pétards, l'un après l'autre, en succession rapide. Vous atteignez souvent un point de décision critique au bout de quelques minutes. Son scénario à la Mae West («Viens donc faire un tour chez moi») est un avis de tempête certaine. Comme l'est également son barrage de questions de plus en plus personnelles.

Si vous décidez de le suivre chez lui, ou de l'amener chez vous, des vagues irrégulières troubleront la surface de votre lac. Il se tient juste un peu trop près de vous. Vous avez l'impression d'être constamment obligée de reculer. Il vous effleure quand ce n'est pas vraiment nécessaire. Il vous fouine dans le cou comme si vous étiez déjà intimes, alors que vous ne l'êtes pas.

Il attend de voir votre réaction à tous ces gestes. Pas de réaction signifie qu'il avance d'un pas. Si vous réagissez, il s'essaiera de nouveau, pour voir si vous êtes sérieuse. Si vous êtes allée chez lui, il vous attrapera peut-être derrière le bar, coulera vers vous sur le divan, ou vous dirigera vers la chambre à coucher. Passer le seuil veut dire aller jusqu'au bout. Il essaiera.

Des réticences de votre part donneront lieu à un bombardement. Il mettra en doute votre «émancipation». Si vous avez un autre homme, il vous accusera d'être une possession. Si vous dites que vous préférez être amoureuse de la personne avec qui vous faites l'amour, il dira que vous n'êtes pas émancipée. Vous refuser à lui est certainement la preuve que vous êtes névrosée. C'est de l'autopunition. Qui refuserait un tel plaisir, sauf une personne troublée?

Si ces manoeuvres vous tombent sur les nerfs, il est temps de prendre position, une position négative. Si vous dites absolument non, le racoleur vous dira que vous êtes «gentille». C'est sa façon de vous dire qu'il va foutre le camp.

N'importe quel point peut être critique avec le racoleur. Vous vous apercevrez peut-être que, poussée par la curiosité ou n'importe quoi d'autre, vous l'avez suivi pas mal loin. L'idée que vous ne pouvez reculer, que c'est «méchant», est tout à fait ridicule. Vous pouvez dire non à n'importe quel moment! Et vous n'êtes pas obligée, en aucun temps, de vous laisser tripoter. Si le langage gestuel habituel — retirer ses mains de votre corps, vous éloigner de lui, rester derrière le comptoir de cuisine — ne donne pas de résultats, alors utilisez tous les moyens que vous avez de dire non. En fait, hurlez: ARRÊTE!

La politesse est son plus grand avantage et votre plus grand désavantage. Alors jetez-la par-dessus bord. Votre mère n'est pas là.

Quelles sont vos possibilités et que devriez-vous faire?

Soyons sérieuses. On ne peut pas vraiment changer le magazine *People* en magazine *Time*. Pas plus qu'on ne peut changer un racoleur en scout. Il n'a ni intérêt ni respect. Les requins ont peu de respect pour l'esprit des petits poissons qu'ils ramassent, dévorent et excrètent. C'est la même chose pour le racoleur.

Compte tenu des récompenses qu'on peut en tirer, ce que je vous conseille de faire avec le racoleur, c'est de dire: «Je regrette, mais non merci.» Vous pouvez trouver plus d'intimité dans d'autres types de relations à court terme, qui ont tout de même le sexe comme but principal. Vous pouvez certainement trouver plus de choses à faire et une plus grande variété de communication ailleurs. En fin de compte, ce que le racoleur offre devient vite ennuyeux. Personnellement, je pense que si vous partez avec un racoleur, c'est que vous ne prenez pas bien soin de vous. Je lis même, dans une petite soirée avec lui froidement calculée, un signe de dépression. En très peu de mots non verbalisés, le racoleur vous dit que vous n'avez pas besoin d'affection. Je trouve que c'est faux dans la plupart des cas.

Au point de vue pur contact physique, sans amitié ni engagement, il est au moins émotionnellement inoffensif, bien que le fréquenter puisse mener à des problèmes physiques sérieux. (Rappelez-vous: vous faites l'amour avec toutes les personnes à qui il a fait l'amour avant vous.) Vous pouvez l'essayer et, si vous ne l'aimez pas, vous pouvez le rejeter. De plus, il est possible qu'à certains moments de votre vie vous ayez envie de vérifier votre équipement de survie. Si vous pouvez prendre le racoleur pour ce qu'il est et vous en sortir saine et sauve, vous serez assurée de pouvoir survivre au froid de l'Arctique.

Mais je vous en prie, ne partez avec lui que si vous êtes sur la même longueur d'onde que lui, que si vous aussi ne voulez que du sexe sans attaches et si vous cherchez des performances. Puis, voyez aussi s'il ne s'inquiète que de son propre plaisir, ou s'il est prêt à en donner lui aussi. Certains racoleurs ne veulent que se faire masser, et non masser à leur tour. Ils détestent l'idée d'avoir à faire quoi que ce soit. Après tout, le partage n'est pas exactement leur point fort.

Si vous décidez de vous amuser avec des racoleurs, vos chances d'avoir de bonnes expériences seront meilleures si vous avez de bonnes habitudes alimentaires. Arrêtez quand vous êtes rassasiée. Si vous ramassez trop de racoleurs pendant trop longtemps, vous risquez d'écoper de sensations désagréables qui mettront du temps à partir. Votre pharmacie de quartier n'a pas d'Alka-Seltzer pour soulager une trop forte consommation de racoleurs.

S'il recourt à la honte pour vous convaincre, ce n'est pas lui, mais vous, qui allez vous retrouver avec les sentiments de culpabilité. Il exploitera vos zones grises, ce que vous pensez que vous devriez faire, le fait que vous ne voulez pas le contrarier, combien c'est difficile pour vous de dire carrément non. Votre confusion ne l'affecte pas, tant et aussi longtemps qu'il obtient ce qu'il veut.

Quant au sexe en groupe, cela peut être agréable; il peut amalgamer l'amour et l'affection de tous et de chacun. Ou il peut être le résultat de pressions sociales et avoir une atmosphère de cirque. Vous devriez certainement être libre de décider vous-même si vous voulez participer. Vous retirerez peut-être plus de satisfaction d'un non décisif que d'un oui hésitant.

Quel rôle jouez-vous dans cette relation?

Si trop d'hommes qui ne veulent que du sexe viennent frapper à votre porte, il est possible que vous ayez tellement besoin de compagnie que vous soyez prête à prendre n'importe qui et n'importe quoi.

Peut-être serait-il temps pour vous de vous trouver assez intéressante et assez sexuelle pour ne pas avoir besoin d'être alimentée par le monde extérieur. Il n'est pas nécessaire que votre vie soit une parade de gens, de rire et de divertissements pour la remplir. Pensez à vous asseoir seule. Donnez-vous rendez-vous, et invitez-vous dans votre propre salon. C'est vrai, ce n'est pas toujours une tâche facile. Il peut être difficile de surmonter la solitude. Mais une fois que vous l'aurez trouvé, le monde qui est à l'intérieur de vous peut être spectaculaire, multicolore et infini.

Cela veut dire aussi assumer la responsabilité de votre vie sexuelle. Vous pouvez satisfaire vos propres désirs, mettons, durant ces longs intervalles entre deux hommes, sans chercher fébrilement quelqu'un, n'importe qui, pour vous satisfaire. Faire quelque chose que vous ne voulez pas vraiment faire, juste pour satisfaire un besoin sexuel, signifie que vous laissez un besoin devenir une obligation aveugle, voire un fétiche. Cela veut dire que vous n'admettez qu'une solution, alors qu'il y en a plusieurs en réalité. Il existe de nombreuses techniques pour vous aimer vous-même sensuellement et sexuellement. La masturbation peut être saine et délicieuse. Vous pouvez y recourir comme mesure temporaire, sinon comme plaisir à long terme. De cette façon, vous pouvez attendre la prochaine relation, et non pas seulement le prochain corps, dont vous avez envie.

Demandez-vous jusqu'où vous êtes prête à aller pour prouver que vous êtes (choisissez-en un) libérale, libérée, pas complexée, sans culpabilité, ou toute autre définition qui vous énerve et qui vous semble importante. Démontrer, ou ne pas démontrer, ne détermine pas si vous êtes bonne ou mauvaise, si vous avez raison ou tort. Concentrez-vous sur votre propre zone de confort — ce qui est bon pour vous jusqu'au moment où vous n'aimez plus cela — et établissez vos limites en conséquence. Autrement, vous vous laisserez tasser par les définitions des autres et leurs définitions vous intimideront. Au moins, organisez-vous pour que les choses qui vous menacent soient réelles. La peur de ne pas être «de votre temps» n'est pas réelle. Dites à quiconque vous manipule au moyen d'accusations d'aller se faire foutre.

Courailler avec les racoleurs peut aussi être une façon détournée d'attirer l'attention. Votre passé est-il plein de révolte réprimée? Est-il important pour vous de faire des gestes qui choquent? L'idée d'avoir un secret — «ils ne le croiraient jamais!» — vous excite-t-elle? Fumiez-vous dans la salle de toilette à seize ans, en sachant très bien que, même en ouvrant les fenêtres, l'odeur persisterait jusqu'à ce que vos parents rentrent à la maison? Ou avez-vous attendu d'avoir quitté votre foyer pour vous envoyer en l'air régulièrement depuis ce temps-là?

Le sexe a tendance à être une des premières formes de révolte pour les femmes, la première rupture avec les parents et l'enfance. Mais il n'est pas nécessaire qu'il continue d'être l'annonce perpétuelle de votre identité. Une fois que vous avez descendu cette rue en courant, vous pouvez en essayer une autre. Allez au-delà de votre révolte d'adolescente. Quand vous aurez appris à être à l'écoute de tous vos besoins, et pas seulement de vos besoins nocturnes, vous laisserez tomber à tout jamais l'ennuyeuse idée fixe du racoleur.

Le collectionneur de liaisons éphémères ressemble au racoleur. En fait, il peut être un peu racoleur au début d'une nouvelle liaison. Mais au moins le collectionneur de liaisons offre quelque chose d'un peu plus durable et beaucoup d'attention pendant un bout de temps.

L'homme dont je vais maintenant parler est aussi un genre de racoleur, mais un genre très spécial. Il ne cherche qu'un certain type de femmes. Et il veut plus que du sexe avec elles, il veut les contrôler. Je l'appelle le voleur de berceaux. Il ne s'intéresse qu'aux femmes très jeunes, ou passives, ou étrangères, à des femmes qui semblent neuves, pures, dépourvues d'expérience sexuelle et qui sont aussi très malléables. Du moins, qui le sont pendant un bout de temps. Le système du voleur de berceaux ne fonctionne pas à long terme. Il n'est pas nécessaire que toutes les femmes apprennent à reconnaître le voleur de berceaux, ou qu'elles sachent ce que c'est que de vivre avec un tel homme, puisque certaines femme ne l'intéressent pas. Tout de même, plusieurs risquent de l'attirer, alors que d'autres ont déjà eu affaire à lui. Nous avons certes vu des voleurs de berceaux ne s'intéresser qu'à des jeunes et les avons enviées.

Chapitre 8

LE VOLEUR DE BERCEAUX

L'homme en quête de femmes très jeunes, passives ou étrangères.

Le voleur de berceaux cherche des femmes très jeunes (vingt-deux ans est à peu près sa limite), ou des femmes passives, de cultures différentes de la sienne. Il trouve ces femmes sensuelles ou exotiques.

Bien sûr, ce qu'il n'admet pas, c'est qu'avec ces femmes il peut dominer.

Voyez-vous, une femme qui serait son égale risquerait de susciter un tas de problèmes au voleur de berceaux. Non, ce qu'il veut comme partenaire, c'est quelqu'un de beaucoup plus facile. Il veut quelqu'un qui va lui céder complètement et se fondre parfaitement à sa façon de vivre. Il ne veut pas d'une femme qui a beaucoup de volonté ni une idée claire de la direction qu'elle veut prendre. Il est préférable également que, jeune ou exotique, la femme qu'il cherche soit considérée comme un trophée sexuel.

Il y a, en fait, deux types de voleurs de berceaux. Le premier a toujours été attiré par les femmes-enfants ou les femmes étrangères, surtout les Asiatiques. Souvent, son modus operandi est celui d'un individualiste. Il est écrivain, musicien, constructeur de plates-formes pétrolières, archéologue, coureur, géomètre. L'autre est devenu voleur de berceaux sur le tard. Il était un homme-qui-rêvait-d'être-nabab, monsieur-génie ou quelque chose du genre qui, à quarante-cinq ans, s'aperçoit qu'il est arrivé. Il est devenu riche et puissant et sa vieille relation ne lui semble plus aussi pétillante. Ce n'est plus le bijou qu'il lui faut pour décorer son nouveau statut. Il quitte sa «vieille» partenaire. Il veut maintenant autre chose, une femme beaucoup plus jeune, habituellement une femme très jolie, qui montrera à quel point il est extraordinaire et puissant.

Je ne veux pas insinuer qu'une union fructueuse est impossible entre un homme d'un certain âge et une femme plus jeune, ou entre couples issus de sociétés différentes. L'âge n'a pas de lois, et la culture non plus. Mais le voleur de berceaux ne part pas avec l'idée d'une union équilibrée et mutuellement satisfaisante. Il cherche une relation basée sur des critères d'âge et de culture. Il présume qu'avec une femme qui manque de maturité ou d'expérience il peut avoir du sexe, de l'attention, de la compagnie et faire ce qu'il veut sans qu'il ne lui en coûte rien. Il acquiert aussi un certain cachet grâce à l'objet de son amour. Il acquiert un symbole de statut sexuel aussi enviable, sinon meilleur, qu'une Cadillac.

Le premier type de voleur de berceaux, celui qui a toujours recherché les femmes jeunes, est un homme dont il est facile de s'amouracher, et il le sait. Il est habituellement une espèce de solitaire; il est différent; il exhale une certaine odeur de moisi et il est tellement viril. Il a tous les aspects d'un fantasme romantique devenu réel. Il est viril, indépendant, un guide formidable. Il boit, il joue de la guitare, il vous appelle «bébé». Il joue sur le fait qu'il est le premier objet de désir sexuel d'une femme. Le sexe fait partie de ce qu'il vend et de ce qu'il veut s'assurer. Le deuxième type de voleur de berceaux, qui le devient plus tard dans sa vie, est attiré par beaucoup de choses. Il a de l'argent, une bonne position, et peut entourer sa partenaire de luxe. Et s'il n'était pas particulièrement sexy jusqu'à maintenant, il le devient à partir du moment où il commence à fréquenter des femmes plus jeunes.

Les deux sont plus vieux, plus expérimentés, et ont plus de ressources que vous n'en avez. En général, les deux veulent une union permanente, mais ils récidivent tous les deux advenant la rupture de leur relation. Encore une fois, ils cherchent une femme tout aussi jeune que la précédente, et le fossé des générations s'élargit à chaque fois.

Entre-temps, vous êtes censée adopter son mode de vie de A à Z. Vous apprenez aussi que la jalousie est tabou, car une jeune personne est rarement tout ce que le voleur de berceaux désire éventuellement. (Il en poursuit habituellement d'autres en cachette.) Ce dont il ne se rend pas compte, c'est que lorsque le bébé aura grandi, la première chose qu'elle fera sera de lui donner une bonne ruade.

Cas vécu

J'ai connu beaucoup de voleurs de berceaux. Bien des hommes entretiennent au moins l'idée, sinon la réalité, d'en devenir un. Je vais vous parler de deux voleurs de berceaux, un de chaque type.

Jacques a ramassé et formé Pam quand elle avait dix-huit ans. Avec ses traits japonais, sa petite stature et son teint, elle avait l'air encore plus jeune. Professeur d'humanités et âgé de 32 ans, Jacques était un homme très attirant. Il organisait des fouilles archéologiques en Asie mineure, écrivait des poèmes en grec ancien, jouait de la guitare et portait toujours des vêtements de style western. Il a rencontré Pam après avoir placé une annonce dans les journaux au sujet d'une prochaine fouille. Il avait rompu avec la femme qui vivait avec lui antérieurement, une étudiante elle aussi, qui avait passé quelques années avec lui et l'avait quitté subitement. Pam, toutefois, avait l'air tellement réservée et docile qu'il croyait pouvoir s'en faire une partenaire permanente et placide, mais... mais continuons avec notre histoire.

Jacques a tellement de présence, de maturité et de profondeur que Pam est tombée follement amoureuse de lui. Après tout, il était professeur, et elle, une simple étudiante de première année. Les étudiants de première année n'étaient habituellement pas admis aux fouilles, mais Jacques a fait exception à la règle et l'a choisie pour l'accompagner. Dès qu'il l'a rencontrée, il lui a aussi accordé d'autres attentions spéciales et elle s'est sentie honorée et privilégiée. Il l'a invitée à aller manger des mets mexicains et à prendre une bière avec lui, prouvant par là à quel point il était terre à terre, et non un personnage efféminé, comme on pourrait s'y attendre d'un professeur d'humanités. Il l'a amenée danser dans une boîte de musique country et western, où il connaissait toute la bande. Il exhalait un parfum légèrement musqué. Il avait une aura sensuelle et un sens de l'humour désabusé. Il la taquinait, comme un «homme» taquinerait une enfant. Il l'entourait de ses bras protecteurs et, en même temps, flirtait avec elle et l'impressionnait avec ses connaissances. Elle se sentait un peu étourdie. Il avait tellement à dire, tellement à lui apprendre. Elle avait l'impression qu'elle ne pourrait jamais être son égale, qu'elle ne serait jamais aussi bonne que lui; le mieux qu'elle pouvait faire, c'était de devenir son émule.

La deuxième fois qu'ils sont sortis ensemble, il a laissé entendre subtilement qu'elle était naïve. Il pouvait la guider dans son vaste monde et même lui révéler sa féminité. Il s'est amené chez elle sans avertissement et très tard. Il avait apporté de la marijuana. Il avait écrit un nouveau poème. Pam est donc allée au lit avec lui.

Pam n'était pas vierge mais soudain, avec Jacques, elle a atteint des sommets sexuels et sensuels qu'elle n'avait pas connus avec ses anciens amants de cégep. Jacques était comme un billet express à destination d'un tout nouveau jardin de délices. Il l'excitait avec toutes sortes de choses érotiques et nouvelles. Le lendemain, il l'a amenée chez lui. Elle y est restée plusieurs jours. Finalement, elle est tout simplement allée chercher ses vêtements et a emménagé avec lui.

Jacques s'était trouvé une compagne d'appartement et de lit gentille et docile et il entendait bien la garder. Quant à elle, Pam croyait avoir trouvé son propre guide personnel, qui la dirigerait dans le monde des connaissances, de l'information et de l'expérience. Elle n'aurait pas à franchir toutes les étapes auxquelles doivent s'astreindre la plupart des autres femmes. Elle avait un tuteur plus âgé, plus sage. Être la partenaire d'un homme aussi viril, pas puéril pour deux sous, était irrésistible.

Pam s'est volontiers adaptée à la vie de Jacques. Mais le fait qu'elle soit heureuse de s'installer avec Jacques ne voulait pas dire que Jacques, lui, était prêt à s'installer. Le fait qu'ils passent beaucoup de temps au lit — leurs activités érotiques étaient devenues une occupation quotidienne — ne voulait pas dire qu'il ne visitait pas d'autres lits. Il y avait d'autres étudiantes, des filles qu'il rencontrait quand il donnait des conférences, des filles qui participaient aux fouilles archéologiques. Ce faisant, à la maison, il désavouait le bien-fondé de la civilisation. Les villes étaient une abomination, la société une farce, les professeurs et la vie universitaire, à éviter. Si Pam voulait rester avec Jacques, il lui fallait adhérer à tout le reste, vivre à sa façon, endosser sa philosophie, suivre son horaire, ajuster le sien à ses projets, à ses cours, à ses voyages. Elle n'avait pas de vie à elle. Et pendant tout ce temps, Jacques partait sans elle pour ses fouilles et ses cours.

Mais avoir une vie personnelle est quelque chose qu'une personne finit toujours par désirer et quiconque brime ce désir devient, comme cela arrive avec ses parents, un ennemi. Pam a commencé à se révolter et à prendre des initiatives. Elle est retournée aux études. Il lui fallait voyager matin et soir et c'était difficile. Sa prochaine affirmation d'indépendance a consisté à prendre son propre argent — elle n'avait jamais contribué à leurs dépenses; Jacques avait payé pour tout depuis le début et elle avait résisté chaque fois qu'il lui avait offert de changer cette situation — et, sans demander l'avis de Jacques, s'est acheté une voiture. Elle s'est fait quelques amis et s'est jointe à un groupe de discussion féminin. Lentement, mais sûrement, Pam a tourné le foyer de Jacques en zone de combat. Elle refusait de faire la cuisine et a jeté ses vêtements sales par la fenêtre. Lorsqu'il a amené une nouvelle étudiante chez lui, Pam l'a mise à la porte. Elle le contredisait, lui criait par la tête, faisait exactement le contraire de ce qu'il lui disait. Puis, un soir qu'il était rentré très tard — elle avait entendu dire par des amis qu'il avait passé la soirée avec une autre étudiante intéressée à participer à des fouilles — elle s'est enfermée et l'a laissé dehors.

Gaétan était très différent de Jacques. Il n'était pas un voleur de berceaux au début, mais il en est devenu un le jour où, âgé de quarante-sept ans, il a quitté la femme à qui il était marié depuis vingt-trois ans. Son entreprise était devenue florissante et avait fait de lui un homme riche. Il possédait une Mercedes, pouvait faire ce qu'il voulait, mais l'idée ne lui plaisait pas d'avoir une compagne de quarante-cinq ans, par trop familière et ayant l'air plutôt fatiguée. Il avait toujours aimé bien s'habiller et dépenser de l'argent pour lui-même. Sa femme avait eu la vie un peu dure certaines années, mais cela ne l'avait pas empêché d'avoir la meilleure voiture, de l'argent pour manger au restaurant et des tas d'amis pleins de verve. Maintenant, il voulait sa part entière de la bonne vie. Il s'est mis à sortir avec des femmes âgées d'un peu plus de vingt ans. Il les rencontrait dans des bars et par le biais d'amis, dont certains fréquentaient de très jeunes adolescentes. Mais Gaétan voulait une compagne régulière, une partenaire permanente qui redorerait son blason. Finalement, Gaétan a rencontré Pénélope, une femme qui lui a beaucoup plu et qu'il trouvait belle.

Pénélope ne savait pas trop quoi faire de sa vie. À peine âgée de vingt ans, elle avait vu que certaines personnes vivaient très bien et elle voulait essayer leur genre de vie. Gaétan semblait fantastique. Il possédait des choses qu'elle ne pouvait pas se payer. Il était sexy et plus âgé. En tout cas, il l'amenait dans des endroits intéressants et la comblait de cadeaux.

Bientôt, il lui a suggéré de vivre avec lui, et ensemble ils ont choisi l'étage supérieur d'un condominium. L'appartement était merveilleux, mais Pénélope a vite commencé à se sentir comme un oiseau en cage. Elle n'avait rien à faire de ses journées. Gaétan ne l'incluait que dans sa vie nocturne. Elle magasinait et se promenait en voiture. Ne sachant pas à quoi d'autre s'occuper, elle a commencé à harceler Gaétan pour qu'il l'épouse et il a fini par céder. Toutefois, il ne semblait jamais la traiter en «épouse». Les amis de Gaétan l'accueillaient bien avec gentillesse mais, essentiellement, ils l'ignoraient et la traitaient plutôt comme un bibelot. Les conversations des épouses des amis tombaient dans le vide autour d'elle, et elle voyait bien qu'elle ne faisait pas partie de leur cercle. Gaétan la traitait comme si elle était stupide et incompétente. C'est à peine s'il lui parlait.

Mais Pénélope était intelligente. Elle a commencé à questionner Gaétan sur son entreprise et il s'est offusqué. Se sentant exclue, elle s'est mise à lire des magazines et des livres qui traitaient d'affaires, elle a suivi quelques cours et a commencé à s'intéresser à la Bourse. Elle disait qu'elle voulait s'occuper, et il lui répondait qu'il n'avait pas d'objection. Mais lorsqu'elle lui a demandé de l'argent pour partir sa propre entreprise, il s'est moqué d'elle. Pénélope s'est fâchée. Gaétan ne voulait jamais faire ce qu'elle voulait. Il dansait avant de l'épouser, mais plus maintenant. Il l'amenait aussi dans des concerts rock, mais plus maintenant. Ils ne faisaient plus de voyages et il avait cessé de lui donner de l'argent. Il se plaignait maintenant lorsqu'elle dépensait trop, et elle trouvait qu'il exigeait pas mal de sexe et ne lui donnait pas grand-chose en retour.

Pénélope a commencé à être absente quand il revenait du bureau. Elle faisait ses propres plans puis, un jour, elle a invité un jeune homme chez elle à l'heure où elle savait que Gaétan était sur le point d'arriver. Elle a pris l'habitude de critiquer continuellement. Elle l'attendait avec toutes sortes de demandes qu'elle lui jetait par la tête dès qu'il mettait le pied dans la maison. Lorsqu'il sortait avec des amis et leurs jeunes compagnes — et elle savait que Gaétan la trompait occasionnellement — elle a commencé à avoir des aventures elle aussi. Comme Jacques pour Pam, Gaétan était devenu l'ennemi de Pénélope. Elle s'est tournée contre lui. Presque consciemment, elle a décidé de lui rendre la vie misérable, mais ne se rendait pas compte qu'elle rendait la sienne misérable par le fait même. Finalement, elle a décidé qu'il y avait une autre façon de gagner. Elle est partie, a demandé le divorce et un tas d'argent.

Pénélope a reçu pas mal d'argent, mais pas autant qu'elle l'avait espéré. Gaétan lui a livré une dure bataille et il avait mis pas mal d'argent au nom de sa première épouse. Étrangement, même si c'est Pénélope qui avait quitté Gaétan, c'est elle aussi qui s'est retrouvée pleine d'amertume. Elle se trouvait superficielle, mesquine, et n'avait confiance en personne.

Jacques et Gaétan ont commis des erreurs tous les deux. Ils ont négligé de prévoir que vieux et jeune, ou expérimenté et naïf, peut très facilement se changer en oppresseur versus opprimé. Avec Pénélope et Pam, l'âge et la culture ont pris les couleurs de la révolution. Les voleurs de berceaux avaient l'air attirant au début, mais ils sont vite devenus des tyrans. Plus Pam et Pénélope se sentaient lésées, plus vite elles découvraient les vieilles méthodes de bataille traditionnelles des femmes. Comme des bombes à retardement sur une tablette, elles marquaient le temps jusqu'à ce qu'elles vieillissent et explosent. Pam et Pénélope se sont toutes deux retrouvées révoltées et fâchées contre les hommes. L'une et l'autre avaient rencontré l'ennemi, et c'était l'homme. Il leur a fallu beaucoup de temps pour pouvoir être amicales avec les hommes et les aimer de nouveau.

Parfois, le voleur de berceaux est un peu cinglé, parfois méchant, parfois sentimental et parfois dynamique. Mais il est toujours impressionnant et toujours sensuel. Le problème, c'est que le voleur de berceaux ne recherche pas les femmes qui le reconnaissent. Il éblouit celles qui ne le reconnaissent pas. Apprendre à l'identifier ne vous empêche pas toujours de tomber sous l'emprise de son charme, mais cela peut vous aider à prendre l'expérience avec un grain de sel.

Comment reconnaître ce genre d'homme?

Les deux types de voleurs de berceaux jouent à l'atout avec une carte à figure. L'homme qui a toujours été un voleur de berceaux mise sur le mystère du mâle inconnu, le valet de pique ou le valet de coeur. Le voleur de berceaux de dernière heure joue le roi de carreau. Les deux se doutent bien que la carte cachée sur laquelle ils misent n'est pas la plus forte, et ils ne la jouent donc pas contre une reine ou un as. Ils la jettent plutôt sur des petits deux ou des trois.

Ils bluffent. Éventuellement, le bluff se tourne contre eux. Ils prétendent que leur préférence pour les femmes jeunes ou passives est basée sur le désir sexuel, mais il s'agit plutôt d'un désir de dominer. En conséquence, ils finissent habituellement par perdre.

Le voleur de berceaux semble avoir plusieurs dimensions, mais si vous y regardez de plus près, il est plutôt mince, comme une affiche de papier. Il est incapable de se rapprocher des femmes qui sont ses égales aux points de vue âge, statut et combativité. Il est plein de complexes. Il a peur de vieillir. Ou il essaie de fuir les villes et la foire d'empoigne, ou il s'enfouit dans l'une et l'autre. Il déteste manquer d'argent ou savoir que des gens sont au courant de secrets à son sujet. Une longue association avec une même personne lui fait peur. Regardons les choses en face: il a peur des femmes.

Des indices additionnels

Le voleur de berceaux cultive presque toujours l'image d'un reclus. Le style cowboy convient à certains; on peut cacher beaucoup de choses avec des chapeaux, des ceintures et des bottes. D'autres préfèrent l'image du directeur de publications original, de l'écrivain excentrique, du réalisateur non conformiste, du photographe-journaliste international, de la vedette de cinéma ou de rock volage. Le voleur de berceaux trouve un moyen d'avoir l'air unique, de se donner un personnage. Il a tendance à être maigre et agité. Il exhale une virilité distincte et indéniable. Son apparence et son style sont machos, mais pas ses conversations. Il n'a pas besoin de défendre la supériorité masculine. Au contraire, elle prend sa place de façon toute naturelle pour lui.

Le voleur de berceaux plus âgé a l'air soigné et riche. Même si son manteau est trop grand et brun, c'est du cachemire. Il est plus calme. Il vous fait la conversation et vous flirte, mais n'a pas vraiment grand-chose de personnel à vous dire. Il est plus à l'aise avec les hommes. Ses ongles sont polis.

Les deux types de voleurs de berceaux ont des professions qui leur permettent de travailler plus ou moins seuls, ou alors ils occupent des postes de cadres supérieurs, des postes «au sommet», où ils sont presque seuls. Mais leur travail doit offrir ou leur assurer éventuellement un avantage additionnel: il doit attirer les groupies. Il aime être dans des situations où il a des choses que les femmes n'ont pas, où ce sont les femmes qui viennent à lui.

Qu'il soit jeune ou vieux, il a toujours l'air plus vieux que son âge. Même ses vêtements annoncent «bien mûri». C'est peut-être à cause de son poncho, de son vieux jeans usé, de ses complets conservateurs, de ses cheveux gris embroussaillés ou bichonnés. Il cultive son air «bien mûri», son air de maturité.

Son comportement dénote aussi un certain âge. Chaque fois qu'une de ses relations prend fin, il en établit une autre. La différence d'âge entre lui et sa partenaire s'élargit à chaque fois. Il vieillit aux dépens de votre jeunesse, gagne en pouvoir aux dépens de votre faiblesse. Lorsqu'il tente d'établir une nouvelle relation, il cherchera souvent une femme-enfant encore plus docile que la précédente, dans l'espoir d'avoir plus de succès.

Il fume ou a déjà fumé, ou a l'air de quelqu'un qui «devrait» fumer. Il boit du bourbon, de la bière ou du tequila. Les sports ne l'intéressent pas vraiment, à l'exception des sports individuels. Il pratique peut-être les arts martiaux, fait peut-être du jogging, aime bien assister à un bon rodéo, mais il n'est pas question de sports d'équipe pour lui. Il a des secrets. Il n'aime pas qu'on parle de lui, parce qu'il adapte son comportement aux différents aspects de sa vie, qu'il ne veut pas mélanger. Sa conduite avec les femmes est différente de sa conduite au bureau; son être social est différent de son être privé. Il n'est pas rare qu'il soit cachottier ou menteur.

Le voleur de berceaux à long terme préfère des modes de transport bizarre, ou du moins qui sortent de l'ordinaire. Quand tout le monde conduit des voitures européennes, il se promène en Jeep en faisant jouer du Charlie Pride sur son lecteur de cassettes. Ou il a un station-wagon énorme, style ranch. Quand tous les autres décident d'acheter des voitures américaines, il s'achète une vieille Saab cabossée ou une vieille Packard pas rénovée. S'il est un voleur de berceaux attardé, il conduit probablement une voiture tape-à-l'oeil. L'idée lui est peut-être venue d'acquérir une voiture sport à deux places, plus moderne et plus sophistiquée, à mesure que les femmes de son choix se faisaient de plus en plus jeunes: une Corvette, une Porsche, ou une Mercedes sport. Ou bien il conduit une Jaguar, une Lincoln ou une berline BMW. Peu importe la marque, sa voiture est une «solitairemobile».

Le voleur de berceaux à long terme aime souvent les choses folkloriques, ethniques, les choses qui ont des racines. Couvertures et courtepointes, ménorahs (candélabres juifs) et mézuzahs (rouleaux de parchemin encadrés et accrochés à l'entrée de certaines maisons juives). Ces objets rehaussent son image de personne plus mûre et plus érudite. Il trouve du réconfort dans la texture et la saveur des peuples démunis et différents, même s'ils ne font pas partie de son héritage. Il étudie les Amérindiens. Toutefois, le voleur de berceaux attardé aime les commodités modernes, coûteuses et chaleureuses. Il aime qu'on lui apporte des choses et qu'on prenne soin d'elles.

La maison du voleur de berceaux est habituellement en retrait. Il vit de l'autre côté du pont, à l'étage supérieur d'un hôtel ou d'un condo, en bordure ou complètement en dehors de la ville. Certains passent de la vie à la ville à la vie à la campagne comme des balles de ping-pong. Pour plusieurs, toutes leurs occupations les obligent à venir en ville, mais une grande part de leur philosophie est centrée sur la solitude. Ou ils vivent en ville, puis à la campagne, puis de nouveau à la ville. Sur leur bateau, en ville, puis sur leur bateau de nouveau. À leur chalet, en ville, puis à leur chalet.

Voyez-vous, le voleur de berceaux n'a pas vraiment envie d'être un homme moderne. C'est pourquoi il se paie une femme imaginaire et une situation qui ne met pas ses illusions en péril. Puisqu'il ne peut pas vraiment vivre à une autre époque, il peut au moins essayer d'échapper aux temps modernes, aux édifices d'acier, aux femmes affranchies, aux épouses égales. Sa chasse aux nymphes est plus surannée qu'elle n'en a l'air, elle évoque une prérogative d'ancien guerrier.

Mais tout cela est difficile pour lui. Il ne réussit pas toujours à bien manoeuvrer. Il peut lui arriver d'abuser de l'alcool et de la drogue pendant quelque temps, pour ensuite s'abstenir totalement de toute influence chimique. Ou alors, il sera strictement pur et sain. Il peut devenir taciturne, grossier ou piquer des colères imprévisibles. Et il peut offenser les gens juste assez pour se faire quelques ennemis véritables.

Les indices sexuels

Les femmes de son âge et de même statut que lui n'admirent pas particulièrement le voleur de berceaux de l'un ou l'autre type (bien que certaines deviennent des espèces d'amies). Inversement, les femmes de son âge doivent composer avec l'humiliation d'être rejetées par lui. Peu importe qu'il soit libre par moments, et peu importe si ces femmes sont belles et intéressantes, il ne perd pas son temps avec elles. Il opte plutôt pour le lit douillet des jeunes femmes dociles et inexpérimentées. Ce n'est pas seulement qu'il désire des femmes passives et dépendantes, il veut des femmes malléables, des femmes qu'il peut former à son gré.

Comme l'araignée dans le parloir, il a habituellement une toile, un «avantage» qui attire les femmes vers lui. Vous trouverez le voleur de berceaux, par exemple, si vous avez du matériel à vendre (c'est un agent, un directeur de publications, ou un acheteur); si vous êtes étudiante (il est professeur); si vous êtes une admiratrice (c'est un homme politique ou une vedette); si vous êtes un modèle (il est dessinateur de mode); ou si vous êtes une actrice (il est réalisateur ou directeur). Il vous invite à rencontrer ses collègues, à l'accompagner dans une réception, à vous joindre à son groupe. Puis, il vous suggère d'aller prendre un verre. Il n'offre ni fioritures ni cadeaux; son approche est plutôt du genre «une chose mène à l'autre», en l'occurrence chez lui et au lit. Éventuellement, vous devenez la femme qu'il traîne avec lui dans ses réunions.

Il vous séduit plutôt rapidement, une fois que vous êtes seuls. Après tout, il vous a désirée dès l'instant où vous avez passé le seuil de la porte. Son penchant pour les jeunes femmes, pour les Noires, pour les Blanches, pour les Asiatiques, pour les femmes gentilles, s'exprime à grand renfort d'érotisme. Il est ardent. Vous vous retrouvez bientôt sur son divan, le plancher, ou le fauteuil de son bureau, et même sur la banquette de sa voiture. Puis dans son lit.

Il aime vous prendre et vous rendre folle de plaisir. Du moins au début. Il aime savoir plus de choses que vous. Il n'a aucune réticence à vous montrer sa connaissance parfaite du Kama Sutra et son vaste répertoire de positions. Il joue au guide touristique; vous êtes la touriste et il vous amène visiter les petites rues inconnues. Mais remarquez qu'il veut vous donner des frissons, plutôt que de vous laisser les avoir vous-même.

Mais ce n'est qu'au début qu'il donne plus qu'il ne reçoit. Il se sert du sexe de plus d'une façon. Il s'attend à des ristournes pour ses efforts. Il vous enseigne et vous apprend à aimer ce qu'il veut que vous fassiez. Il s'attend ensuite à ce que vous lui fassiez ce qu'il veut sur demande.

S'il veut vous garder en permanence, il peut être très gentil avec vous. À sa façon, bien sûr, et quand il est là. Il aime bien avoir son bébé à la maison. Il vous aime probablement. En tout cas, il aime certainement que vous soyez là pour satisfaire ses désirs et ses caprices. Il pense que votre silence du début signifie que vous ne vous battrez jamais avec lui; par conséquent, si cela fait votre affaire de vivre à sa façon, il peut facilement devenir victime de vos manipulations. Il finit même par céder un peu lorsque vous vous révoltez et que vous commencez à avoir certaines exigences. Il ne veut pas être obligé d'aller se trouver un autre bébé, de recommencer à zéro et d'entraîner quelqu'un d'autre.

Mais habituellement, il est tout de même infidèle. Quelques voleurs de berceaux sont fidèles, mais ils sont rares. La plupart ont tendance à butiner. L'infidélité est presque un jeu pour eux. Et la plupart des compagnes de voleurs de berceaux finissent par butiner ailleurs elles aussi. Mais vous organiser pour qu'il sache que vous avez des aventures ailleurs, c'est, à son avis, le poignarder dans le dos. Lorsque le bébé du voleur de berceaux commence à le tromper, le voleur de berceaux est complètement chaviré. Il est encore plus chaviré lorsque son bébé menace de le quitter ou rompt totalement. Il prétend qu'il va changer. Mais un gramme de persuasion vaut un kilo d'ajustement pour le voleur de berceaux. Il vous dira peut-être qu'il va changer, mais il ne le fera pas.

L'aspect financier

Le voleur de berceaux — à long terme ou attardé — finit presque inévitablement par payer pour tout. Il n'aime pas toujours cela, mais il le fait de toute façon. Il paie pour vous faire vivre, mais aussi pour les extra et les escapades. Après tout, vous n'avez pas le même pouvoir d'achat ni les mêmes revenus que lui. Même si vous avez des revenus, une chose qu'un bébé a le droit de faire est de garder son argent. Pour lui, payer fait partie du jeu de la séduction au début, mais après, il n'est pas trop certain de ce qu'il en pense. À cause de son image, il ne peut pas s'opposer trop fort à l'idée de faire vivre sa jeune compagne, mais il ne donne pas vraiment de gaieté de coeur. Il se plaint en silence. Au-delà des dépenses nécessaires, il peut être un peu pingre. Sa générosité a des limites. Et il devient grognon s'il trouve que vous en abusez.

Il préfère dépenser son argent pour assurer sa stabilité, plutôt que pour des frivolités. Il aime être un homme qui sort de l'ordinaire, mais pas un homme sans le sou. Manquer d'argent est très près de son bouton de panique; par conséquent, il ne se retranche jamais entièrement du milieu des affaires ou de l'emploi qui le contraint. Il ne prend pas beaucoup de risques monétaires. Il garde ses sous noirs s'il le peut. Il les utilise pour arrondir son compte en banque, pour payer sa maison ou la pension alimentaire des enfants qu'il a eus de compagnes précédentes.

L'aspect familial

Lorsque vous soulevez la question des enfants, le voleur de berceaux dit non. («Peut-être plus tard» est une de ses phrases favorites pour dire non.) Mais cela ne veut pas dire qu'il ne mettra jamais une femme enceinte. En fait, il le fait souvent. C'est ainsi qu'il a acquis sa progéniture, ou qu'il a parfois fini par se marier. Il est ambivalent à propos des enfants. Il pense qu'ils vont le ralentir, lui voler son temps, changer son comportement ou le démasquer. Mais, en même temps, il a envie d'avoir des descendants. Alors il s'organise souvent pour avoir un «accident». Une fois que l'accident est devenu une réalité, il est capable d'y faire face.

Puisqu'il vit selon son image masculine, il devient habituellement un père fort et masculin, très viril, fiable, protecteur. Il est particulièrement protecteur lorsque sa propre fille atteint l'âge où les jeunes femmes l'attirent, c'est-à-dire environ cinq ans plus jeune que sa compagne actuelle. (Il peut arriver qu'un voleur de berceaux séduise sa propre fille.)

Quant aux parents, frères et soeurs, la plupart des voleurs de berceaux maintiennent de bonnes relations avec eux. Ils ne rompent pas avec la famille, même s'il y a de sérieux accrochages. Vivre ailleurs, oui. Rompre, non. La famille est une unité, une petite association. Il aime la façon qu'elle a de résister au temps, alors il reste en contact.

Les amis sont aussi très importants pour le voleur de berceaux, surtout les amis mâles, et surtout les amis mâles qui lui ressemblent. Il peut parfois devenir très libidineux en leur compagnie. Il les invitera à la maison, ou, souvent, vous dira de le rejoindre pour sortir avec eux. Il utilise un vocabulaire avec les hommes, un autre avec les femmes. Lorsqu'il fréquente une femme qui n'est pourtant qu'une amie, il n'amène pas son bébé avec lui. Lorsqu'il n'est qu'avec des hommes et qu'une femme se joint à eux, une compétition tacite prend place.

Le voleur de berceaux n'a pas que des défauts; il a aussi de grands avantages. Il offre des leçons de vie rapides, et il réalise tous ces rêves de chevalier blanc et de surhomme, du moins pendant un bout de temps. Il est un festin de fantasmes, d'argent et de pouvoir. Un protecteur et un réconfort virils. Il peut être un premier amant fantastique. Mais il n'est pas assez souple face à l'évolution personnelle que l'amour véritable exige qu'il vous permette, et c'est là son gros défaut.

Qu'est-ce qui vous attend?

Une fois que vous connaissez le scénario du voleur de berceaux, vous pouvez deviner la fin. Dans la scène finale, une fois que le voleur de berceaux pense que tout va sur des roulettes et à sa façon, son petit acolyte lui dit tout à coup: «Que veux-tu dire, «nous», homme blanc?» Et cet acolyte, c'est peut-être vous.

Le plan du voleur de berceaux finit toujours par se retourner contre lui d'une façon ou d'une autre. Lorsqu'il choisit des femmes d'ethnies différentes, il s'expose aux traditions de sa culture. Chaque communauté ethnique a ses tactiques qu'elle est la seule à connaître, à utiliser et à exiger. Le voleur de berceaux ne comprend pas ces tactiques. Lorsqu'il choisit une jeune fille, il peut difficilement devenir autre chose qu'une obstruction à son évolution.

S'il ne résistait pas tant au changement, peut-être que les unions du voleur de berceaux dureraient. Mais puisqu'il résiste à tout changement chez sa compagne, bientôt son évolution prend la forme d'une révolution. Chaque fois que vous déployez vos ailes, il a l'air de vous attendre avec ses ciseaux à volaille. Rompre avec lui est presque la même chose que vous séparer de vos parents. Vous êtes probablement passée de l'un à l'autre, ou peut-être avez-vous vécu ces deux événements presque en même temps, si bien que vous libérer de lui symbolise votre séparation d'avec tout le monde.

Ce qui était un nid d'amour au début finit par devenir la scène d'agressions vicieuses. Une fois que vous avez trouvé son point faible, vous pouvez l'attaquer, de votre position passive, sans même qu'il ne s'en rende compte. Les récriminations commencent. Les critiques s'accumulent. Vous oubliez les courses dont il vous a chargée. Vous rentrez tard, puis encore plus tard. Vous tournez le fer dans ses plaies et vous vous en régalez.

Peut-être, peut-être seulement, décidez-vous de le suivre un soir. Ou vous trouvez de nouveaux numéros de téléphone dans ses poches et décidez de les composer. Vous apparaissez où il est attendu, mais où vous ne l'êtes pas. Une nuit, sur une rue sombre (pas la vôtre), vous crevez ses pneus.

Vous commencez à faire la même chose que lui. Vous établissez de nouvelles règles. C'est votre maison à vous aussi, après tout. Les gars et la bière, c'est fini. Vous commencez à laisser des traces de vos aventures sexuelles. Minute par minute, l'heure de la rupture approche; habituellement, à ce point, la situation est explosive. Un(e) ami(e), une colère qui fait surface ou un livre vous dira qu'il est tout à fait inacceptable qu'il façonne ainsi votre vie pendant que lui mène la sienne à sa guise. Les rôles sont renversés. C'est lui qui devient innocent. «Je ne comprends pas pourquoi elle s'est retournée contre moi», geindra-t-il. Vous serez encore plus en colère. Vous tiendrez pour acquis qu'il sait à quel point il vous a moulée. Lui ne s'en est pas rendu compte et est tout à fait étonné. Mais il n'apprend pas suffisamment pour ne pas récidiver.

Malheureusement, la rupture d'une relation avec un voleur de berceaux donne lieu à plein d'amertume et de colère. Un suzerin qui a été renversé est rarement l'objet de votre indulgence. Et lorsque vous ne revenez pas, il se met en colère à son tour, a l'impression de s'être fait avoir ou se sent blessé. Chacun de votre côté, vous éprouvez des sentiments de colère qui peuvent durer des années.

Quels sont les signes précurseurs de problèmes?

Les signaux de mise en garde du voleur de berceaux dépendent beaucoup de son physique et de ses circonstances, de même que des vôtres.

Je regrette de devoir vous dire que si vous êtes jeune, réservée, délicate (menue, avec de petits seins et un air de femme-enfant), ou issue de certains milieux culturels, vous devrez vous méfier tout particulièrement des voleurs de berceaux. C'est la vie. Il serait sage d'apprendre à reconnaître le genre d'hommes que vous êtes susceptible d'attirer. Vous n'avez pas besoin de vous mettre en colère; n'en faites tout simplement pas votre problème et ne vous laissez pas exploiter.

La prochaine étape consiste à apprendre à le reconnaître à la trace. Comme vous manquez peut-être d'expérience, surveillez ces jalons: lorsque son âge, son teint, les expressions de son visage, sa tignasse frisée, ou tout autre aspect de sa personne sont décidément différents, faites attention. En tout cas, s'il vous parle de la force d'attraction des contrastes, ne vous contentez pas d'acquiescer. Songez plutôt à prendre un autre chemin.

L'image d'un solitaire bichonné et très viril devrait vous sauter aux yeux comme un veston rouge de chasseur. Remarquez son approche. Vous allez le voir par affaires et, d'une chose à l'autre, votre mission se transforme en occasion de plaisir; c'est qu'il a déjà compté un point contre vous.

Ensuite, il vous traîne partout avec lui. Si, en plus de le suivre, vous commencez à vous sentir pelucheuse, rappelez-vous que les statuts sont inégaux entre la personne qui tient la laisse et celle qui la suit.

Sa réputation est l'un de vos avertissements les plus importants. Il a fallu qu'il commence quelque part. Et ce n'était probablement pas avec vous. Suivez les indices. Informez-vous sur ses relations antérieures, cherchez à savoir s'il n'a pas abandonné une vieille épouse.

Une fois liée à un voleur de berceaux, vous en viendrez tôt ou tard à vouloir vous échapper de son enclos. Vous avez peut-être accepté de faire les choses à sa façon parce que vous n'aviez pas de façon à vous de les faire. Un jour, vous vous apercevez que vous n'avez pas droit au chapitre sur les règlements. Peut-être que ce qui était à la baisse commence à être à la hausse: ses autres femmes ou les nuits qu'il passe ailleurs. Si la situation ne vous apparaît plus équitable ni tolérable, vous avez atteint votre premier tournant critique; vous êtes sur le point de découvrir s'il continuera de vous aimer une fois mûrie. Si vous bouillez de frustration, il est temps de faire du franc-parler votre langage domestique, ou alors de lever le camp. Si vous vous apprêtez à vous venger, il est préférable de faire tout de même vos bagages.

Quelles sont vos possibilités et que devriez-vous faire?

Si un voleur de berceaux vous a prise en chasse, devriez-vous (a) vous enfuir, (b) flirter d'abord avec lui puis vous enfuir, ou (c) vous battre pour lui? Compte tenu que vous allez beaucoup changer mais que lui ne changera pas pour la peine, je vous suggérerais d'opter pour (a) ou pour (b).

Tout d'abord, si vous êtes vraiment très jeune (âgée de moins de 18 ans), enfuyez-vous très loin du voleur de berceaux. Vous risquez d'écoper de blessures sérieuses à des endroits très fragiles. Personnellement, je crois que les hommes qui séduisent des adolescentes, ou des filles encore plus jeunes, devraient être jetés en prison. Et j'ai entendu toutes les excuses au sujet des «adolescentes modernes et sophistiquées». Je trouve ces excuses et ceux qui les utilisent tout à fait répugnants.

Mais pour celles qui sont d'âge légal, celles qui sont seules, demandez-vous avec qui vous voulez que votre Vénus sorte de sa coquille, avec Adonis ou avec Lazare? Il y a plusieurs façons différentes d'atteindre la maturité, l'indépendance et l'affirmation de soi. Le voleur de berceaux n'est pas la meilleure. Par certains côtés, il prolonge la durée de votre enfance et, par d'autres, il vous prive de votre jeunesse. Il repousse l'avènement de votre individualité et vous rend plus jeune que vous devriez l'être à un âge plus avancé. Il vous prive de l'expérience de votre émergence dans le monde adulte, qui devrait se faire avec un compagnon de votre âge. Vous adoptez un faux âge pour vous adapter au sien.

Le voleur de berceaux est un moyen d'atteindre la maturité, et il a souvent l'air d'un bon moyen. Il a certainement beaucoup d'expérience à partager. Il est sensuel, sûr de lui; il peut vous lancer ou il a plein de choses et de ressources à vous offrir. Mais rappelez-vous: les solutions (b) et (c) sont piégées. À cause de leur inexpérience, de leur immaturité et de leur inconscience, la plupart des femmes qui s'attachent à des voleurs de berceaux ne se rendent pas compte de ce qu'elles font. Même ce qui a toutes les apparences d'une aventure d'une nuit peut vous être néfaste. Vous traverserez peut-être un tunnel noir où vous ne vous voyez pas aller. Ce n'est que lorsque vous aurez vieilli et que vous réfléchirez à ce qui s'est passé que les choses s'éclairciront.

Si, toutefois, vous devenez amoureuse de lui et que vous vous liez malgré tout, essayez de vous engager pour les bonnes raisons. Assurez-vous d'avoir le sens de votre propre identité et d'être dépourvue de tout désir de devenir une victime. Dès le premier jour où vous vous sentez dominée, ne restez pas une minute de plus. Lorsque vous découvrez qu'il ne recherchait en vous que la femme-enfant passive, essayez d'avoir les pieds bien ancrés au sol. Analysez la situation de façon rationnelle, vous ne pouvez pas être une nymphe le reste de votre vie. Et vous ne devriez pas l'être non plus. Maintenir votre visage de bébé jusqu'à un âge avancé ou rester soumise malgré vous peuvent mener à une insécurité insurmontable et à une crise psychologique épouvantable. Sachez qu'il va se produire des changements et préparez-vous.

Une dernière chose: si vous vivez avec le même partenaire depuis longtemps (que vous avez probablement rencontré quand vous étiez jeune) et s'il est en train de se transformer en voleur de berceaux, de sortir en cachette avec des jeunes filles, songez à rompre rapidement et carrément. Vos inquiétudes au sujet de votre inexpérience, de la vie retirée que vous avez menée, des enfants, et ainsi de suite, peuvent vous retenir durant des années, mais il est rare que la situation s'améliore. Accepter la situation ne vous mènera nulle part. Laissez votre satyre redevenir célibataire et cherchez-vous quelqu'un d'autre.

Quel rôle jouez-vous dans cette relation?

C'est difficile, mais possible: vous pouvez être un bébé plus d'une fois. Si vous vous faites ramasser plus d'une fois par des voleurs de berceaux, demandez-vous pourquoi.

Se pourrait-il que vous entreteniez un petit côté puéril dont vous avez de la difficulté à vous débarrasser? Vous voulez que quelqu'un fasse les choses à votre place. Vous hésitez entre marcher toute seule et vous faire prendre. Vous voulez que quelqu'un prenne vos décisions, vous fraie le chemin, vous élève, vous complimente. Vous voulez que quelqu'un prenne vos risques et commette vos erreurs, et prenne ensuite le blâme pour les bévues.

Mais dans la vraie vie, personne ne peut franchir les étapes pour vous ou en assumer les conséquences à votre place. Même le voleur de berceaux vous soumet à une certaine croissance et aux douleurs qui l'accompagnent. Il peut peut-être vous protéger contre vous-même, mais qui va vous protéger contre lui?

Les hommes ne sont pas des héros, ni des dieux, ni des gauchos. Vous voulez peut-être qu'un homme soit un surhomme, qu'il remarque tout ce qui vous choque, vous blesse ou vous fait mal; vous pensez qu'il devrait voir sans qu'on lui montre, entendre sans qu'on lui dise. Mais personne d'autre ne peut voir avec vos yeux, personne ne peut lire vos pensées, surtout si vous faites docilement semblant que tout va bien.

Les hommes ne sont que des êtres humains ordinaires. Parfois ils sont sensibles et parfois ils ne le sont pas. Parfois ils sont fantastiques et parfois ils sont faibles. Parfois ils font du bien et parfois ils font du mal. Vous feriez donc mieux d'en trouver un qui l'admette dès le début.

Toutefois, si vous vous êtes liée à un voleur de berceaux par naïveté et si vous vous êtes rendu compte que cela n'allait pas, ne vous blâmez pas vous-même et ne le blâmez pas non plus, mais dites-vous bien une chose: vivre seule à vingt ans présente certains avantages. Tout le monde a besoin de temps, d'espace et d'une place vide pour se trouver. Vous n'apprendrez à vous connaître qu'en vivant avec vous-même. Plus tôt vous commencerez, plus vite vous y arriverez. C'est difficile, mais il n'y a rien au monde de plus gratifiant. Il n'y a pas d'autre façon de surmonter le syndrome du «être seule veut dire être esseulée». Découvrir qu'être seule ne veut pas dire être esseulée est une bonne leçon à apprendre tôt dans la vie.

Le voleur de berceaux se double souvent d'un autre genre d'homme. Souvent, le voleur de berceaux d'habitude est aussi un courtier en catastrophes, plein de verve et d'audace, et qui a besoin de s'entourer de jeunes femmes. Il peut aussi être un phallocrate en quête d'une partenaire vierge, ou presque vierge. Le voleur de berceaux attardé a souvent été autrefois un homme qui rêvait d'être nabab; vous découvrirez donc plusieurs de ses traits de caractère dans ce chapitre. Les deux agissent souvent comme s'ils étaient des papa-a-raison.

Le vol de berceaux peut aussi être une des activités de l'homme dont je m'apprête à parler. En plus d'être dominateur, en plus d'être un phallocrate, il pense qu'il est personnellement supérieur aux autres. Il est spécial, plus talentueux, plus connaissant et meilleur que n'importe qui, y compris vous. Il est très courant ou, du moins, un grand nombre d'hommes partagent certains de ses aspects. Donc, si vous ne l'avez pas encore rencontré, ça viendra probablement.

Chapitre 9

MONSIEUR GÉNIE

Il pense qu'il est meilleur, plus talentueux, plus intelligent ou plus artistique que n'importe qui, y compris vous.

Ne vous fiez pas aux apparences. Le simple fait qu'un homme a l'air ordinaire ne veut pas dire qu'il l'est. C'est peut-être un monsieur génie.

Peut-être que monsieur génie réalise de grandes inventions, peut-être qu'il fabrique des accélérateurs nucléaires, qu'il peint des lignes en zigzags sur des toiles ou qu'il couvre tout de couches de plastique. Ou peut-être qu'il produit des films marginaux, qu'il déclare la révolution, qu'il sauve supposément des âmes ou qu'il discute de sensibilisation sociale. Peut-être qu'il se distingue à titre de chirurgien éminent ou qu'il émeut les tribunaux avec sa grande éloquence.

Vraiment, l'occupation de monsieur génie peut être n'importe quoi. Ce n'est pas ce qu'il fait qui compte, c'est sa façon de vanter son travail.

Peu importe la profession de monsieur génie, et peu importent ses prétentions à l'humilité, il est aussi grandiloquent qu'un mufti. Il est toujours un peu au-dessus des autres. Dieu le garde de n'être qu'un gars ordinaire qui va son chemin tranquillement et qui fait son travail, qu'il soit doué ou non. Voyez-vous, monsieur génie est convaincu qu'un être supérieur du monde surnaturel l'a frappé de sa baguette magique et rendu meilleur que les autres. Il a quelque chose que peu d'hommes possèdent: une formule magique. Il croit qu'il est plus intelligent, plus talentueux, qu'il possède plus de sagesse, de sainteté ou de dons que n'importe qui d'autre. Le problème, c'est qu'il l'affirme, que ce soit vrai ou non. Mais il n'en fait pas nécessairement la preuve. Il se réserve aussi le droit d'être indiscipliné, puisqu'il est si spécial. Et c'est là le bobo. Lorsqu'un homme trouve difficile d'accepter qu'il est ordinaire et mortel, vivre avec lui n'a rien d'un paradis. En fait, c'est plutôt comme vivre sous une dictature.

S'il est un gars en or parmi les autres hommes, sa compagne doit être d'argent. (Les génies ont tendance à choisir des femmes de bon aloi.) Il aime la beauté, mais pas sous forme de bibelot tape-à-l'oeil, mais plutôt sous forme de plateau à thé. Il vous veut remarquable mais serviable, attrayante mais durable, admirable mais accommodante, jolie à montrer mais facile à mettre à sa place. Et c'est un point en votre faveur si vous manquez de poli, si, au début, vous êtes moins sophistiquée et moins érudite que lui.

Cas vécu

Une femme m'a raconté une histoire typique de monsieur génie. Son monsieur génie était artiste.

Patricia a rencontré Léon alors qu'ils étaient étudiants en arts. Mais Léon était différent, disait-il. Il était appelé à bouleverser les choses et à transformer les styles. Du moins, c'est ce qu'il prétendait. Et ses prétentions consistaient surtout à critiquer les autres. Léon aimait traîner dans l'immense studio du collège, flanqué de ses acolytes et de ses disciples. Vêtu d'un jean qui lui glissait des hanches, d'une chemise tachée de peinture et chaussé de souliers de course sans bas, il sirotait une bière, pour écraser ensuite la cannette entre ses doigts. Il s'appuyait contre une sculpture et dispensait ses enseignements («L'art ne s'enseigne pas. On l'a, ou on ne l'a pas.») En présence de jeunes femmes artistes, il se conduisait comme un voleur de berceaux. Mais Léon était essentiellement un gars stable, pas un racoleur. Il avait besoin d'une disciple particulière, et Patricia a remporté la palme.

Céramiste, Patricia avait des talents prometteurs, mais qui avaient encore besoin d'être développés. Elle n'y arrivait pas; elle manquait tout simplement de confiance en elle-même. Et c'était tant mieux pour Léon. Léon était supérieur à Patricia sous presque tous les aspects. Patricia aimait la céramique, mais elle voulait aussi autre chose: l'amour, le travail, la créativité, le bonheur, une famille même. Mais pas Léon. À son avis, il n'y avait que le nirvāna et il y était déjà. Il était une rareté, un véritable maître de la peinture. Tout ce qu'il lui manquait, c'était la gloire, la fortune et la renommée mondiale.

Léon impressionnait Patricia avec son savoir, en lui faisant sentir qu'elle n'en avait pas du tout. Il ridiculisait le moindre commentaire qu'elle osait faire. Il la troublait avec ses sarcasmes, la torturait avec ses taquineries, la perturbait pendant qu'elle lui vouait une admiration aveugle, et il l'a harcelée jusqu'à ce qu'elle accepte de faire l'amour avec lui. Pas question pour Léon de lui faire la cour: leur première rencontre sexuelle en avait été à la fois le début et la fin. Par la suite, il s'est aggluti né à elle comme de la colle, en lui disant qu'elle ne pouvait pas trouver mieux.

L'idée que Léon se faisait du sexe consistait à faire l'amour à Patricia dans son lit, hors du lit, en fait, un peu partout. Souvent. Mais Patricia trouvait que le sexe avec Léon était comme une éruption volcanique (celle de Léon) et qu'elle n'était qu'une spectatrice. Elle voulait lui faire part de ses impressions, mais n'osait pas. De toute façon, il l'avait convaincue qu'il était un amant parfait et elle, une simple novice. Elle a décidé de ne pas se fier à sa propre perception, ou à son manque de perception, et d'attendre avec lui le grand événement qui allait se produire plus tard. Il lui avait dit que l'orgasme finirait par venir, si seulement elle se détendait et le laissait se produire.

Elle restait aussi avec lui pour une autre raison: le portrait que Léon lui faisait de la gloire. Il était appelé à connaître beaucoup de succès, mais pas elle. Ce n'est qu'en restant avec lui, et en troquant son art contre la domesticité, «du moins pour le moment», qu'elle pouvait espérer voir Paris, faire la fête et avoir ses entrées dans la haute société. Entre-temps, vivre sans le sou dans une mansarde serait «romantique». Tout cela paraissait très attrayant à Patricia.

Bientôt, Léon a remporté une bourse, Patricia est tombée enceinte et ils sont partis pour l'Italie. Ils se sont installés à Florence, dans un petit appartement minable au quatrième étage. Ils se nourrissaient de pâtes pour faire durer leur argent. En quatre ans, ils ont produit trois bébés. Alors qu'il arrivait occasionnellement que le ventre de Patricia se dégonflât, l'ego de Léon, lui, ne s'est jamais dégonflé; bien au contraire, il a grossi et grossi. Il est devenu encore plus tyrannique et grandiloquent, et Patricia avait l'air de plus en plus abattue. Il refusait absolument de l'aider et n'avait plus le moindre respect pour elle. Le domicile était la responsabilité de Patricia, indigne de Son Éminence. Léon était certainement trop élégant pour changer des couches. Il allait et venait à son gré. Il buvait beaucoup.

Les premières fois que Patricia a osé se plaindre légèrement, il a cassé des assiettes et fracassé des fenêtres. Jour et nuit, il partait s'enfermer dans son immense studio, même lorsque les enfants étaient en bas âge ou lorsque Patricia ou l'un d'eux était malade. Patricia et les enfants vivaient dans deux pièces, sans eau courante. Même si elle voyait rarement Léon, Patricia ne lui a jamais demandé de l'aider. Elle pensait que son génie lui donnait droit à certaines exemptions, et que les débuts de n'importe quel artiste étaient tout aussi pénibles. Et elle se disait que si jamais elle avait vraiment besoin de Léon, elle pourrait compter sur lui pour l'aider.

Puis Patricia et les enfants sont tous tombés malades et cela a duré une semaine. L'appartement était jonché de vêtements sales et il n'y avait plus rien dans le garde-manger. Patricia était rendue au bout de son rouleau; elle a finalement demandé à Léon de l'aider. Léon a piqué une colère épouvantable. Comment osait-elle lui demander de s'abaisser à des tâches ménagères, lui a-t-il hurlé. Elle ne l'a pas revu avant deux jours. Patricia venait de perdre ses illusions.

Elle a télégraphié une demande d'argent à ses parents, elle a fait ses bagages et est partie. Mais ce n'était pas encore fini. À peine avait-elle eu le temps de rentrer chez elle que Léon est venu implorer son pardon. Mais Patricia lui a d'abord demandé de lui promettre certaines choses. Elle voulait un logis décent, autant de liberté que lui, de l'espace et de l'aide. D'emblée, il s'est dit d'accord. Mais dès l'instant où elle est retournée chez Léon, il a rompu toutes ses promesses. Il a trouvé une maison, mais il refusait de lui allouer une pièce. Il a jeté des murs par terre, au gré de sa fantaisie, et ne les a jamais réparés. Il s'est trouvé un emploi, mais il ne lui donnait jamais assez d'argent pour subsister. Il la chargeait de tâches et se mettait en colère quand elle n'arrivait pas à les accomplir. Patricia s'est bientôt retrouvée dans une situation pire que celle du début.

Elle est partie une deuxième fois. Puis elle est retournée. Elle a fait cela trois fois de suite. Chaque fois qu'elle revenait, Léon recommençait à se conduire comme un monstre. Comment pouvait-elle penser à décorer leur maison, alors que c'était lui l'artiste? Comment pouvait-elle exiger de l'espace, alors que lui avait besoin d'un sanctuaire? Comment pouvait-elle se plaindre de ses absences, alors qu'il était occupé à «créer»?

Léon a aussi commencé à tromper Patricia. Ou plutôt, il a commencé à la tromper de façon plus flagrante. La dernière goutte d'eau venait de faire déborder le vase; Patricia a enfin compris que Léon avait tellement peur d'être ordinaire et de n'avoir que des possibilités normales qu'elle serait toujours victime de sa suffisance. Et elle ne pouvait pas s'y résoudre. À regret donc, elle a gardé ses jeunes enfants et divorcé d'avec le grand. Cela n'a pas été facile. Léon a refusé de lui payer une pension alimentaire; il a forcé la porte de sa maison et a essayé de tourner les enfants contre elle. Mais Patricia a tenu bon. Elle a élevé ses enfants pendant quelques années avant de pouvoir retourner à son art; aujourd'hui, elle réussit très bien. Ses oeuvres de céramique se vendent à l'échelle nationale. Et Léon? Léon enseigne à son ancien collège d'arts.

Certains des arbres les plus glorieux jettent de l'ombre sur d'autres plantes, si bien qu'elles ne poussent jamais plus haut que des arbustes. Monsieur génie peut être magnifique. Il est excitant et éblouissant. Il peut offrir une vie non conformiste et des amours séduisantes. Mais il peut aussi bloquer la lumière du soleil. Il est préférable d'apprendre à le reconnaître. Puis, si vous décidez de vous asseoir à l'ombre, vous serez en mesure de savoir si vous pouvez vous épanouir malgré le peu de lumière qu'il vous reste.

Comment reconnaître ce genre d'homme?

Lorsqu'on demande à un monsieur génie ce qu'il fait dans la vie, il répond en vous donnant son nom. Si on lui demande son nom, il répond par ce qu'il fait. Ce qu'il faut comprendre, bien sûr, c'est qu'il est seul et unique.

Il fait penser à une bouteille de Coke. Il a une saveur forte, beaucoup de caractère, et il est très effervescent. Et s'il vous répète son annonce publicitaire assez souvent, vous serez tentée de croire qu'il n'est pas n'importe quelle sorte de cola: il est «le vrai de vrai». Si on pouvait trouver un moyen de lui faire passer le test du Pepsi, peut-être serait-il plus facile à démasquer. Mais pour comprendre qu'il n'est qu'un parmi plusieurs, et non pas unique, on aurait besoin d'au moins deux messieurs génie: un qui a les yeux bandés, et un autre qui agit comme observateur. Et c'est tout à fait impossible. D'abord, les messieurs génie s'évitent mutuellement comme la peste. Et ils sont trop jaloux pour vous permettre de goûter à deux d'entre eux en même temps.

Monsieur génie est étonnamment difficile à reconnaître. Pas parce qu'il cache son ego à poing de fer, pas parce qu'il change ses manières de «avant» à «après», mais parce qu'il est tellement convaincant. Après une légère dose de son charisme, on ne voit plus les taches qui le trahissent. Il fait de vous un fervent croyant. Et une fois que vous avez reconnu qu'il est extraordinaire, vous commettez votre première erreur. Vous acceptez que les règles normales ne s'appliquent pas à lui. Vos problèmes commencent.

Monsieur génie vibre; tout en lui dénote la ferveur, même lorsqu'il est calme et réfléchi. Si vous ne croyez pas qu'il est électrique, vous n'avez qu'à regarder ses cheveux: ils tiennent debout tout seuls! Ils sont parfois frisés et, peu importe leur couleur, ils brillent même si, comme c'est souvent le cas, ils sont prématurément grisonnants.

Il a entre un et six ans. Il ne connaît pas ses limites, n'a aucun sens de la discipline. Il a peur de sa propre mortalité. Il croit à la magie. Et il pense qu'il a le droit de faire n'importe quoi. Il craint qu'en perdant le contrôle, il se retrouverait dans un grand trou noir; il exige donc qu'on le laisse tout faire à sa façon, même les choses sans importance, et même s'il doit piquer une crise pour arriver à ses fins. Puis, pour éviter l'horreur du vide, que l'uniformité, la monotonie et la régularité évoquent pour lui, il est éternellement en train de faire quelque chose. Il n'est jamais inactif. S'il n'est pas en train de faire ce qu'il veut, il est en train d'y penser, de l'imaginer ou de le dire. Chaque fois que vous le «dérangez», vous interrompez son génie. Et il a besoin de quantités d'attention extraordinaires.

Des indices additionnels

Monsieur génie se crée lui-même jusque dans les moindres détails. Même dans un désordre décontracté, son image dénote une précision structurée. Même s'il affirme que les vêtements ne sont que des couvertures sociales et qu'il nie s'y intéresser, il s'habille pour l'effet. Il peut être un chef rebelle sans chaussettes, comme il peut être un chirurgien en chef immaculé, mais, d'une façon comme de l'autre, il «peint» son look. Qu'il porte un T-shirt ou un col empesé, il est déguisé. Il sait toujours si sa queue de chemise dépasse et, si oui, de combien.

Sa voiture (ce n'est jamais une «auto», encore moins un «char») est toujours chromée et parfaitement polie, et roule joyeusement dans toute sa magnificence; ou bien elle est juste assez cabossée pour faire un pied de nez à la société. Il préfère les Jaguar classiques ou les Rambler version originale.

En ce qui a trait à son logement, s'il est possible de dénicher une mansarde qui a du cachet, vous pouvez être certaine qu'il le fera. Il sera peut-être à l'étroit, mais son logis aura toujours juste l'espace ou l'atmosphère qu'il lui faut, il sera situé au beau milieu de son genre de quartier ou il fera juste assez ghetto. Ou bien il s'agira d'une grande pièce caverneuse, avec une orientation vers le nord absolument parfaite, dans une ancienne caserne de pompier encore équipée de son poteau de cuivre, ou dans une rotonde de téléphériques. En voyant son appartement, on pense pauvreté, élégance et folie. Chaque tapis, chaque loque est tout à fait monsieur génie. Vous êtes toujours consciente d'être chez lui, même lorsque chez-lui est aussi chez-vous.

Souvent, il a aussi un bureau ou un studio, toujours équipé de façon à ce qu'il puisse y dormir. Ce peut être un grenier, un garage ou une vieille boutique, ou bien des acres et des acres de fenêtres et de plafond. Mais, n'en doutez pas: il a toujours sa piaule ou sa mansarde, même s'il vous en coûte votre maison au complet.

Toujours, quand il vagabonde, il joue le personnage d'un chef ou d'un antichef. L'un ou l'autre lui assure des disciples, ce qu'il adore. Ses acolytes émerveillés lui confirment qu'il est unique. Il marche nonchalamment vers un coin de la pièce, où il s'appuie une épaule contre le mur. Assis en Indien, il se cure les ongles d'orteils ou fixe son regard par-dessus son trépied, mais trouve le moyen, d'une façon ou d'une autre, d'attirer l'attention. Parfois, il découvre une façon d'être intensément silencieux, et il se sert alors de l'immobilité comme d'un aimant pour attirer les curieux; d'autres fois, il est extrêmement volubile et se lance dans de longs monologues pour dispenser ses opinions.

Il ne se gêne pas pour exprimer la gamme complète de ses émotions. Comme il n'est pas limité par les conventions, il est une constante explosion en latence. En public comme en privé, monsieur génie a des comportements que personne d'autre ne se permettrait. Il intimide les gens en les mettant dans l'embarras. Il bout, il rage, il éclate de colère et d'extase. Il peut même pousser jusqu'à la violence. Alors que la plupart des gens se fatiguent de toujours dire non et acceptent de faire des compromis à certains sujets, ce n'est pas le cas pour monsieur génie. Ses refus n'ont pas de fin.

Il se traite plutôt bien. Il est étonnant de voir jusqu'où il peut aller pour faire à sa tête. Mais il y a quelque chose dans son adoration de lui-même qui l'épuise et finit par devenir son tragique talon d'Achille. Il aspire tellement à l'immortalité qu'il n'arrive jamais à se détendre. Il vit comme s'il allait tourner de l'oeil aussitôt qu'il cesserait d'être sur ses gardes, comme si personne n'allait avoir le temps de se rendre compte que c'est un génie et qu'il faut le sauver. Il vise de faux buts et se donne des récompenses futiles: une fois qu'il a coupé l'herbe sous le pied à l'évolution de l'histoire, sans parler de l'Être vraiment supérieur, rien n'est plus jamais aussi intéressant. Certains messieurs génies sont tellement affectés par ce syndrome qu'ils n'arrivent pas à accomplir quoi que ce soit. La plupart ne sont jamais satisfaits de ce qu'ils sont.

Les indices sexuels

Sa compagne ne peut certainement pas être parfaite à ses yeux. Il la veut belle, talentueuse, ou remarquable, mais seulement à titre de faire-valoir. Il fait apparaître la gardienne d'enfants qui dort en vous (il peut prendre n'importe quelle Wonder Woman et la transformer en Diana Prince — lui enlever ses paillettes et lui remettre ses lunettes — rapidement). De temps à autre, il veut que vous preniez le plancher pour épater la galerie, mais pas trop souvent. Il ne partage la vedette que pendant une seconde, et vous devez ensuite retourner dans les coulisses.

Il est rapide lorsqu'il s'agit de faire des avances, mais lent à s'engager. Lorsqu'il est question d'une relation stable, il dit toujours: «Eh bien! peut-être.» Il s'attend immédiatement à des relations sexuelles. Il vous teste pour savoir si vous cédez à l'intimidation.

Le sexe avec monsieur génie a plusieurs détours. Il est certain d'être superbe, mais il tient tout de même à ce que vous le lui prouviez. Il veut vous «donner» des orgasmes; la façon dont vous aimeriez les avoir est sans importance. Si vous ne faites pas ce qu'il désire, il vous accuse d'être complexée. Il s'attend à une espèce d'abandon de votre part, mais il n'est jamais bien certain que vous vous êtes suffisamment abandonnée et il en veut toujours davantage. Il accorde plus d'attention à son propre plaisir qu'il ne vous en accorde, et peut même négliger tout à fait de vous faire jouir s'il n'en a pas envie. Il vous veut excitée et prête chaque fois qu'il se sent chaud lapin, mais lui-même n'a pas tant de spontanéité. Il finit toujours par être «trop fatigué» ou par vous repousser de plus en plus souvent. Il lui arrive parfois aussi de prendre l'initiative, pour vous laisser ensuite sur votre appétit.

Il se considère, et il est, un homme très sexué. Le sexe est le premier et le principal élément piquant dans sa vie. Mais il ne le fait jamais vraiment avec vous, il le fait à lui-même et «à» vous.

L'aspect financier

Il pense beaucoup à l'argent. Ou bien il y réfléchit — combien il en a ou n'en a pas, comment en avoir plus — ou bien il se lamente du fait que des personnes beaucoup moins méritantes que lui ont l'argent qu'il n'a pas. Généralement, il travaille pour son argent. Il n'est pas le roi fainéant. Il n'exige pas que les autres le fassent vivre, sans rien leur donner en retour. Mais il ne fait que le travail qu'il veut bien. Il peut aussi lui arriver de dépenser beaucoup pour gonfler son image et il ne gagne jamais autant d'argent qu'il pense en mériter.

Occasionnellement, il peut être honorable au sujet de votre argent, mais s'il a besoin de vos économies, il les utilisera. Il utilise toujours plus de vos fonds mutuels que vous. Parfois, il s'approprie le trésor et ne vous y donne pas accès, ou il vous fournit assez d'argent pour les provisions mais ne vous permet pas de luxe. Comme l'argent est une preuve visible de sa compétence, il préfère que vous ne travailliez pas à l'extérieur, ou que votre travail ne vous permette que d'assurer votre subsistance; en tout cas, il faut absolument que votre position soit moins prestigieuse que la sienne.

L'aspect familial

Monsieur génie ne voit pas les enfants et ne s'en occupe pas (bien qu'il soit intéressé à perpétuer ses gènes). Il se sent menacé par les enfants, et il préfère les éviter. Il ne peut tout simplement pas supporter la concurrence. Il sait qu'il souffrirait d'être comparé à de «vrais» enfants. Il court moins de risques de se faire dire «tu ne penses pas que tu agis comme un enfant?» s'il n'y a pas d'enfants dans son entourage. Mais comme monsieur génie a habituellement des unions prolongées, les femmes avec qui il vit ont tendance à lui donner des enfants, par accident ou par choix, ou parce qu'il le «permet», afin de produire de petites copies de lui-même.

Toutefois, il est rare qu'il aide à élever les enfants, et il ne laisse certainement pas les petits monstres contrecarrer ses plans. Il se rapprochera peut-être d'eux à mesure qu'ils vieilliront, mais il n'est pas question qu'il lave leurs vêtements ou qu'il les garde toute une journée et une nuit. Il ignore les bébés, et il traite très mal leur mère, surtout durant la grossesse et la période où les enfants sont en bas âge. Plus tard, il fera des pressions sur la mère, et sur les enfants plus âgés, pour qu'ils deviennent aussi brillants que lui-même. Il n'est pas impossible que ses enfants le détestent profondément.

Il a un talent particulier pour mettre ses parents et les vôtres dans l'embarras et mal à l'aise. Il ne leur fait grâce de rien. Il a gagné toutes les batailles pendant son enfance et, au lieu de faire la paix maintenant qu'il est adulte, il continue de les tourmenter. Il est caustique avec tous ses aînés et avec la plupart des membres de sa famille. Il ignore plus ou moins ses frères et soeurs, qui sont souvent en mauvais termes avec lui à cause de lointains souvenirs des mauvais coups dont il s'est tiré à bon compte.

Que monsieur génie ait des amis semble contradictoire. Après tout, il n'aime pas partager l'attention. Il évite les autres hommes et nourrit une étrange combativité à leur endroit. Mais après l'affrontement initial, il établit une clique de puissants manitous égaux. Avec les femmes, il a rarement des liens d'amitié qui ne soient pas au moins vaguement sexuels. Vos amis communs sont habituellement ceux de son choix. Il n'aime pas vos amis et vous débarrasse d'eux graduellement.

Les amitiés que lui et vous entretenez ne sont pas du genre habituel, sans passion, mais réconfortantes. Les liaisons de monsieur génie, de même que les vôtres, ont tendance à s'établir à l'intérieur de votre cercle de connaissances. Monsieur génie agit souvent comme s'il pouvait devenir plus fort en réclamant les possessions de ses rivaux, si bien que c'est souvent les compagnes de ses presque amis ou de ses quasi-concurrents qu'il séduit. Parfois, monsieur génie et ses vieux amis se fréquentent et se livrent bataille depuis si longtemps qu'ils ont presque fait le tour de leurs partenaires respectives. Vous finirez peut-être par aller vivre avec le meilleur ami de votre ex-monsieur génie.

Monsieur génie n'admet pas ses propres anxiétés, mais il fait de son mieux pour terrifier les autres. Comme c'est terriblement important pour lui de surpasser les autres et de donner l'impression que tout et tous, sauf lui, sont ternes, vous perdez, en sa compagnie, la joie d'être tout simplement ordinaire. Ce que vous pouvez obtenir, par contre, c'est la touche de dynamisme d'un mode de vie qui sort de l'ordinaire, si vous pouvez le supporter.

Qu'est-ce qui vous attend?

Que votre monsieur génie soit microsculpteur, dessinateur, batteur de tambour, ingénieur, psychologue ou gourou, vous devriez étudier ce que c'est que de vivre dans l'anarchie, avant de vous joindre à la fête.

Monsieur génie a tendance à être une catastrophe de dix ans. Une fois que vous vous êtes consacrée à lui, il faut plus de temps que vous ne pensez pour vous réveiller, et encore plus de temps pour décider de la direction que vous allez prendre. Une relation avec monsieur génie n'est pas à prendre à la légère, car si vous vous engagez pour une journée, vous vous engagez pour dix ans.

Son credo se résume à ceci: «Tu me prends exactement comme je suis, en tout temps, et tu n'essaieras de me changer en aucune façon car je suis si spécial!» De cet axiome, il dérive un tas de postulats avec lesquels vous devez vivre; combinés tous ensemble, ils rendent votre bonheur plutôt hypothétique. Premièrement, monsieur génie impose ses conditions: «Je suis à prendre ou à laisser.» Deuxièmement, c'est lui qui établit les règlements, mais il n'est pas obligé de les suivre; vous seule y êtes tenue. Voyez-vous, les règlements existent pour être suivis par les personnes qui ne sont pas spéciales, et pour qu'y dérogent celles qui le sont. Troisièmement, c'est lui qui reçoit toute l'attention.

Par conséquent, vos rêves d'une vie excitante et glorieuse avec lui risquent, plus souvent qu'autrement, de se changer en poussière. Évidemment, tout dépend de sa façon d'exprimer sa tyrannie, de la force de votre énergie, et de la valeur que vous attribuez à votre union. Comme monsieur génie ne connaît pas le sens du mot limite, il pousse le plus loin qu'il peut. Il semble incapable de s'arrêter ou de faire appel à sa bonté. Une fois que vous vous installez avec lui, vous devenez la dernière personne à pouvoir le contenir. Il aime croire que vous êtes plus dépendante de lui que lui de vous. Plus il prétend être détaché, plus il sème l'appréhension en vous. Par réaction, vous acceptez des conditions moins que satisfaisantes et qui vont en empirant.

Qu'il fasse un pied de nez à la société, c'est une chose; mais qu'il se défoule sur vous, c'en est une autre. Il est difficile de ne pas se laisser affecter par ses propos amers, ses sarcasmes, ses colères et ses refus d'aider. Lorsque vous affirmez vos droits, il se conduit plus civilement pendant un bout de temps, mais dès que vous laissez faire, il reprend ses vieilles habitudes. Avec le temps, il enrichit son vocabulaire caustique. Alors qu'au début de la relation il peut vous paraître comme un homme difficile et qui a des habitudes auxquelles vous devez vous faire, il vous semble, avec le temps, créer de nouveaux problèmes pour mettre votre esprit de conciliation à l'épreuve. La vie, avec monsieur génie, est comme un jeu de croquet au pays des merveilles: il change les règlements d'un poteau à l'autre, c'est toujours son tour et il insiste pour déplacer les guichets au gré de sa fantaisie. Entre-temps, votre propre maillet devient aussi inefficace qu'un cou de flamand.

Vous faites ce qu'il vous dit de faire. S'il travaille la nuit, vous ne pouvez demander du sexe que le jour. S'il a besoin de la salle à manger pour se faire un bureau, vous devrez installer la table ailleurs. S'il a soudain besoin de repos et de tranquillité, vous dormez à l'étage avec tous les enfants. S'il décide d'aller vivre ailleurs, vous empaquetez tout votre ménage en moins de quarante-huit heures. Il choisit où vous allez vivre et comment les murs seront décorés. Vous lavez les vêtements à la main, parce que le bruit des appareils électriques le dérange. Il réclame la salle de bains pour en faire une chambre noire, alors vous utilisez l'évier de la cuisine. Il vous abandonne avec votre enfant âgé d'une journée et va s'installer dans son bureau parce qu'il «ne peut supporter d'entendre un bébé pleurer». Vous errez dans les rues pendant douze heures, parce qu'il est incapable de travailler en votre présence. Vous vous interrogez bientôt à votre propre sujet, en vous demandant «qui donc est cette Alice sans possessions ni caractère?». Peut-être que monsieur génie se le demande lui aussi. Il n'est pas hors de question pour monsieur génie d'être possédé par les bras de quelqu'un d'autre.

Ses bouleversements ne sont pas tous de simples irritants. Une relation avec monsieur génie a une limite de temps prédéterminée. Comme il est continuellement en quête d'hommages, vos applaudissements ne peuvent le satisfaire qu'un certain temps. Puis il commence à se sentir déprimé. Il cherche des compliments ailleurs, mais il vous garde tout de même. C'est lui l'homme qui dit: «Ma femme ne me comprend pas.» Il n'admet pas qu'il n'est plus heureux avec vous ou avec lui-même. Et il est du genre d'homme qui veut une séparation à l'essai ou des vacances, mais qui ne veut pas de divorce.

Si la diminution graduelle des hommages qu'il reçoit ne provoque pas la panique chez lui, l'âge y parviendra sûrement. À mesure que les années s'accumulent sur les épaules de monsieur génie, il empire sérieusement. Après tout, l'âge rapproche de plus en plus la fin de sa vie. Préparez-vous à le voir utiliser toutes sortes de moyens à la fois étranges et prévisibles pour s'accrocher à sa jeunesse. Monsieur génie est susceptible d'avoir une crise existentielle sérieuse rendu à l'âge moyen. Il trouve menaçant tout ce qui lui rappelle son âge (c'est-à-dire, toute sa vie, y compris vous).

Le fait de vivre avec lui vous expose à une bonne crise vous aussi. Car il viendra un âge où vous déciderez de faire une espèce de bilan partiel de votre vie et où votre déception face à son affection, sa gloriole, ses infidélités et sa tyrannie se heurtera sérieusement à vos besoins. Ce sera comme entrer en collision avec un mur de briques. Alors que la crise de monsieur génie sera perpétuelle, la vôtre durera seulement cinq ans. Si vous n'avez jamais brassé la cage de votre monsieur génie jusqu'à maintenant, vous commencez à le faire. Vous couchez avec son copain ou avec quelqu'un d'autre, ou vous le mettez à la porte. Vous décidez peut-être de sortir un jour et oubliez d'emmener les enfants avec vous. C'est votre tour d'aller faire de l'art, et le tour de monsieur génie de sortir le Pine Sol.

Habituellement, avec un monsieur génie, on rompt et on reprend à plusieurs reprises. Vous alternez qui veut et qui ne veut pas de la relation. Entre-temps, vous vous infligez mutuellement vos infidélités et vous vous faites du mal l'un à l'autre. Il arrive occasionnellement que des couples monsieur génie survivent à cette période, arrivent à une entente et retrouvent la satisfaction. La plupart du temps, toutefois, ces couples n'en sont pas extrêmement heureux et se retrouvent avec de nombreuses cicatrices. Un grand nombre de couples ne survivent tout simplement pas à la crise.

Lorsqu'une relation avec monsieur génie prend fin, il est étonnant de voir le peu qu'il en reste. Les divorces et les ententes à l'amiable avec lui sont rares. Préparez-vous à subir sa rancœur, ses cris et ses menaces de vous enlever la garde des enfants. Une fois que tout est terminé, il risque de disparaître et de ne jamais vous payer la pension alimentaire que le juge vous a accordée.

Quels sont les signes précurseurs de problèmes?

Avec monsieur génie (comme avec tous les autres types d'hommes), vous devez faire preuve d'un peu de scepticisme. Vous devez croire en votre homme, mais vous devez aussi prendre en considération les conditions qui s'y rattachent.

Considérez de mauvais augure la façon de vous appâter de monsieur génie. Les choses qu'il vous dit en riant, il les répétera quand il sera sérieux. Il vous présente à ses amis, mais critique les vôtres. Il vous traîne avec lui comme si vous étiez en laisse ou que vous aviez un anneau dans le nez. Lorsqu'un homme vous présente comme l'une de ses réalisations ou comme une admiratrice, vous êtes appelée à devenir vieux jeu. Dès ses premiers gestes, monsieur génie vous couvre de son ombre et vous donne l'impression d'être un pays sous-développé (et non pas «en développement»). Tout ce qu'il attend de vous, c'est que vous applaudissiez ses prouesses, que vous l'encensiez, que vous achetiez sa salade, que vous fassiez le travail indigne de lui, et que vous n'affirmiez pas votre autonomie. Dès ce moment-là, vous devriez songer à passer à l'action. Rappelez-vous que la tempête prend dix ans pour atteindre suffisamment d'ampleur pour imposer une remise en question.

Les détails deviennent des signes sérieux lorsqu'il exige le droit absolu de déterminer vos circonstances, sous prétexte qu'il est le plus sensible de vous deux. Cela veut dire que vous perdez votre citoyenneté. À n'importe quel moment de n'importe quelle relation, quand un homme laisse entendre que vous ne le méritez pas vraiment, vous avez un problème sérieux devant vous. Peu importe la raison initiale pour laquelle vous vous êtes liée à lui, lorsqu'il se met à vous traiter comme une paysanne, l'air est à la révolution. Tôt ou tard, vous allez prendre votre faux et partir en guerre contre la monarchie.

Gardez à l'esprit que lorsqu'une personne use d'insultes et de colères pour gagner, elle y recourt à n'importe quel moment où cela lui tente. Vous passerez votre vie sur des charbons ardents, ne sachant jamais qu'est-ce qui va le contrarier. Si vous en êtes rendue là, il est temps de vous trouver un autre lit, et pas un lit de braises cette fois.

Si, malgré tous les avertissements, vous essayez un monsieur génie, faites-vous une faveur: achetez-vous un cahier et prenez des notes. Si toutes ses promesses extraordinaires se réalisent, vous pourrez vendre sa biographie. Mais s'il vous coupe les vivres, vous pourrez peut-être écrire un roman. Au moins, cela pourrait vous rapporter un peu d'argent, si tout le reste échoue.

Quelles sont vos possibilités et que devriez-vous faire?

Le meilleur conseil que je puisse vous donner est d'éviter monsieur génie. Il ressemble trop à une mauvaise herbe revêche. Il reste obstinément enraciné dans votre parterre, tout en distribuant ses stolons dans d'autres jardins. Et même quand vous pensez l'avoir enfin complètement déraciné, il a tendance à réapparaître. Par conséquent, bien qu'il soit en quelque sorte prévisible, on ne sait jamais où il va surgir la prochaine fois, ni quelles épines il aura développées. Monsieur génie épuise l'énergie de toutes les femmes, sauf peut-être des femmes les plus résistantes, celles qui possèdent de vastes réserves de force intérieure. C'est un compagnon vivace, mais cela ne veut pas dire qu'il puisse jamais se transformer en rose; certains hommes n'arrivent même pas à s'épanouir sur le tard. Monsieur génie ne change pas; il est trop bouleversé par l'approche de la vieillesse et de la mort. À mon avis, les seules femmes qui peuvent tirer profit d'une relation avec monsieur génie sont les âmes endurcies qui sont attirées par les spécimens irritants, tels que l'herbe à puces, et qui ne souffrent pas de démangeaisons après être entrées en contact direct avec elles. Rares sont les femmes qui jouissent d'une telle immunité.

Si les tempêtes continuelles ne troublent pas votre sérénité, et que vous êtes capable de dire régulièrement «voyons, ne t'excite pas comme cela» à votre Éric le Rouge, monsieur génie peut satisfaire un curieux besoin de sécurité et de perversité. Il offre la sécurité, en ce sens qu'une liaison avec monsieur génie peut probablement devenir permanente. Remarquez bien que j'ai dit «liaison», et non «union». La perversité réside dans la question à savoir ce que vous êtes prête à tolérer, à quel point vous tenez à rester. Certaines des années passées avec un monsieur génie peuvent être gratifiantes, mais certaines autres peuvent s'apparenter dangereusement à une maladie ou à un état comateux.

Les femmes qui s'attachent à lui finissent habituellement par être écrasées. Passer dix ans avec monsieur génie peut avoir des effets néfastes qui nécessiteront des années de convalescence. Mais si vous décidez tout de même de suivre le sentier d'un monsieur génie, essayez de le faire à la manière d'une scout: soyez préparée. Si vous prévoyez ses cycles et ses crises, vous ne vous sentirez pas désarmée. Vous pourrez ainsi prévoir aussi les vôtres, puisque vos humeurs fluctueront avec les siennes. Vous aurez peut-être une vie intrigante. Je vous suggère aussi autre chose: vous lier à César ne fait pas de vous une Cléopâtre, à moins que vous décidiez vous-même d'adopter ce rôle. Le temps que vous vivez avec lui, essayez de vous conduire comme si vous étiez une courtisane de premier ordre, ou alors présentez-vous comme madame génie, son égale. Ne vous enlisez pas dans un rôle de servante. De cette façon, vous aurez droit plus longtemps au respect de monsieur génie, et vous recevrez vous-même de l'attention. Mais ne vous attendez pas à une vie simple. Peut-être devriez-vous refuser de l'épouser et insister pour garder votre propre studio. Et n'oubliez pas: vous devez rester résolument prétentieuse jusqu'à ce que vous atteigniez l'âge d'être une Grande Dame. Je vous conseille également d'envisager la possibilité de ne pas avoir d'enfants au cours de votre relation avec monsieur génie.

Si vous vivez actuellement une relation avec un monsieur génie, qu'elle est déjà dans un état de détérioration avancée, que vous n'avez pas envie de jouer à être aussi extraordinaire que lui et que tout ce que vous voulez, c'est de vivre en paix, alors il est temps de songer à lever le camp. Préparez-vous à deux ou trois faux départs, puis détortillez-vous... pour de bon. Malgré les tentations, vous devriez essayer de limiter le nombre de faux départs et de faux recommencements avec cet homme. Si, après un ou deux changements, la situation ne s'est toujours pas améliorée, ne vous laissez pas convaincre de remonter à bord du carrousel. Pour monsieur génie, renoncer à ses traitements de faveur signifie qu'il doit faire face à la vie, à ses problèmes, ses avantages et son caractère éphémère. Il doit opérer un changement personnel profond. S'il y parvient, il en sera tellement changé que vous ne le reconnaîtrez probablement pas. Il ne sera certainement plus un monsieur génie.

Quel rôle jouez-vous dans cette relation?

Habituellement, il n'y a pas que monsieur génie qui a une idée précise de sa propre valeur. Sa compagne aussi en a une.

Trop souvent, la femme qui se lie à monsieur génie se trouve «adéquate», sans plus. Elle n'est certainement pas aussi adéquate que lui. Cette sous-estime de soi se reflète dans des phrases telles que «Je ne le mérite pas vraiment», ou «Il pourrait toujours me quitter et en trouver une autre», ou «Des femmes comme moi, on en trouve à la pelle». Monsieur génie nourrit sa propre névrose à même un tel manque d'assurance de sa partenaire.

L'impression d'avoir moins de sagesse ou de valeur que l'homme qu'on aime est déjà bien assez pénible mais, avec monsieur génie, cette tendance a habituellement une autre répercussion néfaste. Pour arriver à vivre avec lui et à tolérer sa tyrannie, vous devez toujours fuir les affrontements (consciemment ou inconsciemment). Quelque part, de quelque façon, vous vivez dans la peur constante. Il se peut que vos parents aient été si sévères, ou que leur discipline vous ait coûté tellement cher en sentiments de culpabilité, que vous ayez appris à marcher sur la pointe des pieds en leur présence. Vous avez découvert que la soumission était plus facile ou coûtait moins cher. Ou vous avez tout simplement appris à avoir peur de ce qu'ils pouvaient vous faire. Peut-être n'avez-vous pas appris ces leçons de vos parents, mais de monsieur génie lui-même. Mais quelque chose vous a appris l'intimidation. Avec monsieur génie, l'appréhension vit dans votre poche.

Bien sûr, peu importe le type d'homme, une femme veut parfois une union pas seulement pour l'amour, mais parce qu'elle a l'impression qu'elle ne peut parvenir à la gloire toute seule. À cause de sa propre médiocrité ou de son manque de possibilités, elle ne parviendra pas au sommet de la montagne. Elle voit dans son partenaire la promesse de la réussite et de la gloire. Et monsieur génie est l'un de ces hommes qui semblent prometteurs. Il atteindra peut-être la gloire et le statut social qui en découle. Il est peut-être une porte d'entrée à des événements fabuleux et des endroits exotiques. Mais comme monsieur génie prétend être seul et unique en importance, vous ne pourrez jamais être aussi bonne que lui. Pour obtenir l'égalité, vous devrez être imperturbablement entêtée. Si vous hésitez le moindrement, il aura emprise sur vous, et monsieur génie peut faire hésiter et reculer n'importe qui.

Surveillez en vous tout penchant à la lâcheté et à la modestie. Ne vous laissez pas écraser ou tasser en public, en privé, par vous-même ou par n'importe qui d'autre. Défendez votre droit à l'autorité sur votre propre vie. Vous avez droit à l'équivalence dans votre relation, même si ce que vous faites est moins prestigieux aux yeux de la société. Et si vous avez besoin d'aide pour surmonter la peur et l'intimidation, allez en chercher!

Rien ne vaut le prix de vivre dans la timidité. Peu importe ce dont vous avez peur — l'abandon, la douleur, la solitude ou le rejet — vous découvrirez que si vous les fuyez dans le silence et la soumission, c'est payé tout simplement trop cher. La peur a pour effet de faire vriller une image de soi négative, de l'envoyer dans une spirale de plus en plus destructive. C'est la peur qui vous empêche de mettre un terme à une relation qui s'est détériorée; c'est la peur qui vous pousse à faire des gestes pour que votre partenaire vous quitte, plutôt que de le quitter vous-même. Vous seule pouvez décider de votre propre vie et en être satisfaite. Puisque les meilleures associations ne peuvent venir que de deux personnes libres et indépendantes, pourquoi agir de façon à faire de vous une poule mouillée?

La prochaine fois qu'un homme arrogant vous excite et vous dit que c'est lui le meilleur, ne soyez pas timide. Tenez-vous bien droite et faites-lui voir que vous valez autant que lui.

Les messieurs génies ont souvent quelques traits des misogynes et des phallocrates; ce serait donc une bonne idée de relire ces chapitres. Et parce qu'ils aspirent tellement à la gloire, ils peuvent aussi partager certains traits de l'homme qui rêve d'être nabab.

Pire encore, ils peuvent s'apparenter à l'homme qui se trouve tellement spécial qu'il n'a pas besoin de travailler. Il est si fantastique que le monde lui doit sa subsistance. Le problème, c'est que c'est généralement vous qui finissez par le faire vivre. Il est étonnant de voir le nombre de femmes qui aboutissent avec des hommes qui refusent de travailler, des hommes qu'elles sont obligées de faire vivre, ou qui les font vivre de miettes. Vous avez peut-être déjà vécu avec un tel homme, ou peut-être vivez-vous avec lui actuellement. Vous pensez peut-être qu'il est bon pour vous, ou peut-être pas, mais il ne l'est probablement pas de toute façon. Je vous encourage à apprendre à faire la différence. C'est le prochain homme dont je vais parler.

Chapitre 10

LE ROI FAINÉANT

L'homme qui pense que le monde et vous lui devez sa subsistance.

Il s'impose dans votre scénario comme un brigand ou un illusionniste. Il sait tout ce qui ne va pas dans le monde, ou du moins dans l'hémisphère où il vit. Il peut vous montrer que ce que la plupart des gens tiennent pour la vérité est définitivement une erreur. Il n'aime pas se plier aux façons de faire «normales», ni surtout devoir travailler comme tout le monde. «Pourquoi travailler?», dit-il. Pour tout dire, il croit que le monde doit une subsistance à tous et chacun. Il est tout simplement le premier à demander son dû.

La roue de fortune tourne et tourne. Personne ne peut dire où elle s'arrêtera. Certaines femmes ont la chance de «tomber sur» des hommes travailleurs, d'autres écopent de rois fainéants. La question est: lorsque l'aiguille de la roue s'arrête au roi fainéant, êtes-vous gagnante ou perdante? La réponse: ni l'une ni l'autre, et les deux à la fois. Le roi fainéant est très déconcertant. Dans la vingtaine, vous le trouvez bohème et révolté, tout à fait merveilleux. Dans la trentaine, vous vous dites que c'est un vaurien. Lorsque vous le rencontrez, c'est un rebelle. Lorsque vous le quittez, c'est un fainéant. Comment peut-il changer de façon aussi dramatique? Il ne change pas. C'est vous qui changez. Vous vieillissez et, soudain, vous comprenez que, sous son air désinvolte et décontracté, et souvent sous son charme de petit garçon, il est complètement et totalement irresponsable.

Bien sûr, les autres hommes ne sont pas tous des travailleurs acharnés. Ici et là, certains ont toujours un petit côté paresseux. D'autres se contentent de vivre au jour le jour, se satisfont de peu. Tout de même, la plupart font leur part d'une façon ou d'une autre. Il leur arrive peut-être de se saouler ou de se ramasser en prison, mais, de façon générale, ils se chargent d'eux-mêmes.

Pas le roi fainéant, par contre. Il refuse absolument de garder n'importe quel emploi. Il fait peut-être des projets, des marchés ou a des idées qu'il ne réalise jamais. Il se peut qu'il ne travaille jamais ou qu'il prétende être incapable de se trouver du travail. Sa principale occupation consiste à jouer au roi philosophe. Il parle de comment le monde devrait être. Il blâme les autres, ou relève ad nauseam les péchés et les erreurs de la société. Entre-temps, il ne s'engage à rien de bien utile et vit au crochet des autres.

Mais, comme il peut être fascinant! Il n'est certainement pas l'homme de tous les jours. Il a du temps pour le plaisir, et une façon bien à lui de vous convaincre de l'accompagner dans ses plaisirs. Votre unique erreur est de le confondre avec un partenaire.

Il est vrai qu'il est difficile de faire la différence entre un camarade de jeu et un partenaire amoureux lorsqu'on a soi-même un penchant pour la révolte, et c'est presque inévitablement le cas pour les femmes qui trouvent le roi fainéant fantastique. En effet, le roi fainéant s'intéresse presque toujours à des femmes qui ont récemment affirmé leur indépendance ou qui sont elles-mêmes révoltées. Il sait que si vous pensez pouvoir changer le monde, ou si vous voulez être différente, vous êtes plus vulnérable, plus émotive et prête pour quelque chose d'inhabituel. Rien ne semble plus romantique qu'un libre penseur. Donc, si vous êtes présentement révoltée contre le monde en général, ou certaines personnes en particulier, faites attention au roi fainéant.

Cas vécu

Dans les nombreuses histoires de rois fainéants que j'ai entendues, les hommes étaient des piliers de bonnes oeuvres, des buveurs ou des démons. L'histoire d'Yvette est typique. Je pense que c'en est une bonne à raconter.

Après une adolescence toute en indocilité, en révolte et en rébellion sexuelle, Yvette avait finalement décidé d'aller vivre seule. Elle s'est inscrite au cégep, s'est trouvé un appartement... et a rencontré Philippe. Philippe était certainement différent. Il semblait libre, charmant, sûr de lui et sexy. Il avait des opinions bien arrêtées. Il critiquait vertement et avec lucidité le gouvernement, les lois et règlements, les conventions dépassées et les façons d'opérer de la société. C'était un vagabond, mais un vagabond qui avait de la classe. Il se disait homme à tout faire, et Yvette n'en avait jamais rencontré un auparavant.

Yvette se sentait obligée de prouver qu'elle était audacieuse elle aussi, et elle a donc accepté immédiatement de faire l'amour avec Philippe, ce qui a scellé son attrait pour lui. Dire que Philippe était érotique, c'était peu dire. Pour la première fois de sa vie, Yvette s'était sentie complètement chavirée par la présence sexuelle d'un homme. Dès le lendemain, il a emménagé avec elle. Après tout, elle avait déjà un appartement.

Yvette m'a raconté que, durant les quelques années qui ont suivi, elle s'était sentie comme une bohémienne en fuite. Au début, Philippe allait et venait, parlait longuement de ses projets, qui ne se concrétisaient jamais. Mais elle continuait d'y croire quand même. Puis il a prétendu que c'était la faute du cégep et de l'endroit où ils habitaient si personne ne reconnaissait sa valeur. Alors ils ont déménagé. Il l'a emmenée dans une autre province où, pendant un bout de temps, ils ont vécu dans une camionnette. Mais Philippe n'arrivait pas à trouver, dans cette province, du travail «à la hauteur de ses qualifications», puis les gens étaient «fermés» et «snob». Ils ont donc déménagé de nouveau. Encore une fois, les gens de la place refusaient de lui offrir le bon emploi ou d'acheter ses idées. Entre-temps, partout où ils allaient, Yvette devait se trouver du travail comme serveuse, femme de ménage, esthéticienne pour chiens. Quand elle n'en trouvait pas, c'est elle qui devait aller demander de l'assurance-chômage ou quêter auprès du Bien-être social pour pouvoir survivre.

Même si, au début, Yvette avait été fascinée par Philippe et par son mode de vie différent, elle a commencé, lentement mais sûrement, à en avoir assez de toujours devoir travailler ou jouer des coudes dans les files de sans-emploi. Elle a aussi remarqué que la propreté et l'ordre étaient également sa responsabilité. Elle pouvait vivre dans le désordre, dans une certaine mesure, et la lessive et la vaisselle finissaient toujours par être empilées jusqu'au plafond lorsqu'elle ne s'en occupait pas. Philippe disait tout simplement qu'il lui était indifférent de porter des vêtements sales ou de manger dans ses mains. Il se fichait de la hauteur des piles de vêtements ou de vaisselle. Il laissait ses outils et ses vêtements traîner partout. Ses projets épars n'étaient jamais rassemblés ni finis, et il ne réparait rien.

Yvette a aussi commencé à se rendre compte à quel point Philippe était avide. Sa philosophie antimatérialiste ne voulait certainement pas dire qu'il ne voulait pas sa part d'argent, et plus. Il dépensait leurs fonds — essentiellement gagnés par Yvette — et il était généreux envers lui-même. Il voulait se marier avec elle dans le but de recevoir des cadeaux. Ils se sont donc mariés. Il n'aimait pas qu'Yvette utilise la voiture. Il a hurlé quand sa mère lui a fait parvenir un billet d'avion pour qu'elle aille visiter sa famille, mais qu'elle n'en a pas envoyé un à Philippe. Il refusait de la laisser partir si on ne lui envoyait pas un billet à lui aussi. Éventuellement, Yvette s'est retrouvée enceinte. Philippe était heureux. Il pensait que le bébé allait s'avérer un avantage financier pour eux, malgré ce qu'il en coûte pour élever un enfant. Quels grands-parents ou quelles agences gouvernementales laisseraient un bébé crever de faim?

Philippe trouvait le moyen de s'assurer que leur situation continuait d'être déprimante, physiquement aussi bien que mentalement. Il avait toujours été en faveur d'un mariage ouvert, mais il a commis son infidélité la plus flagrante et la plus douloureuse pendant la grossesse d'Yvette. Elle aussi avait eu quelques aventures, la plupart par réaction à celles de Philippe, mais elle était tout de même désagréablement surprise. Et après la naissance du bébé, non seulement n'apportait-il pas d'argent, mais il était toujours parti et n'aidait pas du tout à la maison. Il n'a pas changé ses habitudes d'un iota/

Yvette a commencé à avoir envie de vivre un peu mieux. Elle voulait un peu d'aise, du temps pour elle-même, et de l'affection. Elle se sentait très, très fatiguée, et ce n'était pas seulement à cause du travail ou de l'égoïsme. Elle changeait, tout simplement. Elle a commencé à voir Philippe d'un tout autre oeil. Ce qu'Yvette n'avait pas prévu, c'était que les années passeraient et que ses circonstances changeraient, mais que Philippe, lui, ne changerait pas. Sa fuite des responsabilités était permanente, peu importe à quel point leurs besoins changeraient, peu importe qu'ils allaient vieillir. Aux yeux de Philippe, tous ses problèmes personnels et ceux d'Yvette seraient toujours la faute et la responsabilité de quelqu'un d'autre, notamment de la personne qui essayait de vivre avec lui. La vie de couple avec un coquin était merveilleusement différente et dépourvue de contraintes au début, mais à mesure que les désirs d'Yvette changeaient avec le temps, les avantages n'ont pas seulement diminué, ils ont presque disparu.

Quand leur deuxième enfant est né handicapé, tout s'est écroulé. La situation exigeait finalement et absolument de prendre vraiment ses responsabilités. L'enfant avait besoin de soins constants. Philippe est parti. Heureusement, la famille d'Yvette s'est empressée de l'aider. Ses parents avaient toujours su quel genre d'homme était Philippe (mais n'avaient jamais pu en convaincre Yvette) et ils l'avaient toujours détesté. Yvette avait devant elle la vie qu'elle a aujourd'hui: deux enfants, dont un handicapé, de bien lourdes responsabilités. Mais ses parents l'aideraient de leur mieux.

Il existe un tas de mots pour décrire le roi fainéant. Il y en a tellement, en fait, que seule une personne à la fois aussi attrayante et aussi irritante pourrait se valoir un tel vocabulaire. On l'appelle un «libre penseur», un «individualiste», un «anarchiste», un «franc-tireur», un «fainéant», un «salonnard», un «traînard», un «flemmard», un «tire-au-flanc», une «tache», et ainsi de suite. Les mots varient, mais ils s'appliquent tous au roi fainéant à un moment ou un autre.

Comment reconnaître ce genre d'homme?

Quand on le rencontre pour la première fois, un parfum d'originalité et de non-conformisme émane du roi fainéant. Mais cela ne veut pas dire qu'il est rare. Les rois fainéants existaient bien avant la Révolution. On l'ignore, mais il y avait peut-être même des flemmards chez les hommes de Cromagnon. L'expression *Idle Lord*, utilisée en anglais quand on parle du roi fainéant, faisait référence autrefois au fils d'une famille riche qui ne faisait rien de bon, qui s'amusait à faire la fête, provoquait toutes sortes de catastrophes, brisait le coeur des femmes, gaspillait des fortunes, attendait que les vents lui soient favorables mais n'arrivait jamais à en tirer profit. Et pourquoi se serait-il forcé?

Il avait toujours maman, papa, des oncles et des cousins par douzaines qui pouvaient le dépanner. Il pouvait toujours avoir les poches pleines, tout en menant une vie de dépravé. Il n'a pas changé aujourd'hui. Seuls les membres de sa famille ont changé. Aujourd'hui, le roi fainéant dépend de mère Nature et de tante Charité.

Le roi fainéant a toutes les raisons, philosophiques, religieuses, politiques et médicales, pour expliquer la folie du travail assidu et de l'effort. Il prétend souvent manquer d'ambition, mais ce n'est pas vrai. Il se meurt d'envie du pouvoir et de la gloire. Il ne veut tout simplement pas travailler pour y arriver. Alors, tout en reniant ses grandes aspirations, il reste opportuniste. Le roi fainéant ne traîne pas que pour le plaisir de traîner. Il le fait pour être prêt à saisir toutes les occasions qui s'offrent à lui. Quand il s'en présente une toutefois, il ne peut pas se permettre de s'y cramponner. Il ne veut pas s'engager irrévocablement, car il pourrait se présenter d'autres possibilités: résidentielles, financières, temporelles, spatiales, sexuelles et professionnelles. Il ne va pas s'engager à passer ses samedis avec le roi fainéant junior et sa petite ligue de baseball, ni à être présent le jour de votre mariage, parce qu'il risquerait peut-être de rater une meilleure occasion. Il s'attend que le succès et la notoriété s'amènent dans son salon (comme des invités qui n'ont pas besoin de s'annoncer d'abord en téléphonant). En fait, il agit habituellement comme s'ils étaient déjà arrivés.

Des indices additionnels

Sa façon de s'habiller est à la fois une affirmation de sa politique et une description de sa philosophie. Il affiche d'un air de défi qu'il n'est pas soumis aux règles habituelles de la société. Parfois, il ne porte que des vêtements achetés ou obtenus gratuitement de la Maison des pauvres; parfois, il porte un pantalon à cordons et des chemises de gourou. Il peut lui arriver de s'habiller de vêtements tellement à l'avant-garde de la mode que les gens ordinaires ne le prennent pas au sérieux. Il s'affirme beaucoup par le biais de ses bas. Il porte de gros bas rouges épais, ou des bas dépareillés, ou des bas de soie verte, ou alors il n'en porte pas du tout.

Que ses vêtements soient étranges ou normaux, il est néanmoins toujours un peu provocant, un peu sexuel. Par conséquent, il est difficile de voir à quel point il est immature; son apparence lui donne l'air d'être tellement sûr de lui qu'on le prend pour n'importe qui, sauf pour l'enfant qu'il est.

Oh! mais comme il déteste être traité comme un enfant! Tôt à l'adolescence, il se déclare adulte et autonome. Pour le prouver, il devient sexuellement actif dès qu'il a un premier poil au menton. Son style continue d'évoquer sa sexualité. Il est sensible, presque narcissique, en ce qui a trait à ses cheveux, que certains considèrent comme un symbole sexuel. Il agit comme si, à la manière de Samson, son pouvoir lui venait de ses cheveux soyeux, qu'il porte très longs ou très frisés, ondulés, tressés, parés, placés au séchoir ou avec de la brillantine. Il a toujours des peignes et des bandeaux dans ses poches et aime qu'on lui caresse les cheveux. Il lui arrive souvent de se laisser pousser la moustache ou la barbe.

S'il possède une voiture, ce sera fort probablement un vieux tacot. Ou peut-être une vieille Cadillac cabossée qu'il aura cirée. Il aime vendre et échanger des autos, ce qui lui donne l'impression d'avoir de l'argent même quand il est complètement à sec. Malgré son assurance-automobile, si quelqu'un entre en collision avec son auto, il s'offusque et poursuit la personne en justice. L'état de son véhicule constitue un danger public sur les autoroutes. Il a tendance à accumuler les contraventions pour stationnement illégal, système d'échappement défectueux et conduite dangereuse. Il recouvre ses banquettes de couvertures de l'armée ou de couvertures de peluche. Des perles ou des amulettes sont accrochées à son rétroviseur et des cannettes vides roulent sur le plancher. Il transforme la banquette arrière en lit, sinon tout l'arrière de sa voiture en remorque.

Le roi fainéant a un talent remarquable pour se dénicher un logis dans les quartiers les plus délabrés. Seul, il vit dans des logements qui ne lui coûtent rien ou presque rien: des chambres dans des maisons partagées, ou des appartements qui appartiennent à quelqu'un d'autre. Ou alors il vit dans des endroits que tout le monde jugerait inhabitables. Par exemple, il logera dans une remise à outils achetée dans une quincaillerie, ou il louera un garage et l'équipera d'un matelas. Il garde des maisons pour les autres, ou vit en commune dans un vieux manoir délabré qu'il partage avec plusieurs autres personnes, dont certaines, d'ailleurs, ont déjà couché avec lui. Parfois, il demeure chez ses parents et il leur tombe sur les nerfs.

Lorsqu'il s'accroche à une femme, il est plus que probable qu'il emménage chez elle, ou avec sa famille si ses parents sont financièrement à l'aise. Lorsque vous vous trouvez un appartement, vous avez 50 % de chances que ce soit dans un quartier délabré. Parfois, il opte plutôt pour des endroits retirés à la campagne, avec des acres de terre sans même un chemin pour s'y rendre. Presque inévitablement, il s'installe dans des lieux qui manquent d'au moins une commodité moderne. La maison n'aura pas de système de plomberie, par exemple, ou alors elle ne sera pas équipée d'un système électrique. Peut-être que le toit fuit. La maison est poussiéreuse et difficile à entretenir. Il n'y a ni tablettes ni placards, seulement des caisses d'oranges vides. Des légions de termites et de coquerelles s'imaginent qu'elles vivent sur les îles Galapagos, plutôt que dans une maison; elles prennent du soleil tout en se préparant à de nouvelles mutations.

Le roi fainéant ne défait pas toutes ses valises, ou alors il éparpille ses biens à la façon de Hansel, qui se traçait un chemin pour pouvoir ressortir de la forêt. On peut retracer les événements, un peu comme on reconnaît les époques géologiques, simplement en étudiant les piles d'objets amoncelées sur les fauteuils et les lits. S'il décide de travailler à quelque projet, il choisit l'emplacement le moins pratique et hurle si quelqu'un a le malheur de toucher à ses outils.

Le roi fainéant est étonnamment jouisseur. Souvent, il est tout simplement avide. Il s'assure toujours de ne pas se retrouver avec le mauvais bout du bâton, qu'il s'agisse d'argent, de vêtements, d'aliments, ou de n'importe quoi d'autre. Il triche aussi, mais seulement lorsqu'il peut justifier sa tricherie. S'il ne paie pas ses impôts, c'est parce que «le gouvernement est pourri». S'il pratique le vol à l'étalage, c'est parce que «les propriétaires de magasins sont capitalistes». Il réclame une valise inexistante parce que «les compagnies de transport aérien sont de grosses entreprises». Il ne se fait jamais prendre sans ses chèques de voyage de l'American Express; il les «perd» chez un ami qui les encaisse pendant que lui s'en fait donner de nouveaux. Sa logique couvre-tout est qu'il mérite de vivre avec autant d'aise que n'importe qui d'autre.

Bien qu'il arrive au roi fainéant de se dire malade chronique, comme raison de son exemption de l'obligation de travailler, la plupart sont rarement malades. Il affirme ne pas avoir besoin d'exercices car il maintient sa forme «de façon naturelle». Alors que certains rois fainéants sont des fanatiques d'une vie saine, un grand nombre d'entre eux abusent sérieusement de l'alcool et de la drogue; le roi fainéant est souvent un alcoolique ou un drogué, ou les deux.

Les indices sexuels

Il aime les femmes rebelles et indépendantes. Mais il évite les individualistes convaincues, très volontaires et exigeantes. Il opte plutôt pour la novice, celle qui vient tout juste de se révolter ou de réclamer son autonomie, le genre de femme qui pense qu'il est un coquin et qui est prête à prendre la deuxième place.

Son approche est rapide et très efficace. Il vous pousse tout simplement plus loin dans la direction dans laquelle vous commenciez déjà à vous engager. Vous aviez peut-être commencé à porter moins de vêtements, mais il vous dira: «Faut-il toujours que tu portes autant de vêtements?» Vous commenciez à être très érotique, mais il vous demandera: «Ne fais-tu jamais rien de spécial avec les hommes?» Vous essayiez de nouvelles expériences, mais il vous en suggérera de plus osées. Il vous offrira une nouvelle drogue, une journée complète à regarder des théâtres de rue, ou une journée complète au lit, quelque chose que vous n'avez jamais fait auparavant.

Le pouvoir sexuel est son atout. Il se transforme en aphrodisiaque ambulant et parlant. Le sexe avec lui est plus que lascif et passionné, il est sensuellement charnel. Il se jette partout sur votre corps et aime aussi recevoir beaucoup. Il réussit souvent à s'allonger sur le dos et à recevoir plus qu'il ne donne. Il vous excite au point où vous ne dites jamais non. Il aime les accessoires, les miroirs, les endroits et les positions étranges. Votre corps semble lui appartenir, et vous n'êtes pas certaine de vouloir le reprendre.

Tout en vous enlevant à vous-même, il vous propose, par contre, une attitude détachée. Pour lui, le sexe n'est qu'un des petits plaisirs de la vie qui ne signifient rien en soi. Il maintient que le sexe n'a rien à voir avec une relation, qu'il ne peut être contrôlé ni limité par les partenaires. Et vous savez ce que cela veut dire.

Il aimera peut-être même avoir deux femmes dans son lit.

L'aspect financier

Bien que le roi fainéant prétende partager l'argent et les responsabilités financières, la réalité est tout autre. Il ne contribue fort probablement pas d'argent, ou alors très peu, et lorsqu'il lui arrive de travailler et d'en gagner, il le fait disparaître étrangement en dépenses personnelles avant même d'avoir eu le temps de le déposer dans le compte conjoint. Ou vous devenez le pilier financier, ou vous vivez de rien ou de peu. Et lorsque vos réserves sont épuisées, vous êtes nommée volontaire pour trouver de l'argent. Vous devez alors travailler, demander l'aide du bien-être social, emprunter, utiliser votre héritage ou quêter.

Il utilise certainement l'argent qui lui passe entre les mains, peu importe ce qu'il pense du «matérialisme». Et vous finissez toujours par dépenser à son gré les cinq sous qu'il ne dépense pas directement pour lui-même. Voyez-vous, le roi fainéant est aussi radin. Du moins en ce qui concerne vos besoins ou une vie plus confortable. Il a de fortes opinions sur les usages de l'argent: souvent, il le dépensera pour des plaisirs plutôt que pour des besoins (mais il appellera ces plaisirs des «besoins»). Si vos idées concernant l'argent diffèrent des siennes, il argumentera jusqu'à ce que vous vous mettiez d'accord avec lui. Alors, en plus d'avoir à gagner l'argent, il vous faudra faire des acrobaties pour arriver à joindre les deux bouts. Même s'il ne vous reste qu'un dollar, vous achèterez des fèves plutôt que du bacon.

L'aspect familial

Le roi fainéant réussit toujours à faire en sorte que toute décision concernant les enfants relève de votre responsabilité. De cette façon, si vous décidez d'en avoir, il peut toujours prétendre que les enfants sont à vous, et non à lui.

Si vous décidez d'avoir des enfants d'un roi fainéant, préparez-vous à être leur seul et unique parent. Le soutien financier et le soin des enfants dépendent de vous. Il vous aidera peut-être occasionnellement, mais il va et vient à son gré et ne paie pour rien. Il aime peut-être les enfants, mais il ne veut pas qu'ils entravent ses possibilités. Et même lorsqu'il lui arrive occasionnellement de prendre charge des enfants, il les traîne avec lui dans ses diverses activités, plutôt que de faire quelque chose avec eux. Il discutera avec de parfaits étrangers ou travaillera à quelque projet pendant que les enfants jouent près de lui sans surveillance.

Il affirme presque toujours être détaché de ses parents et de sa famille mais, en réalité, il nourrit des sentiments hostiles à leur égard. Il croit que ses parents lui ont fait du mal et qu'ils ne lui ont pas assez donné. Il les blâme beaucoup plus longtemps que la période de révolte normale que vivent la plupart des gens. Après un bout de temps, quand ses parents voient qu'il est incapable de s'imaginer à leur place et de comprendre leur point de vue, ils finissent par démissionner et à lui en vouloir eux aussi.

Il est probablement plus près de son frère que de n'importe quel autre homme, mais même là, les liens sont ténus: ils ne peuvent pas se parler avec spontanéité et s'engagent toujours dans des discussions. S'il a quelque lien familial intime, c'est probablement avec sa soeur. Souvent, sa soeur l'adore et le défend, quand ce n'est pas l'inverse. Lui, il s'assure de lui faire entendre une version amère de leur passé familial.

Le roi fainéant est souvent brusque avec votre famille. C'est comme s'il disait aux vôtres: «Prenez-moi comme je suis, puis aimez-moi si vous le pouvez. Mais si vous ne le pouvez pas, tant pis. Vous n'avez pas d'autre choix.» Il aime s'immiscer entre vous et vos parents, même s'il exige que vous leur demandiez de l'aide plus souvent que lui n'en demande aux siens. Il est probable que vos parents en viendront à le détester avant longtemps.

Le roi fainéant ne semble pas s'intéresser aux autres hommes, peut-être parce que les hommes le reconnaissent pour ce qu'il est plus rapidement que les femmes, qu'ils ne l'aiment pas et le rejettent. Et même s'il est décidément plus amical avec les femmes, il a rarement pour amies des femmes avec qui il n'a pas eu de relations sexuelles à un moment ou l'autre de sa vie. Il choisit souvent des femmes qui ont déjà des partenaires. Il semble utiliser les gens beaucoup plus qu'il ne les estime.

Malgré tout, il a certains côtés attrayants, qui peuvent vous accrocher. Il est complexe et intéressant. Comme le misogyne, c'est un charmeur verbal. Comme monsieur génie, il semble spécial. Lorsque les lumières sont éteintes, vous pouvez vous attendre à une rencontre de type spécial. Avec lui, vous pouvez donc compter sur beaucoup d'érotisme, à défaut d'autre chose. Vous jugerez peut-être que cet érotisme est suffisant et vaut la peine. Mais à long terme, la plupart des femmes trouvent qu'il exerce une influence négative et épuisante. Il s'attarde sur ce qui ne va pas dans le monde, plutôt que sur ce qui va bien. Bien qu'il prétende offrir une nouvelle vision des choses, l'action n'est pas son point fort. Et, une fois tout dit, bien que lui-même se prenne pour un oiseau du paradis, il est plutôt... un parasite.

Qu'est-ce qui vous attend?

Peu de relations souffrent autant de l'usure du temps qu'une relation avec un roi fainéant. Plus que n'importe quelle autre union, celle-ci a différents stades prémonitoires. Une union avec lui peut être intéressante lorsque vous êtes dans la vingtaine parce qu'il semble apporter un changement, mais elle devient ennuyeuse lorsque vous atteignez la trentaine, parce que les gratifications philosophiques finissent par s'épuiser face à des centaines de bas sales. Vous risquez de vous transformer en marâtre si vous restez avec lui jusque dans la quarantaine, et de vous assécher complètement si vous restez jusque dans la cinquantaine et au-delà.

Mais il est difficile de voir ce qui vous attend lorsque, au début de la relation, vous jouissez d'une félicité quotidienne. Presque rien n'est aussi délicieux que de faire quelque chose qu'on ne devrait pas faire. Le roi fainéant est excitant comme un fruit défendu. Vous êtes souvent ensemble; après tout, il ne vous quitte pas au son du réveille-matin. Tout ce que vous faites ensemble vous paraît différent de ce que vous viviez antérieurement. Il est un point tournant pour vous et, peu importe ce qui arrivera, cette période de votre vie restera toujours spéciale pour vous.

Mais peu de choses durent éternellement, et c'est triste mais le roi fainéant ne fait pas exception. À mesure que les responsabilités augmentent avec la maturité, le roi fainéant devient aussi encombrant qu'il était libérateur autrefois. Il compte sur sa côte d'Adam pour vivre, c'est-à-dire qu'il devient totalement dépendant de vous. Et ce dont peu de femmes se rendent compte avant d'être sérieusement engagées dans leur relation avec un roi fainéant, c'est que ses idées de survie ont tendance à produire plus, et non moins, de travail pour sa partenaire. C'est bien connu que les pressions monétaires occasionnent plus de travail et grugent le temps d'une personne. Les aliments de seconde qualité exigent une préparation plus longue. Coudre, réparer et chercher des vêtements usagés prend des heures. Faire la queue partout demande du temps.

Malgré tout, travailler et mener une piètre existence pourrait vous sembler enviable si votre homme vous épaulait. Si le roi fainéant appréciait ce que vous faites et vous complimentait occasionnellement, vous pourriez certainement vous dire: «Ce n'est pas si mal!», mais, malheureusement, le roi fainéant n'est pas porté à complimenter qui que ce soit, sauf lui-même. Non seulement ne reconnaît-il pas votre contribution, mais il pense que tout ce qu'il fait pour vous est tout à fait magnanime de sa part. À ses yeux, les faveurs qu'il vous fait éclipsent tout ce que vous faites pour lui. Il est déterminé à faire ses quatre volontés, et lorsque vous le contrariez, il use de paroles très méprisantes pour vous condamner. Il gagne tous les arguments parce qu'il vous enterre de son verbiage.

Puisqu'il se perçoit lui-même comme un vrai mâle, il réclame tous les privilèges qui en découlent présumément: le droit d'être libre, d'être son propre maître. Ce n'est pas qu'il vous refuse les mêmes droits, mais puisque ses choix passent en premier et les vôtres en deuxième, il est plus difficile pour vous de les mettre en pratique. Il va jusqu'à vous accorder la liberté sexuelle qu'il réclame pour lui-même. Mais vous avez l'impression que s'il vous l'accorde, c'est surtout pour s'assurer sa propre liberté. De toute façon, quand pouvez-vous jouir de la vôtre: en cours de route lorsque vous allez à l'épicerie?

Ce n'est pas étonnant que l'épouse d'un roi fainéant se rende compte qu'elle en a assez après seulement quelques années. Tout le temps de la relation, il a interprété vos tentatives d'user de bon sens et de réciprocité comme une politique de résistance. Aujourd'hui, vous n'essayez plus de recourir au bon sens. Il vous traite comme un obstacle. Et aujourd'hui, lui aussi est un obstacle pour vous. Votre liberté rongeait la sienne. Aujourd'hui, vous voyez la situation en sens inverse.

Malheureusement, les mesures que vous pouvez prendre dans l'espoir de le changer donnent rarement des résultats. Il est tout simplement incapable de prendre ses responsabilités. La situation risque plutôt de s'aggraver. Ultimement, le roi fainéant ne se satisfait plus de contrecarrer son propre succès, mais il anéantit aussi le vôtre. Chaque fois que vous essayez d'atteindre un but, il dépense vos économies. Vous avez un enfant, il a des aventures extra-matrimoniales. Vous planifiez des vacances ensemble, il part une bataille. Il s'organise pour que vous soyez au courant de ses bagarres, des emplois qu'il a perdus, et de ses flirts. Il a un talent fou pour semer le trouble.

Ce que vous allez faire dépend beaucoup, à ce point, de la force magnétique des liens qui vous unissent. Les circonstances actuelles vous donnent toutes les raisons de le quitter, mais les souvenirs de la passion qui vous unissait vous convainquent peut-être de rester. Et il est difficile de voir que la relation deviendra peut-être encore plus stérile.

Habituellement, à ce point, vous commencez à garder votre propre argent, à vous fixer vos propres buts et à cesser de tenir compte des siens. Rester avec lui signifie que vous allez le traiter de plus en plus mal avec les années. Vous le rejetez à presque tous les niveaux, et c'est tout juste si vous ne le mettez pas à la porte. Vous prenez votre vie en charge et vous vous transformez en matrone. Vous travaillez fort pour vous-même et pour vos enfants et vous l'ignorez totalement. Vous vous imaginez que vous lui dites que c'est «à prendre ou à laisser», mais il reste et c'est vous qui continuez d'encaisser.

Mais s'il part, la suite risque d'être assez étrange. Il mène, à toute femme qui a vécu avec lui et l'a fait vivre, une guerre amère qui peut vous faire paraître dure, entêtée et antimâle. Et même s'il vous arrive d'avoir de brèves aventures, vous ne croyez plus à l'amour pendant un bon bout de temps.

Quels sont les signes précurseurs de problèmes?

Si un homme sexy et charmant vous approche et vous dit qu'il est exempté de travailler mais pas vous, vous pouvez goûter à ses confiseries, mais ne vendez pas votre âme pour ses truffes, peu importe à quel point vous en raffolez.

Un homme qui dépend des femmes a presque toujours une partenaire. Les relations du roi fainéant remontent loin en arrière, comme un ruisseau intarissable, jusqu'à sa jeunesse. Il passe rapidement d'une femme à l'autre, parfois en moins de quarante-huit heures, mais certainement en moins de deux semaines. Il a aussi une petite collection d'amies, alors son prochain nid n'est jamais très loin. Et s'il possède des chemises qui ont été confectionnées par une ex-amie, des cadeaux qui viennent d'une autre et la voiture d'une troisième, vous savez qu'il choisit, à chaque fois, des femmes qui prendront soin de lui.

Ouvrez l'oeil lorsque votre perception de votre homme change dans votre esprit. Dès la première fois où vous murmurez «bon à rien», un signal d'alerte générale devrait se faire entendre. Vous avez commencé à le mépriser, et lorsque vous commencez à mépriser quoi que ce soit dans votre homme, cela augure mal. Il est temps de penser à la prochaine décennie.

Avec le roi fainéant, vous recevez un signal de troubles sérieux beaucoup plus audible que ceux que reçoivent habituellement les femmes engagées dans d'autres types de relations: vous ne voulez pas partir, vous voulez qu'il parte. Vous jugez que le logement vous appartient. Il n'a rien gagné par son travail, et il mérite encore moins. Que vous vous en rendiez compte ou non, votre sens de la justice a pris des proportions alarmantes. Trop souvent, lorsque vous vous retrouvez dans une telle position, où vous voulez obtenir ce que vous méritez, vous restez dans l'espoir de gagner alors que vous devriez tout simplement mettre un terme à la relation et limiter vos pertes. Vous faites mieux de vous arrêter et de vous demander ce que vous désirez le plus: être libérée de lui ou avoir la maison?

Quelles sont vos possibilités et que devriez-vous faire?

Il est très rare qu'un roi fainéant change. Ce qui est le plus probable, c'est que vous allez devenir différente de ce que vous êtes. Au début d'une relation avec un roi fainéant, il est tellement difficile de voir l'avenir qu'il est fort probable que les seules femmes en mesure de reconnaître que ce que je dis est vrai seront celles qui ont vécu ce genre de relation par le passé. Compte tenu de ce fait, mon conseil est le suivant: tapez-vous le roi fainéant, si vous en avez envie ou besoin, mais ne pensez pas que votre relation durera éternellement. Considérez-le comme un événement dans votre vie. Lorsque c'est fini, dites-lui adieu. Il est fort probable que, à un certain moment, vous commencerez à prendre la vie au sérieux, même si ce n'est pas le cas pour lui.

Une relation avec un roi fainéant provoquera presque toujours en vous un changement irréversible. Ce changement peut se manifester d'une de deux façons. La première, c'est que vous vous concentrez sur votre propre vie, votre travail et ce que vous auriez eu de toute manière, tout en continuant de le faire vivre. Dans ce cas, votre transformation est intérieure, pas extérieure, mais elle affecte tout de même votre vie. Vous continuez certainement de travailler, mais la combinaison du travail et de perspectives déprimantes vous empoisonne. Si vous restez avec votre roi fainéant dans un tel contexte, vous souffrez d'insatisfaction. Si vous le quittez, vous aurez trop souvent tendance à devenir le type de femme qui se cherche ensuite un homme qui «la fera vivre à son tour». Et c'est malsain. Une telle ambition issue de l'amertume va à l'encontre de l'amour et donne souvent des résultats contraires à ce que vous espériez. Les hommes perçoivent les arrière-pensées et battent en retraite très rapidement, et pour cause.

Dans le deuxième type de changement, le roi fainéant vous pousse à aller beaucoup plus loin que vous l'auriez fait sans lui. Vous déciderez peut-être d'abandonner vos études, de déménager, de renoncer à votre carrière, de tout abandonner. Vous pouvez parfois vous battre et retrouver le genre de vie que vous aviez avant de le rencontrer mais souvent, que la transformation fasse votre affaire ou non, vous êtes prise au piège, même si vous mettez fin à votre relation avec le roi fainéant.

Bien que les parents d'Yvette soient venus à sa rescousse, son cas s'est dessiné comme suit. Yvette avait changé. Elle était incapable de retourner aux études et à une petite vie tranquille. Encore une fois, heureusement pour elle, elle a décidé que même si elle n'avait pas nécessairement voulu vivre une vie non conformiste au début, cela faisait maintenant son affaire. Dans certaines communautés, sa nouvelle façon de vivre était la norme plutôt que l'exception. Elle est retournée y vivre avec ses enfants. Elle y a trouvé des organismes de soutien et beaucoup de gens prêts à l'aider. Et elle a fini par suivre quelques cours et se trouver un emploi stable. Mais elle a aussi découvert qu'il lui faudrait beaucoup de temps avant d'être prête à établir une nouvelle relation. Lorsqu'elle rencontrait d'autres hommes, elle se comportait comme une veuve noire. Elle les utilisait une fois, puis les chassait avant qu'ils aient le temps de l'utiliser à leur tour. Toutes choses considérées, je vous conseille donc de regarder plus loin que le bout de votre nez lorsque vous rencontrez un roi fainéant. Le plaisir et les jeux d'un partenaire irresponsable ne conviennent tout simplement pas aux différentes périodes de la vie. De plus, si rompre avec un roi fainéant vous semble malheureux, voire impossible, ne vous empressez pas de conclure que vous en êtes incapable. Habituellement, il faut du temps pour vous séparer de lui, et, durant cette période, les autres hommes semblent ne pas lui arriver à la cheville. Après un roi fainéant, l'une des choses les plus saines que vous puissiez faire pour vous-même est de vous abstenir de toute relation sexuelle pendant un bout de temps. Quand vous aurez pris vos distances avec la passion, vous serez plus en mesure de retourner à un amour plus affectueux. Alors seulement, vous pourrez retrouver le sexe!

Quel rôle jouez-vous dans cette relation?

Souvent, lorsqu'une femme choisit un homme qui est libre à tous points de vue, elle n'est pas libre du tout, même si elle ne s'en rend pas compte. Elle semble libre et décontractée mais, dans le fond, elle n'est pas l'être complètement débridé auquel elle aspire. Plutôt que d'être une évasion des contraintes de la société et de son milieu, son aventure avec un bon à rien est en partie une évasion d'elle-même.

Un grand nombre de mères nourricières révoltées sont des femmes réconfortantes et attentives. Malheureusement, le roi fainéant attire souvent le personnage que vous projetez plutôt que votre être véritable. Avec le temps, quand votre être véritable refait surface, les différences irréconciliables qui existent entre lui et vous apparaissent également.

Si vous avez un faible pour les rois fainéants, vous avez probablement aussi des opinions arrêtées sur la façon de mener votre vie. Il est tout probable que vous soyez responsable, morale, loyale et honnête. À mesure que vos idées vous poussent à l'indépendance, vous croyez erronément que vous n'êtes pas limitée par les règlements, du moins pas par les vieux règlements, et c'est là que vous faites erreur.

À titre d'indice pour mieux vous comprendre vous-même, analysez ce qui vous pousse vers le roi fainéant; je parierais qu'il se cache quelques principes moraux là-dessous. Avez-vous choisi cette union par amour? Eh bien, après tout, «par amour» est une raison plutôt basée sur des principes. Désiriez-vous un genre de vie nouveau, plus «vrai»? Êtes-vous entêtée? Si oui, alors le respect du travail et de vos obligations n'est pas très loin. Le problème, c'est que lorsque vous choisissez un homme qui n'a pas le sens des responsabilités, alors que vous l'avez, vous vous retrouvez à prendre les siennes à sa place.

Lorsque vous êtes avec un roi fainéant, non seulement ne pouvez-vous pas le changer, mais il ne vous est pas toujours possible de changer vous non plus. Vous vous raconterez peut-être des histoires pendant un bout de temps. Vous prendrez peut-être beaucoup de temps à vous révéler à vous-même telle que vous êtes. Vous ignorerez peut-être les preuves que vous et votre partenaire êtes très différents, mais sa façon de lire l'erreur dans vos yeux en révèle autant sur ce que vous êtes qu'elle en révèle à son sujet.

Lorsque vous choisissez quelqu'un que vous aimeriez être, uniquement pour vous rendre compte que vous ne pouvez pas du tout être comme lui, c'est difficile à admettre. Mais ne vous tenez pas rigueur de votre manque de conscience de vous-même, à la condition d'apprendre par vos erreurs. On ne peut apprendre que par le processus de la vie elle-même, et pour ce faire, il faut la vivre, avec les mauvais calculs et tout le reste. Vous n'avez pas fait une «erreur»; vous avez peut-être manqué de jugement et de prévoyance et peut-être, au pire, êtes-vous restée trop longtemps. Mais vous avez essayé. Vous auriez davantage de regrets si vous n'aviez rien fait du tout.

Le roi fainéant est encore pire s'il a aussi des caractéristiques du misogyne ou du phallocrate. Et c'est parfois le cas. Il peut se retourner complètement contre vous et passer de débuts merveilleux à des critiques débilitantes et destructives. Il peut aussi vous chanter le refrain des prérogatives masculines et exiger que vous preniez votre place en tant que femme, que vous le fassiez vivre ou non.

Bien sûr, il partage certains traits avec monsieur génie. Ils font toujours la paire, un qui travaille et l'autre qui ne travaille pas. Puisque nous avons complété cette paire, nous allons passer à un type d'homme différent. Et croyez-moi, le courtier en catastrophes est bel et bien différent. Il n'est pas aussi courant que le roi fainéant, mais il peut être tout aussi épuisant. Pendant combien de temps, en effet, peut-on vivre de dangers?

Chapitre 11

LE COURTIER
EN CATASTROPHES

L'homme qui flirte avec le danger, les catastrophes, la mort et les os brisés.

La mort, les médecins, les accidents, les crimes, les tribunaux, la loi. Un autre coup de dés, le risque de tout perdre. Une autre tentative de décrocher le trophée. Une autre campagne. Un autre incendie. Une autre guerre.

Imaginez-vous liée à Davy Crocket, Batman, Napoléon, Rocky, Rambo, Evel Kneivel, le général Patton, Al Capone, Bruce Lee ou Indiana Jones. Peut-être tous ces hommes-là rassemblés en un seul. Toujours au faîte de l'action. Toujours en crise, en état d'urgence, au centre d'un grand événement. Et un autre. Et un autre. Et encore un autre.

Le courtier en catastrophes vit de risques. Les périls sont un souffle de vie pour lui. Il est incapable de survivre sans s'opposer à des forces extérieures puissantes et implacables: catastrophes, handicaps, stigmates, faillites, échecs. Il se place lui-même dans des situations de dangers sérieux: hôpitaux, prisons, listes noires, et disparition.

Si l'enjeu n'est pas réel, il est incapable de sensations.

Bien sûr, il ne peut pas être un Clyde sans sa Bonnie. Ni un Julius sans sa Cléo. Que serait-il sans sa nana? Donc, le courtier en catastrophes aime se lier à une femme qui est la combinaison d'un bibelot de décorateur, d'une Première dame et d'une admiratrice. Il lui faut une personne qui brille pour la galerie, qui se soulève avec lui contre l'adversaire, qui travaille pour lui, s'occupe de lui et accueille à bras ouverts ses comparses et ses acolytes. Il faut aussi qu'elle ait du culot. Ainsi, elle devient elle-même un trophée. Il peut la perdre et essayer de la gagner de nouveau.

Eh oui! elle est regagnable. Car en même temps qu'elle est remarquable et violente, la partenaire du courtier en catastrophes a aussi tendance à être inlassablement dévouée et pleine de cran. Elle lui est tellement dévouée, en fait, qu'elle retire tous ses ultimatum et cède à toutes ses folies.

Cas vécu

Prenons le cas de Carole. Élevée sur un ranch, Carole était un vrai garçon manqué. Mais le sort lui a joué un tour. Même si elle était garçonnière, elle a aussi hérité de la beauté, de désirs féminins et de beaucoup de classe naturelle. À seize ans, elle reluquait les chevaux du rodéo local, pendant que les propriétaires de chevaux la reluquaient, elle.

Maurice était l'un d'eux. Maurice était cascadeur et montait des chevaux sauvages, mais il rêvait déjà d'aller plus haut ou plus vite. Il commençait à en avoir assez des chevaux. Il voulait maintenant s'amuser avec des voitures de course: des automobiles, des motocyclettes et n'importe quoi d'autre qui fonctionnait à la vitesse de l'éclair, y compris les femmes. Au début, vu qu'il était charmant et un peu paternel, Maurice a «laissé» Carole le suivre partout. Mais il savait que, à titre de conquête et d'acolyte, Carole serait une plume à son chapeau. Avant longtemps, quand Maurice mettait sa selle dans la boîte de son camion, Carole allait s'asseoir à côté de lui sur la banquette des passagers, et ils partageaient des chambres de motels louées «au mois».

Carole a écouté tous les projets de Maurice. Mais elle n'avait aucune idée de ce qu'il y avait en réserve pour elle si elle s'associait à un casse-cou. Après un bout de temps, ils ne formaient plus un couple, mais plutôt une caravane. À mesure que les événements spectaculaires de Maurice prenaient de plus en plus d'ampleur, ils ont eu besoin de remorques, puis d'autres camionnettes, puis d'autres remorques. Carole est devenue vendeuse de billets, deuxième chauffeur, serreuse de mains, messagère, femme de ménage et mascotte. Ils ont engagé des mécaniciens, des agents et des gérants. Maurice s'est également adjoint des conseillers, des assistants et des admirateurs. Carole et Maurice n'étaient plus jamais seuls.

Ils avaient aussi un autre compagnon invisible mais constant: le danger. Maurice ne se contentait pas de flirter avec le danger, il défiait le hasard. Il ne cherchait pas que la victoire, la vitesse et les prix, il courait après le péril. Il coursait dans des circonstances douteuses, ajoutait des accessoires dangereux. Il a réussi à démolir un véhicule après l'autre, de façon régulière. Carole a passé plus d'heures qu'elle pouvait en compter à escorter des civières, à suivre des ambulances et à attendre dans des couloirs d'hôpital. Elle soignait et nourrissait Maurice, puis le regardait avec effroi scier ses plâtres trois semaines avant le temps pour reprendre la route.

Elle a aussi usé les bancs des prisons et des tribunaux. Comme l'argent suivait le même cours que le reste de leur vie — tout ou rien — Maurice avait un petit commerce secondaire. Comme il vivait dans un monde de vitesse et d'excitation, il avait commencé à prendre de la drogue. Et après avoir commencé à en prendre, il a vite compris que c'était plus excitant d'en faire le commerce. Il ne risquait plus que son argent, il risquait la prison. Il disait qu'il n'avait besoin que d'une seule grosse affaire de drogue pour faire assez d'argent pour financer ses courses, mais Carole se doutait bien qu'il était motivé par le risque et le mélodrame. Pas satisfait de simples ventes, Maurice s'est mis à s'occuper de transports de drogue de Lima à la Thaïlande. Il avait tellement peur de se faire rouler que leur remorque a pris des apparences d'Alamo et il prenait pour des agents de la GRC tous les étrangers qu'il croisait.

Tout ce que Maurice faisait devait avoir un aspect critique. Même le sexe était empreint de frénésie; avec Carole et Maurice, tous les événements amoureux devenaient des marathons. Ils faisaient l'amour sur le lit, sous le lit, partout. Ils le faisaient à l'envers, avec passion, à mort. Ils arrivaient à l'orgasme comme deux locomotives qui déraillent. Ils jouaient au sexe comme une équipe de dynamiteurs transportant du TNT. Maurice l'appréciait davantage quand ils risquaient d'être surpris en flagrant délit. Il se jetait sur Carole juste au moment où les gens arrivaient pour le début d'une course; parfois, ils se chamaillaient dans les restaurants et allaient ensuite faire l'amour dans leur voiture stationnée dans la ruelle qui donnait derrière le restaurant. Évidemment, c'était quand il n'avait pas «la poisse» et qu'il en était capable.

Malheureusement, se faire prendre occasionnellement a fini par vouloir dire qu'il se faisait prendre par Carole. Une fois sur le terrain de course (après un triomphe) et une autre fois dans leur lit (après un échec), Carole a surpris Maurice nu et entrelacé avec quelqu'un d'autre. Dieu sait si elle avait eu des raisons de le soupçonner à d'autres moments. Carole a piqué une colère et a pris la porte lors des deux occasions, mais à chaque fois Maurice l'a pourchassée, charmée et suppliée à genoux de revenir. Il a aussi envoyé ses amis l'encourager à revenir. Carole est passée de la bière au whisky.

Pendant six ans, ils ont passé leur vie à voyager, à courser et à avoir des accidents, puis Carole a appris qu'elle était enceinte. Ce n'est que trois jours avant la date prévue pour son accouchement que Maurice l'a amenée chez un juge de paix pour l'épouser. Elle s'est mariée en jean, la braguette déboutonnée, et vêtue d'une chemise de Maurice en guise de robe de maternité. Ils ont donné naissance à un autre enfant dix mois plus tard. Et ils continuaient de se promener en camion d'une piste de course ou d'acrobaties à une autre.

Les deux enfants étaient encore d'âge préscolaire quand Maurice a exécuté sa dernière cascade. Il ne coursait même pas. Il faisait un tour d'essai de la piste. Comme d'habitude, par bravade il a refusé de porter ses vêtements ignifugés. Il est mort brûlé vif avant qu'on ait pu le retirer du tas de ferrailles. Carole est devenue subitement veuve et, même si elle avait toujours été consciente de la possibilité d'un accident fatal, il lui a fallu beaucoup de temps pour s'en remettre. La mort de Maurice s'est produite à un moment étrange et poignant pour elle.

Quelques années auparavant, elle serait peut-être partie en quête d'un autre fils prodigue impétueux, un homme politique ou un pompier. Mais Maurice s'est tué juste au moment où Carole songeait à tout abandonner. D'une part, Maurice la laissait souvent seule et la laissait dans les coulisses. D'autre part, ils avaient tellement de disputes, histoire de tirer les choses au clair, que les choses étaient aussi claires et pures qu'une bouteille d'eau de seltz de Canada Dry. Carole ne voulait plus de cette vie. Elle était rendue au point où il ne se passait pas une journée sans qu'elle prenne des Valium ou un — ou plusieurs — verres. Elle voulait profiter des enfants. Elle était intriguée par les vraies responsabilités. Elle voulait pouvoir avoir la paix et la tranquillité de temps en temps, ne pas toujours avoir à s'inquiéter. Elle n'aimait pas l'alcool et la drogue. Mais peu importe ce qu'elle disait ou faisait, Maurice n'arrêterait pas. Du moins pas avant longtemps. Le jour de la mort de Maurice, Carole avait étudié ses rides dans le miroir et s'était dit qu'il était temps d'en finir. Une fois veuve, il n'était pas facile de reconnaître la vérité, mais Carole savait que son amour pour Maurice était mort avant l'accident.

Les courseurs, les sportifs, les joueurs, les soldats et les hommes politiques ne sont pas tous des courtiers en catastrophes. Seuls le sont les cas particuliers qui provoquent les malheurs. Avec de tels hommes, les frissons viennent de jouer avec le feu, pas d'aimer ni de vivre. Il ne fait aucun doute qu'ils occasionnent un état de stimulation constante, mais le prix est inflationniste. Vous souffrez d'usure. Vos émotions et votre corps jouent à un prêté pour un rendu. Si vous ne partez pas, vos nerfs vous lâchent. Lorsque vous le voyez perdre, vous vous mettez à boire. Le problème, c'est que le courtier en catastrophes peut être si intrigant qu'il crée une dépendance aussi forte que les habitudes auxquelles il vous pousse. C'est pourquoi la difficulté principale n'est pas de le reconnaître, c'est d'essayer de le quitter.

Comment reconnaître ce genre d'homme?

Le courtier en catastrophes n'est pas agent d'assurances, ni professeur, ni facteur, ni tailleur; il est plutôt cambrioleur, cascadeur ou joueur. Il peut aussi être correspondant à l'étranger, médecin (à l'urgence ou en chirurgie), avocat (de la défense dans une cause de lynchage) ou camionneur (chauffeur d'un seize roues qu'il conduit à toute allure). Il peut aussi être comptable et remplir des déclarations de revenus falsifiées. Et il est cet homme qui a tellement de problèmes, à qui il arrive tellement d'accidents que vous savez qu'il se passe quelque chose de bizarre. Vous ne savez tout simplement pas de quoi il s'agit exactement.

Parfois, le courtier en catastrophes ne fait que s'amuser un peu au jeu qui l'attire. D'autres fois, il est un véritable professionnel en la matière. Mais peu importe le genre de péril qu'il préfère — la guerre, l'arrestation ou la vitesse au volant — et dans quelle mesure il le provoque, un fait demeure: ce à quoi il s'occupe fait de lui l'ultime roi de l'évasion. Il est tellement préoccupé par ses situations de crise qu'il annihile presque toutes les autres émotions qu'il est possible d'éprouver.

Parfois, le courtier en catastrophes ne se contente pas de faire de sa vie un drame à suspense, mais il s'organise aussi pour être certain de perdre. Il n'est jamais satisfait et aucun événement n'est jamais assez excitant. Alors il doit pousser plus loin, faire ce qu'il vient de faire encore une fois, mais de façon encore plus dramatique. Éventuellement, il pousse assez loin pour échouer ou se tuer, ou il devient trop vieux pour pouvoir gagner et il tombe en vrille. Lorsqu'il échoue, il recommence à zéro. Lorsqu'il vieillit, il vagabonde et parle de ses prochaines tentatives. Bien sûr, certains courtiers en catastrophes réussissent à toujours rester du bon côté de la victoire, mais eux aussi défient et redéfient la chance.

Le courtier en catastrophes tourne même en moments critiques les événements de la vie quotidienne. Il est incapable de participer à n'importe quelle situation, à moins qu'elle soit chargée de tension. Il s'agite, planifie des stratégies, analyse, se prépare aux «éventualités», affûte ses outils et passe des heures à parler de ce qui arrivera ou n'arrivera pas. Il vit dans le pas ici, pas maintenant, jusqu'à ce qu'un triomphe ou une catastrophe le ramène de force au moment présent. Et même alors, l'effet est de courte durée. Parfois, il est serein en apparence, mais dans sa tête, il fonctionne continuellement en état d'alerte rouge. Parfois, tout son corps est agité. Mais peu importe, il a de la difficulté avec le fait qu'il est vivant. Il se rassure sur son existence au moyen de stimulations extrêmes qui lui prouvent qu'il est réel. Le problème, c'est que tant et aussi longtemps qu'il est en vie, il n'arrêtera pas de vouloir se tester.

Des indices additionnels

Le courtier en catastrophes s'habille de façon à attirer l'attention ou bien de façon à dissiper les doutes. Et c'est parce que la notoriété est son enchanteresse. La notoriété — qu'elle prenne une forme positive (être reconnu) ou une forme négative (échapper au fait d'être reconnu) — confirme son existence. Son habillement en découle. Ou il cherche la renommée publique, ou bien il joue au jeu de s'échapper sans être découvert. Ses actions en découlent également. Le courtier en catastrophes aime célébrer. Il célébrera une victoire publique en public, et une «évasion» privée dans le secret. Il célèbre beaucoup.

Le courtier en catastrophes qui recherche la notoriété publique porte des vestons éblouissants à boutons de métal décoratifs, des salopettes de satin ou des vestons étoilés de paillettes. Ou il porte des complets d'homme d'affaires tellement coûteux et impeccables qu'ils scintillent presque comme une étoile. Il attire l'oeil et on le manque difficilement. Quelque chose dans ses vêtements le trahit. Il est aussi le genre de gars qu'on peut s'attendre à voir apparaître en uniforme. Parfois, il porte un casque protecteur détaché, des bretelles rouges, de grandes bottes et un blouson jaune. Parfois, il est habillé de bleu et il porte un insigne sur la poitrine et un revolver dans un gros étui brun. Parfois, son uniforme est rayé et porte un numéro de cellule sur la poche. Ou il porte un bas de nylon noir sur la tête et un masque. Ou bien une camisole de course, un équipement de plongée sous-marine, des épaulettes ou des jambières d'équitation.

Le type de courtier en catastrophes plus caché porte des vêtements tellement bien adaptés à son occupation qu'il disparaît dans le paysage: l'uniforme du parfait comptable pendant qu'il effectue ses fraudes, ou le complet gris par excellence pendant qu'il s'ingénue à faire sauter la Bourse. Ou bien il s'habille de vêtements tellement disparates et décontractés qu'on ne peut le distinguer du reste de la populace. (Qui aurait pu s'imaginer qu'il était vendeur de drogue ou faisait des marchés de stratégiste du bord de l'abîme?) Mais presque tous les courtiers en catastrophes, qu'ils se cachent ou qu'ils brillent, ont dans leur habillement une petite touche personnelle qui finit par devenir leur marque de commerce. C'est peut-être un foulard, une bague sertie d'un oeil-de-chat, un veston spécial, ou un bandeau oculaire. Il a un objet chanceux qu'il transporte avec lui partout où il va: une vieille pièce de 1 $, une patte de lapin. Ou il doit absolument porter toujours la même couleur, bleue par exemple, et ne jamais porter quoi que ce soit de vert.

Il a tendance à préférer les grosses voitures, les voitures qui vous en mettent plein la vue, les voitures sport, les motocyclettes, les grosses camionnettes, les limousines ou les voitures très spéciales. Il possède un type rare de Lotus dont l'usine n'a fabriqué que trois copies, ou bien il transforme son véhicule au point où le fabricant lui-même ne le reconnaîtrait pas. S'il est policier, pompier, chauffeur d'un gros camion ou tout autre genre de démon de la route, il attache quelque décoration personnelle à son tableau de bord. Son véhicule fait toujours effet. Il est rapide, ou luxueux, ou discret mais très puissant. Il peut très bien posséder un bateau ou un avion, en plus de sa voiture. Il donne des noms à tous ses véhicules et les marque souvent de ses initiales ou les fait décorer de dessins uniques.

Sa demeure peut être une chambre d'hôtel, comme elle peut être un manoir. Cela ne semble pas avoir tellement d'importance pour lui. Il a son propre logement n'importe où il se trouve. Tout ce dont il a besoin le suit partout. Il peut transformer en logement n'importe quelle pièce ou n'importe quel véhicule, dès le moment où il l'occupe, parce qu'il n'a pas vraiment de chez lui, il n'a qu'un centre d'activités, un centre d'urgences. Même lorsqu'il s'achète une maison, il réorganise l'espace jusqu'à ce que la répartition des pièces n'ait plus de sens. Les salons deviennent des salles de conférence. Les chambres à coucher deviennent des placards de fournitures et des bureaux. Les cuisines sont transformées en central téléphonique et en salles d'urgences. Sa vie privée et sa vie professionnelle sont éternellement entremêlées. Essayez tant que vous voulez de séparer l'espace, vous et votre chambre n'êtes qu'une partie du mélange. Il se fiche absolument de la décoration, du moment que la place est équipée de suffisamment de sièges et de cendriers. Remarquez bien, sa maison est aussi un fort, un repaire sacré, comme les bureaux de la CIA, de l'OTAN. Ce dont on y discute est secret. Les étrangers ne sont pas invités ou sont repoussés.

Le courtier en catastrophes adore les interruptions. Son pouvoir de concentration, bien qu'intense, ne dure que deux minutes et il a donc constamment besoin d'une nouvelle stimulation. Il aime mener de front environ quinze activités et conversations, certaines secrètes, d'autres publiques. Ses voix intérieures lui parlent continuellement, et l'une d'elles est toujours préoccupée par le prochain plan qu'il est en train de préparer. Les seuls moments où il est véritablement présent et concentré est lorsqu'il perd, lorsqu'il vient juste d'entendre «Partez!», lorsqu'il se rend compte qu'il l'a échappé belle, lorsqu'il s'apprête à entrer dans le jeu ou lorsqu'il vient juste de remporter une victoire. Tout ce temps, l'attention qu'il accorde aux gens sera toujours superficielle parce que seuls les événements peuvent capter son imagination.

Physiquement, il s'use jusqu'à la moelle. Il ne s'en rend pas toujours compte, mais ses yeux cernés en témoignent. Parfois, il se casse les os ou abuse de son adrénaline. Parfois il a des embolies, des crises cardiaques et des tics nerveux. Parfois, il finit par se tuer. Souvent, il fait usage de drogues, fume, boit comme une éponge et court les jupons; il pousse son corps à la limite.

Les indices sexuels

Mais le courtier en catastrophes a habituellement beaucoup de goût en matière de femmes. Bien qu'il ait une idée précise du genre de femmes qu'il aime et qu'il ait tendance à chercher des copies conformes, son attention est attirée par une réponse arrogante et bien envoyée par un joli visage. Et il sait reconnaître les femmes qui ont du coeur et du nerf. Souvent, il choisit une femme qui a plus de qualités ou plus belle apparence que lui, autrement dit un prix. Et il reconnaît celles qui trouvent son cirque excitant. Lorsqu'il aperçoit une femme qui lui plaît, il passe vite à l'action. Il vous ramasse d'un air détaché, comme s'il ne vous voyait pas. Puis il vous enlève, vous prend dans son tourbillon et, parfois, vous fait peur. Au début, vous passerez peut-être des nuits blanches et serez follement spontanée. Souvent, il emmène tous ses assistants avec lui, de sorte que vous êtes la seule femme à faire partie du cercle, et cela vous flatte. Plus tard, vous devenez son assistante. Vous transportez ses chemises et ses dossiers, vous le pansez, vous lui faites du café les nuits où vous vous couchez tard. Vous devenez «un des gars», avec une distinction particulière et un baiser occasionnel; vous êtes une mascotte.

Le sexe est comme une version de la vie contre la mort, ou une course à enjeu très élevé. Il vous fait l'amour comme s'il escaladait des rochers, des falaises et des glaciers, comme si vous étiez pourchassés par des maniaques et que vous ne pouviez revenir sur vos pas. Il vous entraîne avec lui, vous pousse. Il ne vous abandonnera pas sur la glace, et le diable l'emporte s'il vous laisse perdre du terrain. Il continuera sans relâche, jusqu'à ce que vous atteigniez le sommet; vous arrivez donc à l'orgasme, ou vous faites semblant.

Il cherche l'aventure à des heures étranges, sous l'impulsion du moment. Il a aussi un penchant pour les endroits publics et les situations risquées. Il essaiera de vous faire l'amour debout, dans les toilettes d'un avion, ou sur le plateau du théâtre, juste avant que l'équipe arrive. À la maison, il opte pour le plancher de la salle de bains ou la table de la cuisine. Il aime vous prendre en chasse et faire un peu trop de bruit; il aime que vos invités devinent qu'ils viennent juste de vous interrompre. Parfois, il le fera pendant qu'il parle au téléphone. Vous n'avez pas exactement une vie sexuelle régulière avec lui. Vous l'avez n'importe où, n'importe quand, cinq fois par nuit cinq nuits de suite, puis c'est l'abstinence pendant qu'il part faire ses mauvais coups.

Vous développez une dépendance pour le sexe, mais c'est lui qui décide quand il faut passer à l'action. Et parfois — souvent pendant de longues périodes — il n'y a pas de sexe. Il n'en veut pas. Il est occupé, obsédé par autre chose, il a peur, il a la guigne, se sent asexué ou impotent. Il peut vous frustrer terriblement.

Par contre, il aime jouer à la fleur qui attire les abeilles, et il aime aussi jouer à l'abeille. Il est extrêmement sensible à toutes les femmes et il aime les «groupies». Mais, en même temps, il préfère avoir une partenaire officielle. Il ne veut pas nécessairement vous épouser légalement, mais il le fera. D'une façon ou d'une autre, il entretient une alliance permanente, à sa manière. Il aura peut-être des aventures d'une nuit ou de brèves liaisons avec d'autres femmes, surtout s'il traverse une période calme, mais il s'y adonne généralement avec juste assez d'indiscrétion pour que vous le sachiez. Malgré tout, il vous fait vivre juste assez de moments excitants pour vous lier à lui et, entre-temps, il vous assure la compagnie de tous ses copains, de sorte que vous n'êtes jamais tout à fait solitaire.

L'aspect financier

Pour le courtier en catastrophes, l'argent, comme tout le reste, représente un moyen de créer le hasard. Il s'en sert pour promouvoir des aventures dangereuses, ou il risque tout simplement l'argent lui-même. C'est un vrai dépensier. L'argent, quand il en a, lui fond dans les poches. Quand il est à sec, il n'a plus qu'une pièce de dix sous, sinon rien du tout. Il emprunte. Il peut dépenser son argent si rapidement qu'il ne se souvient même pas de ce qu'il en a fait. Il festoie (soit d'aliments naturels, soit d'énormes steaks), ou il jeûne (ce qui, pour lui, veut dire qu'il vit de vitamines, de stimulants, de calmants ou d'alcool), mais il économise rarement. Et s'il reçoit un héritage de sa famille, il est tout probable qu'il le gaspillera aussi.

Mais votre argent à vous ne semble pas l'intéresser. Les avantages financiers ne sont pas ce qu'il recherche chez une femme. Il mangera peut-être dans votre cuisine quand il sera fauché, ou il vous prendra peut-être quelques dollars quand il sera dans le besoin mais, de façon générale, vous vivez tous les deux de ses revenus. Comme le phallocrate, lorsqu'il est plein d'argent, il aime vous lancer un billet en vous disant de le dépenser à votre guise. Il critique rarement vos dépenses. En fait, il se sert du fait qu'il vous fait vivre comme d'une autre raison pour prendre des risques dangereux.

L'aspect familial

S'il collectionne quelque chose, ce sont des personnes. Il s'entoure d'une troupe. Le courtier en catastrophes est toujours disponible pour ses amis. Ceux qui l'encouragent et le suivent ont une ligne ouverte qui leur donne accès à son attention n'importe quand, même avant vous. Il compte sur des intrusions fréquentes pour s'alimenter en informations nouvelles et cruciales. «Qu'y a-t-il de neuf?» est le premier bonjour qu'il dit à ses amis. Ils lui font part des mauvaises nouvelles. Parfois, ils inventent ou exagèrent juste pour donner plus de piquant aux événements.

Ses troupes sont surtout composées d'hommes. Les quelques femmes avec qui il est ami ne font pas partie du cercle et sont probablement en voie d'avoir une aventure amoureuse avec lui. Il est fraternel aussi et ignore habituellement vos quelques amies et les épouses de ses copains. Ses comparses, surtout son meilleur ami, et peut-être son frère, seront toujours plus proches de lui que vous. C'est à eux qu'il téléphone lorsqu'il est blessé, perdu, ou sous arrêts. Ils vous apprennent la nouvelle. Vous restez à ses côtés jusqu'à ce que la crise soit passée; puis ils reviennent quand il est de nouveau sur pied.

Il veut que vous ayez des enfants. (Pour le tenir occupé?) Une fois qu'ils sont nés, il traite ses enfants comme des trophées sur une tablette. Il leur fait des jasettes et les admire de l'autre bout de la pièce. Il les pavane comme s'ils venaient juste d'être polis, mais lorsqu'il s'agit d'en prendre vraiment soin, ils sont à vous. Plus tard, son interprétation du rôle de père consistera à asseoir les bambins sur ses genoux, derrière le volant, et à les laisser diriger; à les jucher sur un poney et à taper les fesses du cheval; ou à les laisser se cacher sous le podium et à appeler le cameraman. Lorsqu'ils sont plus vieux, il essaie de les traiter en égaux, en amis, il essaie de les inciter à suivre ses traces. Le rôle de parent lui est étranger. Après tout, il joue encore à cache-cache lui aussi. Mais si vous rompez, la perte de ses enfants devient tout à coup un événement dramatique. Il essaiera presque n'importe quoi pour les ravoir, et surtout les enlèvements cross-country.

Il est très attaché aux membres de sa famille. Ses relations avec eux sont parfois affectueuses, parfois amères, parfois franches, parfois secrètes, mais les liens familiaux sont importants d'une façon ou d'une autre. Il s'éloignera peut-être de sa parenté et tentera de l'oublier mais, le plus souvent, il compte ses parents, ses frères et soeurs, ses cousins, parmi ses obligations financières. Il fait des faveurs à tous ceux qu'il peut parmi les membres de sa famille, du moment qu'ils viennent le lui demander. Même lorsqu'il rejette sa famille, il lui laisse des moyens étranges de savoir où il est. Il se sert des sentiments de culpabilité, de responsabilité et de colère qu'il éprouve à leur égard comme d'une autre raison pour prendre des risques.

Il peut perdre son nom, sa renommée, sa vie et son argent. Il peut se retrouver en prison et vous entraîner avec lui. Il rend la satisfaction ordinaire impossible pour vous. Mais si vous aimez le drame, le courtier en catastrophes est tout ce qu'il vous faut. Il est plus près que vous le serez jamais de réussir à faire de la vie un écran de cinéma. Il est un suspense, une aventure, une scène de poursuite vivante et ambulante. Vous n'avez pas besoin de vous asseoir dans le noir pour le regarder, il est là en Sensurround et vous pouvez vous joindre à lui. Mais vous faites mieux d'avoir des nerfs d'acier.

Qu'est-ce qui vous attend?

Avez-vous déjà eu envie de vous sauver et de vous joindre à un cirque, pas pour devenir un jongleur, ni même un clown, mais pour porter un petit tutu, grimper une échelle de corde et tenir le trapèze pour quelque jeune homme audacieux? (Vêtu de collants!) À un moment donné dans son spectacle, vous feriez une pirouette et il vous attraperait de ses bras musclés. Quand vous en avez parlé à votre mère, elle a gloussé et vous a répondu: «Chérie, ce qui a l'air excitant quand on est jeune n'est plus si agréable avec le temps.» Et vous saviez, dans le fond, qu'elle disait vrai.

Tout le monde aime le drame à l'occasion, une petite touche de danger. Ils ajoutent du piquant à votre vie et prennent la vedette des histoires que vous collectionnez à votre sujet. Mais un régime régulier de drames et de dangers peut affecter votre psyché de la même façon que trois repas par jour de chocolats Hersheys peuvent affecter votre corps. Lorsque toutes vos heures sont des vingt-troizièmes heures, vous souffrez de malnutrition spirituelle dangereuse et de cavités dans votre maîtrise personnelle.

Contrairement à ce qui se passe avec la plupart des hommes, la transformation et les stages que vous traversez en tant que couple avec le courtier en catastrophes émanent en grande partie de vous, et non de lui. L'homme qui fait du pied à la fatalité peut rarement se cacher pendant longtemps. Il n'est pas un de ces genres obscurs qui adoptent une certaine personnalité le temps qu'ils vous courtisent, pour changer ensuite une fois qu'ils vous ont conquise. Pas plus qu'il ne change souvent ses façons d'agir. Et c'est là le problème.

Si le courtier en catastrophes a une constante, c'est d'être perpétuel. Il changera peut-être la sorte de périls qu'il recherche. Il passera peut-être de pompier à fantôme de la finance ou à parachutiste en chute libre. Mais il ne renoncera jamais à toutes les tentations de calamité.

Au début, vous avez droit au rôle de nana et de jouisseuse associée. Vous atteignez la maturité de façon captivante. Tout ce que vous avez entendu dire à propos de la jeunesse et de la liberté semble vrai. Sans horaires fixes et sans ambitions ordinaires, vous vous libérez, vous mordez dans la vie à pleines dents, et vous jouissez de la compagnie d'un homme excitant.

Mais même au début d'une relation avec un courtier en catastrophes, des aspects pas tout à fait agréables commencent à apparaître. Bon gré mal gré, vous faites partie de son scénario. Dans certains cas, votre rôle se résume à vous tenir juste un peu en retrait des faisceaux lumineux, à montrer vos jambes et à porter une petite toque parfaite. Dans d'autres cas, vous êtes moins, encore moins, en évidence. Vous ne serez peut-être même pas au courant de ses allées et venues. Mais surtout, vous servez de filet quand il chute. Et vous vous inquiétez, vous réparez les dégâts et vous nettoyez.

Tôt ou tard, il se produit trois choses. D'abord, vous vous rendez compte que, pour se divertir, il a besoin d'une stimulation externe fournie par quelqu'un ou quelque chose d'autre, pas par lui-même, ni par vous. Lorsque vous êtes seuls tous les deux, que vous n'êtes ni en train de faire l'amour ni en train de vous disputer, vous avez peine à soutenir son intérêt. En fait, votre relation ne tient pas à grand-chose d'autre qu'aux moments où vous jouez pour la galerie. Il faut que quelqu'un soit là pour vous voir, vous surveiller (et peut-être ne pas vous découvrir), pour vous connaître (ou être leurré par vous), pour que vous et votre partenaire ayez l'impression d'être ensemble. Une partie de la raison pour laquelle il a toujours besoin d'être entouré de ses copains est qu'il lui faut compenser le manque qui existe entre vous deux.

Deuxièmement, vous finissez par en avoir assez de la superficialité de vos plaisirs. Lorsqu'il est avec vous, il est épuisant. Lorsqu'il est absent, il laisse derrière lui un vide, un trou. Bientôt, votre énergie commence à flancher. Vous vivez une vie épuisante à tous points de vue. Même les périodes d'accalmie sont énervantes, parce qu'elles sont peut-être le calme qui précède la tempête. La tension va et vient par vagues. Vous vous affaiblissez. Vous passez beaucoup de temps dans des endroits ventilés et branchés sur Muzak (des hôpitaux, par exemple). Vous passez beaucoup de temps assise sur des bancs (en cour, par exemple). Vous réfléchissez les actions d'une personne autre que vous. Ses transactions peuvent avoir des répercussions dramatiques sur vous aussi: vous pouvez vous retrouver tout aussi bien au Parlement qu'à Tanguay ou au cimetière. Et lorsque vous cherchez du réconfort auprès de lui, pour compenser le stress, il n'en a tout simplement pas à vous donner.

Tout le monde sait que lorsqu'on vit sous pression, quelque chose doit céder. Et quelque chose cède. C'est le début du troisième stade. Vous commencez à tomber en morceaux. Vous augmentez le nombre de cigarettes que vous fumez de dix à soixante-quatre par jour. Vous devenez vulnérable aux virus, vous attrapez des rhumes, puis une pneumonie double. Vos os deviennent cassants, vos muscles se crampent. Les pilules deviennent utiles, de même que le vin et les mélanges préparés de Tequila Sunrise. Vous vous retranchez des autres personnes. La plupart du temps, avec un courtier en catastrophes, la plupart d'entre vous parlent en codes; vous avez des signes pour les amis et pour les étrangers, des codes secrets pour les appels téléphoniques et des signes de la main pour les ordres donnés en public. Vous ne parlez qu'à ceux qui connaissent votre langage et vous ignorez ceux qui ne font pas partie de votre cercle. Toutes les personnes que vous rencontrez sont des personnes «in» (c'est-à-dire *dans* votre cercle) ou des personnes «out» (*hors* de votre cercle). Toutes les émotions se présentent en noir et blanc pour le courtier en catastrophes. Vous sentez peut-être des zones grises et des nuances, mais vous ne pouvez pas dire cela à votre homme. Il présume que vous lui êtes loyale. Ergoter remet votre loyauté en question. Les grosses disputes sont permises (et vous en avez beaucoup), parce qu'il juge qu'elles ne servent qu'à vous défouler et que vous serez soumise par la suite. Le quitter vous rangerait du côté des méchants. Bientôt, vous êtes tellement éloignée de la réalité que vous devenez un peu névrosée.

Il est toujours en train de poser des gestes qui vous éloignent de lui, uniquement pour vous séduire de nouveau. Et vous le laissez faire, plutôt que d'abandonner le monde étrange et marginal dans lequel vous vivez. Vous craignez qu'il n'y ait plus rien pour vous ailleurs, maintenant que vous vous êtes habituée aux extrêmes.

Ce qui a tendance à se produire si vous restez, c'est que vous contribuez à l'action. Vous avez vos propres crises, vous frappez du pied, vous cassez des verres et vous piquez des colères. Vous devenez malade, bizarre et ivrogne. Vous partez presque, mais pas tout à fait. Cela réussit toujours à faire un peu de bruit. Vous devenez semi-invalide et vous avez des problèmes chroniques.

Le plaisir pendant la vingtaine, l'ennui pendant la trentaine, l'épuisement et le renfrognement à partir de la quarantaine. C'est le programme qui vous attend, à moins qu'il se passe quelque chose. Peut-être une véritable catastrophe, un événement qui changera votre vie et votre relation de façon définitive. Peut-être aussi qu'un jour la vie vous semblera tout à coup plus précieuse. Vous déciderez d'arrêter de jouer ensemble à «poule mouillée», de quitter les rangs des extrémistes et de vous joindre à la foule des gens ordinaires.

Quels sont les signes précurseurs de problèmes?

Le courtier en catastrophes ne présente pas d'indices: il est équipé de sirènes d'alertes aérienne et sismique. Le problème, c'est que vous êtes probablement du genre de personnes qui disent, en entendant la terre gronder: «Oh! un tremblement de terre! J'aimerais essayer cela un jour!»

Si un homme en uniforme s'approche de vous, vous devriez peut-être aller vous cacher ou, du moins, y penser par deux fois. Vous devriez aussi repenser à votre affaire si l'homme que vous avez rencontré s'amène chez vous au beau milieu de la nuit et vous dit de baisser les stores et de regarder par la fenêtre pour voir qui le suit; s'il perce des trous à contrebande dans son deltaplane; s'il attache quatorze réservoirs à essence à sa voiture de course surchargée; s'il garde chez lui des produits dangereux, tels que des mitraillettes, du plastic explosif, de l'essence à indice d'octane élevé, des preuves de chantage, de l'héroïne et des appareils d'espionnage; s'il ne vous dit pas son nom au début, ou s'il vous en dit un, mais que vous vous rendez compte par la suite qu'il en a six autres, et chacun avec une adresse différente; s'il sable les bouts de ses doigts; ou s'il a un permis pour un fusil réglementaire mais qu'il transporte dans sa botte une arme à bout tronqué.

Une fois que vous êtes liée à lui, les avis de tempête de troubles se manifestent de deux façons. D'abord, c'est lorsqu'il révèle une tendance à perdre plutôt qu'à gagner. Les joueurs, soldats ou alpinistes professionnels, ceux qui réussissent, aiment avoir le moins de problèmes possible. Ils aiment garder leur situation simple et propre; les manies, les complications et l'imprudence représentent des risques pour eux. Alors si votre partenaire court trop de trophées en même temps, soyez sur vos gardes. S'il montre un penchant pour les accidents ou s'il perd ou se blesse deux fois sur trois, vous faites mieux de comprendre qu'il court après le danger, quoi qu'il en dise.

Vous atteignez un point critique avec le courtier en catastrophes chaque fois que l'enjeu vous semble trop élevé, indépendamment de ce qu'il en pense. Le moment est critique également lorsqu'il devient évident qu'il est en train de se suicider à petit feu, lorsqu'il se drogue, qu'il conduit trop dangereusement, qu'il fait des cascades trop périlleuses, qu'il transige avec des assassins et des meurtriers, ou qu'il se lance dans la ligne de combat. Mais son obsession vous lie à lui, de même que ses blessures. Si vous vous sentez obligée de le regarder se casser la gueule, il est peut-être temps de vous rendre compte que votre présence l'encourage à flirter avec la mort. C'est votre présence, plus ou moins, qui le pousse à le faire.

Du moins, lorsqu'un courtier en catastrophes en vient à vous mettre en danger physiquement, financièrement ou autrement, ARRÊTEZ! Vous serez peut-être tenue responsable de ses catastrophes de façons auxquelles vous n'aviez même pas songé. Si vous aimez que votre vie ait un aspect dangereux, pourquoi, au moins, ne pas payer pour vos propres actions? Devenez vous-même femme pompier, agent de police, détective, cascadeuse. Obtenez les gratifications, un système de soutien pour vous-même, plutôt que de vivre par procuration.

Quelles sont vos possibilités et que devriez-vous faire?

Pouvez-vous rester avec un courtier en catastrophes? La réponse est beaucoup plus difficile à donner dans ce cas-ci que dans le cas de n'importe quel autre genre d'homme. La chance joue un rôle tellement important dans l'avenir du courtier en catastrophes. Elle est sa partenaire, peut-être même plus que vous. Vous devez la considérer comme une partenaire silencieuse qui peut vous garder ensemble tous les deux ou vous séparer à tout jamais.

Pouvez-vous changer votre courtier en catastrophes? Non, vous ne pouvez pas. On pourrait comparer le courtier en catastrophes à un ouragan. Une fois qu'il est déclenché, rien ne peut le faire reculer, à moins qu'une autre masse extrême s'amène et disperse toute sa force. Lorsque le courtier vient vers vous, vous pouvez survivre à son passage dans votre vie, faire un bout de chemin avec lui, garder vos distances, vous cacher lorsqu'il passe, ou tout simplement vous enlever de son chemin. À vous de décider. Une fois qu'il vous a aspirée dans son monde, il vous ébranlera peut-être, mais il ne vous rejettera probablement pas, si bien que c'est à vous de décider ce qu'il faut faire à son sujet. Un grand nombre de femmes partent dès qu'elles voient la tempête approcher avec lui ou après avoir traversé quelques épisodes.

Mon conseil à propos du courtier en catastrophes est à choix multiples. Si sa situation est très précaire, s'il est mêlé à des histoires de drogues dangereuses, pour le profit ou pour son usage personnel, s'il commet des crimes sérieux, pour le profit ou pour le plaisir, s'il fait des paris élevés, ou s'il fait des cascades qui mettent sa vie en danger, je vous conseille fortement de vous tenir très loin de lui. Vous avez peut-être besoin de beaucoup de choses dans la vie, mais vous pouvez très bien vous passer de celles que je viens de vous nommer.

D'autre part, s'il recherche de l'action excitante et des défis périlleux avec un minimum de précautions, si vous l'aimez bien et si vous le trouvez excitant, pourquoi ne pas vous joindre à lui pendant que vous êtes jeune et libre? Mais juste pour un bout de temps. Puis, quand vous voulez une vie plus substantielle, faites comme Wendy: laissez Peter Pan à ses pirates et ses crocodiles, envolez-vous chez vous et devenez adulte. Si vous optez pour ce choix, faites-le honnêtement et de bon coeur. Dès le début, expliquez à votre courtier en catastrophes les conditions de votre engagement. Vous pouvez probablement voir venir l'avenir assez clairement pour savoir qu'il ne changera pas mais que vous changerez. Dites-lui dès le début que vous allez rester jusqu'à ce que vous décidiez que vous voulez autre chose. Votre intention n'est pas de le changer, de faire des pressions sur lui ni de le tourmenter. Vous voulez tout simplement être fidèle à vous-même.

Si vous ne croyez pas pouvoir vivre avec un courtier en catastrophes pendant un bout de temps, et vous quitter ensuite en bons termes, je vous conseille de ne pas vous lier à lui du tout. Les circonstances qui sont rattachées à lui sont dangereuses pour votre santé. Je refuserais certainement de jouer le petit jeu de partir et de vous laisser reconquérir. Tant et aussi longtemps que vous restez attachée à la longe invisible d'un courtier en catastrophes, vous ne serez jamais libre.

Si vous décidez de rester avec un courtier en catastrophes, il est très important pour vous de créer un oeil dans sa tornade, où vous pouvez vous reposer et trouver un havre de paix à l'intérieur de vous-même. Afin de pouvoir maintenir votre bien-être mental et physique, insistez pour avoir un espace privé, où il est interdit d'entrer sans votre autorisation. Ensuite — et je n'insisterai jamais assez sur ce point — apprenez des techniques destinées à promouvoir la paix intérieure. Essayez la méditation, l'autodialogue ou la prière, jusqu'à ce que vous trouviez le petit endroit très calme qui est au-dedans de vous et où vous pouvez vous reposer et refaire vos forces. Établissez des règles quant à la façon dont vous allez vivre: qui peut aller et venir et quand. Puis tenez-vous-en aux règles, peu importe ce qui se passe. Vous choisirez peut-être, même consciemment, de rester dans l'ignorance quant aux activités de votre courtier. Comme vous êtes son acolyte numéro un, il vous respecte probablement plus que vous pensez. Il respectera vos conditions si vous insistez.

Afin de survivre, vous aurez besoin non seulement de conserver votre cran et vos capacités du début, mais vous devrez aussi apprendre à ne pas vous surcharger, à vous limiter vous-même. Peut-être devriez-vous renoncer à l'idée d'avoir des enfants. Peut-être ne devriez-vous accepter d'accomplir avec lui que quelques tâches bien définies, sinon aucune. Peut-être devriez-vous vous préparer à une carrière reliée à la sienne mais différente, puis tenez-vous-en à cette carrière et à rien d'autre.

Peu importe le choix que vous faites, attendez-vous à ce que la route soit cahoteuse si vous vous liez à un casse-cou. Vous êtes probablement mieux équipée que lui pour survivre — il le savait instinctivement dès la première fois où vous vous êtes rencontrés — alors faites-vous confiance, peu importe ce qui lui arrive. Au lieu de vous énerver, croyez en vous-même et affrontez les problèmes au fur et à mesure qu'ils se présentent. N'oubliez jamais une chose: vous pouvez toujours décider que vous en avez assez et partir, à n'importe quel moment. Avec un courtier en catastrophes, partir ne veut pas nécessairement dire perdre: cela veut dire rester en santé. Vous n'êtes pas obligée de mener à bout tout ce que vous entreprenez, simplement parce que vous y êtes déjà parvenue auparavant. Dès que les coûts dépassent vos limites ou que les périls excèdent ce que vous êtes prête à risquer, limitez vos pertes et partez. Envoyez-lui des baisers de la main, pleurez s'il le faut, mais ne vous enlisez pas dans une situation ou un endroit affreux juste pour le principe de tenir bon.

Quel rôle jouez-vous dans cette relation?

Vous avez donc envie de jouer à Monica-la-mitraille? À Lois Lane? À Marie-Antoinette? À la nana du contrebandier?

Habituellement, cela signifie l'une de deux choses. Ce peut être que vous venez de Saint-Profond-des-Creux, où il ne se passe rien. Avec le courtier en catastrophes, vous avez connu vos premiers frissons. Maintenant, vous y avez pris goût et vous ne voulez pas arrêter. Vous avez une petite tendance à la dépendance, et vous avez trouvé votre drogue dans une vie trépidante. Peut-être avez-vous aussi découvert l'alcool, les cigarettes, le rugissement des foules et, à l'occasion, une bouffée de marijuana, une petite injection d'héroïne ou un petit coup de cocaïne dans les narines? Et peut-être que ces usages occasionnels sont en train de devenir des habitudes.

Ou cela peut vouloir dire que vous aussi vous êtes une marchande de crises. Vous aimez vous-même les vingt-troisièmes heures, et si vous ne les obtenez pas de votre courtier en catastrophes, vous les créez vous-même. Lui n'est qu'un moyen facile de les obtenir, sans que vous ayez à faire l'effort de les inventer vous-même.

Demandez-vous combien de fois vous êtes partie, pour revenir ensuite. Combien de menaces et de scènes ont été répétées? Combien de batailles? Combien de fois avez-vous été malade? À quel point vous aimez cela quand il se fait arrêter et que vous devez aller le cautionner? À quel point vous trouvez excitant d'avoir à vous cacher de la police, de déjouer vos adversaires, de tendre un piège à un escroc, d'appeler des ambulances, d'utiliser des codes, de marquer des points et de détruire des preuves? Si tout ceci se rapproche trop de la réalité à votre goût, peut-être avez-vous peur, vous-même, d'une vie ordinaire.

Il est vrai qu'une vie routinière peut sembler épouvantable. Pour certains, c'est comme être éternellement morts-vivants; alors, au lieu d'y faire face, ils fabriquent des extrêmes ou se créent des dépendances pour protéger leur vie du vide de la routine. Détestez-vous le silence au point de faire jouer votre radio du matin au soir? Ne ressentez-vous rien lorsqu'il ne se passe rien?

Si une vie simple vous paraît trop ennuyeuse ou si vous avez des tendances à l'évasion, vous voudrez peut-être explorer le sujet avec un conseiller. La compréhension de soi-même est une étape importante. C'est un genre de problème que la psychologie peut aider, sinon à le changer, du moins à le comprendre. On peut obtenir ce genre d'aide à peu près n'importe où. Mais si vous faites partie du circuit des courses ou d'un milieu criminel où il est difficile d'obtenir de l'aide, du moins gardez un calepin avec vous et prenez note, religieusement, de toutes vos habitudes, du moment où elles se manifestent et pourquoi. Notez tout: les cigarettes, la radio, l'alcool, les dépenses folles, les paris, les maux de tête, les os cassés. À quelle fréquence flirtez-vous avec le danger? Lorsque vous relirez vos notes, vous verrez apparaître un scénario prévisible dont vous ignoriez l'existence et souvent, armé de telles connaissances, on peut y mettre un terme.

Parfois, cependant, le courtier en catastrophes ne correspond pas à vos propres tendances. Vous pensiez que sa folie était une phase de sa jeunesse. Mais il a continué et n'est jamais devenu adulte. Ou bien l'aventure qu'il vous offrait était excitante au début, mais a rapidement fini par vous ennuyer. Si c'est le cas, vous avez besoin d'analyser ce qui vous retient à lui. Vous êtes devenue amoureuse de quelque chose qui était dans votre imagination: un homme dont vous pensiez qu'il changerait mais qui n'a pas changé, une vie que vous pensiez excitante mais qui ne l'est pas, qui n'a rien de la réalité. Si vous avez perdu vos illusions depuis longtemps et persistez à rester, vous faites mieux de vous demander pourquoi. Je parie que vous allez découvrir que vous avez peur de la routine, même si ce n'est pas ce qui vous a motivée au début. Comme une droguée ou une mère qui voit son nid se vider, vous ne savez plus comment vous parviendrez à vivre sans crises.

Bien sûr, vous restez peut-être avec lui simplement par choix. Personnellement, vous n'aimez pas les crises, vous préférez tout bonnement la verve. J'ai entendu un jour l'histoire d'une femme qui était morte très jeune. Tout le monde était attristé de sa mort, parce qu'elle avait un esprit très vif et était charmante. Pourtant, elle avait souvent dit qu'elle préférait avoir une vie brève et intéressante, plutôt qu'une vie longue et ennuyeuse. Elle avait agi par choix, même si c'était un choix inconscient. Les gens qui l'aimaient vraiment savaient qu'elle n'aurait pas voulu qu'ils la pleurent.

Chaque être humain a le droit de décider comment utiliser son énergie. Certains optent pour des activités calmes, régulières et à long terme. D'autres veulent brûler la chandelle par les deux bouts. Ils préfèrent briller et brûler rapidement, même s'ils savent qu'ils peuvent s'éteindre subitement. Si c'est ainsi que vous voulez brûler, le courtier en catastrophes peut aider à vous allumer. Mais alors ne vous plaignez pas. Et s'il n'est pas bon pour vous, s'il est trop chaud à votre goût et si vous ne voulez pas vous brûler quand vous êtes encore jeune, apprenez à faire la différence. Évitez-le ou quittez-le.

Le courtier en catastrophes ressemble souvent à l'homme irrésistiblement véhément (mais fou). Il peut être magnétique. Au début, lui aussi vous semble l'homme le plus intime que vous ayez jamais rencontré, mais c'est de courte durée et jusqu'à son prochain événement. Il ne fait pas non plus de vous une de ses obsessions. Mais si, bien au contraire, il fixe son attention sur vous comme si vous étiez quelque chose qu'il doit posséder, connaître et dévorer, retournez lire le chapitre sur l'homme irrésistiblement véhément.

Le courtier en catastrophes n'est pas non plus tout à fait étranger à l'homme qui rêve d'être nabab, mon prochain sujet. Toutefois, l'homme qui rêve d'être nabab est plus courant, sinon plus ordinaire.

Il n'est pas tellement préoccupé par les acclamations et l'excitation, mais plutôt par le désir de posséder. De posséder des choses. D'atteindre le sommet. Tout de même, il lui arrive souvent de prendre de gros risques et il se surmène certainement autant que le courtier en catastrophes. Si vous vivez une vie plutôt normale, il est beaucoup plus probable que vous rencontrerez l'homme qui rêve d'être nabab, si vous ne vivez pas déjà avec lui. Il est difficile à reconnaître dès le début (jusqu'à ce que la solitude vous pèse). Lire à son sujet vous aidera à apprendre à l'identifier et à savoir que vous n'êtes pas seule. Vous rencontrerez l'homme qui rêve d'être nabab dans de nombreuses circonstances de votre vie: c'est votre patron, votre partenaire, votre vendeur d'automobiles, votre voisin, votre frère, et il peut être mauvais ou bon pour vous dans plusieurs circonstances, professionnelles aussi bien que romantiques. Je considère ce chapitre extrêmement important. Je pense que vous serez du même avis.

Chapitre 12

L'HOMME QUI RÊVE
D'ÊTRE NABAB

Celui qui veut être le plus grand avocat, le médecin en chef, le roi, le président, le directeur général, le magnat de la construction, et qui ne porte attention à rien d'autre.

Il est (ou il va devenir) célèbre. Il est (ou il va devenir) riche. Il est (ou il va devenir) président, sénateur, producteur, directeur, général, juge, ou potentat.

De l'extérieur, il semble calme et suave. Mais à l'intérieur, c'est un train express, qui roule un kilomètre et demi à la minute. On a donné son nom à une danse : le *hustle*, le «tourbillon». Il était trop occupé pour l'apprendre, mais il peut certainement le parler. C'est sa langue maternelle.

Il est obsédé par l'idée d'«obtenir», et non pas par l'idée d'être; il n'y a donc pas de fin à ses ambitions. Aussitôt que le dernier marché est conclu, il part en quête du prochain, souvent au point de négliger ce qu'il vient d'accomplir. Souvent, il a un bouton autodestructeur caché, pour s'assurer que la réussite ultime lui échappe toujours. (Seuls quelques élus deviennent de vrais nababs. La plupart restent des aspirants nababs toute leur vie.) Mais même lorsqu'il échoue, il tombe toujours par en haut. Et il n'abandonne jamais. Sur son chemin vers le titre de général, il devient lieutenant. Il licencie ses associés et même ses partenaires conjugales. Il se conduit aussi comme un Général Tout Le Reste. Il écrase ses contributeurs, ses assistants, sa famille et ses employés.

La chose la plus importante dans sa vie, c'est son appareil de téléphone. Dès qu'il passe le seuil de la porte, il marche en ligne droite vers le *Touch Tone* le plus près et appelle son service d'appels téléphoniques. Et juste au moment où vous êtes prêts à partir ensemble, il dit toujours: «Attends une minute. J'ai un dernier appel à faire.» Il ne vit que pour sa carrière. Toutes les autres choses, les femmes, les enfants, les amis, les ambulances, les camions de pompiers, les paniers à salade, les inondations, les ouragans, les holocaustes, les baptêmes, les bar smitzahs et les funérailles, passent tout simplement en deuxième.

Puisqu'il est toujours en train de faire des marchés, vous en êtes peut-être un. Il recherche différents types de femmes. Celles qui sont très femmes d'intérieur et qui s'occuperont de sa maison et de sa famille. Celles qui ont des carrières mineures, et qui pourront lui faire honneur. (Le problème, c'est que lorsque vous êtes libre, lui ne l'est pas.) Celles qui travaillent ou qui ont des commerces où il peut s'immiscer par la porte de côté, pour les pousser à devenir nababs elles aussi. Peu importe qui elle est, sa partenaire est un avantage pour lui, un bien qu'il acquiert et attache. Qu'elle soit de l'un ou l'autre des trois types, sa femme doit être présentable, sociable et bonne hôtesse. Ce qu'il veut c'est une femme «à la hauteur» (socialement et à tout autre point de vue), belle et infatigable; une toile de fond et un soutien, installée avec lui ou ailleurs (préférablement ailleurs). S'il pense qu'une femme n'est pas tout à fait assez intelligente, assez raffinée ou assez solide, il aura une aventure avec elle, mais pas une relation. Et comme elle est toujours moins importante pour lui que n'importe quelle de ses obligations professionnelles, une fois qu'il l'a épousée, il la met sur la tablette.

Cas vécu

Lorsque Marlène, une amie d'enfance de ma soeur, a épousé Jacques, elle a aussi épousé un plan directeur: celui de Jacques. Son but était de grimper la tour d'un conglomérat en passant par Babel: il pouvait convaincre n'importe qui de n'importe quoi.

Le père de Jacques dirigeait un modeste service de transport aérien. Mais Jacques n'était pas homme à se satisfaire d'aussi peu. Il voulait voler haut et loin, d'un bout à l'autre du monde. Rien de moins qu'un magnat. Dès la minute où Jacques a pris les rênes, il s'est mis à manigancer des combines, à ouvrir des succursales et à se préoccuper de diversification.

Marlène n'a jamais su si elle avait un partenaire silencieux ou si elle en était une: Jacques parlait toujours, mais à quelqu'un d'autre. Il la considérait peut-être comme la seule transaction totalement signée, scellée et livrée. Pas que Marlène n'ait elle-même manqué d'ambition ou de compétence; ce n'était pas le cas. Elle dirigeait un commerce de décoration intérieure et les affaires allaient bien. Elle voulait prendre de l'expansion, mais juste un peu. Elle avait décidé qu'elle voulait rester «féminine», tout en continuant à travailler. Tout ce qu'elle désirait était un succès mitigé et un petit commerce. (Jacques s'occuperait du «gros» commerce.) Il fallait qu'elle s'occupe de la maison et de leur vie sociale. Elle aimait s'habiller chic, être une bonne hôtesse, et elle voulait être la partenaire d'un homme, une «bonne» partenaire et digne d'estime. Jacques lui semblait le partenaire idéal. Il affichait fièrement toute l'ambition qu'elle n'osait pas avouer. Elle était certaine qu'ils feraient une bonne paire, comme Batman et Robin. Elle serait son égale, tout aussi active que lui, mais de stature plus modeste.

Mais Jacques voyait les choses d'un autre oeil. Ce n'est pas qu'il jugeait que les femmes fussent des poids plume dans son monde de poids lourds. (Certaines femmes étaient des «poids lourds», mais il ne voulait certainement pas vivre dans l'ombre de l'une d'elles.) Il n'avait tout simplement pas le temps de se casser la tête avec les idées de Marlène. L'homme qui rêve d'être nabab monte seul dans l'arène. Et Jacques ne tenait pas particulièrement à ce que Marlène monte avec lui. Jacques prenait des décisions si rapidement, émettait ses opinions si brusquement, et entrait et sortait si vite que Marlène trouvait qu'il y avait peu de dialogue entre eux. À un moment donné, elle a suggéré qu'ils pourraient se voir plus souvent. Mais Jacques a semblé ne pas l'entendre. Elle a adopté une autre tactique et lui a demandé des conseils au sujet de son commerce, mais il lui a tout simplement lancé un plan gigantesque qui n'avait rien à voir avec ses désirs, puis s'en est allé téléphoner. Ne parvenant pas à susciter le moindre intérêt de la part de Jacques, Marlène a commencé à perdre les rêves et les ambitions qu'elle avait nourris au début relativement à leur mariage.

Petit à petit, la femme autrefois sûre d'elle-même s'est changée en tortue. Elle s'est transformée de plus en plus en femme d'intérieur et en bonne épouse, ce qu'elle n'avait jamais été auparavant. Elle a créé l'illusion d'une famille centrée sur un mari absent, en achetant de nouveaux meubles et en commençant à parler d'enfants. En dépit de son propre travail et de ses clients, et même si elle se disait satisfaite, elle s'ennuyait constamment. Peu importe à quel point elle était occupée, elle avait l'impression d'être continuellement dans l'attente de Jacques. Il était toujours pris par des rendez-vous ou des conférences. À la toute dernière minute, il changeait la date de vacances qu'ils avaient planifiées depuis longtemps. Le dimanche, supposément son jour à la maison, il devait inévitablement sortir «juste pour environ une heure». Elle n'avait pratiquement pas de compagnie, et jamais d'intimité. Elle a pris son mal en patience et a attendu son tour, mais il n'est jamais venu. D'autres personnes «plus importantes» avaient priorité.

Quand il arrivait à Jacques de passer du temps avec Marlène, tout ce qu'ils faisaient était relié à son travail et nécessitait la présence de gens d'affaires. Jacques et Marlène ne recevaient pas à souper, sauf des clients. Ils ne faisaient pas de voyages, à moins qu'ils ne comportent des visites intéressées et qu'ils soient payés par la compagnie. Ils n'assistaient à aucune réception sans qu'il s'y trouve des associés potentiels (et alors, même l'ouragan Hélène, sans compter le fait que Marlène détestait les réceptions, n'aurait pu les empêcher de s'y rendre). Parfois, Jacques disait à Marlène qu'il ne s'agissait que d'une réception d'affaires, qu'elle ne se sentirait pas à sa place, et il s'y rendait seul. Chez eux, ils vivaient au-dessus de leurs moyens, ce qui énervait terriblement Marlène. Jacques considérait leur mode de vie comme un investissement. Il fallait que tout soit ampoulé et ait l'air riche. Marlène s'y résignait, même si cela contrariait son besoin de sécurité.

Le sexe allait et venait de façon assez régulière. Les performances de Jacques étaient raisonnablement accomplies, mais le sexe n'était tout simplement pas le genre de relations qu'il préférait. Souvent, il était trop occupé ou trop fatigué. Au début, Marlène demandait beaucoup plus de sexe qu'elle n'en recevait. Puis elle en a eu assez de demander et est devenue de plus en plus renfrognée. Elle en est venue au point de le repousser à son tour. Elle n'était plus intéressée. Très secrètement, elle a commencé à avoir des aventures. Quant à Jacques, il avait toujours été fidèle jusqu'à maintenant, mais quand son pouvoir a vraiment commencé à prendre de l'ampleur et qu'il a perdu le peu d'intérêt qu'il avait pour Marlène, il a commencé à avoir l'oeil trotteur. Il était souvent parti et il rencontrait beaucoup de gens, y compris des femmes. Dans sa quête constante de profit, il s'est demandé si une autre femme ne lui rapporterait pas plus que Marlène. Jacques n'était pas du genre à avoir des aventures passagères. Il aimait les marchés conclus. Par conséquent, après un essai ou deux, il s'est trouvé une maîtresse permanente, une autre femme dévouée qui avait sa propre carrière, qui était un honneur pour lui et qui s'imaginait qu'elle allait partager sa vie.

Après un bout de temps, Jacques a annoncé à Marlène qu'il y avait une autre femme dans sa vie. Il voulait être libre, du moins obtenir une séparation. Marlène a répliqué qu'elle avait eu des aventures elle aussi, longtemps avant lui, et, quant à sa sépration, il pouvait mauditement bien avoir un divorce. Elle en avait eu assez. Elle allait tout simplement prendre la moitié de ce qu'ils possédaient. Cette phrase a sonné le tocsin dans l'esprit de Jacques. Prendre ses biens? Jacques s'est empressé de cacher tous leurs biens, le peu qu'il en restait. Ce qu'il en est ressorti, c'est qu'une grande partie de ce qu'ils possédaient avait été loué ou hypothéqué. Il a interdit à Marlène l'accès à ses dossiers d'affaires, et tous leurs — ses — amis clients ont cessé de faire affaire avec Marlène. Après avoir été une épouse «adorable», elle est devenue une «méchante» épouse, une «poursuiveuse» en justice. Elle a retenu les services d'un avocat. Jacques aussi. Des expressions comme communauté de biens, pension alimentaire, témoignage, sont devenues le centre d'intérêt de sa vie.

Le divorce a pris un temps interminable en cour, et l'impact émotionnel en a pris davantage. Marlène avait pensé qu'elle était tout à fait prête à quitter Jacques, mais la réalité s'est avérée tout autre. Elle a eu droit à la maison, uniquement pour se rendre compte par la suite qu'elle lui coûtait trop cher en frais d'entretien. Comme il lui restait peu de capital et qu'elle n'avait pas obtenu tout à fait la moitié des avoirs de Jacques, elle a dû se mettre à travailler plus fort. Jacques a intenté une poursuite contre son commerce, et Marlène a dû payer cher pour un règlement hors cour. La vie de Marlène a été tournée complètement à l'envers quand Jacques, escorté d'avocats et de gardes du corps, a emménagé avec sa maîtresse et que la maîtresse a commencé à fréquenter l'ancien cercle social de Marlène. Elle s'est retrouvée aussi beaucoup plus seule qu'elle avait prévu, surtout parce qu'elle voulait trouver un homme qui serait «aussi bon ou meilleur» que Jacques, juste pour lui montrer, et que tous les hommes qui ressemblaient à Jacques étaient déjà liés.

Il a fallu beaucoup de temps, mais Marlène a fini par s'en remettre. Elle a dû travailler très fort pour arriver à définir ce qu'elle attendait vraiment de la vie et comment elle voulait la vivre. Elle s'est fait des amis. Elle a remis ses énergies dans son commerce. Mais il lui a fallu six ou sept ans, au cours desquels elle a vieilli de dix ans. Jacques ne lui téléphone jamais.

Les relations avec l'homme qui rêve d'être nabab ne finissent pas toujours par une rupture. Certaines perdurent, mais les femmes continuent d'être seules. Marlène connaissait un grand nombre d'épouses d'hommes qui rêvent d'être nababs. Certaines vivaient des vies très séparées de celles de leurs époux. On ne les voyait ensemble qu'en de très rares occasions. Il était difficile de dire s'il leur arrivait jamais de faire l'amour ensemble. Certaines avaient vu venir la tempête très tôt, avaient fait une liste de tous les biens, avaient pris en note les numéros des comptes en banque et avaient quitté leurs maris avant qu'ils les quittent. D'autres se sont retrouvées abandonnées à quarante-cinq ans. D'autres, comme Marlène, ont quitté leurs époux, mais n'étaient pas tout à fait prêtes pour la perte qu'elles ont encourue.

L'homme qui rêve d'être nabab projette l'image de la gloire et de la fortune. Parfois, il peut faire de la vie un pays des merveilles. Il joue sa vie aussi vite qu'une partie de dés. Entre-temps, vous attendez à ses côtés et soufflez sur ses dés, au lieu de prendre vos propres risques. Et comme il mise sur une partie après l'autre, s'il gagne le gros lot, c'est lui qui en a la mainmise.

Comment reconnaître ce genre d'homme?

Avec l'homme qui rêve d'être nabab, ce qui semble temporaire est permanent: ce qu'il est actuellement est ce qu'il sera toujours; il se conduit dans la vie comme il se conduit en affaires et il vous traitera de la même façon qu'il traite les autres. Il n'est pas difficile à identifier. Il est aussi frappant qu'une Porsche qui accélère follement et double continuellement les autres sur une autoroute du Nicaragua.

Il croit au temps. Il pense qu'on peut le gaspiller, le tuer, le perdre, l'étirer et certainement l'utiliser, mais qu'on ne peut pas le mettre de côté pour plus tard. Plus que prompt, il est quatre minutes avant son temps. Il vous crie de vous préparer, vous fait attendre un appel, et vous réussissez tout de même à arriver avant le temps.

Il croit en l'espace et en la matière. Il aime s'attarder aux choses massives, parler de grands projets, voir grand et choisir ce qu'il y a de plus impressionnant. Pour lui, le volume lui permet de prouver ce qu'il avance; il aime donc les grandes maisons, les grosses voitures, la grande musique, les grands lits et les bureaux énormes. Évidemment, il souscrit à la théorie que la force prime le droit, même s'il ne l'avoue pas nécessairement. Il classe les gens en deux catégories: les gagnants et les perdants. Il fait affaire avec les premiers et ignore les seconds. Pour lui, le succès d'une personne se juge non pas selon son impression de satisfaction personnelle, mais selon son image publique: l'argent, le pouvoir et la gloire. Il juge le talent selon la capacité de la personne d'avancer dans la vie. Si cette capacité est apparente, elle est réelle. Si elle est latente, elle n'a aucune importance. Il déteste les propos embrouillés et exprime sa façon de penser par le discours direct. Pour lui, cela se résume à dire: «Je n'aime pas cela.» Vous n'entendrez jamais un homme qui rêve d'être nabab dire: «Cela ne m'intéresse pas vraiment, et toi?» Il ne vous arrache pas une réponse et ne vous dit pas vraiment comment il se sent. Il se contente de porter des jugements éclairs.

Il croit autant à ses projets qui se soldent par des échecs qu'il croit à ses brillants succès. Le seul fait qu'il rêve d'être nabab ne veut pas dire qu'il va y parvenir ni qu'il prend toujours de bonnes décisions. C'est son style qui lui donne son type, et non pas la perfection de ses réalisations.

Des indices additionnels

Il est juste assez agressif et dominateur pour passer pour un pivot central. Ses vêtements ont un style légèrement «consommation ostentatoire», un look substantiel, pas tout à fait prétentieux. Il n'est pas vraiment à la mode, mais ses vêtements ont l'air confortables et de prix élevé. La qualité est son style. Ses complets, ses jeans ou ses chemises sont parfaits; ses quelques bijoux en or (sans parler de son éclat) sont discrets; ses chaussures ont l'air recherchées; son parfum murmure «Boutique pour hommes».

Il conduit une voiture aérodynamique, lourde et souvent spacieuse; plus il vieillit, plus sa voiture est grosse et lui coûte cher. Elle est habituellement gris foncé, marron foncé, ou quelque chose de foncé. Elle a une transmission automatique et une direction assistée. Parfois, les fenêtres sont un tantinet teintées: couleur de fumée, austères, lourdes de sens. Haut de gamme ou bas de gamme, c'est une voiture de luxe.

Il aime la brique et la pierre, surtout pour les murs et les foyers. Il aime que sa maison soit éloignée de la rue, protégée par de vastes pelouses et qu'elle ait une devanture solide: anglais traditionnel, grès brun, manoir moderne, ou acier et marbre. Il rêve de marcher sur des tapis épais et sans fin. Ses fauteuils de cuir noir se transforment en chaises longues et pèsent plus lourd que le monument de la Place d'Armes. Son divan a l'air de la grande muraille de Chine. Il tient à avoir un bureau privé chez lui. Jeune, il aura un appartement mais n'y sera jamais. C'est à peine s'il est équipé d'un lit; on n'y trouve ni chaudrons ni poêlons, mais de nombreux emballages livrés par le nettoyeur.

Même lorsqu'il possède un vaste domaine, il y est rarement, ou du moins il n'a rien à y faire. Il vous laisse la responsabilité de la maison, peu importe à quel point vous êtes occupée ou même si vous avez votre propre carrière. Bien sûr, il affirme qu'il pourrait s'occuper de la maison mieux que vous; c'est tout simplement qu'il a des choses plus importantes à faire. (Engagez donc une armée d'hommes ou de femmes de ménage.) Et il se plaindra certainement si la maison n'est pas immaculée. (Il congédiera également un grand nombre des aides que vous avez engagés.)

Il n'aime pas manger à la maison. Il préfère le restaurant, c'est tellement plus rapide. De plus, il vous veut disponible. (Engagez donc des armées de gardiennes d'enfants et d'aides-ménagères logées et nourries.) Lorsqu'il mange au restaurant, il n'est jamais content de la table qu'on lui offre. Il en choisit toujours une meilleure. Ou alors, il devient familier avec le maître d'hôtel d'un restaurant particulier.

Il a un intérêt peu ordinaire pour les équipements de communications: les radios-amateur, les magnétoscopes, les appareils de télévision, les écrans projecteurs de cotes de la Bourse, mais surtout les gadgets de A.T. & T. et de Radio Shack. Il veut tous leurs plus récents produits. Il aime que ses rallonges soient très longues et ses prises murales, très nombreuses. Il a une ligne d'appels intérieurs et une ligne d'appels extérieurs, deux numéros de téléphone ou plus, et des appareils de toutes les formes et de toutes les grosseurs, installés à de nombreux endroits. Il préfère les boutons aux cadrans, car ils établissent la communication plus rapidement. Il a (ou est sur le point d'acheter) un téléphone cellulaire pour son automobile; il songe à s'en procurer un autre qu'il transporterait dans son porte-documents. Il a souvent recours aux services de la téléphoniste et c'est un client régulier du service d'informations à la clientèle. Son appareil de télévision est câblé. Son porte-billets est rempli de cartes de crédit et les dorées, qui lui assurent des services privilégiés, dépassent un tantinet des autres.

Les cartes de crédit et l'équipement électronique ne servent pas qu'à épater la galerie. Il est un usager et un faiseur frénétique. Il se conduit comme un homme au bord de l'inanition. Il lui pousse de longues antennes sensibles, qu'il dirige vers le monde des hommes. Il obtient ses livraisons et ses prix des royaumes des autres hommes, et il tend donc l'oreille vers les conversations masculines. Il assiste à des dîners d'hommes d'affaires, ou tournent autour des groupes d'hommes lors des réceptions. Les événements sociaux auxquels il assiste ont tendance à ressembler à des systèmes solaires: les gros nababs restent stationnaires comme des soleils, pendant que les petits nababs tournent autour d'eux comme des planètes.

L'homme qui rêve d'être nabab s'achète beaucoup de choses, mais elles n'ont rien à voir avec les loisirs. Il ne se détend pas. Il ne se crée pas de monde intime à l'écart de son travail. Les affairistes l'appellent chez lui, durant les repas, et dans la salle de bains. Un appel de dernière minute, même nébuleux, peut se mettre en travers de six mois de planification de votre part.

Il abuse de son moteur. Et bien qu'il s'assure d'avoir de belles choses, il n'a peut-être pas un bon coeur, un bon cerveau, un bon foie ni une bonne vessie. Il fait des exercices de façon irrégulière, mais il est possible qu'il s'inscrive à un studio de santé pour hommes. Il a des troubles d'estomac et des maux de tête. Il est enclin à traverser une période de crise intense lorsqu'il atteint l'âge moyen. L'échec, pour lui, c'est comme la mort. Souvent, il a peur des avions. Il est certain qu'il sera à bord du prochain avion appelé à s'écraser. Il calcule ses chances. Certains hommes qui rêvent d'être nababs sont armés de revolvers, parce qu'ils souffrent d'une paranoïa qui découle de leur suffisance.

Les indices sexuels

L'homme qui rêve d'être nabab cherche, dans une femme, un soutien ou une secrétaire sociale (qui soit aussi une belle pièce décorative), ou une femme qui a l'air d'être la conclusion d'une bonne affaire (et qui est aussi une belle pièce décorative) qu'il a su mener à bien.

Très tôt dans sa carrière, il se cherche une femme sherpa. (Les sherpas sont ces types qui transportent l'équipement des hommes qui escaladent les montagnes de l'Himalaya. La plupart des gens ignorent que c'est Tenzing, un sherpa, qui a été le premier à escalader le mont Everest, avec Hillary; de la même manière, il est possible que certaines épouses d'hommes qui rêvent d'être nababs soient responsables de leur succès, alors que ce sont les aspirants nababs qui en prennent le crédit.) Il aura de longues liaisons au début de sa carrière, ou alors il se mariera. Il pourrait difficilement escalader le mont Everest sans sherpa. Comme d'habitude, il n'a pas envie de tourner autour du pot quand il rencontre une épouse potentielle. Il fonce et la courtise intensément. Il lui fait miroiter le portrait de la richesse et de la gloire, l'emmène dans des restaurants fabuleux et dans des réunions de gros bonnets. Il est attentionné avec elle... jusqu'à ce qu'il ait signé la fusion.

Et il fusionne très bien au début. Au début, le sexe est abondant et excitant. Puis il devient suffisant. Finalement, il devient rare. Il faut l'insérer entre les horaires, pas seulement entre les draps.

Malgré tout, il se considère sexy. Il était probablement jeune quand il a commencé à avoir des relations sexuelles. Il connaît quelques techniques tape-à-l'oeil. Mais le sexe, avec lui, est rarement détendu après les quelques premiers mois excitants. Tout se passe très tard la nuit, après qu'il a fini son brassage d'affaires. Avec le temps, vous trouvez que c'est plus clinique qu'agréable. Parfois, vous avez droit à une p'tite vite spontanée (c'est tout ce que vous pouvez espérer le matin). De façon générale, il est tout aussi efficace qu'un somnifère: le lit, le sexe, le sommeil. L'homme qui rêve d'être nabab aime diriger le sexe comme il dirige tout le reste. Lorsque vous êtes excitée et intéressée, il lui arrive souvent de dire: «Pas maintenant.» Il s'organise pour que vous soyez prête quand lui est prêt, mais il ne vous rend pas la pareille. Il est heureux également lorsqu'il obtient quelque chose pour rien. Il vous fait prendre toutes sortes de positions. Il préférerait gagner un concours d'acrobaties plutôt que d'atteindre l'orgasme.

Il est capable de se détendre en présence des femmes, mais pas en présence des hommes. Comme il ne considère pas vraiment les femmes comme des adversaires dans sa guerre économique, il peut presque se laisser aller en leur compagnie. Du moins pendant trois minutes, et après que le standard téléphonique a été fermé. Et il ne se permet d'être fatigué et de se détendre que chez lui. C'est le seul endroit où il puisse le faire. C'est peut-être la raison pour laquelle vous êtes sensible à son problème et vous vous sentez proche de lui.

L'aspect financier

On serait porté à penser que l'argent est un bien pour l'homme qui rêve d'être nabab. Mais ce n'est pas un bien, c'est une preuve. Il ne s'évalue pas d'après combien d'argent il possède, mais d'après combien il peut en obtenir. Il économisera peut-être un peu de l'argent qu'il n'utilise pas, afin d'en attirer davantage, mais il s'occupe surtout de jouer avec son argent. Pour lui, les pièces de monnaie ne sont que des jetons qu'on risque et avec lesquels on flirte. Il est très près de la faillite. Et il n'hésitera pas à utiliser votre argent, il oubliera les emprunts qu'il a faits et essaiera d'en obtenir encore davantage.

L'homme qui rêve d'être nabab est proche parent du type que j'appelle le chercheur de statut dont la devise est: «Tu me paies le collège médical.» Le chercheur de statut «tu me paies le collège médical» se sert de la contribution d'une femme pour avancer dans l'échelle sociale. En fait, il se sert d'une femme, après l'autre. Une femme subventionnera peut-être ses études et après, il la quittera. Une autre travaillera peut-être comme associée anonyme et lui trouvera des relations d'affaires ou des clients. Après un bout de temps, il se cherchera peut-être encore une autre femme dont la classe lui assurera un statut instantané.

Chacune de ses femmes s'attend à être récompensée plus tard, peut-être en ayant son tour sur l'échelle sociale. Mais le chercheur de statut «tu me paies le collège médical» la quitte sans la rembourser. Il a tendance à abandonner sa partenaire aux points de transition de la vie, juste au moment où il a atteint un but auquel ils ont travaillé tous les deux. Elle n'est pas assez bonne pour le transporter au prochain niveau, alors il continue son chemin seul.

Prenez garde au chercheur de statut «tu me paies le collège médical», autant qu'à l'homme qui rêve d'être nabab: ne les soutenez pas financièrement, ne leur donnez pas d'argent. Ils peuvent arriver à n'importe qui. Ils semblent croire à «tous pour un, et un pour tous». Vous prenez leur parole et croyez à leurs bonnes intentions. Ne commettez pas cette erreur. Ne tenez rien pour acquis qui ne soit spécifié et n'attendez pas votre tour SANS UNE ENTENTE ÉCRITE.

L'aspect familial

L'homme qui rêve d'être nabab n'a habituellement pas des enfants pendant très très longtemps. La plupart espèrent en avoir deux très rapidement et en finir au plus tôt. Peut-être deux avec chaque épouse. Quelques-uns en veulent une ribambelle. Parmi ses enfants, il préfère ceux qui sont effrontés et qui ont hérité de ses talents d'escroc. Il ne participe pas beaucoup à leur éducation, bien qu'il pense le contraire. Les enfants sont la responsabilité des employés subalternes: les mères, les gardiennes et les aides-ménagères. Il tient à garder sa liberté intacte. Ou bien vous engagez des tas de gens pour vous remplacer, ou bien vous restez seule avec eux à la maison. Lui, il doit respecter ses rendez-vous.

Certains nababs considèrent leur famille comme une dynastie. D'autres coupent tous leurs liens familiaux. Ceux qui favorisent la notion de dynastie deviennent des patripotentats. Ils essaient d'introduire leurs parents, leurs enfants, leurs nièces et leurs neveux dans leur entreprise. D'autres magnats traitent les membres de leur famille si cavalièrement qu'ils finissent par le considérer comme une vague connaissance.

Quant aux amis, il négocie des contrats avec eux, mais il partage peu sur le plan des relations humaines. Par conséquent, il lui arrive rarement de cultiver, encore moins de maintenir, des amitiés. Il applique aux gens des étiquettes de gagnants et de perdants de façon tellement rapide et irrévocable qu'il exclut bon nombre de personnes qui l'auraient volontiers aidé. Son entourage se limite donc aux gens avec qui il fait affaire et qui se fichent carrément de comment il se sent. Et comme il avance en utilisant ses collaborateurs autant que leur collaboration, il a rarement de vieux associés fidèles.

Évidemment, derrière ces ambitions, l'homme qui rêve d'être nabab cache de sérieux défauts. Il a l'intention de réussir à n'importe quel prix. Il abuse des gens et vous traite comme un de ses électeurs, et non comme une épouse. Son dynamisme ne reflète jamais le moment présent, mais se nourrit plutôt de ce qui s'en vient; bien qu'il ait toujours l'air en quête de butin, il ne cesse jamais de jouir de la quête elle-même.

Mais il a ses avantages: il vous offre une vision mirobolante qui fait paraître la vie plus excitante. Il peut facilement vous emballer. L'idée d'être sa dame peut être attrayante, surtout si vous pouvez cohabiter avec lui au même niveau social qu'il a l'intention d'atteindre et faire la fête avec l'argent qu'il a l'intention de jeter partout. Il est toujours possible qu'il réussisse.

Qu'est-ce qui vous attend?

Comment se sent-on quand on vit avec un flambeur mégalomane? Quand on fusionne avec la compagnie Trans Gérérale Nationale Universelle Inc.?

Si vous vous liez avec l'homme qui rêve d'être nabab, son rêve doit être très important pour vous car sa présence se fera rare. Votre vie sera faite de longues périodes de manque d'affection et de courtes périodes de magnétisme irrésistible, juste de quoi vous inciter à rester. Certains nababs sont des hommes affables dans le fond, mais ils sont tellement obsédés par leur progrès personnel qu'ils continuent de livrer bataille au point de négliger leurs propres besoins; avec eux, vous vous préparez à un avenir sans malice mais plein d'ennui. D'autres bâtissent leur royaumes de façon beaucoup plus froide et cavalière: ils frappent à coups de pied ce qui entrave leur chemin et laissent derrière ce qui ne l'entrave pas, y compris leurs partenaires féminines. Les nababs des deux genres pensent toujours que le sort du voisin est plus enviable que le leur.

Une fois que le nabab a mis les choses en branle, il veut généralement en arriver à une alliance permanente. Les étapes sont déjà très prévisibles. La transe préliminaire excitante s'envole dans un coup de vent. Puis, très rapidement, il vous donne à entendre qu'il travaille seul. Ce qu'il qualifie de «travail» prend de plus en plus d'ampleur. Il finit par se rendre compte que certains honneurs sont plus facilement accessibles à l'homme libre qu'au père de famille. Il se donne donc deux profils: un profil de célibataire et un profil d'homme marié. Bientôt, les occasions où il veut montrer qu'il est marié se font beaucoup moins nombreuses que les occasions où il veut passer pour célibataire. Il commence à vous exclure; d'abord le jour, puis la nuit, puis les fins de semaine et lors de voyages. Il va partout; vous restez à la maison. Même lorsqu'il joue sur sa réputation d'époux fidèle, on entend beaucoup parler de vous mais on vous voit rarement. Vous devenez une femme mystérieuse dont les gens disent: «L'avez-vous déjà rencontrée?» D'autres ne savent même pas que vous existez.

Cela ne veut pas dire que vous n'êtes jamais ensemble et que vous ne l'aidez pas. Vous l'êtes et vous le faites, mais à l'intérieur de certaines limites. Fort probablement, vous servez de mémoire et d'ordinateur. Vous prenez note des dates et des endroits, vous faites la comptabilité, vous soignez les apparences, vous surveillez de quel côté le vent tourne, vous préparez des réceptions pour les associés importants. Il attend de vous que vous soyez aussi silencieuse et régulière que la note mensuelle de la compagnie de gaz ou d'électricité.

Lorsqu'il vous arrive de l'accompagner dans ses occasions d'homme marié, il ne parle qu'aux hommes. Vous restez assise en silence ou vous jasez avec les partenaires abandonnées des autres nababs. Avant de partir, votre nabab vous a dit comment vous conduire et de quoi parler. Tout autre rôle que celui d'une infatigable meneuse de claque est tabou.

Il ne vous faudra pas beaucoup de temps pour vous rendre compte que votre homme qui rêve d'être nabab est joueur, et joueur invétéré de surcroît. Vous allez devoir attacher votre ceinture et prétendre que le sol ne va pas soudain disparaître. S'il ne passe pas son temps à risquer votre argent, il risque d'autres biens matériels et immatériels qui sont liés à votre sécurité. Évidemment, le sujet de l'argent prend de plus en plus d'importance dans vos activités quotidiennes: en fait, il devient prépondérant. Obtenir et garder de l'argent, cela devient une motivation qui s'insinue partout. Presque toutes vos conversations et vos querelles aboutissent à des questions d'argent. Vous pourriez écrire un livre sur ce sujet. Et vos enfants deviennent des petits monstres matérialistes.

Votre homme s'avère aussi un batailleur, et un batailleur méchant. Il faut qu'il gagne, pour le simple plaisir de gagner, même lorsque vous êtes l'adversaire. Il sort ses gros canons, peu importe la futilité de la dispute. Il garde en réserve, et toute prête, une vieille liste de vos péchés et de vos erreurs, qu'il utilise comme preuves, qu'ils soient pertinents ou non. Il ira peut-être même jusqu'à préparer le terrain pour des combats futurs imaginaires: il omet votre nom des titres de propriété ou vous fait signer d'obscurs documents par lesquels vous renoncez à vos droits.

Dès le début, il se demande s'il aurait peut-être pu se trouver une meilleure partenaire sexuelle. Même s'il a travaillé très fort pour vous convaincre de l'épouser, dès l'instant où vous lui dites «Je suis à toi», il commence à penser que votre union n'est pas exactement ce qu'il avait espéré. L'idée que ces histoires de relations devraient peut-être rapporter davantage, qu'il s'est peut-être fait avoir, le ronge continuellement. Occasionnellement, vous le surprenez à vous examiner; puis il soupire et continue ce qu'il faisait. Il se demande si ses associés ne retirent pas davantage de bénéfices de leurs partenaires. Il envie les célibataires et ceux qui viennent tout juste d'épouser des jeunes femmes. À mesure que le temps passe, il vous traite avec plus de tolérance que d'affection. Et il commence à reluquer ailleurs.

L'âge (le sien et le vôtre) devient votre ennemi. La plupart des aspirants nababs essaient de contrer les décennies en ayant des aventures. Très souvent, ils deviennent voleurs de berceaux et partent en quête de corps plus jeunes. Ils commencent à raconter que les hommes qui subissent autant de pressions qu'eux ont besoin d'une relation moins complexe, à l'intérieur de laquelle ils peuvent trouver la paix et le repos.

Vous pouvez jouir de son talent pour l'action. Mais vous ne pouvez faire autrement que cesser éventuellement de croire à ses grandes ambitions. Personne ne sait mieux que vous ce qui ne s'est pas réalisé et quelles affaires ont échoué. Toutes les épouses des hommes qui rêvent d'être nababs vivent avec le passé de ces hommes jusque dans leur présent. Si vous êtes sa première conquête, vous avez vécu tout ce qu'il a fait pour gravir les échelons. Si vous êtes une deuxième partenaire, une partie de votre lot est composée de paperasse, d'avocats et de demi-vérités au sujet de sa première épouse. Et n'oubliez pas cette autre possibilité. Avec cet homme, vous risquez fort bien de vous retrouver veuve.

Quels sont les signes précurseurs de problèmes?

Même si vous êtes incapable de reconnaître d'emblée l'homme qui rêve d'être nabab, vous pouvez certainement l'entendre venir. On dirait un aiguilleur de navigation aérienne. À coeur de jour, il envoie et reçoit des communications, il ordonne de décoller, il ordonne d'atterrir et il capte de nouveaux événements dans son radar. Il vérifie continuellement ses messages, et il est atterré lorsqu'il n'en a pas. Et il fait savoir aux gens où il est maintenant et où on pourra le rejoindre pendant les cinq prochaines heures.

Plus il mène une vie qui vous exclut, plus vite vous vous dirigez vers une période difficile. Dès que vous remarquez qu'il vous laisse seule plus souvent que cela vous semble acceptable, vous devriez téléphoner à sa secrétaire et prendre rendez-vous, et lui expliquer clairement ce que vous attendez de votre relation. L'isolement indésiré engendre l'embouteillage des émotions. Vous prétendez que tout va bien alors que vous êtes en train de devenir de plus en plus amère. Si vous êtes liée à un homme qui rêve d'être nabab, vous ne devriez pas laisser la discussion de vos besoins s'effacer devant ses autres conversations.

Vous pourriez lui demander de vous expliquer pourquoi il ne vous demande pas plus souvent de l'accompagner dans ses sorties, et vous interroger sur ce que sa réponse révèle au sujet de ses intentions. Analysez les indices typiques d'infidélités: rendez-vous tardifs, voyages d'affaires fréquents, factures de Visa étranges, brosse à dents dans le coffre de sa voiture. Il ne répond pas au téléphone là où il a dit qu'on pouvait le joindre (c'est tellement contraire à sa nature!), et son carnet d'adresses contient des noms de famille sans prénoms.

Avec le nabab, moins vous en savez, plus la situation est critique. Ce que vous savez peut rendre votre vie tempétueuse, mais ce que vous ignorez peut vouloir dire qu'une catastrophe est imminente. Il est probablement préférable de garder la situation turbulente et vivante, plutôt que de faire comme le *Titanic* en route vers l'iceberg.

Quelles sont vos possibilités et que devriez-vous faire?

Il n'y a aucun moyen d'avoir une relation intime avec un homme qui rêve d'être nabab, et les possibilités qu'il change sont plutôt minces. S'il lui arrive de changer, il modifie son comportement tellement sur le tard que les effets irréparables de sa négligence sont beaucoup trop importants pour pouvoir être effacés, ou alors il change tout simplement pour le pire.

Je vous conseille de dire non au nabab et de vous chercher un partenaire plus équilibré. Même si l'acharnement et l'ambition vous impressionnent fortement, essayez de trouver un fonceur qui a aussi d'autres intérêts. Un grand nombre d'hommes qui cherchent constamment à réaliser de nouvelles ambitions réussissent tout de même à être affectueux et chaleureux avec ceux qu'ils aiment. Avec le nabab, même si vous faites partie d'un couple, vous êtes encore seule. Dans de telles circonstances, la plupart des créatures, et surtout les créatures femelles, ont tendance à se flétrir. Beaucoup trop d'épouses de nababs compensent leur manque de compagnie au moyen de biens matériels; mais lorsque les babioles, les bracelets, les manteaux de vison et les Mercedes s'emparent de l'âme, l'esprit cesse d'évoluer. En fin de compte, vous amputez vos chances d'obtenir des gratifications émotionnelles. Les seules choses qu'il vous reste, ce sont vos visions de nababs encore plus puissants et meilleurs.

Si vous vivez déjà avec un homme qui rêve d'être nabab, ou si vous le voyez pointer à l'horizon et ne pouvez retenir votre coeur, je ne dirais pas que vous devriez nécessairement prendre immédiatement vos jambes à votre cou. Vous pouvez l'aborder avec prudence, bon sens et des idées claires sur les étapes à venir. Et je vous recommande de commencer dès maintenant à mettre sur pied un programme d'indépendance. Doucement et indépendamment, remplissez votre vie de plaisirs personnels. Vous courez peut-être le risque qu'il vous reproche de ne pas assez le soutenir, mais au moins, vous ne passerez pas vos journées en attente sur la tablette, le pire état dans lequel on puisse se trouver. Essayez de déterminer de façon exacte de combien d'intimité vous avez besoin. Si l'intimité avec votre partenaire est très importante pour vous, ne perdez pas votre temps avec le nabab. Mais si la présence de votre homme n'est pas un besoin très impérieux pour vous, vous pouvez alors essayer d'établir une espèce de relation genre «partenaire à responsabilité limitée», du moins de votre point de vue. Puis vous pouvez essayer de voir votre nabab aussi souvent que vous le permettent vos activités respectives.

Si vous voulez être avec lui mais ne voulez pas être autonome, prenez garde: très peu de choses peuvent retenir son attention ou inverser un désintéressement croissant. Tomber malade, provoquer des scandales ou piquer des crises ne vous le ramèneront pas. Bien sûr, si vous aimez ces activités, allez-y. Mais n'en attendez pas des résultats. Ce n'est pas une bonne idée non plus que d'essayer de vous insinuer dans son travail ni d'entrer en compétition avec lui dans son propre domaine en se servant de ses associés, de ses contacts ou de ses entreprises. Il est préférable que vous établissiez vos propres standards plutôt que de chercher à détruire les siens.

Vous pouvez peut-être considérer la possibilité de faire un bout de chemin sur une base temporaire, avec l'homme qui rêve d'être nabab. Lorsque la fascination s'estompe, vous pouvez vous préparer à une rupture civilisée.

Même durant la période où vous êtes totalement engagée, vous devriez essayer de voir venir le moment où ce que vous retirez de lui diminue au point où vous ne pouvez plus tolérer la situation; quand ce moment arrivera, ne restez pas là à votre détriment. Tout le monde a un certain quotient de tolérance: tant de négligence, tel nombre d'infidélités, tant de temps non partagé, une maîtresse, tant de mauvaises affaires conclues sournoisement par des partenaires déloyaux peuvent éventuellement dépasser le vôtre. Vous n'êtes pas obligée de vivre avec lui, mais vous êtes obligée de vivre avec vous-même. Lorsque votre amour-propre et votre nabab deviennent incompatibles, il est temps de lever le camp.

Si vous restez pour le meilleur ou pour le pire, restez par amour et pour aucune autre raison. Puis, pour l'amour de lui, retenez ceci: essayez de le convaincre de vivre au présent. N'attendez pas la retraite ou quelque ligne d'arrivée lointaine. D'abord, il ne prendra jamais sa retraite! Puis, le stress extraordinaire avec lequel il vit le rend vulnérable aux attaques cardiaques, aux embolies et à d'autres catastrophes. Tirez le meilleur de votre relation pendant que vous le pouvez.

Quel rôle jouez-vous dans cette relation?

Une femme qui souffre d'une attaque d'homme qui rêve d'être nabab — ne serait-ce qu'une fois — devrait s'examiner sérieusement pour voir si elle n'est pas atteinte de «procuratite». Une «procuratite» n'est pas exactement un virus ni une bactérie, mais c'est tout de même une maladie. Une «procuratite», c'est le désir d'atteindre vos buts par le biais de quelqu'un d'autre, c'est-à-dire de vivre «par procuration».

La «procuratite» est généralement provoquée par la peur. Ce n'est pas seulement que vous cachez vos désirs d'une vie plus prestigieuse et affluente. Souvent, cela fait partie de votre maladie et c'est déjà bien assez triste. Mais la cause véritable de la maladie de l'homme qui rêve d'être nabab est la peur secrète d'être incapable d'atteindre vous-même un échelon élevé. Vous vous installez donc avec un partenaire qui a l'instinct de possession et qui s'empresse de vivre vos succès à votre place. Et la «procuratite» peut même s'attaquer à des femmes de carrière qui révèlent certaines de leurs ambitions.

Votre peur secrète à l'idée de chercher vous-même à atteindre le succès peut, ou non, être justifiée. Elle est très certainement apprise. Jusqu'à tout récemment, la femme n'avait qu'un accès limité au pouvoir et au monde professionnel. Qui plus est, on a généralement enseigné aux femmes à adopter le statut personnel des hommes plutôt que de travailler à l'atteindre elles-mêmes. D'ailleurs, si les problèmes que vous aurez à affronter dans votre tentative de devenir femme nabab ne sont pas suffisants pour que la peur vous donne des palpitations, les connotations négatives rattachées aux femmes ambitieuses vous feront sûrement hésiter. Dire qu'un homme est «inébranlable» ou «dur à cuire», c'est une espèce de compliment, mais lorsque de telles appellations s'adressent à une femme, tout le monde lève le nez. (Si cela vous inquiète, n'oubliez pas que la pluie des insultes n'atteint pas le parapluie de votre indifférence.)

La plupart des femmes n'ont pas seulement appris à avoir peur d'essayer d'aller loin par leurs propres moyens, elles ont même appris à nier qu'elles ont peur. «Je ne voudrais pas me joindre à la foire d'empoigne pour rien au monde», disent-elles. Ou «un petit pain me suffit». Lorsqu'on nie avoir des ambitions ou qu'on les minimise, la vieille formule a l'air deux fois plus intéressante. Vous vous cramponnez à la queue de chemise d'un homme et vous prétendez que vous ne partagez pas ses aspirations, que vous le suivez uniquement pour ses beaux yeux.

Mais il y a un piège. Lorsque vous comptez sur un partenaire pour répondre à vos propres besoins, il devient presque inévitablement le centre de votre univers, que vous ayez ou non votre propre carrière. Entre-temps, bien qu'il occupe la place prépondérante dans votre vie, le genre d'homme qui cherche à conquérir fait rarement de vous son principal centre d'intérêt. Vous vous retrouvez donc avec des problèmes que lui n'a pas. Tout ce qu'il fait vous fait plaisir ou vous blesse. Pendant ce temps, lui ne remarque rien.

Une vision obtenue par procuration et qui semblait autrefois attirante peut devenir catastrophique. Les épouses des hommes qui rêvent d'être nababs ont tendance à se cramponner comme si leur vie en dépendait, parce que leur homme est tellement important pour elles. Cela lui donne le temps de vous utiliser complètement, jusqu'à ce qu'il soit prêt à partir. Puis les biens matériels que vous avez acquis au cours de votre relation commencent à se substituer à lui. Les propriétés, les maisons, les actions, les plantes d'intérieur, les vases, les peintures et les bibelots deviennent des questions de vie ou de mort. La situation devient très pénible lorsque la rupture approche. La séparation est affreuse, n'en finit plus, devient amère et le reste. Parfois l'ex-partenaire de lit du nabab se lance avec aigreur dans une carrière agressive — souvent la même que la sienne — juste pour lui montrer ce qu'il a perdu. D'autres souffrent d'un sentiment de perte si profond que leur dépression dure éternellement.

Trop souvent, à titre de partenaire du nabab, vous faites passer votre carrière après la sienne. Vous vous dévouez à attendre, pendant que lui vit activement. Compte tenu du peu de temps que nous avons à vivre, il n'y a pas de gaspillage plus grand que de se mettre soi-même en attente. Puis vous vous mettez vous-même à vous juger selon des critères extérieurs, exactement comme le fait le nabab. Vous vous évaluez d'après ce que vous possédez. Vous commencez à vous accrocher désespérément à vos cartes les plus fortes: votre beauté, votre jeunesse, votre physique ou votre entrain, et vous oubliez de développer les autres. Une fois que votre atout a été joué et qu'il commence à pâlir, une crise épouvantable est imminente. Vous vous torturez intérieurement à espérer un signe de votre nabab qui vous laisse savoir que vous êtes encore O.K.

Si vous vivez avec un homme qui rêve d'être nabab, essayez honnêtement de voir si vous souffrez de «procuratite», même si vous avez l'impression d'être ambitieuse par vous-même. Puis essayez de soigner votre «procuratite» avant qu'elle n'atteigne un point critique. Il est de loin préférable de travailler à vos propres ambitions et vos propres réalisations (de sorte que votre partenaire soit un bienfait pour vous, et non pas une possession).

Les hommes qui rêvent d'être nababs sont souvent aussi des collectionneurs de liaisons éphémères. Ils ne restent qu'un bout de temps mais ne s'attachent jamais à une femme. Ils peuvent aussi être des courtiers en catastrophes, prendre des risques, perdre et se tenir au bord du précipice, plutôt que de vraiment essayer de réussir. Parfois, ils ont aussi des caractéristiques des messieurs génies. Ils pensent qu'ils ont plus de talent que tout le monde et qu'ils méritent tous les privilèges.

Parfois les nababs sont gays. Dans de tels cas, ils sont habituellement des hommes gays numéro 2 (des hommes qui n'ont rien à faire des femmes), plutôt que des hommes gays numéro un (des hommes qui peuvent être chaleureux, sympathiques et de bons amis pour les femmes). Les deux prochains chapitres parlent de ces types d'hommes. Un grand nombre d'entre nous connaissent des hommes gays, ont des relations avec eux, les aiment ou les détestent. Comme pour tous les autres genres d'hommes, les relations avec les hommes gays nécessitent notre attention.

Chapitre 13

L'HOMME GAY
NUMÉRO UN

Tout sauf...

Oh! la roue ne cesse jamais de tourner. Ce qui était *out* est *in*. Le paria est devenu un personnage. Ce qui était tabou est maintenant typique. Il est gay. Et il est partout.

Tellement d'hommes osent être homosexuels de nos jours qu'ils ont atteint le statut respectable de devenir communs. Ils se croient peut-être extraordinaires mais, en fait d'excentricité, la leur est plutôt conventionnelle. Tout de même, les hommes gays sont des hommes, et ce sont souvent de bons hommes.

Si vous pouvez accepter de n'être jamais son copain numéro un, pourquoi ne pas vous accommoder de lui du mieux possible? L'homme gay a beaucoup à offrir. Lorsqu'il aime les femmes, c'est un ami fantastique. C'est peut-être sa situation qui l'a rendu sensible. Son enfance n'était peut-être pas très facile, ni sa vie actuelle. Il semble aussi que sa psyché le place sur une autre longueur d'onde. En tout cas, il est souvent beaucoup plus près qu'un hétérosexuel du milieu de cette étrange gamme d'émotions entre les hommes et les femmes. Cela signifie un meilleur contact pour vous et moins de malentendus. Souvent, il a des kilomètres d'avance sur le plan de l'empathie et trois brasses de profondeur de plus sur le plan de la sympathie. Il est facile de s'en faire un ami chaleureux et intime, un compagnon quand vous êtes seule, un amateur d'opéra quand vous avez envie d'en parler, un gourmet quand vous voulez essayer un nouveau plat, et une présence apaisante quand vous voulez simplement vous asseoir en silence. Parfois il vous ressemble plus que vous vous ressemblez. Et il a un autre avantage: il sait ce que c'est que de faire affaire avec des hommes. Mais, comme amant, il ne possède tout simplement pas le minimum d'enthousiasme requis. Alors voici une clé à la relation avec votre gay local: cherchez un ami, et non pas un amant.

Cas vécu

J'ai connu des femmes tellement emballées par la camaraderie d'hommes gays numéro un qu'elles ont misé trop fort. Elles ont accentué le négatif, éliminé le positif et se sont retrouvées avec rien au milieu. C'est le cas de Viviane.

Viviane a rencontré Christophe lors d'un voyage à Paris. Parlez d'un compagnon-né! Ils ont tout de suite formé un club dont le nombre de membres était limité à deux. Ensemble, ils ont parcouru la ville, émus de joie par leur fraternité. À l'intérieur de certaines limites. Christophe était homosexuel. Viviane ne l'était pas. Malgré tout, quand Viviane est retournée à Montréal, Christophe est vite venu la rejoindre.

Viviane est née à Montréal. Elle est enfant unique d'une famille très à l'aise. Son impressionnant père menait son clan avec la même poigne qu'il menait ses affaires. Viviane avait toujours eu l'impression de ne jamais être à la hauteur des espoirs de son père. Sans qu'elle s'en rende compte, il lui faisait peur. Une fois adulte, elle s'est sentie attirée par des hommes de nature totalement différente de celle de son père.

Christophe n'était pas le premier gay que Viviane ait trouvé attrayant. Adolescente, elle avait eu le béguin pour un jeune homme qui travaillait dans l'entreprise de son père. Quand il lui a avoué sa façon exacte de «cohabiter» avec son copain d'appartement, elle a caché sa surprise (et sa déception) en adoptant une attitude sophistiquée: elle a essayé de s'élever au-dessus des préjugés reliés aux préférences sexuelles des gens. Très rapidement, elle a fait la connaissance d'un nombre d'homosexuels beaucoup plus élevé qu'elle avait cru possible. En fait, elle semblait les attirer. Elle vivait dans un milieu riche et sophistiqué, et avait beaucoup de contacts sociaux avec le monde des arts et du théâtre, où les hommes gays abondent. Elle assistait régulièrement à des premières, à des réceptions et à toutes sortes d'événements, en compagnie d'une clique de fêtards. Et elle avait la repartie facile.

Mais sexuellement, elle était tout à fait hétéro, ou du moins le croyait-elle. Derrière ces lunettes d'opéra reluquait une femme conventionnelle. Pourtant, malgré des débuts prometteurs, peu d'hommes lui faisaient des avances ou alors ils ne restaient que le temps d'une brève aventure et disparaissaient rapidement. Par réaction, elle s'est construit une carapace. Elle camouflait son anxiété au moyen de plaisanteries express, d'une attitude mondaine et d'une armée de copains des deux sexes, dont les mâles préféraient généralement d'autres mâles. Elle désirait peut-être avoir son propre amant, mais elle réussissait à ne pas en avoir besoin.

Christophe était son escorte la plus fidèle. Il était toujours disponible (du moins l'après-midi et jusqu'à minuit). Il l'accompagnait volontiers partout à travers la ville, à titre d'escorte et de confident. Il la connaissait et il connaissait ses amis si bien qu'ils pouvaient commérer comme deux geais ou ne rien dire du tout. Ils suivaient avec intérêt la saga des incessants fiascos de Christophe au restaurant où il travaillait, ou ils parlaient du dernier artiste fou que Viviane avait rencontré et qui avait cessé de lui téléphoner. Ils s'étreignaient beaucoup, se tenaient les mains, et il leur arrivait même, à l'occasion, de dormir dans le même lit après avoir bamboché toute la soirée.

Ils étaient si intimes, si sensuels ensemble, de tellement bons amis que Christophe avait suggéré ouvertement, de temps à autre, qu'ils devraient se décider une fois pour toutes et devenir amants, faire l'amour ensemble. Mais il ne le suggérait que lorsque Viviane était follement amoureuse d'un hétérosexuel. Christophe alimentait l'atmosphère sensuelle qui existait entre eux deux, et jouait visiblement un rôle de quasi-Roméo. Alors un jour, Viviane a décidé de jeter un pont sur le dernier fossé qui restait à combler entre eux. Elle a pris ses suggestions au sérieux et lui a proposé de faire l'amour.

Christophe s'est immédiatement renfrogné. Après tout, elle savait qu'il n'avait du sexe qu'avec des hommes. Il aimait draguer, même draguer «prudemment», et il se cherchait vraiment un partenaire lui aussi, mais un partenaire mâle. Même s'il s'en plaignait souvent, il aimait bien, en fait, son horaire de couche-tard et les rencontres qu'il faisait. Viviane n'était qu'une confidente, une soeur, une compagne de voyage, jamais quelqu'un qui pourrait devenir sa maîtresse. Il s'était amusé à flirter avec elle uniquement dans le but d'ajouter du piquant à leur relation, et il pensait qu'elle avait compris cela.

Viviane se sentait rejetée, ahurie et, pis encore, stupide. Christophe s'est détaché d'elle: il se sentait menacé. Leur amitié s'est effondrée. Ils avaient tous deux fait une entorse à une entente tacite: Christophe en proposant une idée amusante qu'il n'avait absolument pas l'intention de pousser jusqu'au bout, et Viviane en essayant de changer une situation qu'elle avait prétendu sans importance.

La séparation a été froide et maladroite. Soudain laissée à elle-même, sans son bras droit, Viviane s'est ouvert les yeux. Elle avait choisi comme compagnon régulier un homme avec qui l'intimité ultime était impossible. Elle avait passé la majeure partie de son temps avec une personne qui ne pouvait répondre à tous ses besoins. Elle avait astucieusement évité les problèmes d'une relation entière homme-et-femme, elle avait évité les engagements, les batailles, les compromis. Mais elle avait aussi évité les avantages. Viviane a décidé que ses activités n'étaient pas en accord avec ses désirs. Si elle ne voulait pas d'une relation totale homme-et-femme, elle pouvait continuer de faire ce qu'elle faisait. Mais si elle voulait un partenaire sexuel et une relation entière, il faudrait qu'elle se montre prête pour ce genre de relation. L'un ou l'autre était acceptable. Elle a fini par accepter le fait qu'elle était une personne très sexuée. Elle s'est mise à voyager seule. Soudain, des occasions se sont présentées à elle. Elle ne repoussait plus les hommes au moyen de son garde du corps gay.

Entre-temps, Christophe a fait un examen de conscience lui aussi. Il a appris à accepter sa propre homosexualité sans titillations hétérosexuelles. Viviane et Christophe ont rétabli leur belle amitié. Mais à titre d'amis fidèles, et non pas de boucliers sociaux.

Évidemment, on sait qu'on a affaire à un homme gay numéro un autant par ce qui ne se passe pas que par ce qui se passe. Les avances habituelles, même les doubles sens et les regards ne se produisent pas. Lorsque vous rencontrez un homme gay numéro un, vous avez le choix de vous en faire un ami ou pas. Si le fait qu'une personne soit gay ne vous dérange pas du tout, vous pouvez avoir, si vous le voulez, le meilleur des deux mondes: des amis homosexuels et des partenaires hétérosexuels.

Comment reconnaître ce genre d'homme?

Il n'est pas difficile de reconnaître l'homme gay numéro un. Vous n'avez qu'à recourir à vos notions de géographie, de topographie et de chorégraphie. Qui s'assemble se ressemble: les oiseaux d'une même espèce ont tendance à se tenir ensemble, et les hommes gays ne font pas exception à cette loi de la nature. Ils arborent souvent le même plumage, ont les mêmes habitudes de vie et fréquentent les mêmes établissements. L'homme gay a plus de chances de s'accoupler s'il va dans des endroits fréquentés par d'autres moineaux aux mêmes couleurs de queue. (Et le volume et la forme de cette queue ont beaucoup d'importance.)

Les hommes gays numéro un ont une caractéristique principale en commun. Ils sont tous préoccupés par leur vie personnelle. Les aventures, les relations et les rencontres occupent la majeure partie de leur temps, accaparent presque toute leur énergie et leur capacité de bonheur. Ce n'est pas qu'ils ne s'intéressent pas à autre chose. Ils ont, en effet, d'autres intérêts, mais leur vie privée est prioritaire.

Souvent, le train de vie d'un homme gay numéro un l'use au point de lui faire perdre du poids (être mince est d'ailleurs un point qu'il considère absolument essentiel). Il a tendance à se dissiper, il fume et il boit trop. Il a peu d'énergie et est souvent malade. Il est un peu volage. Comme il poursuit son propre chemin individuel, l'expérience subjective, il est difficile de définir exactement ce qu'il attend de la vie. Ses buts sont nébuleux. Il goutte à des échantillons de la vie, puis continue son chemin; il veut voir et essayer toutes sortes de places et de choses. Il fait son nid, uniquement pour s'échapper ensuite du poulailler, c'est-à-dire que ses liaisons peuvent durer une nuit, un mois, ou peut-être même plusieurs années, mais elles durent rarement toute sa vie.

Des indices additionnels

Actuellement, l'homme gay numéro un peut se classer en deux types. Dans le premier, il a un penchant pour le style continental. C'est un moineau de ville. Vous le verrez habillé d'un pantalon serré de coupe française (en dessous duquel il porte un bikini couleur d'aubergine). Ses chemises sont blanches. Souvent, elles sont transparentes et soyeuses, ou fabriquées de coton de qualité. Elles sont taillées de façon à mouler son torse jusqu'aux côtes. Il se dandine en mocassins de cuir de Cordoue souple, sans bas, et porte un bracelet ou un collier. Ses cheveux sont coupés au ciseau et sont ébouriffés autour des oreilles. C'est «l'ami d'un ami» qui le coiffe. Au moins une fois dans sa vie, il essaie de changer la couleur de ses cheveux. Mais la couleur de son teint le trahit. Il a l'air un peu délavé.

Le type continental évolue en cercles rapides. Il se tient au courant de ce qui est à la mode, de qui est dans le Bottin mondain, et de la forme d'art qui a actuellement la faveur populaire. C'est un arriviste, un collectionneur de personnes et il aime parfois se vanter du nombre de gens en vue qu'il connaît. Il est au courant de l'ordre hiérarchique de n'importe quel territoire particulier, ordre qui est établi selon la célébrité et la classe et qu'il vous récite parfois en italien et parfois en français. Il drague dans les grandes capitales s'il le peut.

L'autre type d'homme gay numéro un a l'air plutôt homme des bois. Il porte des Levi's bleus à boutons et des caleçons de jockey blancs. Il alterne entre des chemises de flanellette à carreaux et des sweat-shirts et T-shirts. Il se chausse de bottes de travail de cowboy à bouts carrés, ou de bottes d'excursions munies de crochets à lacets. Ses cheveux sont très courts et taillés comme une haie. Il est plus pantouflard que le type continental. Il prend la vie calmement et fait beaucoup de siestes. Il préfère recevoir des visiteurs plutôt que de sortir, et quand il sort, c'est pour aller manger dans un bon restaurant tranquille ou voir un film. Il est un peu plus doux, un peu plus câlin, moins énervé que le gay de ville.

Les deux types sont très affectueux. Les deux sont très très ordonnés. Qu'il soit d'un type ou de l'autre, l'homme gay numéro un aime sa maison. Il la remplit de petits objets qui plaisent à son imagination, de bric-à-brac ou de souvenirs de famille, au point où elle a l'air d'une vitrine. Et toutes ses choses sont disposées parfaitement. Il aime aussi que ses objets soient exotiques (il s'agit souvent de souvenirs de lointains voyages) et de prix élevé. Il préfère les tapis orientaux, le cuivre ancien, les meubles antiques, ou bien les meilleures pièces de cuir designer et modernes. (Il cultive le bon goût et aime qu'on le reconnaisse.) Il aime aussi que sa maison soit ensoleillée et spacieuse. Il adore les plafonds hauts et des arrangements de fougères et de philodendrons. Il a un pouce vert qui peut faire des miracles, si bien que ses plantes ont l'air en extase et poussent splendidement. C'est un homme d'intérieur, aucun doute là-dessus. Même lorsqu'il vit dans un appartement loué, l'homme gay numéro un le décore. Et il cuisine! De plus, il partage souvent son logis avec un ou plusieurs amis. L'homme gay numéro un aime la compagnie.

Mais peu importe de quelle façon il partage son espace, il a tendance à se conformer à une espèce d'écosystème homosexuel. Lorsqu'un quartier devient gay, c'est là qu'on le trouve. Son secteur est presque délabré, presque vieux, et presque historique, style «Ritz détérioré». Mais les hommes gays créent une nouvelle renaissance dans le quartier. Ils provoquent une prolifération de cafés et d'activités — à partir du brunch — mais pas de déjeuner. Dans ces endroits, la clientèle est habituellement plutôt homogène.

Bien que son nid soit important pour l'homme gay numéro un, son véhicule ne l'est pas. La plupart se préoccupent peu de la marque de leur voiture, bien qu'ils aient généralement tendance à préférer les petites. Ils changeront peut-être selon qui a quoi à vendre, qu'il s'agisse d'une Toyota, d'une Renault, d'une Ford Fiesta, d'une Hyundai ou d'une Yugo. Ceux qui ont plus d'argent aiment les petites voitures sobres et proprettes. Ils conduiront peut-être une BMW 320i ou une Rabbit bien entretenue. Les voitures occasionnent tellement de problèmes, l'homme gay numéro un préférera souvent marcher ou prendre l'autobus. Ou mieux encore, s'organiser pour que quelqu'un vienne le prendre en voiture. Quelqu'un de beau, préférablement.

Il aime les restaurants, les galeries d'art, les concerts et les opéras. Il aime les saunas, les piscines et les gymnases. (Ceux qui ne fréquentent pas un gymnase font des exercices avec une barre accrochée dans un cadre de porte ou font dix minutes d'exercices d'étirement de yoga. Ils ne font pas de jogging et le tennis n'est pas leur sport préféré.) Malgré tout, l'homme gay numéro un est obsédé par son poids, peu importe ce qu'il fait. Il essaie de garder une silhouette d'adolescent aussi longtemps que possible. Lorsqu'il atteint la trentaine et que son corps s'arrondit, il devient anxieux et, soudain, c'est le temps du régime d'amaigrissement. Mais pas constamment, et pas un régime qui exclut les libations liquides à effets spirituels. Il est prêt à céder à la première tentation. Il aime le vin, un bon scotch et souvent la drogue. En fait, ce qu'il y a de particulièrement instable chez l'homme gay numéro un, c'est sa façon de prendre soin de lui-même. Tantôt il s'astreint rigoureusement, et tantôt il fait la bombe. Il se peut qu'il travaille très fort et qu'il sorte quand même toute la nuit. Il peut ne rien faire et être quand même fatigué. En moins de quelques secondes, il peut passer de l'immobilité totale à une activité fébrile. Il peut travailler trop fort, comme il peut lui arriver de prendre des surdoses de drogue ou, au contraire, il peut ne pas travailler et ne pas manger suffisamment. Il attrape des hépatites et des séries de rhumes (en plus d'autres maladies contagieuses, dont certaines, aujourd'hui, sont très dangereuses). Mais rien de tout ceci ne le convainc de mener une vie plus régulière (il sera peut-être plus prudent cependant). Cela n'a pour effet que de le pousser à essayer le mysticisme, les aliments naturels, les tisanes, le pelotage plutôt que le sexe, ou à devenir un peu plus méticuleux.

L'homme gay numéro un a les mêmes préférences pour les femmes que pour le théâtre: il aime celles qui ont un petit scénario intéressant qui lui fournit des histoires à raconter. Il a un penchant pour celles qui font preuve de vivacité, d'intelligence, celles qui sont blasées ou névrosées; pour les femmes élégantes ou étranges, profondes ou arrogantes. Habituellement, s'il décide qu'il vous aime bien, c'est instantané et il vous adoptera pour la vie. Dès la deuxième rencontre, sa relation avec vous devient une partie de plaisir, de bouffe, de camaraderie et de commisération, de symphonies et de sympathie. On dirait qu'il vous connaît depuis des milliers d'années.

Vous vous traitez comme des âmes soeurs, un peu comme des relations de famille: des cousins qu'on embrasse quand on les voit. Votre amitié est empreinte d'une certaine sexualité; vous agissez tous les deux comme si un inceste pouvait être intéressant, mais vous n'abordez jamais la question directement. Il y a entre vous une ligne invisible, que vous approchez et évitez. Bien que vous usiez de beaucoup de gestes physiques pour exprimer votre affection, vous coupez court à l'instant même où ils deviendraient sexuels. Vous pouvez bien roucouler et vous frotter le bec ensemble, mais vous ne pondrez jamais un oeuf. Vous pouvez flirter et caresser, mais vous ne pouvez fouiller ou pénétrer. Si jamais vous traversez la ligne et que les touchers deviennent trop intimes, l'un de vous est habituellement repoussé par une onde de choc.

L'aspect financier

Il est facile de voir comment l'homme gay numéro un dépense son argent: pour ses petits plaisirs. Et c'est aussi ce qui le motive à poursuivre son éducation: pour se rendre la vie plus agréable. Certaines hommes gays numéro un vivent d'héritages, d'assistance sociale ou d'assurance-chômage. Certains ont des revenus allant de modérés à fabuleux, grâce à des emplois dans le domaine de l'éducation, des affaires, du spectacle, de la mode, de l'immobilier, du graphisme ou des publications. Certains de leurs membres dirigent le monde des arts, d'autres vivent aux dépens des autres. Mais peu importe sa provenance, l'argent passe habituellement entre les mains de l'homme gay numéro un plus rapidement qu'il ne s'y attendait. Il dépense de façon tellement régulière pour ses petits plaisirs qu'il n'a souvent pas d'argent pour les gros, bien qu'il réussisse habituellement à en emprunter de quelqu'un. Il dépense pour gratifier ses sens, pour s'amuser et pour gâter ses amis. L'argent roule si rapidement dans son milieu qu'il est difficile de savoir qui vend et qui achète. Jamais un groupe de personnes n'a été aussi disposé à utiliser son argent mutuellement. Si vous pouvez obtenir de l'argent sans travailler trop fort ou au moyen de quelque mystérieux travail à la pige, vous êtes un membre très admiré du clan.

Toutefois, afin de s'assurer de ne pas manquer d'argent, l'homme gay numéro un fait des placements, ou y pense. Et il pense que le meilleur endroit où placer son argent est dans l'immobilier. Il adore les biens immobiliers. Il aime certainement acheter sa propre maison ou son propre condo. Peut-être une petite propriété à revenus modestes. Peut-être un chalet à la campagne. Mais peut-être est un mot clé. Certains hommes gay numéro un ont du succès avec leurs placements immobiliers, mais un nombre étonnant d'entre eux achètent au mauvais moment, vendent dans de mauvais termes, et perdent de l'argent.

Avec les femmes et l'argent, il accepte et accorde l'hospitalité sans compter. De temps à autre, vous partagez la note, ou vous apportez une bouteille de vin à la réception préparée par l'autre. Aussi, de temps à autre, il paie pour vous quand vous n'avez pas le sou. Tout de même, si vous avez de l'argent et que cela ne vous dérange pas de payer pour quelqu'un d'autre et si votre homme gay numéro un est plutôt pauvre, il n'hésitera pas à utiliser votre capital. Quand vous êtes ensemble, bien sûr, habituellement pas quand vous êtes séparés.

L'aspect familial

Les liens qui rattachent l'homme gay numéro un à sa famille sont étranges et solides. Parfois, ses parents, ses frères et soeurs sont au courant de ses préférences sexuelles; parfois, ils ne le sont pas. Dans un cas comme dans l'autre, il est extrêmement protecteur vis-à-vis d'eux. Il fait même attention à sa façon de leur faire voir la vérité à son sujet. Il se considère habituellement suffisamment hors la loi dans son choix de partenaires qu'il est habituellement prêt à être un bon petit gars avec les autres. Il idolâtre sa soeur, tolère son frère (bien que s'il traite un membre de sa famille comme un étranger, ce sera son frère), trouve son père gentil, sa mère complexe. Il leur pardonne, même si eux ne lui pardonnent jamais tout à fait.

Habituellement (mais pas toujours) il aime les enfants. Il est heureux de jouer à l'oncle. Il habitera même des maisons où vivent des enfants, surtout avec des mères célibataires. Il est tout de même content que les enfants vous appartiennent. Il leur tiendra compagnie et les gardera de temps en temps, mais il est content aussi quand ils ne sont pas là. Il possède des qualités qui peuvent faire de lui un bon professeur, ce qu'il est souvent. Et un homme gay numéro un ne toucherait jamais à un cheveu d'un enfant. En fait, il ne ferait jamais de mal à personne. Ceux qui le font, gays ou hétéros, sont une autre sorte d'hommes.

L'homme gay numéro un est un homme idéal à bien des points de vue, sauf pour ce désavantage: sa relation avec vous n'inclura jamais l'intimité sexuelle. Et ce désavantage peut être important. Peu importe quel est le secret de l'intimité sexuelle, la plupart des femmes le préfèrent à tout autre type d'intimité. Et la plupart des femmes y tiennent. Bien sûr, si ce n'est pas votre cas, l'homme gay numéro un est peut-être celui qu'il vous faut.

Il a toutes les caractéristiques d'un ami fantastique. Il est là dans les moments importants. Il est à l'écoute de ce que vous pensez et ressentez. Il est plus intéressé aux gens qu'aux choses et il aime vraiment les femmes. Mais rappelez-vous qu'il préférerait souvent être avec quelqu'un d'autre plutôt qu'avec vous. Il cherche l'amour lui aussi, mais pas avec vous.

Qu'est-ce qui vous attend?

La vraie question dans le cas de l'homme gay numéro un n'est pas qu'est-ce qui vous attend, mais qu'est-ce qui ne vous attend pas. En résumé, une relation avec un homme gay numéro un est un peu comme un univers en équilibre: le commencement, le début et la fin sont pas mal semblables. Pas de «big bang» au début. Pas de finale violente au terme de la relation. Tout au plus, un épuisement d'énergie. Lorsque vous prenez un mâle et une femelle et que vous enlevez la tension, le fil se desserre et devient lâche. Comparé aux types d'hommes hétérosexuels (ceux qui vous servent le repas complet, de la soupe au digestif), un homme gay qui aime les femmes est un véritable Rolaid et devrait peut-être être utilisé comme tel. Il offre du soulagement, du réconfort. Mais il n'est pas un remède final. Soulager les symptômes mène rarement à la guérison. Ce dont vous avez probablement besoin, c'est d'une dose de lui et d'une dose de quelqu'un d'autre. La meilleure prescription de toutes, c'est de prendre un homme gay numéro un, en même temps qu'une relation hétérosexuelle.

Une bonne relation avec un homme gay numéro un vous assure d'une amitié profonde tout en vivant tous les deux des vies très différentes. Une fois que vous avez établi un lien, le seul changement qui risque de se produire provient des effets de vos autres engagements. Une relation à long terme avec l'homme gay numéro un n'a habituellement pas d'étapes distinctes. Elle suit plutôt un cours léthargique. Même si le nombre de vos rencontres peut diminuer avec le temps, la qualité reste la même.

Après un bout de temps, des problèmes particuliers peuvent tout de même se manifester avec l'homme gay numéro un. D'abord, il est difficile de toujours trouver quelque chose à faire. Lorsqu'on se sent comme des âmes soeurs dès le début (à quoi s'ajoute le fait que l'on sait que la relation ne mènera nulle part), il est parfois plus facile de se taire que de chercher à apporter des éléments stimulants. Comme vous faites des choses ensemble, mais que vous ne vous faites rien l'un à l'autre, vous pouvez en venir à ne rien faire du tout ou à passer beaucoup de temps à chercher quoi faire. L'un dit à l'autre: «Qu'est-ce que tu as envie de faire?», jusqu'à ce que cela devienne un rituel. Ou vous vous en remettez à de vieilles formules: manger, boire, aller voir de vieux films ou visiter les mêmes vieux amis.

Même le soutien que vous représentez l'un pour l'autre peut prendre un aspect unilatéral. Plus souvent qu'autrement, vous vous servez tous deux de votre amitié pour vous remonter le moral, pas pour vous apitoyer ensemble. Il semble y avoir un règlement contre manifester de l'anxiété à l'unisson. Mais alors qu'il peut être réconfortant de recevoir des encouragements, ces derniers peuvent aussi servir à éviter d'affronter les problèmes. Posez-vous des questions si vous devenez excessivement dépendante de votre ami gay. Peu importe combien vous l'aimez, il peut nuire à votre évolution comme vous pouvez nuire à la sienne. Tôt ou tard, vos liaisons respectives, votre curiosité, ou la sienne, pour de nouvelles expériences, vous distanceront peut-être, mais pas pour toujours: appelez-le et il viendra. C'est votre ami.

Quels sont les signes précurseurs de problèmes?

Peu importe quelle direction vous prenez, l'homme gay numéro un vous avertit dès le début. Dans certains milieux, il est devenu pratique courante de présumer qu'un homme soigneux de sa personne est gay, jusqu'à preuve du contraire. Vous n'avez pas besoin de lunettes d'approche pour reconnaître l'homme gay numéro un à son habillement et à ses habitudes. Vous pouvez certainement décoder son va-et-vient en compagnie, habituellement, de personnes du même sexe. Il fréquente des endroits où la population féminine est minoritaire et il passe de longues périodes de temps avec son «copain d'appartement» et ses amis mâles. Parfois, ils s'échangent leurs vêtements. Ils semblent tous porter les mêmes grandeurs.

Bien sûr, il y a une autre façon de l'identifier. Vous pourriez appeler cela la méthode des «gestes par défaut». Habituellement, il n'y a pas de place pour le doute quand un homme désire une femme sexuellement. Vous pouvez l'entendre, le voir et le sentir vous le dire et vous demander. Avec l'homme gay numéro un, les avances n'ont jamais lieu. Il est proche de vous, mais pas «trop» proche. Il vous embrasse peut-être, mais il est embarrassé. Si vous l'effleurez par inadvertance, il sursaute.

Parfois, il n'y a pas de problèmes d'identification: il vous dit ce qu'il en est avant même que vous l'ayez deviné. Les hommes gays ultramodernes ne se contentent parfois pas seulement de vous dire qu'ils sont homosexuels, mais ils vous expliquent en détail pourquoi et comment c'est arrivé. Lorsque vous sortez ensemble, ses yeux se promènent sur la même moitié de population que les vôtres: la moitié qui porte des pantalons et se fait la barbe. Seulement vous regardez de la tête aux pieds, alors que lui regarde des pieds en montant et s'attarde à mi-chemin sur un certain point particulier.

Bien qu'une erreur sur la personne puisse amener une déception ou de l'exaspération, les véritables avertissements dont vous devez tenir compte ne résident pas dans la nature de la relation, mais dans votre façon de l'utiliser. Faites attention de ne pas traverser la ligne au-delà de laquelle votre besoin l'un de l'autre devient de la dépendance. Définissez dès le début ce qui est un usage et ce qui est de l'abus. L'homme gay numéro un est très conscient de l'épuisement de l'énergie. Il est un peu égoïste et craint les engagements dans ses liaisons amoureuses, alors lorsqu'une femme lui absorbe son énergie, il a tendance à courir se cacher. Et s'il vous pousse à croire que vous pourriez peut-être le séduire alors qu'il sait très bien que c'est faux, c'est qu'il veut faire de vous le dindon de la farce. Il veut peut-être se prouver à lui-même, une fois de plus, qu'il est gay, ou il a besoin d'une histoire pour se couvrir. Je lui demanderais carrément à quoi il joue.

Et prenez note d'autres points également. Parfois, l'homme gay numéro un de style continental recherche votre compagnie à cause de votre statut social ou de votre fortune. Faites attention à lui. Toute amitié sous-entend qu'on s'utilise réciproquement. Vous pouvez être d'accord avec certaines utilisations, mais pas avec certaines autres. Et l'utilisation que vous faites de lui est également problématique. Vous avez peut-être désespérément besoin de vos petites entrées, de frivolité ou de quelqu'un à qui vous accrocher. Et votre intimité vous porte à pencher de son côté. Si vous vous tenez compagnie au détriment d'une relation plus satisfaisante, vous travaillez à l'encontre du but que vous recherchez.

Quelles sont vos possibilités et que devriez-vous faire?

Il arrive, mais très rarement, qu'un homme gay numéro un s'avère hétérosexuel mais, je le répète, c'est très rare. Lorsqu'il s'agit de sexe, les gens ont habituellement une saveur préférée et ont tendance à ne pas s'en écarter. Cela ne veut pas dire que les homosexuels n'ont pas essayé le sexe opposé, ni que les hétérosexuels n'ont pas essayé le leur; et il y a des personnes qui sont tout simplement bissexuelles. Mais la plupart des gens ont un penchant très prononcé pour l'un ou pour l'autre sexe.

Si vous êtes liée à un homme qui a des aventures avec d'autres hommes, exclusivement ou avec vous aussi, vous faites mieux de décider si ses activités se situent à l'intérieur des limites de votre tolérance émotionnelle. Vous pouvez cacher votre anxiété et feindre d'approuver, mais si vous vous surprenez à dire que votre relation est merveilleuse quand elle ne l'est pas, vous faites mieux d'annuler votre engagement et de fermer boutique. Tout le monde mérite la gamme complète des émotions: l'amour, l'attention et le sexe si c'est ce que vous désirez. Et être rejetée sexuellement en faveur d'une autre personne de n'importe quel sexe est tout simplement trop douloureux.

Lorsqu'un homme est exclusivement gay, et que vous êtes exclusivement hétéro, je vous conseille de ne pas vous battre et de ne pas fuir; assurez-vous seulement de ne pas vous mettre les pieds dans les plats. Cherchez en lui un meilleur ami plutôt qu'un amant. Au lieu de refuser la relation, utilisez-la. Mais utilisez-la de la bonne façon. L'homme gay numéro un est un choix, pas une exigence. Son meilleur rôle est celui d'assaisonnement. Il est de nature délicate, alors n'en abusez pas. Soyez prudente. Donnez-lui de l'espace pour en retirer le maximum. Laissez votre ami gay mener sa propre vie. Vous retirerez davantage de lui si vous ne lui demandez pas trop de temps, d'attention ou d'interaction sexuelle. Prisez votre intimité avec lui. N'abusez pas de sa sympathie naturelle. Si vous le surchargez de problèmes, il devra se sauver.

Certaines femmes fuient les hommes gays ou les ignorent, parce qu'elles pensent que les hommes homosexuels nuisent à leurs chances de se trouver un partenaire. Certaines femmes qui occupent des emplois préfèrent la compagnie d'hommes gays parce que les liaisons amoureuses causent trop de problèmes au travail, ou parce qu'elles cherchent des compagnons plutôt que du sexe. Certaines femmes qui ont des partenaires hétérosexuels trouvent que les hommes gays font les meilleurs amis mâles. Toutes ces raisons sont bonnes, si elles répondent à vos besoins. Il est probable qu'aucune autre relation avec un homme ne réponde avec autant de souplesse à ce que vous en attendez, à part l'intimité sexuelle.

Si vous êtes en quête d'un homme hétérosexuel et n'en trouvez pas en ce moment, éviter de vous entourer d'un trop grand nombre d'hommes gays numéro un est tout simplement pragmatique, mais ne rejetez pas complètement les homosexuels. Éliminer la possibilité d'un type de relation homme-femme ne provoque pas l'apparition de relations d'autres genres. Rejeter n'importe quelle variété d'amis peut diminuer vos propres horizons et votre propre potentiel. Vous pouvez profiter de toutes les possibilités si vous gardez les choses à leur place.

Quel rôle jouez-vous dans cette relation?

Qu'est-ce qui s'est passé? Vous regardez autour de vous et vous vous apercevez que vous avez cueilli plus de deux, ou trois, ou quatre amis homosexuels. Vous avez engagé toute une troupe! Ou peut-être que vous en avez ramassé rien qu'un, mais qu'il est si véhément qu'il vous donne l'impression d'être un essaim à lui seul. Entre-temps, votre nid est vide.

Parfois, l'homme gay peut devenir un albatros. En sa compagnie, vous parodiez les harmonies mâle/femelle, mais vous ne chantez jamais le chant de Salomon. Vous devez vous analyser si, pour une raison ou pour une autre, vous évitez de vous engager sérieusement avec un homme. Peut-être êtes-vous, vous-même, une collectionneuse de liaisons éphémères? Derrière l'abondance d'hommes gays numéro un dans votre vie, se cachent peut-être la peur du sexe, la peur de la tyrannie, ou la peur d'une autre peine d'amour. Bien sûr, il est tout à fait possible que vous ayez découvert que toute liaison permanente signifie que vous renoncez aux autres, ou peut-être trouvez-vous qu'avoir vécu une seule expérience amoureuse au cours de votre vie est amplement suffisant. À votre aise. Mais si la cause est vraiment la peur, vous voudrez peut-être songer à la conquérir et à passer à d'autres étapes.

Si vous voulez aimer le sexe mais en êtes incapable, plusieurs types d'aide s'offrent à vous. Si vous acceptez la possibilité d'une aide professionnelle, vous découvrirez que d'autres avant vous ont eu à résoudre des problèmes similaires. Le sexe peut souvent ressembler à un supplice du feu; vous craignez tellement d'être incapable d'atteindre l'orgasme que l'idée de faire l'amour devient une véritable torture. Ce que vous ne savez peut-être pas, c'est qu'il faut des années pour devenir sûr de soi sexuellement, et c'est un fait que la plupart de la propagande sexuelle néglige de dire. Vous avez le droit de vous allouer amplement de temps et de chercher des circonstances favorables, peu importe combien de fois vous devrez dire non.

Pour beaucoup de femmes, les compromis que nécessitent les relations permanentes semblent des capitulations. Et vraiment, certains hommes se conduisent comme de véritables tyrans avec leurs partenaires, mais une relation permanente n'est pas obligatoirement calquée sur ce type. Présumer qu'il en est ainsi, c'est se laisser aller à des généralisations excessives et flagrantes. Habituellement, quand on pense qu'une union avec un homme est nécessairement un esclavage, c'est que le véritable tyran est dans votre tête. C'est l'image déformée d'un homme de votre passé, ou qui provient d'une famille où les hommes étaient toujours dominants et les femmes soumises. Plutôt que d'être hantée toute votre vie par de vieux fantômes, essayez de vivre dans le présent et de construire quelque chose de différent. Débarrassez-vous du croquemitaine qui est à l'intérieur de vous afin de trouver un meilleur homme à l'extérieur.

Si vous avez eu une peine d'amour par le passé, rappelez-vous, surtout dans le contexte des vastes possibilités de notre époque, le bon vieux dicton «un de perdu, dix de retrouvés». Rêver d'aimer la même personne toute sa vie est certainement agréable, mais très peu de gens y parviennent de nos jours. Et peut-être même que certains de ceux qui y parviennent n'auraient pas dû rester liés toute la vie. Plutôt que de vous cacher, prenez votre courage à deux mains et continuez d'essayer.

Si l'abstinence ne vous sourit pas comme mode de vie, ne soyez pas stupide: dites-vous bien qu'«un tiens vaut mieux que deux tu l'auras»; et autant tenir dans votre main le sexe du voisin plutôt que celui que vous possédez déjà. Vous serez peut-être l'une de ces dames fortunées qui sont capables de jouir de tous les hommes: des gays comme des hétéros.

Passons maintenant à l'homme gay numéro deux.

Chapitre 14

L'HOMME GAY NUMÉRO DEUX

Vous ne le rencontrerez pas de toute façon...

Vous ne trouverez pas de relation ici et vous ne devriez pas en trouver, pas dans un sens qui ait quoi que ce soit à voir avec l'intimité. Pas même s'il a déjà été marié et a changé d'option sur le tard. Cet homme exclut tout simplement les femmes de sa vie.

Vous ne pouvez pas escalader une falaise escarpée ni nager la largeur de l'océan.

Vous êtes excusée.

Chapitre 15

LE PAPA A RAISON

L'homme qui vous traite continuellement comme une enfant.

Mais vous n'êtes pas excusée du chapitre sur le papa a raison. Ou plutôt, comme un maître d'école qui vous fait continuellement des reproches, lui ne vous excusera pas. Et vous le rencontrerez partout. Les hommes qui essaient de dominer les femmes en les «paternant» se retrouvent parmi les employeurs, les contrôleurs (de billets), les comptables, les gardiens de parcs de stationnement, les médecins, les conseillers, les avocats, les entrepreneurs, les mécaniciens, les réparateurs, mais surtout les amoureux, les maris et les pères. (Combien de fois un de ces hommes a-t-il essayé de vous dire ce qui était mieux pour vous, quand il ne vous a pas tout simplement dit de laisser faire, qu'il s'en occuperait?) Sa technique de domination est très efficace et très insidieuse. Nous nous laissons prendre souvent parce que cela a l'air très protecteur et très attentionné. Mais c'est aussi très débilitant. C'est une situation qui peut vous rabaisser et vous arracher votre autonomie et votre indépendance.

Mais il y a des façons de se rendre compte de ce qui se passe.

Je vais maintenant vous parler d'un groupe d'hommes qui peuvent détruire les femmes pas avec leur arrogance, leurs exigences ou leur audace, mais en les étouffant, en les aimant à mort et en les manipulant. Commençons par le papa a raison.

Comment le reconnaître? Eh bien, pensez à ce que font les papas. Ils vous protègent et pourvoient à vos besoins. Si vous faites une erreur, ils réparent les dégâts tout en faisant «tsk, tsk». Ils connaissent tout, et tellement mieux que vous. Ils vous disent où aller et exactement quoi faire. Et ils aiment leur petite fille. Tellement, en fait, qu'ils ne la laissent pas grandir.

Le papa a raison n'établit des liens avec les femmes qu'en termes de parent et enfant. Il n'agit jamais comme si vous étiez une adulte. Il refuse d'avoir avec vous des communications empreintes de maturité. Avec sa conviction profonde d'être beaucoup plus vieux que vous, peu importent son âge et son expérience, il devient un imperturbable tyran. Après tout, tout le monde sait que l'autorité paternelle est celle qui est la plus susceptible d'être inébranlable. Mettez votre père en colère et vous pouvez être certaine que c'est vous qui allez perdre. Vous pouvez aussi vous retrouver en fort mauvaise posture. Par droit inné, et peu importe ce qu'il en ressort, papa a raison.

Surtout comme amant ou partenaire, le papa a raison prend son rôle tellement à coeur qu'il s'assigne la tâche d'être votre protecteur bienfaisant. Vous ne pouvez mettre son opinion en doute sans qu'il se vexe. Il traite tout refus de votre part comme une rebuffade, toute confrontation comme des contradictions, jusqu'à ce que vous n'ayez à peu près plus de choix. Vous faites de votre relation un petit jeu du genre «Papa, est-ce que je peux...?» Vous vous faites mielleuse comme une petite fille pour être récompensée et vous boudez quand vous êtes punie. Vous suppliez et vous câlinez, vous cajolez et vous manipulez.

Le papa a raison est assez intelligent pour choisir le type de femmes qu'il aborde en vue d'une union. Il trouve que certaines femmes ne sont pas assez malléables à son goût et ne perd pas son temps avec elles. Il ne cherche pas nécessairement des femmes jeunes, mais plutôt des femmes qui continuent de se conduire comme des fillettes longtemps après avoir passé cet âge. Il remarque les femmes sans escorte qui ont l'air espiègles, celles qui hésitent à renoncer à une espèce de charme puéril, et celles qui sont trop paresseuses pour s'occuper d'elles-mêmes et qui préfèrent s'en remettre à des hommes d'entretien. Le papa a raison rencontre souvent ses partenaires alors qu'elles font face à une importante transition entre leur famille, leur foyer, ou l'école et le vaste monde. Ce genre de transitions a tendance à exacerber leur comportement de demoiselle en détresse et leur désir de se trouver des nids douillets.

Cas vécu

J'ai déjà eu, dans ma classe de débutants, une élève nommée Lise qui était pas mal plus âgée que ses camarades de classe. Elle était retournée aux études après avoir passé plusieurs années dans un cocon; elle s'apprêtait à déployer ses ailes et à commencer une nouvelle vie. Cela faisait toute une différence avec la vie qu'elle menait auparavant: celle d'une femme qu'on entraîne au rôle de princesse.

Lise venait d'une famille de quatre filles qui avaient toutes été dorlotées et entourées de tous les animaux en peluche imaginables, de lits à baldaquin et de dentelles. Son père les adorait tellement qu'il les traitait, elles et leur mère, comme un trésor personnel. Il n'a pu se résoudre à laisser partir chacune de ses filles que lors de cérémonies spectaculaires au cours desquelles il les donnait fièrement en mariage.

Pendant sa dernière année d'études secondaires, Lise a commencé à sortir régulièrement avec Léonard, un homme qui avait six ans de plus qu'elle. Elle ne s'est pas demandé pourquoi, plutôt que de sortir avec des filles du cégep, il préférait la compagnie d'une fille d'école secondaire. Le père de Lise l'a envoyée étudier à l'université d'une autre province, mais elle est revenue tout de suite s'inscrire à un cégep local. Elle est sortie avec d'autres hommes. Elle a même rompu avec Léonard. Mais alors qu'elle s'apprêtait à finir ses études, elle a décidé de l'épouser. Elle a passé son dernier semestre à graduer en fiançailles et en réceptions de cadeaux. Elle n'a même pas fini son dernier cours «incomplet». Léonard n'en voyait pas l'utilité.

Malgré sa jeunesse, Léonard a fait de leur vie une série de contraintes. Il connaissait la seule «bonne» façon de faire les choses, et disait à Lise exactement comment accomplir chaque tâche. Il dirigeait son magasinage, critiquait sa façon de faire le ménage, et adoptait une attitude paternaliste face à ses échecs culinaires, en lui disant: «Je t'avais prévenue.» Il tenait à ce qu'elle prépare la farce de la dinde de l'Action de grâce exactement comme sa mère le faisait. Il insistait pour passer le 24 juin à leur chalet, tel qu'il l'avait fait durant son enfance. Il n'aimait rien de nouveau. Il devenait un monstre grognon quand il était malade. Et il s'énervait tellement quand Lise essayait d'argumenter avec lui qu'elle a trouvé plus simple d'obtenir ce qu'elle voulait à force de câlineries.

Lise travaillait occasionnellement comme réceptionniste dans un bureau de médecin; c'était quelque chose qu'une «fille» pouvait faire, quelque chose de pas trop sérieux et où on appelait encore les femmes des «filles». Comme elle n'avait pas grand-chose à faire, Lise est devenue entièrement préoccupée par ce que Léonard voulait qu'elle fasse, ce qu'ils allaient manger au souper et de quoi ils auraient bientôt besoin. Elle s'est mise à dépenser. Elle achetait des vêtements (des tas de vêtements), choisissait de nouveaux plats et planifiait ses expéditions de magasinage. Léonard hésitait, parlait de budget, puis refusait. Lise le suppliait. Puis il allait acheter ce qui lui était tombé dans l'oeil et le lui donnait en lui tapotant la tête. Il a entraîné Lise à croire que «non» voulait dire «oui, mais supplie-moi d'abord». Bientôt, «Oh! je t'en prie, Léonard» faisait partie de toutes ses phrases.

Léonard ne lui a jamais parlé des limites de son salaire ni de la signification de son budget, de sorte qu'elle ne savait jamais s'ils avaient beaucoup ou peu d'argent. Il disait toujours des choses comme «nous trouverons bien un moyen», ou «je trouverai bien une façon d'y arriver». Sur tous les plans, il traitait Lise comme une créature irréelle et incompétente. Il agissait comme si, à part servir de divertissement et de décoration, elle n'avait pas d'autres aptitudes et encore moins d'importance. Il disait qu'«elle n'apprendrait jamais», et qu'il lui fallait donc suivre ses instructions plus compétentes et plus rationnelles.

Sauf quand il était question de sexe. Lise attendait toujours des directives de Léonard, mais elle n'en a jamais reçu. Il était plus que gentilhomme au point de vue sexuel. Il était incroyablement réservé. Il se servait de sa naïveté, de ses hésitations, même d'un bâillement, pour la «libérer» de ses obligations sexuelles. Et lorsqu'elle avait clairement envie de sexe, il lui faisait la faveur de la caresser pendant un bout de temps, puis se tournait de côté et s'endormait. Il leur arrivait de se rendre au coït, mais ce qui était satisfaisant pour Léonard était un vide total pour Lise.

Au bout d'à peine quelques années, Lise s'est retrouvée déçue et frustrée, et son amour pour Léonard s'est éteint. Mais, entre-temps, elle avait si peu évolué que sa tentative de mettre fin au mariage a eu l'air d'un caprice d'enfant. Plutôt que de formuler des intentions claires, elle s'est mise à flirter avec d'autres hommes. L'un d'eux était particulièrement consolant. Il sympathisait avec elle et lui a offert un refuge. Il avait une maison et un salaire tout fin prêts, et, un beau jour, Lise est partie en douce de chez Léonard et a emménagé avec Guy.

Lise était tombée de Charybde en Scylla. Elle s'est jetée dans les bras d'un autre parent attentionné, connaisseur et dominateur. Guy était si calme et si tolérant que, malgré ses tentatives de scandale, Lise est retournée à son rôle de femme-enfant innocente. Guy se conduisait plus comme un principal d'école que comme un partenaire, alors Lise agissait comme une tête folle excitée qui avait besoin de remontrances. Entre-temps, leur vie érotique est devenue presque aussi ennuyeuse que celle qu'elle avait connue avec Léonard. Guy ne semblait avoir envie de sexe que lorsque Lise faisait le bébé, qu'elle s'assoyait sur ses genoux et le traitait de «vilain».

Des années ont passé pendant lesquelles Lise s'amusait dans sa nouvelle maison de poupée. Guy devenait de plus en plus difficile à satisfaire. Lise se sentait retranchée du monde. Ses amies de femmes perdaient patience avec elle. Elle était seule et s'ennuyait. Elle se sentait inutile. Elle a commencé à avoir des problèmes de jalousie. Elle adorait ou haïssait toutes les femmes des téléromans ou du magazine *Madame au foyer*. Elle mangeait, mangeait, et est devenue obèse. Elle était si déprimée et semblait si proche d'une véritable dépression nerveuse qu'une amie lui a suggéré de consulter un psychologue. Voyant que les vacances qu'il lui avait plutôt suggérées n'ont pas réussi à lui remonter le moral, Guy a finalement accepté de la laisser voir un thérapeute. Il ne voulait pas qu'elle se sente malheureuse, mais il avait peur qu'elle change.

Lise trouvait la thérapie difficile et stressante, mais elle voulait continuer. Il se passait quelque chose en elle. Elle réclamait un statut d'adulte et elle aimait l'effet que cela lui faisait. Elle a commencé à faire les choses à sa façon. Elle a exigé de voir les factures et a commencé à dire sa façon de penser à Guy. Mais plus elle changeait, plus Guy résistait. Voyant qu'il ne pliait pas autant qu'elle l'avait espéré, elle a compris qu'elle n'avait pas la force de se battre à la fois pour elle-même et pour lui. Elle devait faire un choix difficile. Elle pouvait rester à tout jamais une enfant déguisée en épouse, exactement comme sa mère avait fait, ou elle pouvait partir et essayer de se tenir sur ses deux pieds. Lise a décidé de se séparer. Elle avait peur, mais elle sentait que si elle ne rompait pas, elle resterait dépendante des soins de quelqu'un d'autre pour le reste de sa vie. Elle s'est bientôt trouvé un appartement loin de Guy (son premier appartement était juste à côté de chez lui) et s'est détachée de lui jusqu'à ne plus le voir du tout.

Le papa a raison est habituellement un homme bon et bien intentionné. Malheureusement, il ne connaît pas d'autre façon d'aimer que d'émuler un parent. Bien des femmes le détestent. Mais celles qu'il attire trouvent son comportement tellement naturel qu'elles n'hésitent pas une seconde à se placer sous son aile. Une relation avec un papa a raison est une rue à deux voies. Lorsque vous vérifiez ses signaux de circulation, vérifiez les vôtres aussi. Si les vôtres sont contraires aux siens, si vous n'assumez toujours pas la responsabilité de vous-même, alors que lui prend la responsabilité de vous deux, ouvrez les yeux. Vous pensez peut-être que vous vous dirigez vers une liaison, mais vous risquez de vous retrouver plutôt avec une adoption!

Comment reconnaître ce genre d'homme?

Fais ceci, ne fais pas cela; comme ceci, pas comme cela; tu devrais, tu ne devrais pas; les bonnes façons et les mauvaises façons... il faut bien que quelqu'un sache exactement comment faire les choses. Et le papa a raison pense qu'il est ce quelqu'un.

Lorsqu'il était jeune, quelque chose ou quelqu'un s'est immiscé dans son ordinateur central et a essayé d'en faire un être social parfait. On lui a programmé des responsabilités et des règlements, des systèmes et des moyens. On lui a fait part de la seule bonne façon de célébrer une fête, de la seule appropriée pour souper, de la seule façon efficace de tondre le gazon, de la seule approche intelligente pour s'acheter une voiture. Il a appris qu'on ne traverse les rues qu'aux intersections, qu'on ne porte pas de souliers sans bas, qu'il ne faut pas oublier de changer de sous-vêtements, qu'on ferme sa fenêtre avant de dormir, et qu'on ne peut pleurer que rarement. Et même si vous affirmez ne pas être prude, vous croyez à la modestie. Et il a découvert qu'on l'approuvait quand il suivait tous les règlements comme un bon petit homme. Depuis, il a confondu affection et discipline. Et maintenant il vous fait la même chose.

Le papa a raison est un homme gentil, mais sa bonté provient de son inquiétude pour votre bien-être. Il donne, mais il donne comme s'il s'agissait d'un geste philanthropique à l'endroit d'une oeuvre de charité démunie de ressources: vous. Une grande part du rôle de parent est pure affectation. Et le papa a raison joue son affectation à la perfection. Même lorsqu'il ne vous dit pas vraiment quoi faire, il agit toujours comme s'il le savait. Même lorsqu'il ne dit pas qu'il a raison et que vous avez tort, il semble laisser entendre qu'il est raisonnable et que vous êtes stupide. Puis il accorde des récompenses et administre des punitions.

Des indices additionnels

Toute son attitude sous-entend qu'il était adulte de naissance. Il a perdu à peu près toute sa fantaisie, son enjouement et son espièglerie. Par contre, vous avez encore une bouclette en plein milieu du front. Le papa a raison essaie de dégager l'allure de l'âge, de la stabilité, de la fiabilité et de l'expérience. Il aime s'habiller de façon respectable, de vêtements tout à fait convention-nels et sans éclat, de même qu'il aime les vêtements qu'il a achetés il y a dix ans et que personne ne peut lui enlever. Son look n'est pas très différent de celui d'une mariée: il porte quelque chose de vieux, quelque chose de neuf, peut-être quelque chose d'emprunté, mais toujours quelque chose de bleu. S'il n'a pas un sou dans son soulier, vous pouvez être certaine qu'il en a un ailleurs. Il a toujours un stylo sur lui, peut-être même deux ou trois; parfois, il a un protège-poche pour protéger ses vêtements contre l'encre. Ses chemi-ses portent l'étiquette Van Heusen, ou sont des versions moins coûteuses de Izod (comme Le Tigre ou Sears). Il porte une ceinture, ou bien son pantalon a un élastique à l'arrière. Il est propre et fraîchement rasé et il a les cheveux courts. Ses bas sont bleus ou noirs, ses souliers des Hush Puppies lacés, res-semelés et vieux de quatre ans, sinon ce sont de vieux Adidas bleu foncé. Il a aussi une paire de pantoufles. Toutes ces choses exhalent une odeur de ren-fermé, de non aéré (qui n'est pas nécessairement déplaisante).

À mesure qu'il vieillit, il devient de plus en plus difficile de lui faire des cadeaux. Ses besoins sont modestes, et il les satisfait avec de vieux objets de son passé. D'ailleurs, ses goûts sont précis, et vous ne pouvez pas trouver ce qu'il veut parce qu'on n'en fabrique plus aujourd'hui.

Il aime les voitures grossières. Il achète des modèles de base (bleus, verts ou cuivre) directement de la salle de montre. Une couleur et pas d'extra, c'est suffisant pour lui. L'essence sans plomb lui plaît. Il utilise du S.T.P. et tout autre produit additionnel qui peut améliorer le rendement de sa voiture et la faire durer plus longtemps. Il garde sa voiture au moins quatre ans, mais habi-tuellement jusqu'à près de dix ans. Il n'ouvre pas la radio lorsqu'il est en voiture.

Avant de se trouver une fille, il prend soin de lui-même pendant un bout de temps. Il vit dans un appartement très compartimenté. Il prépare ses repas sur une plaque chauffante ou sur un petit poêle, ou mange dans un restau-rant bon marché de son quartier. Il travaille à temps plein ou à temps partiel, même pendant ses études. Il lave et repasse ses vêtements lui-même. Son mode de vie n'est ni dispendieux ni exubérant; il aime les dispositions standard.

Il aime faire ce qu'il considère logique et raisonnable. Plus tard, lorsque vous choisissez une demeure pour vous établir en couple, il ne choisit pas tel-lement d'après l'apparence, mais plutôt selon vos moyens. Il préfère les abris conventionnels, conservateurs et plutôt étroits, et il tend plutôt vers les quar-tiers modérément attrayants, où toutes les maisons sont pareilles, ou vers les tours d'habitation carrées, où les appartements sont spacieux, carrés et tous disposés de la même façon.

Bien que certains papas a raison soient très mondains et aiment les soupers formels de gourmets, d'autres deviennent grincheux quand on leur sert des plats qui contiennent de l'ail, des oignons ou du vinaigre. Ils prétendent avoir le nez et l'estomac sensibles et préfèrent des repas ordinaires, de la laitue iceberg et de la tarte aux pommes. Ils critiquent tellement votre cuisine qu'ils vous donnent l'impression d'être un Bout d'chou en train de jouer avec son four à mini-ondes Betty Crocker. Sous toute cette pression, vous commencez à brûler vos plats. Et c'est une raison de plus pour lui de vous amener souper à l'extérieur.

Il suit les sports à la télé mais en pratique rarement. Il a tendance à engraisser et à perdre son tonus musculaire. Il est de plus en plus apathique avec l'âge. Sa peau ramollit et il commence à aller chez le médecin pour faire vérifier son coeur et son taux de cholestérol. Il est terriblement bébé quand il est malade.

Il est excessivement prudent dans tout ce qu'il entreprend. Il dit souvent «ne fais pas cela», «fais attention», et «sois prudente». Il le dit pour votre gouverne, mais il suit lui-même ses propres conseils. Occasionnellement, il dit «je te défends…», mais il est conscient de prendre des risques lorsqu'il pousse l'audace aussi loin. Sa première réponse à n'importe quoi est plus que probablement «non». Puis, avec le temps, si vous insistez, et après de profondes réflexions, il permet de mauvaise grâce ce qu'il avait d'abord refusé. Si vous suivez les étapes: si vous suppliez, si vous remplissez une deuxième formule de demande, si vous répondez à certaines conditions, puis attendez quatre-vingt-dix jours, vous aurez droit à votre carte de crédit Barbie.

Il se conduit comme une banque ambulante. Il surveille les dépôts, les retraits et les fluctuations du *cash-flow*. Il dit qu'il a besoin de ses huit heures de sommeil, croit qu'il est possible d'avoir trop de sexe, est parfois hypocondriaque et s'inquiète des courants d'air et des microbes.

Il a dans sa tête un manuel de règlements qui dicte toutes ses actions, comme s'il risquait de se faire donner une mauvaise note par son patron, ses voisins ou l'État omniprésent. Puis il vous traite comme si vous étiez un prolongement de lui-même, comme si vos actions se reflétaient dans son dossier. Si vous vous conduisez mal, les autres penseront que c'est de sa faute.

Les indices sexuels

Le papa a raison est porté vers les femmes hésitantes ou novices ou, préférablement, hésitantes ET novices. Son approche d'ouverture se fait sous couvert de vous venir en aide. Il s'occupe d'un dégât ou d'un problème qui vous donnait du fil à retordre. Puis il vous offre davantage d'aide, puis encore davantage. Avant longtemps, il vous enlève beaucoup de poids sur les épaules et devient une ressource nécessaire, et un moyen de vous en sortir facilement. Il vous dorlote au point de vous rendre indolente. Il vous encourage à être inutile mais décorative. Il vous donne l'impression de pouvoir faire de votre existence de longues vacances, à la condition de rester avec lui pour de bon.

Il prépare son entrée dans votre lit avec de petites manoeuvres: aliments, soins et événements agréables. Il semble meilleur que vous pour juger du moment propice, alors vous n'avez pas besoin de décider. Mais une fois que l'union est établie, il est si prudent et si diplomate au sujet du sexe que vous vous demandez qui de vous deux n'en voulait pas vraiment. Vous vous rendez compte que sa courtoisie cache peut-être un manque d'intérêt de sa part. Le soupçon de rejet vous rend encore plus puérile. Il vous fait devenir modeste. Il attend presque toujours que vous soyez au lit pour commencer quoi que ce soit. Il vous aborde sous les couvertures et souvent même en vêtements de nuit. Mais parfois, il a des tendances complètement inattendues et bizarres: il aime peut-être donner ou recevoir des fessées, ou porter des vêtements étranges. Malgré tout, ses désirs sexuels sont faibles et peu fréquents, et ses performances sont brèves. Il vous arrive parfois de vous sentir frustrée, sans savoir pourquoi.

Il n'est pas du genre à avoir des aventures extramatrimoniales. Après tout, il n'encourage pas une seule femme adulte et entière, alors pourquoi deux? Et il pense que vous n'irez pas ailleurs vous non plus. Mais il se trompe peut-être.

L'aspect financier

C'est lui qui tient les cordons de la bourse, soyez-en certaine. Le papa a raison travaille toujours et économise presque toujours. Du moins il se sert de l'idée d'économiser comme argument. Il dépense son argent pour vous deux, mais comme il est plus que raisonnable dans ses dépenses personnelles, il vous oblige à jouer le rôle de dépensière. Il vous permet de faire des achats, mais sa façon de vous donner accès à l'argent vous donne l'impression d'avoir un budget hebdomadaire que vous grevez régulièrement. Il ne vous donne pas une vraie allocation, et ne vous dit pas non plus quelles sont les limites de votre budget. Il veut que vous lui demandiez de l'argent afin de pouvoir vous le donner.

Même s'il travaille et pourvoit à vos besoins, c'est étrange comme il lui arrive souvent d'épouser une femme qui a au moins un peu d'argent. La partenaire d'un papa a raison reçoit souvent de l'aide régulière de sa famille, ou possède un héritage, et souvent sa famille a un statut plus élevé que celle de son mari. Comme vous vivez de ses revenus, il se donne le droit de surveiller les vôtres. Il ne vous laisse pas dépenser votre argent, mais il a l'impression d'être obligé de vous laisser dépenser le sien.

L'aspect familial

Cela peut sembler contradictoire, mais le papa a raison a des réticences à l'idée de devenir un vrai père. Il repousse le plus loin possible, et à jamais s'il le peut, le moment d'élever une famille. Il a toutes sortes d'excuses. Il peut utiliser ce qu'il appelle vos frivolités: «Tu n'es même pas encore une adulte toi-même», pour vous prouver que vous n'êtes pas prête. L'autre raison qu'il invoque est qu'il faut que vous attendiez d'avoir les moyens d'élever un enfant. Lorsqu'il finit par avoir une progéniture, il ne vous accorde souvent qu'un ou deux enfants, qui seront élevés très soigneusement. Comme père, il lui manque le sens fondamental du jeu. Il n'aime pas jouer et aime trop donner des directives: en paroles, plutôt qu'en démonstrations. Il laisse rarement l'enfant qui dort en lui se révéler à son propre enfant.

Peut-être que son attitude face à la paternité provient du fait que très peu de papas a raison considèrent avoir eu une enfance heureuse. Ils ont quelques bons souvenirs, mais le reste semble disparaître dans un sentiment d'oppression. Souvent, une relation en particulier a été difficile pour eux. Quelqu'un a trop insisté auprès du jeune papa a raison pour qu'il fasse attention à ce qu'il faisait. Adulte, il reste attaché à sa famille, mais pas de façon expressive. Sa famille l'aime et lui l'aime en retour, mais personne ne va jamais jusqu'à le dire. Il semble toujours y avoir une certaine mesure de désapprobation entre lui et ses parents. Puisque vous êtes sa partenaire, ne vous attendez pas à ce que sa famille vous adore. Par ailleurs, ses sentiments pour ses frères et soeurs sont un mélange de désir de les protéger et d'envie d'être meilleurs amis avec eux. Ils ne sont jamais aussi bons amis qu'ils essaient de l'être.

Bien que le papa a raison ait eu plusieurs amis fidèles durant sa jeunesse, ces amitiés s'estompent à partir du moment où il se marie. Une fois marié, il n'a plus d'amis individuels. Vous fréquentez plutôt d'autres couples. Il verra occasionnellement, seul, l'homme de l'autre couple, et vous verrez la femme, mais essentiellement, vous faites beaucoup de choses ensemble, à quatre. Quand vous vivez avec un papa a raison, votre propre cercle social comprend peu de célibataires.

Le papa a raison a de nombreuses qualités importantes, certaines évidentes, d'autres cachées: il veut bien faire et ses motivations sont bonnes. Il vous aime. Il essaie aussi de s'aimer lui-même, mais il essaie de s'aimer à travers vous et cela ne réussit jamais. Il ne connaît pas d'autre façon de s'occuper de son côté enfant que de vous transformer en cet enfant. Et c'est mauvais pour vous. Si jamais vous pouvez transpercer son armure de patripotentat, vous découvrirez peut-être un homme merveilleux, mais peut-être jamais un lutin joyeux.

Qu'est-ce qui vous attend?

Dans une relation avec un papa a raison, au lieu d'étapes bien définies, on assiste à un processus de non-évolution lent, mais incessant. Le scénario a probablement été établi tout au début de la relation. Il ne fait que s'approfondir.

Quand le papa a raison commence à s'occuper de vous, il se produit habituellement que vous tombez dans le piège d'attendre qu'on s'occupe de vous. À mesure que votre partenaire devient de plus en plus responsable, adulte et fier, vous devenez de plus en plus étourdie, stupide, et jeune. Plutôt que de se construire sur l'égalité des partenaires, votre petit jeu mignon finit par vous créer des liens de dépendance absolue.

Vous faites l'objet de trois effets insidieux lorsqu'un papa a raison vous installe en permanence dans un parc pour petits enfants. Il vous retire de toute activité sérieuse et des conséquences significatives de la vie. Puisqu'il vous a libérée pour vous permettre de jouer, il considère que c'est sa responsabilité de vous surveiller et de diriger vos jeux. Et il est difficile de gagner la partie avec lui.

Comme un bambin enfermé à jamais dans une cellule avec, pour seul divertissement, un centre d'activités Fisher Price, lorsque vous êtes enfermée dans une relation avec un papa a raison, vous devenez totalement absorbée par les complexités de vous entendre avec lui, de provoquer une réaction chez lui et d'obtenir ce que vous voulez. Par conséquent, vous perdez graduellement tout contact avec le monde extérieur. Vous devenez très habile aux jeux qui vous sont réservés à tous les deux, ou à vous seule. Vous devenez sa «bonne petite fille». Le papa a raison n'est pas comme le voleur de berceaux, très adulte et viril, ni comme le manipulateur hypocrite apparemment égalitaire, contre qui vous pouvez vous révolter. Il n'est pas non plus le chou à la crème chéri qui réussit, d'une certaine manière, à vous transformer en vieille sorcière. Au contraire, la domination bienveillante, toujours «pour votre bien» du type paternaliste évoque des souvenirs trop profonds contre lesquels il est presque impossible de se révolter. Alors vous adoptez la tactique contraire. Vous poussez les choses au point de croire qu'il vous domine plus qu'il ne le fait en réalité. Vous vous convainquez, et vous convainquez les autres que vous avez besoin de sa permission pour aller boire de l'eau à la fontaine. Vous lui demandez votre allocation et exigez qu'il limite votre consommation de Pepsi.

Bientôt, il agit, peu importe le nombre de conseils qu'il vous donne, comme si vous n'apprenez jamais. Et vous êtes d'accord. Vous vous conduisez comme une novice qui ne sera jamais promue. Tout le monde sait que vous manquez de matière grise. Lorsqu'il vous donne certaines informations, certaines tâches et certaines explications, mais qu'il ne vous les donne pas toutes, vous présumez que la réalisation totale est tout simplement au-delà de votre entendement. Il établit un programme de récompenses et de punitions, et vous faites de votre mieux pour ne pas y déroger. Il devient un missionnaire bienfaiteur qui réconforte une sauvage. Pour être dans ses bonnes grâces, vous vous soumettez à son manuel de règlements, dont il possède l'unique copie puisqu'il n'a pas été traduit en langage de petite fille. Lorsque vous commettez une erreur, il vous prive de bonbon, vous fait de légers reproches et il se sent visé. Si vous êtes vraiment mauvaise, sa réaction peut être effrayante. Il vous demande ce que vous feriez s'il vous abandonnait, puisque vous êtes incapable de prendre soin de vous-même. Il n'y a pas d'orphelinats pour les enfants abandonnés d'âge adulte.

Vous vous apercevez que vous commencez à recourir aux vieilles tactiques des personnes privées de leurs droits, impuissantes et à moitié évoluées. Vous devenez irascible, manipulatrice et vous commencez à vous servir du sexe en échange de faveurs. Vous flirtez avec lui au début, et peut-être avec d'autres plus tard. Vous devenez hypocrite. Vous faites des choses derrière son dos. Vous cachez des chocolats sous le lit ou une bouteille de whisky dans les céréales d'avoine. Vous faites des achats, puis vous soustrayez vingt dollars pour qu'il ne sache pas combien vous avez payé.

Si vous affrontez un papa a raison de façon directe, ou si vos manipulations deviennent trop flagrantes, il a un moyen infaillible de vous embrouiller de façon permanente. Il combat la résistance par un renversement instantané des rôles: il devient le bébé pour faire sortir la mère qui est en vous. Si rien d'autre ne peut vous retenir, un afflux de domination maternelle sur lui y parviendra presque toujours.

Coincée, la partenaire d'un papa a raison a tendance à prendre des moyens d'évasion beaucoup plus dangereux qu'une vraie fugue, des moyens qui l'excluent encore davantage du monde extérieur. Il est possible que vous vous construisiez un monde fantaisiste. Les rêveries, comme des téléromans, commencent à envahir votre esprit. Vous inventez des drames et des catastrophes. Vous commencez à prendre trop au sérieux les choses que les gens font nonchalamment. Vous disparaissez peut-être dans des revues, des romans, des journaux à sensations et la télévision. Vous idolâtrez et enviez des gens que vous ne connaissez même pas. Vous imaginez des façons tout à fait ridicules d'obtenir l'approbation des gens: vous rêvez que vous allez vous avancer vers le Steinway de quelqu'un, vous asseoir sur le banc et jouer le Premier concerto de Chopin. Personne ne savait que vous pouviez jouer du piano de façon aussi magnifique.

Il est possible que vous vous envoliez aussi sur les ailes de la fantaisie sexuelle. Puisque votre partenaire ne vous fait pas de surprise au lit, peut-être que quelque super-étoile vous verra et le fera à sa place. Ou peut-être qu'un fier-à-bras va vous enlever et vous emmener dans son sérail. Il n'a pas de nom, ni de visage, mais il est incroyablement érotique. Il ne vous fait aucun mal et fait exactement ce que vous voulez, même si vous protestez.

Vous pouvez flotter pendant des années avec un papa a raison. Puis, avec l'âge, deux changements s'avancent vers vous. Les deux font partie de votre processus d'évolution et d'isolement. Vous atteignez un âge où vous commencez à ressentir la perte de vos avantages les plus importants: votre jeunesse et votre beauté, qui sont toutes deux nécessaires à votre rôle d'ingénue. Plus votre comportement est en contradiction avec votre âge, plus la crise s'approfondit. Vous vous exposez à plus d'une crise d'âge moyen. À votre âge, même la fantaisie n'offre pas vraiment de solution; le divorce encore moins. Bien au contraire, vous avez l'impression de n'avoir nulle part où aller vous faire dorloter.

Pendant ce temps, plutôt que d'avoir une crise, votre partenaire révèle de plus en plus ce qu'il ne montrait qu'occasionnellement: il exige de plus en plus de soins. Au lieu d'être un imperturbable tyran, il devient un tyran handicapé. Il devient nécessiteux et grincheux. Il a pris soin de vous quand vous en aviez besoin; aujourd'hui, comme une enfant bien élevée, vous devriez maintenant prendre soin de lui. Et il tient toujours à ce que vous le fassiez à sa façon.

Dans certains cas extrêmes de papa a raison, la partenaire enfant finit par se venger une fois vieille. Elle dépense l'argent, abandonne son mari à la maison, le mène par le bout du nez et va même jusqu'à le maltraiter, comme la Tristana de Bunuel.

Quels sont les signes précurseurs de problèmes?

Plusieurs signes peuvent vous signaler très tôt la présence d'un papa a raison. Lorsqu'un homme avance toujours une main paternelle pour vous sauver, prenez garde. Lorsqu'un mâle se sert d'une liaison amoureuse comme si elle lui conférait des aptitudes de conseiller, prenez garde. S'il vous prend sur ses genoux et si vous avez l'impression de vous être déjà assise à cet endroit, prenez garde. Sinon, vous risquez de vous retrouver propriétaire d'un nouveau papa tout fier.

Prenez garde si votre partenaire semble toujours avoir la tête et le visage plus hauts que le niveau de l'oeil, de sorte que lorsque vous l'abordez, vous avez toujours l'impression de l'interrompre; s'il est toujours caché derrière un livre, un journal et peut-être aussi des lunettes. S'il est toujours préoccupé. Bien sûr, il arrête toujours ce qu'il est en train de faire et se tourne vers vous pour vous répondre, mais il a toujours l'air un peu contrarié, bien que noblesse oblige, et il soupire avant de parler. Il s'attend aussi à pouvoir prononcer des discours complets et à donner de longues explications sans être interrompu par des questions. Si vous avez quelque chose à dire, vous devez attendre qu'il ait terminé. Bien sûr, à ce moment-là, les plans que vous suggérez ont l'air niais, parce que (tel qu'il vous le fera remarquer), il a déjà traité de ce point-là. Si seulement vous aviez écouté! Si vous osez demander pourquoi cette façon et pourquoi pas une autre, il s'offusque de vous entendre le contrarier.

Les autres avis de tempête proviennent de vous-même. Vous continuez de souffrir régulièrement des douleurs de croissance de l'adolescence, vous êtes irascible, vous boudez, vous avez des boutons (eh oui, vous pouvez même avoir des boutons encore une fois), seulement ces problèmes sont plus pénibles la seconde fois. Vous devenez encore plus immature. Vous commencez à perdre votre amour-propre. Vous commencez à avoir des habitudes autodestructives, vous abusez de l'alcool et de la nourriture. Avec le papa a raison, l'avis de tempête signifie que vous êtes passée de la table à langer à la bassinette. Ces avis devraient vous encourager à vous asseoir, à vous cramponner aux barreaux et à comprendre que ceci n'est pas le début de quelque chose de bon.

Malheureusement, trop souvent ces signes précurseurs se manifestent si lentement et si régulièrement que vous ne les remarquez même pas. Il se peut aussi que vous trouviez votre union aimante et merveilleuse au moment où ils apparaissent et que vous les écartiez en vous disant qu'il s'agit de bagatelles. Mais plus tard, il arrive souvent que l'un de deux types de signes précurseurs se manifeste.

Le premier signe important est lorsque, soudain, sans trop savoir pourquoi, vous vous sauvez de votre relation. Vous faites une fugue. Peut-être qu'au début vous commencez à vous adonner en cachette à des activités imbéciles. Puis vous vous permettez de rencontrer un autre homme, peut-être d'avoir une liaison amoureuse. Finalement, vous rompez, mais uniquement pour aller vous jeter dans les bras de quelqu'un d'autre. Vous éprouviez une exaspération grandissante dans votre relation. Vous vous sentiez rabougrie, vous aviez l'impression d'étouffer et vous saviez qu'il fallait que quelque chose cède. Mais au lieu de corriger votre comportement, vous vous contentez de changer de maison et de partenaire. Ce faisant, vous vous exposez à ce qu'il vous arrive encore exactement la même chose.

L'autre avertissement, moins dramatique, est lorsque, tout en vous sentant exaspérée, vous commencez à résister. Et votre résistance s'accroît et s'accroît. Vous commencez à voir clair dans votre situation, à comprendre qu'on vous traite comme une enfant. Vous-même pouvez changer, mais vous ne pouvez pas nécessairement changer votre partenaire. Cela signifie que vous êtes à un point tournant. Vous devez trouver un moyen de le convaincre de vous traiter en égale, ou vous devez le quitter.

Quelles sont vos possibilités et que devriez-vous faire?

Jadis, quand la plupart des mariages perduraient pour le meilleur et pour le pire, quand les femmes étaient moins libres de faire des choix, et quand les parents influençaient fortement ces choix, les papas a raison étaient légion. Aujourd'hui, les papas (ou les papas partiels), quoique encore courants, ont perdu la faveur populaire. Il semble qu'un grand nombre de femmes qui rencontrent des hommes paternalistes ne restent tout simplement pas longtemps avec eux.

Je suis plutôt d'accord avec la tendance moderne, en dépit du fait que le papa a raison est un coureur de fond qui aime, soigne, pourvoit et reste pour toujours. Je ne crois pas qu'il prodigue ce qui est bon et bénéfique, pas pour aujourd'hui, ni même peut-être pour jadis. Après tout, même alors, il fallait que Nora quitte la Maison de poupées et, parce qu'il lui manquait un sens de sa propre importance, Emma Bovary a fait un véritable gâchis d'elle-même. Mon conseil général pour la plupart des femmes, c'est de ne pas s'attarder à un papa a raison. Je vous conseille aussi de lui dire pourquoi. S'il est pour changer, il a de bien meilleures chances d'y arriver s'il a des preuves irréfutables que son approche paternaliste joue contre lui.

Une fois marié, le papa a raison laisse peu de place à l'évolution. C'est le statu quo qui joue en sa faveur, pas le changement. Vous n'avez qu'à surveiller sa réaction à l'idée d'une thérapie ou même de la méditation transcendantale. Surtout si c'est vous qui voulez faire ces choses.

Occasionnellement, une femme remarque les avantages possibles d'un papa a raison particulier, s'oppose obstinément à son paternalisme, et réussit tout de même à établir une relation avec lui. Mais cela exige beaucoup d'efforts. Il évite instinctivement les femmes adultes, et il est résistant et tenace. La meilleure garantie possible d'avoir une relation perpétuelle avec le papa a raison est de coller au même scénario parent-enfant. Si cela fait votre affaire, tant mieux pour vous. Sinon, les chances de permanence diminuent rapidement.

Si vous êtes déterminée à changer cette relation, votre succès dépend en grande partie de votre désir de changer vous-même. Il ne fait aucun doute que la façon la plus expéditive de changer votre propre condition est de prendre la porte. Si c'est là votre but, rappelez-vous qu'il y a un moyen facile et un moyen difficile d'en sortir. Je vous conseille de prendre le moyen difficile. Aussi difficile et désagréable que cela puisse vous paraître, ne passez pas d'un homme à un autre, n'acceptez pas d'aide ou de refuge familial, n'acceptez même pas de faveurs qui vous aideraient mais qui vous créeraient des obligations. Demandez de l'aide professionnelle si vous le pouvez, trouvez-vous absolument du travail, prenez vos propres décisions et payez comptant toute aide que vous recevez. Puis passez un bon bout de temps à prendre soin de vous-même avant de vous attacher de nouveau à un homme. Ne soyez pas l'une de celles pour qui une leçon ne suffit pas. Répéter les mêmes erreurs coûte cher en temps et en énergie. Rappelez-vous aussi que plus longtemps vous restez avec le papa a raison, plus il est difficile de partir. Vous perdez votre motivation, surtout si vous avez ajouté à votre dépendance vis-à-vis de lui, une dépendance aux aliments, à l'alcool ou à quoi que ce soit d'autre.

Si vous êtes décidée à mûrir et, en même temps, à ramener votre partenaire actuel à un niveau égal au vôtre, vous faites mieux de vous procurer des protéines en poudre et de vous faire des muscles. Vous allez devoir être adulte pour vous deux. Afin de réorganiser un papa a raison tout en continuant de vivre avec lui, vous devez être absolument déterminée à changer la situation et à rester avec lui, et vous devez le lui dire. Le choc de cette nouvelle est à peu près la seule chose qui puisse le faire agir. Ne menacez pas un papa a raison. Menacer de partir n'est pas une bonne stratégie avec lui. D'abord, faire des menaces est puéril, et ne servira qu'à lui prouver que vous êtes encore sa petite fille. Et il prend mal les menaces. Il se retranchera plus fermement dans sa position.

Il a besoin d'amour et d'affection, mais son besoin lui fait peur. Si vous lui donnez tantôt de l'attention puérile et tantôt de l'attention maternelle, vous satisferez peut-être ses désirs, mais vous perpétuerez sa peur. Vous ne pouvez provoquer un revirement sain que si vous adoptez une position stable et adulte. Donnez-lui du support mais sans dépendance; de la compassion constante mais objective. Si tout va bien, vous vous retrouverez peut-être avec... mettons, un conformiste aimant.

Quel rôle jouez-vous dans cette relation?

Votre rôle fait même partie d'une cérémonie: devant l'autel, un homme donne une de ses femmes en mariage à un autre gardien. Un homme demande votre main, l'autre vous donne en mariage. Vous n'êtes donc jamais sans protection. Même si nous aimons croire que nos unions sont fondées sur l'amour, la vieille tradition qui veut que les femmes soient échangées d'un homme à un autre est plus tenace que vous pensez. Au cours d'une étude que j'ai dirigée, aucune des femmes interviewées n'a dit qu'elle avait établi une relation permanente par amour. Elles ont plutôt invoqué trois autres raisons principales. La première, c'est qu'une espèce de voix intérieure leur avait dit qu'il était temps de se marier, alors elles ont choisi un partenaire prometteur et se sont installées avec lui. Souvent, cela se produisait vers la fin de leurs études secondaires ou collégiales ou après un an de travail. La voix intérieure semblait indiquer qu'elles ne réussiraient pas leur vie sans mariage. Par conséquent, peu importent leurs supposés projets de carrière, elles ont tout laissé tomber pour se marier. La deuxième raison, c'est qu'elles voulaient déménager quelque part ou voyager. Mais elles ne pouvaient s'imaginer en train de déménager sans un protecteur mâle qui s'occuperait de tout pour elles. Elles se sont donc trouvé un déménageur convenable. La troisième raison, la plus étonnante et la plus poignante, c'est qu'elles se sont mariées parce que leur père venait juste de mourir!

Évidemment, quelques décennies de changement social n'éliminent pas automatiquement plusieurs millénaires de modes de comportement profondément enracinés. Même aujourd'hui, la peur de devenir adulte peut pousser bien des femmes à trouver attrayant un papa a raison. Il est parfaitement conforme à un vieux stéréotype masculin, et on nous a inculqué la vieille image des femmes reléguées à une adolescence permanente. Regardez même certaines des images contemporaines. Une «poulette» est un bébé poule, une «poupée» est un faux bébé, et un «bébé» est un enfant.

Nous avons encore des boutons automatiques qui nous avertissent qu'il est temps de nous marier. Nous avons de la difficulté à organiser notre propre espace sans homme. Comme les femmes de mon étude, nous sommes toutes sensibles aux vieilles croyances, aux vieilles attentes et aux vieux comportements. Pour certaines d'entre nous à certains moments, et pour nous toutes à d'autres moments, la tendance à s'engager sur des sentiers battus est particulièrement forte. Il peut être extrêmement tentant de passer de son père, du foyer ou d'une institution (telle qu'une école) directement au refuge que nous offre un homme.

Il n'y a rien de mal à opter pour une union conventionnelle, ni même pour un partenaire paternaliste, si vous le faites consciemment et que vous acceptez la vie qui vous attend, mais le faire inconsciemment, c'est sauter le pas avant de regarder. Plus souvent qu'autrefois, vous vous retrouvez quelque part où vous ne voulez pas être. Arrêtez-vous et analysez toute union attentivement. Rester jeune fille grâce à un partenaire paternaliste peut avoir l'air d'une voie facile, et c'est le cas à bien des points de vue, mais c'est comme recevoir une bicyclette et ne jamais avoir le droit de la monter sans roues d'apprentissage.

Vous avez une vie, un cerveau et un corps. Si quelqu'un vous fait des remontrances chaque fois que vous essayez de les utiliser, les résultats peuvent être catastrophiques à long terme: vous cessez complètement de les utiliser.

Évidemment, il y a beaucoup de ressemblances entre le papa a raison et le voleur de berceaux, mais le papa a raison est moins fier-à-bras, et le voleur de berceaux n'est pas nécessairement paternaliste. Le papa a raison ressemble plus au manipulateur hypocrite qu'au voleur de berceaux. En fait, lorsqu'il semble vous céder pour faire changement, il peut agir exactement comme le manipulateur hypocrite. Je suggère fortement à n'importe quelle femme qui a affaire à un papa a raison, qu'il s'agisse de son partenaire, de son patron ou de son père, de lire attentivement le chapitre sur le manipulateur hypocrite.

En route vers le manipulateur, certains types apparaissent. Encore une fois, il s'agit de genres d'hommes plus «doux», mais pas nécessairement meilleurs, et de relations plus «douces», mais pas nécessairement meilleures. L'un des pires d'entre eux, le chou à la crème chéri, fait l'objet du prochain chapitre. C'est un homme qui semble très, très gentil. Mais aussi gentil qu'il puisse être, il faut absolument vous méfier de lui.

Chapitre 16

LE CHOU
À LA CRÈME CHÉRI

L'homme qui vous étouffe avec ses incessantes gentillesses.

Pensez à du sirop de guimauve ou à du nougat crémeux. Dirigez maintenant votre esprit vers des goûts encore plus sublimes. Imaginez des attentions recouvertes de chocolat, une sensibilité glacée de sucre, toutes déversées par un homme, le chou à la crème chéri. C'est un gars gentil, gentil. Mais si vous prenez une trop grosse portion de lui, il devient un véritable cauchemar de Cool-Whip, cette crème informe qui cède continuellement. Vous l'avalez gloutonnement, en quête de quelque chose de plus substantiel, le shortcake peut-être, ou au moins la fraise. Quelque chose. N'importe quoi! Mais creusez tant que vous voulez, vous ne trouverez rien. Il n'offre jamais aucune résistance. Il est si inlassablement doux, si constamment dévoué, si perpétuellement accommodant que, étrangement, il ne goûte jamais tout à fait «vrai».

Le chou à la crème chéri pense que ses chances de gagner l'amour sont si minces qu'il doit être super bon pour en avoir même un peu. Alors il prépare un plan, comme le font les compagnies de céréales pour créer chez les enfants un besoin impérieux de manger des flocons d'avoine. Il ajoute un ingrédient qui crée la dépendance: le sucre. Les cavités viennent plus tard.

Il comprend toujours. Il pardonne continuellement. (Du moins, il semble pardonner.) Il vous enveloppe d'un manteau de gentillesse, vous étouffe de bonté, vous aime à mort. Incapable de doser les mesures, il vous recouvre de miel à profusion, en se disant que si un peu de tendresse et d'affection est une bonne chose, beaucoup de tendresse et d'affection doit être encore mieux. L'air d'un petit gars à qui on a dit trop souvent d'être sage, il s'amène sous les traits d'un archange béni.

Mais comme il se contraint de façon obsessive d'être gentil, gentil, gentil et compréhensif, vous commencez à vous demander s'il vous aime vraiment, ou s'il vous méprise, vous l'objet de ses attentions mielleuses. La réponse devient apparente, mais en sens inverse. Ce qui arrive éventuellement, c'est que vous devenez le porte-parole de sa colère réprimée. Il reste gentil, mais vous devenez affreuse. Plus il est mielleux, plus vous êtes d'humeur noire. Lui porte le halo, et vous les pieds fourchus du diable. Et même s'il ne dit jamais rien, il s'offusque en silence de votre mauvais traitement.

Qui choisit-il parmi les femmes? C'est évident. Il recherche les femmes en quête d'un abri contre la tempête. Il aime les femmes qui se livrent une lutte intérieure, qui sont en crise et constamment en détresse. Celles qui, plutôt que de régler leurs problèmes de l'intérieur, succombent à la facilité d'un soutien extérieur. Il aborde tout ce qui porte une étiquette qui se lit: fragile, vulnérable, issue-d'un-foyer-affreux, d'un- divorce-terrible, victime-d'un-crime, situation-épouvantable, la-vie-est- trop-dure. Il vous tend la main, vous aide à sécher vos larmes et vous offre un endroit où vous pourrez vous réfugier en toute sécurité et où il vous aidera à ne pas tomber en morceaux.

Cas vécu

Pendant longtemps, mon collègue Bernard était l'ultime chou à la crème chéri. Un peu court, n'ayant certainement pas le physique d'un modèle masculin, il portait de grosses lunettes. Ses cheveux faisaient ce qu'ils voulaient. Trop timide et ignoré pour pouvoir faire autre chose que de répondre aux questions des examens, il n'a même pas essayé de sortir avec les filles avant d'avoir presque terminé son cégep.

Secrètement, il pensait que la seule façon de finir par avoir sa propre partenaire était de compenser tous ses défauts; il a donc utilisé sa vive intelligence pour chercher ce que les femmes voulaient exactement. Il a découvert toutes les choses qu'il jugeait que les sportifs n'étaient pas: sensibles, gentils, attentifs, et s'est transformé lui-même en «proposition qu'on ne peut pas refuser». Au début, il s'est fait beaucoup d'amies parmi les femmes, mais aucune d'elles ne voulait être sa maîtresse. Cependant, il était certain de finir par gagner.

Arrive Martine, actrice. Fondamentalement bien intentionnée, elle était incapable de faire face à son propre caractère. Sa famille, qui n'avait d'égards que pour la sainteté, était austère, déséquilibrée, très exploiteuse de culpabilité, si bien que Martine refusait de reconnaître les aspects de sa personnalité qui n'étaient pas bons. Elle était très confuse. Elle avait de la difficulté à affronter le monde froid et dur. Elle était coincée entre le manque d'argent, le manque d'amis, ses ambitions d'actrice, la compétition que sa carrière sous-entendait (et pour laquelle elle était mal équipée), et les obligations familiales, pleines de fausses responsabilités.

Arrive Bernard, un véritable manteau de fourrure humain. Pas étonnant qu'il ait eu l'air d'un petit chalet en bois rond, tout équipé de crêpes et de sirop d'érable chaud. Martine est tombée amoureuse de son petit côté quelqu'un-pour-me-protéger et a ignoré l'instinct qui lui disait qu'elle allait tourner au vinaigre à suivre un régime de permissivité.

Même si Martine voulait être extra spéciale, il s'est avéré qu'elle était tout simplement ordinaire: des fois sage, des fois pas sage. Elle avait une tendance, tout à fait normale mais réprimée, qui la poussait à vouloir faire du foin, être libre et être méchante quand bon lui semblait. Avec Bernard, elle avait opté pour la sécurité, mais il ne lui offrait aucune contrainte. Il lui offrait de l'argent pour lui faciliter l'existence, de la sympathie pour ses problèmes, et un sens des affaires pour ses ambitions. Il lui donnait des massages, des bains de pieds et lui brossait les cheveux. Et il ne se fâchait jamais, pas même quand il aurait dû. Il ne disait jamais non et ne se montrait même pas contrarié. Martine pouvait faire ce qu'elle voulait. Libre de faire n'importe quelle méchanceté, elle n'arrivait pas à se maîtriser elle-même. Le démon qui était en elle est devenu intraitable.

Elle a commencé à provoquer Bernard, pour tirer de lui une réaction qui ne serait pas gentille. Elle est devenue chicanière et critiqueuse. Elle était entêtée et obstinée. Elle ne se présentait pas où elle était censée se présenter, elle brisait ses promesses, refusait de faire sa part d'entretien de la maison et d'accompagner Bernard dans ses obligations sociales. Mais peu importe sa conduite, il se montrait toujours sympathique et la réconfortait. Alors sa conduite a empiré. Elle lui criait par la tête et cherchait la bataille. Elle a cassé la vaisselle et a insisté pour faire à sa tête. Et Bernard a redoublé de sympathie. Martine a bientôt réalisé qu'il s'interdisait toute autre réaction que l'acquiescement. Il ne montrait qu'un côté de sa personne et refusait obstinément de montrer l'autre.

Il se retenait même sexuellement. Pas dans le sens qu'il ne faisait pas l'amour à Martine. Il le faisait. Mais il atteignait l'orgasme si rapidement que Martine, elle, n'avait pas le temps d'y parvenir. Et même s'il essayait de la satisfaire d'autres façons, si Martine le caressait à son tour, Bernard perdait son érection. À ce moment-là, Martine devenait vraiment difficile et irascible et, en fait, se mettait en colère contre lui. Le comportement de Bernard était plus qu'insultant, il était blessant. Martine a commencé à fréquenter assidûment un autre homme, un «ami» acteur. Il était toujours chez eux. Puis elle a commencé à se faire accompagner à des réceptions et à divers événements par son ami, plutôt que par Bernard. Finalement, elle s'est mise à découcher. Bernard était de plus en plus gentil. Il l'accueillait en lui offrant du jus d'orange. Finalement, elle est partie pour une semaine et l'a laissé seul avec l'enfant qu'il l'avait suppliée et qu'elle avait accepté de lui donner (mais un seul). Quand elle est revenue, Bernard l'a reprise.

Mais derrière son comportement épouvantable, Martine ne pouvait supporter d'être devenue si horrible. Elle se montrait froide, mais, en réalité, elle se sentait coupable. Bernard continuait de lui sourire de toutes ses dents mais, en dedans de lui-même, il fermentait et gardait à jour une longue liste des péchés et des erreurs de Martine. Et il lui cachait ses véritables sentiments d'une façon encore plus calculée et qui encourageait ses mauvaises actions. La diète de choux à la crème était en train de les tuer tous les deux. Martine a décidé de déménager, mais elle n'est pas déménagée très loin. Elle a commencé une autre liaison avec un autre homme et quand la relation a échoué, elle est retournée chez Bernard. Elle attaquait Bernard sur ses points sensibles et il la laissait faire; le scénario a recommencé de plus belle. Puis Martine est partie de nouveau, cette fois pour tenir un rôle au cinéma. Et elle est revenue, en quête d'un refuge lorsque les choses allaient mal. Elle a fait cela plusieurs fois, jusqu'à ce que, finalement, Bernard dise non. Martine voulait rester au moins «amie» avec Bernard et pendant longtemps, il a accepté cette relation. Mais, finalement, il l'a graduellement exclue de sa vie. Leur rupture a été longue et pénible mais, ensemble, ils avaient accumulé une liste de blessures trop longue pour qu'il soit possible de la surmonter. Entre-temps, Bernard s'est battu pour avoir la garde de l'enfant et il a gagné.

Vous avez entendu l'expression «c'était un bien, malgré les apparences». Eh bien, le chou à la crème chéri est tout à fait le contraire. Dans son cas, ce qui semble un bien est une malédiction. Ce qui a l'air du sucre est du poison. C'est un homme bon, mais il sème les graines de son propre mépris. Vous devenez tout simplement celle qui exprime ce mépris. Et la personne que vous finissez par blesser, c'est vous-même.

Comment reconnaître ce genre d'homme?

Il est facile de voir qu'un homme est peut-être un chou à la crème chéri: il est tellement gentil. Mais il est difficile de prévoir qu'il poussera la bonté trop loin et qu'il ne sera jamais rien d'autre qu'étouffant, modeste et bon, un martyr. C'est évident qu'il est bon, attentionné, merveilleux avec les femmes. Mais, en fait, il sait très bien comment s'organiser pour que les femmes s'occupent de lui. Mais surtout, il ne sait pas comment prendre bien soin de lui-même. C'est habituellement un homme intelligent, souvent très intelligent. Il est devenu ce qu'il est en analysant les choses et en se préparant une stratégie. Après avoir étudié ses informations et ses observations, il a découvert que la bonté attirait la sympathie des gens. Qu'elle était particulièrement efficace avec les femmes. Il en a donc fait son modus operandi.

Sa façon de penser était fallacieuse, bien sûr. Il n'était pas aussi objectif qu'il pensait. Mais ce n'est pas tellement son plan, mais plutôt sa façon erronée de le mettre à exécution qui lui a vraiment attiré des ennuis. Être gentil est bon, dans une certaine mesure. Mais il commet deux erreurs. Il pousse sa bonté à l'excès, et il ignore et réprime sa propre colère. Il vit dans la terreur de son humeur, et n'essaie donc pas de l'exprimer. Il ne sait pas comment être grognon et garder quand même ses amis, et il n'apprend jamais que vous allez survivre tous les deux s'il se met en colère.

Cette combinaison d'erreurs donne un mélange malsain. Son plan se retourne contre lui. Car sa propre colère est là, bien sûr. Il maintient que tout va pour le mieux dans le meilleur des mondes, mais ce n'est pas vrai. Il dit vouloir être «vrai», il pense qu'il est «vrai», mais il ne vous donne pas d'autre réponse que du réconfort. Et tout ce temps, il est pondéré et sans prétention. Il est intelligent et de conversation agréable, mais un des indices qui le trahissent, c'est qu'il pose une interminable série de questions, toutes centrées sur vous. D'où venez-vous? Que faites-vous? Et surtout, comment vous sentez-vous?

Des indices additionnels

Le chou à la crème chéri ne s'intéresse pas tellement aux vêtements; il n'en achète pas souvent. Il prétend s'intéresser plutôt aux gens qu'à l'apparat. Il aime les articles pratiques, fabriqués à la main, ou d'origine ethnique; les textures spongieuses et les tissages doux, les souliers de suède et les chemises hawaïennes. Il aime les cheveux plutôt longs et négligés, de même que les barbes. Il n'est pas voyant. Par contre, il n'est pas collet monté non plus. Il a tout simplement l'air à l'aise.

Il en va de même pour sa voiture. Au début, il n'est pas très intéressé, puis son intérêt s'accroît et chaque voiture subséquente reçoit un peu plus d'attention. Tout de même, il n'achète pas des voitures de valeur spectaculaire. Ses voitures sont toujours ordinaires, efficaces et pratiques, ou vieilles et quétaines: une Chevy, une Dodge, une vieille Toyota ou une vieille Volvo, ou peut-être la même sorte de voiture que son père avait, avec des housses de banquettes en ratine.

Il préfère les vieilles maisons des quartiers populaires, où vivent jeunes et vieux et où l'on retrouve des centres communautaires, des antres favoris et de petites épiceries. Il ne recherche certainement pas les quartiers riches, mais un endroit où il peut devenir un simple habitué, une présence routinière et connue, un bon gars ordinaire. Parfois, il partage sa maison ou son appartement avec un autre homme, sensiblement du même genre que lui. Son logis est en partie propre et en partie désordonné, en partie décoré et en partie dénudé. Il préfère les photographies aux sérigraphies et ne prend pas le temps de réorganiser les meubles. Son idée de chaleur se traduit par une abondance de couleurs, par des pièces complètes de jaune, de bleu ou de rouge.

Son intérêt pour les êtres humains se traduit par des principes politiques modestes. Il est en faveur d'une baisse de prix du pain, de l'établissement de cliniques médicales, de l'augmentation du nombre d'emplois, de parcs et de librairies. Il appuie les campagnes locales, du genre «Arrêtez l'autoroute», «Ouvrez des pistes cyclables» et le règlement sur le recyclage des bouteilles. Il se portera peut-être volontaire pour l'un de ces organismes, ou sa contribution ne sera peut-être que monétaire; il jettera aussi quelques dollars dans le chapeau du violoneux du coin.

Il aime les animaux, la musique (surtout la guitare), et il a un sport favori, habituellement le ballon-panier. Il n'aime pas se faire remarquer, mais il n'est pas du genre à s'effacer complètement non plus. Il veut se lier aux gens sur un plan plus personnel, les faire parler de leurs problèmes personnels et discuter de sentiments. Il n'est pas sans fierté. Il a de l'admiration pour sa propre intelligence, sa sensibilité et les gentillesses qu'il a accomplies. Il se traite bien. Mais juste...bien. Cela fait partie de sa façon de s'évaluer lui-même à moitié. Il ne fait pas grand effort pour se faire plaisir. Il achètera quelque chose qu'il désire ardemment, mais seulement après de longues délibérations, et il hésite à acheter des articles qu'il désire moins qu'ardemment. Il traite ses émotions de la même façon. Il reconnaît celles qu'il trouve qu'il «doit» avoir: l'amour, la sympathie; mais il rejette les autres: l'avidité, la luxure, l'esprit de vengeance. Il pense trop à la façon de se sentir, de vous influencer. Il vit dans sa tête. Il lui faut beaucoup de temps pour débrancher ses lobes frontaux superactifs et se permettre d'avoir du plaisir. Souvent, la drogue et l'alcool lui font peur parce qu'ils court-circuitent les connexions entre ses neurones.

Alors que les voix dans sa tête parlent trop, les muscles de ses jambes ne courent pas assez; il ne fait pas suffisamment d'exercices, et pas assez souvent. Étonnamment, toutefois, il n'est pas mauvais athlète; il a tout simplement l'air plus maladroit et plus gauche qu'il ne l'est en réalité. Son manque de grâce est peut-être une façon d'attirer la sympathie.

Les indices sexuels

Il n'est pas sûr de ce qu'il pense des femmes. Il veut leur faire confiance, mais, malheureusement pour lui, il n'y parvient pas tout à fait. Il recherche les femmes qui lui semblent plus intéressantes et moins stables que lui. C'est leur fragilité qui l'attire. Ces femmes cachent peut-être leurs fissures sous une façade ambitieuse mais, grâce à son sismographe, il peut détecter la présence de ces fissures. La partenaire du chou à la crème chéri est toujours stressée et proche d'éclater.

Il l'aborde par le biais de la conversation. Il repère une femme solitaire en train de faire quelque chose d'un peu inhabituel et cherche à connaître les détails de sa vie. Il n'est pas timide dans sa façon d'aborder les gens et d'entamer la conversation; il sait qu'il est bon avec les mots. Avec ses belles paroles et ses gentillesses, il peut rendre une femme dépendante de lui très rapidement. Il devient un ami spécial. Son sujet est toujours: «Quels problèmes as-tu rencontrés aujourd'hui?» Malgré leur résistance (car les femmes qu'il choisit apprécient sa sympathie mais pas son physique), il finit habituellement par les convaincre de faire l'amour avec lui.

Le sexe est un indice infaillible des émotions qui sommeillent en lui. Bien qu'il soit parfois un amant très délicat, souvent trop délicat, le chou à la crème a de la difficulté à conserver son érection. Ou alors il éjacule très rapidement, avant qu'il ne se soit vraiment passé quoi que ce soit. Dans un cas comme dans l'autre, qu'il soit trop délicat ou presque impotent, il continue le même scénario qu'il trouve efficace socialement. Il est tellement plein de sollicitude que vous avez l'impression d'être une invitée à l'émission *I've Got a Secret* (J'ai un secret). Avec lui, le sexe ressemble à la fois à un quiz d'amoureux et à un examen médical. Il demande: «Aimes-tu ceci? Et cela? Que veux-tu que je fasse? De quel côté? Est-ce que cela fait mal?» Et (surtout): «Es-tu venue?» Il vous arrache des réponses verbales pour s'assurer d'obtenir celle qu'il veut: votre réaction physique. Cela lui calme les nerfs. Sous son apparente curiosité face à votre réaction orgasmique, il cherche anxieusement à compenser celle que lui n'a pas. Il voudrait bien être un meilleur amant. Mais il ne l'est pas, et son anxiété augmente. De même que votre déception. Vous discutez de vos «problèmes» au lit, lisez des livres sur le sujet et étudiez des techniques. Mais cela ne va pas plus loin. Vous ne discutez pas de colère ni de ressentiment: l'enjeu est trop élevé. D'un jour à l'autre, il continue d'être un amour de partenaire. Il continue de vous masser, de vous apporter de la soupe au poulet et il est toujours prêt à vous écouter parler de vos problèmes. Cela compense beaucoup, ou du moins vous faites semblant.

Le chou à la crème chéri ressemble, dans une certaine mesure, à un type d'homme que j'appelle un piégeur, mais le piégeur a une méthode d'approche beaucoup plus extrême. D'abord, il vous offre des soirées merveilleuses et difficiles à refuser. Puis il commence à vous apporter des cadeaux, tous plus désirables que le précédent, de sorte que vous les acceptez. Finalement, il ajoute un troisième ingrédient à ses soirées et à ses cadeaux: la culpabilité. Il maintient qu'après toutes ces soirées et ces cadeaux, et votre engagement avec lui, vous ne pouvez tout simplement pas le quitter parce qu'il vous aime tellement. Il menace de se suicider, jusqu'à ce que vous ayez accepté de rester. Il vous prend au piège en se servant de votre avidité et en invoquant votre responsabilité. Les piégeurs iront même jusqu'à mettre une femme enceinte à dessein. (Oui, c'est vrai et cela peut arriver. J'en connais plusieurs exemples.)

Ne vous faites pas prendre par le piégeur! Dites-vous bien que les cadeaux et les gâteries n'apparaissent pas par magie: ils ont un prix. La supposée agonie d'une autre personne ne vous confère aucune obligation. Et par-dessus tout, protégez votre propre corps.

Retournons maintenant au chou à la crème chéri.

L'aspect financier

Le chou à la crème est généreux avec son argent. En fait, cela fait partie de son glaçage au sucre. Habituellement, sa partenaire est moins capable que lui de gagner sa vie, ou bien elle ne veut pas travailler à temps plein, jour après jour. Mais le chou à la crème est travailleur; l'appui financier, total ou partiel, fait partie de son arsenal. (Occasionnellement, mais rarement, il est l'homme d'intérieur et vous le principal gagne-pain.) Ce n'est pas qu'il n'utilisera pas votre argent ou qu'il ne le mettra pas en commun, mais le sien est le plus important. Pour maintenir votre état financier, vous frappez toujours à sa porte pour la proverbiale tasse de sucre: c'est vous qui lui quêtez de l'argent, et jamais l'inverse. En secret, il prend note de combien d'argent a été dépensé à quelle fin, et de l'argent de qui il s'agit.

L'aspect familial

Le chou à la crème chéri veut des enfants, mais il doit habituellement en arracher un à sa partenaire, car elle est souvent moins désireuse de la maternité que lui de la paternité. Il aime élever des enfants, être là pour répondre à leurs besoins et à leurs désirs, être gentil avec eux. Il se battra pour en obtenir la garde.

Il se soucie de sa famille et il est bon pour ses parents. Il trouve sa mère cordiale, son père aigre-doux. (Souvent, son père était un homme difficile et irascible.) La plupart du temps, il fait ce que ses parents veulent qu'il fasse. Les moments où il ne se conduit pas en bon fils se passent ailleurs que chez ses parents, et il leur explique alors ses actions sous le meilleur jour possible. Il ne prend pas leur argent, même quand ils en ont beaucoup. Souvent, il n'a qu'un frère. Il n'a jamais appris à se disputer avec une soeur.

Quant à ses amis, ce sont de «super»-amis: les simples amis ordinaires ne sont pas son genre. Il est très intime avec un ou deux hommes et passe beaucoup de temps au téléphone avec eux, ou bien ils regardent le hockey à la télé ensemble.

Évidemment, il est un ami excessivement zélé avec vous, presque un parasite. Mais toutes les femmes de sa vie, actuelles ou passées, maîtresses ou non, sont sur sa liste d'amis. Lorsqu'il n'a pas de liaison, un grand nombre de femmes lui téléphonent pour s'apitoyer sur son sort. Mais peu d'entre elles sont intéressées à se lier amoureusement avec lui.

Comme c'est le cas pour certains autres types d'hommes, les mauvais côtés du chou à la crème chéri ne sont pas nombreux. Mais le plus important, c'est qu'il ne comprend pas que quelqu'un puisse être fâché contre lui. Mais vous (et bien d'autres) allez vous fâcher contre lui parce qu'il cache ses vraies émotions. Sa façade à facette unique provoque la méfiance. Peu de gens croient que tout peut être blanc, sans trace de noir. Le chou a sûrement de bons côtés.

Dans un monde généralement bête, il brille de positivisme. L'excès de sincérité est un péché relativement mineur, même lorsque vous en subissez les conséquences. En tout cas, il est certainement bon. Si seulement il savait à quel point c'est bon d'être vrai.

Qu'est-ce qui vous attend?

Trop de sucre est mauvais pour tout le monde. Ce n'est certainement pas nourrissant. Ce qui vous attend, avec le chou à la crème, c'est un traitement continu au cours duquel votre satisfaction diminue et vos maladies se multiplient. Le chou à la crème présente trois principaux problèmes. Premièrement, il fait de vous la source de toutes les émotions négatives de votre union. Deuxièmement, il vous empêche de vous aimer vous-même: il est trop empressé de le faire à votre place. Et troisièmement, vous vous battez contre ce qui semble faire obstacle entre lui et vous, c'est-à-dire lui-même. Il est peut-être un faux ennemi, mais il est une trop bonne cible pour que vous puissiez y résister. Par conséquent, vous finissez par adopter une attitude malveillante et chicanière, que vous cherchez à réprimer et que lui encourage.

Vous commencez par être de plus en plus grognon. Puis vous êtes atteinte du syndrome du «Et après?», qui vous sert habituellement à cacher le fait que vous commencez à avoir honte de votre mauvaise conduite. Un petit Hitler est en train de naître, et il vit à l'intérieur de vous. Vous poussez votre petite expérience un peu plus loin. Vous devenez de plus en plus détestable, dans l'espoir d'une réaction. Finira-t-il jamais par se fâcher? Se protégera-t-il? Dirat-il enfin: «Tu es allée trop loin»? Mais il continue de se rasseoir et de redéfinir ce qui est acceptable pour lui, pendant que vous continuez et que vous vous rongez de culpabilité. Le chou à la crème chéri reste juste assez gentil pour vous faire honte. Une grave situation de bon gars/mauvais gars se perpétue. Sauf que c'est lui qui est Shirley Temple, et vous qui êtes Jack Palance. Plus vous maltraitez sa petite tête frisée, plus vous confirmez votre peur grandissante d'être une mauvaise personne. Très tôt au début de la relation, il commence à se retenir de façons subtiles, surtout sexuellement. Mais alors, vous vous mettez à faire la même chose! Ce n'est que juste que vous soyez vous aussi froide, puis frigide, et tout le reste. Plus tard, vous donnerez peut-être vos orgasmes à quelqu'un d'autre, au lieu de les donner à quelqu'un de bon.

Toutefois, sous ses airs de saccharine, le chou à la crème chéri est un détenteur de dossiers qui tient à jour une liste de chacun de vos péchés et de chacune des blessures que vous lui avez infligées. Éventuellement, il vous fait part de vos notes. Vous et lui établissez ensemble à quel point vous êtes méchante, mais il vous pardonnera encore une fois, peut-être deux fois, peut-être ad nauseam et ad infinitum. Son pardon est conditionnel toutefois. Vous êtes supposée améliorer votre conduite. Il a maintenant une excuse pour vous surveiller et pour prendre note plus ouvertement. Finalement, sous toute cette bonté et à force, maintenant, d'être constamment surveillée, vous craquez. Vous le quittez, vous revenez, et vous le quittez de nouveau. Éventuellement, vous le quitterez peut-être pour de bon mais, étonnamment, c'est souvent lui qui finit par rompre.

Quitter un chou à la crème nécessite presque toujours une longue et pénible convalescence. Il est difficile de se remettre d'un empoisonnement au sucre. Vous deviez avoir besoin de sucre dès le début pour l'avoir choisi; il est donc tentant de retourner encore et encore prendre votre dose de calories. Il se peut que vous restiez dépendants l'un de l'autre, longtemps après la rupture. Mais vous n'arriverez pas à poursuivre votre vie et à vous guérir tant et aussi longtemps que vous ne vous serez pas débarrassée de lui.

Quels sont les signes précurseurs de problèmes?

Quand vous entendez n'importe quel homme vous dire non, vous devriez être aux aguets. Soyez également sur vos gardes s'il ne lui arrive jamais de se disputer pour tirer les choses au clair, ou s'il réfléchit aux catastrophes qui se produisent, plutôt que de crier. S'il roucoule face à vos bévues, sans même l'occasionnel: «Eh bien, cela t'apprendra!», ces signes indiquent que vous vous dirigez tout droit au pays des boules de gomme.

Lorsqu'un homme soupire sans dire ce qui ne va pas, qu'il vous jette des regards poignants, juste avant de devenir plus distant, c'est signe que son ressentiment s'accroît. Il attend l'occasion d'exprimer ses griefs et de vous demander de faire un acte de contrition.

Lorsqu'on accepte la bonté tout en réagissant comme si c'était quelque chose de dégoûtant, comme s'il s'agissait d'une faiblesse, c'est qu'il y a un problème. Si vous ignorez vos réactions et continuez d'accepter davantage de bonté de la part de votre partenaire, la situation va aller en s'aggravant. C'est un signe troublant. Si lui ne croit pas mériter un meilleur traitement, pourquoi, vous, trouveriez-vous qu'il le mérite?

Réfléchissez sérieusement à ce qui constitue une atmosphère saine et heureuse. Si vous avez du mépris pour votre chou à la crème parce qu'il est trop bon, mais que vous restez parce que vous vous sentez coupable, vous devriez vous interroger immédiatement sur votre relation, peu importe à quel point vous la trouvez confortable. Peut-être devriez-vous consulter un psychologue. Pourquoi la bonté est-elle un signe de faiblesse pour vous?

Lorsque vous commencez à comprendre que sa constante approbation est un mensonge, il est temps, pour vous deux, de demander de l'aide. Être faux ne produit jamais rien de bon dans une relation.

Quelles sont vos possibilités et que devriez-vous faire?

Il est rare qu'un chou à la crème chéri puisse surmonter tout le mal que vous avez accumulé entre vous deux. Les péchés que vous commettez l'un contre l'autre produisent la sorte de blessure qui ne disparaît jamais. Ils fournissent aussi une source intarissable de reproches qui ne peuvent mener qu'à la nécessité d'un recommencement à neuf. Une rupture est presque inévitable avec un chou à la crème. Mon impression est que la rupture est nécessaire, et le plus tôt possible. Le chou à la crème offre un système autodestructeur: un amour-propre entraîné dans une spirale qui va en diminuant. Avec lui, vous gagnerez peut-être du poids, mais vous ne gagnerez pas en estime de vous-même. Autrement dit, vous aurez peut-être quelqu'un pour prendre soin de vous, mais vous commencerez à vous détester vous-même.

Toutefois, même si la relation peut rarement être sauvée, vous pouvez avoir de bonnes séquelles avec lui. Le chou à la crème fait un bon «ex». Il peut rester assez gentil et assez attaché à vous pour être plus que civil et plus que juste face au règlement financier de votre rupture et à la garde des enfants.

D'ailleurs, il se produit autre chose durant les séquelles. Après une rupture avec un chou à la crème chéri, les deux partenaires changent. L'intelligence du chou à la crème finit habituellement par le sauver. Habituellement, il n'en met trop qu'une fois dans une relation. Lorsqu'il se rend compte que sa formule ne fonctionne pas, il fait des calculs rapides. La fois d'après, il ajuste l'assaisonnement et ajoute un peu de gingembre. Quant à vous, très peu de femmes sont prêtes à reprendre leur rôle avec un autre chou à la crème. Il peut leur arriver de rechercher le même type d'homme, mais elles rompent rapidement lorsqu'elles comprennent où s'en va la relation. Vous aurez probablement plusieurs liaisons de courte durée après un chou à la crème, jusqu'à ce que vous deveniez plus gentille et que vous appreniez à vous aimer de nouveau. Mais vos relations s'amélioreront.

Par ailleurs, vous traiterez votre vieux chou à la crème plus gentiment à mesure que le temps passe, et il vous traitera mieux aussi. Mais peu importe combien de temps vous restez amis, il ne comprendra jamais tout à fait pourquoi vous vous fâchiez contre lui (il ne comprend pas ce que lui a fait de mal), et il ne vous pardonnera jamais tout à fait.

Si vous essayez de sauver une relation avec un chou à la crème, je vous suggère de commencer d'abord par travailler à régler votre propre problème, et de passer au sien ensuite. Établissez vos propres limites. Adaptez votre comportement à comment vous savez que vous allez vous sentir par la suite. Ne faites rien qui ait pour effet que vous vous sentiez coupable. Aussi, ne permettez pas qu'on vous fasse des choses qui vous mettent mal à l'aise, comme accepter qu'on vous fasse trop de faveurs. Rappelez-vous de toujours retourner, à mesure égale, les faveurs que votre partenaire vous fait. Puis aidez-le à apprendre que l'amour vient même à ceux qui ont des sautes d'humeur.

Quel rôle jouez-vous dans cette relation?

Avez-vous besoin d'un appui extraordinaire? D'une béquille vivante? Choisissez-vous des hommes qui vous offrent ce support, mais que vous méprisez parce qu'ils vous l'accordent?

Si vous avez une dépendance pour le chou à la crème, c'est souvent que vous ne cherchez pas à savoir qui vous êtes. Vous vous contentez de vous dire ce que vous pensez que vous devriez être. Ou peut-être ne pas être. Vous vous demandez: «Suis-je bonne ou mauvaise?» Puis, pour être certaine que vous êtes bonne, vous vous liez à quelqu'un qui vous approuve de façon tellement constante qu'il confirme ce que vous espérez croire. Vous êtes vraiment «O.K.»

Mais il y a un problème. En fait, il y en a deux. Lorsqu'on opte pour l'approbation constante, on finit par ne pas savoir du tout de quoi on est fait. Puis, si la confirmation du fait que vous êtes bonne ne vient que de l'extérieur, vous commencerez, à l'intérieur, à vous prouver à vous-même que vous êtes mauvaise.

Qu'on aime cela ou non, on a besoin, pour grandir, de nourriture substantielle de la part des autres et de soi-même. Vous avez besoin d'un mélange pour vous nourrir. Vous avez besoin de critiques et de compliments, de colère et de joie. Vous avez besoin qu'on prenne soin de vous, et qu'on vous laisse vous occuper de vous-même. Il est vrai que les critiques, la colère et la responsabilité de soi-même peuvent être difficiles à accepter à court terme, mais si elles sont combinées aux bonnes choses, telles que l'encouragement et les compliments mérités, elles sont bonnes pour vous à long terme.

Vous devez laisser vos amis, y compris votre partenaire, être vrais et vous dire ce qu'ils pensent réellement; vous devez prendre l'aigre et le doux. Si vous avez de la difficulté à accepter leurs opinions négatives, vous vous privez peut-être de leur véritable affection. Si vous êtes tiraillée par la culpabilité et si vous choisissez une situation où vous êtes certaine que vos amis ne vous reprocheront pas votre conduite, vous perdez leur affection et la vôtre. Ne choisissez pas l'endroit parfait où vous vautrer dans la condamnation de vous-même. Se vautrer contribue rarement à gagner. Cessez de compter sur une acceptation inconditionnelle et sur un soutien constant. Vous cramponner au chou à la crème, c'est presque dire: «Il faut que quelqu'un soit super bon pour m'aimer.» Puis, comme il ne semble jamais voir à quel point vous êtes mauvaise, il s'ensuit que vous êtes incapable de l'aimer et que vous finissez par croire que vous êtes mauvaise.

Mais il y a un secret à être «mauvais». Le secret n'est pas que vous avez un noyau de méchanceté profondément caché, mais que vous n'en avez pas. Vous êtes normale! Chaque personne a une vaste gamme d'émotions et de réactions. Vous pouvez être spéciale et pourrie en même temps, bonne et mauvaise, gentille, méchante, et tout ce qu'il y a entre les deux. Il n'existe pas de personne constamment bonne ni de personne constamment rationnelle. Tout ce que vous pouvez faire est d'essayer d'atteindre un certain équilibre, de vous aimer et de vous pardonner.

Dire que le chou à la crème chéri est apparenté au papa a raison n'est pas tout à fait exact. Ce qui arrive, c'est que plus longtemps vous restez avec un chou à la crème, plus il se transforme en papa a raison. Après tout, vous lui avez prouvé que vous êtes incapable de vous occuper de vous-même, que vous êtes stupide et une mauvaise petite fille. Et il continue de prendre soin de vous. Le chou à la crème peut aussi être très manipulateur. En fait, pendant la première étape de sa transformation en un autre homme, le chou à la crème devient un manipulateur hypocrite.

Les courtisans peuvent aussi être des choux à la crème. Du moins les courtisans qui ne restent pas longtemps, ou qui ne veulent que ce que vous avez. Ils peuvent être super gentils, puis disparaître. Les bons courtisans à long terme sont trop francs pour être éternellement gentils. Les courtisans sont des hommes qui recherchent des femmes plus âgées, ou des femmes qui possèdent des choses qu'ils n'ont pas: l'argent, le statut, le pouvoir. Ils peuvent être bons, comme ils peuvent être mauvais. N'importe laquelle d'entre nous peut être abordée par un courtisan, maintenant que les femmes ont plus de pouvoir et de meilleures positions. Et il est de moins en moins tabou d'être liée à un homme plus jeune. Il est donc bon d'apprendre à faire la différence entre ceux qui peuvent vous être bénéfiques (et leurs façons d'agir), et ceux qui peuvent vous être néfastes (et leurs façons d'agir)!

Ils font l'objet du prochain chapitre.

Chapitre 17

LE COURTISAN

Un homme plus jeune, attiré par votre argent, votre statut et votre vie confortable.

Autrefois, il n'était qu'un rêve inséré entre le film romanesque de l'après-midi et le souper, ou entre la pause-café de quinze heures et le moment de quitter le bureau, à dix-sept heures. Vous êtes régale; vous enflammez l'imagination d'un jeune homme; il vous reluque, impressionné par votre prestance de femme mûre, et il s'approche pour vous faire la cour. Auparavant, tout s'arrêtait là. La ligne de conduite à adopter consistait à accepter les compliments mais à ne pas leur donner suite. Aujourd'hui, le scénario n'est plus limité à un fantasme dépourvu de réalité charnelle. Le courtisan n'est pas un nouveau venu sous le soleil; il ressort tout simplement de derrière les nuages. Alléluia!

Il y a amplement de raisons pour inciter un jeune homme à rechercher une femme plus âgée. Ou un homme qui ne possède pas grand-chose à s'attacher à une femme plus à l'aise. Voyez-vous, le courtisan n'est pas nécessairement plus jeune en années. Il en existe deux genres. Dans le cas du premier, l'âge et l'expérience sont importants: il est plus jeune et possède moins de choses, vous êtes plus âgée et possédez davantage de biens. Dans le second cas, le statut et l'argent entrent en ligne de compte: lui n'a ni l'un ni l'autre, vous avez les deux. Mais dans un cas comme dans l'autre, le plus important à retenir est ceci: certains courtisans sont bons pour vous, d'autres pas.

Parfois, le courtisan n'a l'intention de rester que temporairement, mais il est affectueux et rempli d'adoration tout le temps qu'il est avec vous, et c'est bien. D'autres fois, il ne veut que conquérir ce que vous avez, du moins voir s'il peut y arriver, histoire de tester ses talents. Il n'est intéressé qu'à épuiser vos possessions, puis il perd tout intérêt pour vous, vous quitte, ne vous remet rien et peut même parfois devenir cruel. Parfois, le courtisan veut s'établir en permanence et jouir de la récolte: il vise les bénéfices à long terme. Dans ce cas, il peut prétendre vous aimer alors qu'en réalité il est calculateur; cela n'est pas très bon. Ou bien, il est possible qu'il vous aime, tout simplement, et qu'il reste parce qu'une partie de ce que vous possédez, c'est vous-même.

Peu importent les variations secondaires, son thème reste le même: MAINTENANT. Il veut le fruit mûr, pas celui qui est appelé à mûrir. Que votre liaison soit à court ou à long terme, votre problème consiste à rejeter les simulateurs et à reconnaître le prince, de façon à pouvoir bénéficier de la relation vous aussi.

Il est évident que le courtisan recherche un certain type de femme: plus âgée, plus riche, plus célèbre, prospère, ou simplement plus talentueuse que lui. Il n'est intrigué et attiré que par les femmes qui ont beaucoup d'expérience, sexuelle ou autre.

Cas vécu

Prenons l'exemple de Louise, une femme que j'ai rencontrée et pour qui j'ai une profonde admiration. Âgée de quarante-sept ans, Louise avait été mariée pendant vingt et un ans et était maintenant divorcée depuis six ans. La rupture de son mariage avait été un choc épouvantable pour elle. Puis, six ans après avoir ramassé les pots cassés, elle s'est remise à sortir avec des hommes et a appris à aimer de nouveau. Au début, elle croyait qu'elle était destinée à une vieillesse solitaire et vide. Mais elle a finalement surmonté sa panique. Elle était convaincue qu'un jour quelque chose viendrait améliorer sa situation. Mais quelle surprise pour elle que ce «quelque chose»!

Comme la plupart des femmes dans la même situation qu'elle, Louise a découvert que très peu d'hommes de son âge et de même statut étaient libres. Elle s'est mise lentement à baisser la limite d'âge qui lui semblait appropriée pour les hommes qui la courtiseraient. Elle a commencé à fréquenter un homme de trente-neuf ans et a fini par se demander qui était perdant: il était démuni et se servait visiblement de ses charmes pour pouvoir vivre à ses dépens. Il lui a fait l'amour pendant un mois ou deux, puis il est disparu.

Encore sous le choc de l'expérience, et déterminée à ne pas répéter son erreur, elle a rencontré Alexandre. Alexandre était doux et lent, franc et adorable. Il voulait vivre chaque jour comme s'il allait durer toute la vie et désirait tout ce qu'on pouvait posséder tout de suite, ou jamais. Et il n'avait que vingt-sept ans.

Pendant son mariage, Louise avait travaillé à mi-temps comme assistante de son mari. Elle avait rencontré beaucoup de gens et mis la main à la pâte de bien des événements; elle avait participé activement aux affaires de son mari même si, officiellement, tout ce qu'elle faisait était d'élever les enfants.

Rien n'avait échappé à Louise. Elle s'interrogeait sur la vie, profitait de toutes les expériences qui s'offraient à elle et possédait une grande sagesse. Les gens l'aimaient et ses amitiés duraient. Elle n'avait pas beaucoup d'argent, mais, intérieurement, c'était une femme très riche. Et Alexandre le savait. Au début, Louise était troublée par sa relation avec Alexandre. Elle niait la possibilité que leur liaison puisse durer et disait que cette fréquentation n'était qu'une blague. Elle craignait qu'Alexandre ne soit pas assez intelligent pour discuter de la situation avec elle et redoutait de se retrouver avec un fardeau et de gaspiller quelques années de plus.

Alexandre n'a jamais prétendu être autre chose que ce qu'il était. Il ne pouvait garantir à Louise qu'il resterait toujours avec elle. Il n'a jamais dit qu'il ne se servirait pas de ses possessions ni de ses contacts et il ne se sentait pas diminué du fait de tirer profit de quelque chose qu'il n'avait pas contribué à bâtir. Il trouvait vraiment que Louise était captivante, qu'elle avait plus à offrir, sur le plan des idées et de la perspicacité, que ses maîtresses précédentes, plus jeunes. Il était sûr de vouloir être avec elle. Et en échange de ce privilège, il était prêt à lui donner tout ce qu'il avait à offrir. Alexandre était une perle rare: dénué de toute ambition et de tout sentiment de culpabilité, il était bon, attentionné, serviable et même joyeux. Sexuellement, il était chaleureux, affectueux et toujours prêt. Louise s'est découvert un appétit sexuel qu'elle ne croyait possible que dans une liaison permanente, mais qu'elle n'avait jamais connu durant son mariage. Elle a cependant enseigné à Alexandre tout ce qu'elle avait appris de ses expériences vécues.

Avec le temps, ils ont cru que la partie difficile viendrait de la réaction des enfants de Louise. Mais, étrangement, après quelques remous, et parce que Louise et Alexandre ont été carrément francs, les enfants en sont venus à la conclusion que ce qui était bon pour leur mère, était bon pour eux aussi. Le divorce les avait renforcés. Ils avaient appris à apprécier la nouveauté. Face aux objections de leur père, ils ont formé un front commun jusqu'à ce qu'il devienne un «ami de la famille».

Louise s'est servie de son expérience pour mettre sur pied sa propre compagnie d'assurances. Alexandre lui sert d'assistant, tout en travaillant un peu dans l'immobilier. Ils cuisinent ensemble et font du camping. Lui jardine, elle se détend. Ils ont des tas de choses à se raconter. Il est difficile actuellement de dire lequel des deux est conseiller principal. Leurs liens sont lâches sous certains aspects, étroits sous d'autres. Ils ont une amitié solide. Il y a de la jalousie des deux côtés et il leur arrive de se disputer et même de se séparer occasionnellement. Ils vivent au présent; c'est Alexandre qui a introduit cette perspective. Ils dépensent, voyagent et prennent les choses comme elles viennent. Parfois, Louise a peur de l'avenir, mais elle a décidé de régler cela plus tard. La chanceuse, elle a reçu le don de laisser la vie s'écouler sans appréhensions et sans inquiétudes tenaces. Si Alexandre l'exploite, c'est avec son consentement. Pourquoi? Parce qu'elle est heureuse.

Une femme doit être beaucoup plus méticuleuse lorsqu'elle choisit parmi des courtisans que lorsqu'elle fait affaire à n'importe quel autre genre d'homme. La prudence est de rigueur. Vous devez vous protéger. Mais avant de rejeter complètement les courtisans, il est temps de prendre en considération que le fait qu'un homme ait quelques années de moins ou que son statut soit inférieur ne lui enlève pas sa valeur. Pendant des années, les hommes plus âgés ont considéré les jeunes femmes comme des avantages personnels. Peut-être est-il temps de renverser la situation. Surtout si nous pouvons éviter les mauvais côtés du vol de berceaux et faire les choses de la bonne façon: avec amour et élégance.

Comment reconnaître ce genre d'homme

Jour après jour, on entend à la télévision: «Pourquoi attendre?» On ne dit jamais: «Faites de petits pas de bébé dans le jeu de «Maman, puis-je?...» Pas question! La publicité n'a de cesse de nous répéter que nous n'avons pas à faire pousser, à fabriquer ou à cuisiner quoi que ce soit. Tout ce que nous voulons est fabriqué dans les usines. Et bien que l'idée concerne des produits, elle peut tout aussi bien s'appliquer à des personnes. Sinon, pourquoi tant de gens se promèneraient-ils dans les bars et discothèques fréquentés par les célibataires, en quête de la «bonne» personne? C'est évident, bien sûr: de nos jours, on s'attend que les gens nous arrivent préemballés, comme des pizzas ou du parfum.

Le courtisan est d'accord avec ce point de vue. Lorsqu'un article porte une étiquette qui se lit «montage partiel requis», il change de direction. Dernier modèle de l'homme moderne, il est prêt pour presque n'importe quelle éventualité. Les Pop Tarts et les Gourmet Delight. Il a peut-être grandi avec ce principe, ou peut-être s'est-il récemment converti; cela dépend en partie de son âge. D'une façon comme de l'autre, le courtisan n'est pas patient, même lorsqu'il est gentil et complice. Il considère que son tour est maintenant venu, peu importe son rang dans la file. Même lorsqu'il semble dévoué au Numéro Deux (vous), il se préoccupe essentiellement du Numéro Un. Vous faites partie de sa façon de prendre soin de lui-même. Mais, habituellement, il fait aussi partie de votre façon de prendre soin de vous-même.

Considérez donc le courtisan comme une personne qui se sert des gens, parce que c'est ce qu'il est (même si ce n'est pas nécessairement dans un mauvais sens). Ne vous attendez pas qu'il diminue ses dépenses en vêtements, qu'il se prive de sa voiture sport, ni qu'il garde les liqueurs les plus fines pour quelque occasion future. Ne mettez même pas le dessert d'hier au congélateur. Souvenez-vous du dicton: «Il faut battre le fer pendant qu'il est chaud.» Il a été écrit pour lui. Pour lui, la vie ne ressemble en aucune façon au mont Everest: il n'y a rien à grimper. Il est ici et maintenant. Il souscrit rarement à l'idée que vous allez l'aider à passer à la prochaine étape. Il veut surtout profiter de ce qui est disponible actuellement. Habituellement, il est tout à fait consentant à payer pour ses plaisirs en vous rendant la pareille. Si vous avez des objectifs à réaliser, il vous soutiendra dans vos efforts. Certains courtisans aimeraient atteindre le succès professionnel en compagnie de leur partenaire. D'autres, habituellement de genre empressé, deviennent des présentateurs: ils se chargent de faire la promotion, jouent le rôle de gérant. Les plus terre-à-terre préfèrent vous apaiser et contribuer à votre confort. Si vous n'avez pas de pressions extérieures et passez vos journées à la maison, le courtisan vous aidera peut-être à la garder en ordre.

Des indices additionnels

Le courtisan recherche la qualité en tout, ce qui est flatteur pour vous. Sa façon de s'habiller peut être très sophistiquée, décontractée ou tout à fait individualiste, mais chaque pièce de vêtement est particulière et choisie avec soin. Il aime les bonnes choses, les choses coûteuses. Il a un faible pour les objets signés et ne se contente pas des choses ordinaires. Il aime les foulards et les bijoux, les chapeaux et les cravates. Il apprécie les beaux cadeaux que vous choisissez pour lui. Il aime avoir l'air un peu riche et différent du commun des mortels. Il affiche une distinction extérieure, même s'il n'a aucune réalisation concrète à son crédit.

Il est fier de sa voiture. Étrangement, il choisira une Mercedes ou son opposée, une wagonnette VW, une Ferrari ou son opposée, une Samuraï de Suzuki. Les voitures «du milieu» n'ont pas assez d'allure à son goût. Il veut un extrême ou l'autre. Du point de vue du courtisan, les choses matérielles sont des jouets et les voitures figurent parmi les meilleurs. C'est comme si elles étaient fabriquées par Tonka et qu'elles n'existaient que pour lui. Il a, ou a déjà eu, une motocyclette. Et il aimerait se promener en limousine au moins une fois dans sa vie.

Il a plus de difficulté à s'amuser avec des maisons, du moins lorsqu'il est sans partenaire. Par conséquent, quand il vit seul, il a l'air de s'apprêter à déménager. Il préfère tout simplement vivre avec quelqu'un d'autre. Son logis est toujours dénudé, mis à part ses jouets favoris. Il n'est probablement pas tout à fait en ordre, ou bien ses possessions sont encore dans des boîtes. Il choisit des appartements qui ont l'air de chambres de motel ou qui font penser à des halls d'entrée, d'où il est prêt à s'enfuir rapidement. Il aime les beaux meubles (et adorera les choisir avec vous), le confort et l'esthétisme. Mais une partie de ces plaisirs nécessite la présence d'un autre être humain pour créer l'atmosphère qu'il recherche, et il emménage donc avec vous.

Il est plus que civilisé, il est extrêmement poli et amical. Il est parfois mondain, bien que les courtisans mielleux soient chose du passé. Il peut être direct et honnête. Il a habituellement bon caractère et parle doucement. Il est fort probable qu'il soit beau. Peu importent ses origines, il semble avoir reçu une belle éducation. Malgré ce que les gens pensent de son attitude discrète lorsqu'il est en public avec vous, ce n'est pas un homme passif. Il dit sa façon de penser en privé. Il établit comment il veut vivre, mais fait des compromis pour s'adapter à vous.

C'est une créature du moment présent. Il vit à la voix active. Il se trouve agréable. Il consomme, absorbe et se conduit à sa guise. Il préfère aimer d'amitié, peut-être même passionnément, plutôt qu'aimer d'amour. Aimer d'amitié, c'est jouir. Aimer d'amour, c'est souvent souffrir.

Les indices sexuels

Son attitude face aux femmes est celle d'un connaisseur devant une bouteille de vin. Il ne veut pas du vin nouveau cru. Il préfère savourer un vin qui a atteint son plein bouquet et qui a du corps. Parfois, la grosseur et la forme de la bouteille sont importantes pour lui. Parfois pas. Ce qui lui importe davantage, c'est que vous décidiez qu'il en vaut la peine.

Pour vous aborder, il essaie d'attirer votre attention, et il le fait avec assez de persistance pour vous faire savoir que c'est voulu. Il attend que vous interrompiez poliment la conversation et que vous lui fassiez un signe; en véritable courtisan qu'il est, il est attentif. Vous faites le premier pas ou laissez faire les choses. Bientôt, vous savez tous deux que vous avez entamé une espèce de processus tacite. Il se montre de plus en plus disposé à vous tenir compagnie, jusqu'à ce que le couple que vous formez passe du domaine public au privé. Puis vous établissez votre relation jusqu'à ce que vous soyez prêts à retourner officiellement en public à titre de couple.

Le sexe prend place immédiatement, mais parfois jamais. Quelques femmes veulent des escortes permanentes, sans relations physiques; certains courtisans sont homosexuels. S'il est intéressé à des relations sexuelles avec vous, il se montrera subtilement persistant. Il se tient près de vous, vous prend une mèche de cheveux et la caresse, jusqu'à ce que vous vous disiez: «Pourquoi pas?» Si vous avez envie d'essayer son corps immédiatement, il est d'accord. Si vous n'êtes pas certaine, il attend. C'est étonnant de voir tout le chemin qu'il peut faire avec son absence d'agressivité. Il est difficile de l'envoyer promener, car il n'est jamais irritant. Habituellement, bien qu'un peu jeune, c'est un amant très sensuel et très enthousiaste. Il n'a aucun intérêt pour les programmes éducatifs. Il aime l'idée que vous savez tous les deux ce que vous faites. Les novices ne l'intéressent pas et il ne se sent nullement attiré par les vierges. Vous vous adonnez donc à un raffinement mutuel de vieilles techniques plutôt qu'à de nouvelles. Ce qu'il lui manque au point de vue qualité, il le compense par la quantité. Vous êtes à une apogée sexuelle et lui vient vers vous, et vient, et vient. Ce peut être une combinaison parfaite pour deux personnes qui aiment se servir l'une de l'autre.

Sa façon de vous traiter une fois que vous formez un couple diffère très peu de la façon dont il vous traitait quand il vous courtisait. Vous devenez l'un pour l'autre votre principal centre d'intérêt. Vos différences s'estompent; la courtoisie se poursuit. La relation avec un courtisan est des plus délicates — elle ne tolère pas beaucoup d'abus — et c'est comme si les deux parties le savaient. Son maintien dépend de considérations formelles: le respect règne, de même que l'estime et l'obligeance.

L'aspect financier

Bien que certains courtisans travaillent pour se faire de l'argent, la plus grande part de ce que vous dépensez sort habituellement de votre sac à main. Si vous ne fournissez pas l'argent comptant, vous fournissez probablement la propriété. Le courtisan ne se préoccupe pas de connaître la source de l'argent. L'argent existe pour être dépensé et il a du talent pour cela. Si vous aussi aimez dépenser pour le plaisir, tant mieux. Un courtisan moins jeune, ou qui se sent vieillir, voudra peut-être avoir son propre compte en banque. À titre d'agent ou d'assistant, il vous demandera peut-être un salaire (peut-être même bien mérité). Il n'est pas rare qu'un courtisan garde de l'argent de côté pour ses fins personnelles, tout en vivant généralement du vôtre. Occasionnellement, il s'inquiétera d'avoir peu ou pas de revenus, mais il s'inquiétera davantage s'il n'a rien réalisé; il tentera donc d'accomplir quelque chose indépendamment de vous. Ses projets ont toutefois l'étrange habitude de ne pas se concrétiser ou de tourner tout simplement en folies.

L'aspect familial

Dans presque toutes les relations avec un courtisan, si quelqu'un a des enfants, c'est vous. Habituellement, le courtisan ne veut pas d'enfants, ou bien il les voit dans un avenir tellement lointain qu'il finit par ne jamais en avoir. Même si la différence entre vous deux est plus une question d'argent et de statut qu'une question d'âge, vous décidez habituellement tous les deux d'éviter les petites créatures à deux pattes qui mûrissent lentement. Vous êtes vous-mêmes, tous les deux, les camarades de jeux les plus importants.

Toutefois, des enfants plus âgés, que vous en ayez ou non la garde, risquent de faire partie de la situation. Le principal problème alors est de savoir comment ils se comporteront avec le courtisan, et comment lui se comportera avec eux. Pour sa part, le courtisan n'a pas vraiment d'autre choix que de se tenir tranquille et d'attendre que les enfants finissent par l'aimer. Il considère que le seul lien qui lui est nécessaire est celui qu'il a avec vous. Il n'a donc pas de complexe de culpabilité face aux autres. Sa relation avec votre famille dépend de ce que vous exigez comme minimum de courtoisie. Souvent, les enfants l'aiment puisqu'il est aimable. Il se conduit comme un ami avec eux, rarement comme un père.

Quant à sa famille, elle s'est souvent fait une idée à son sujet depuis l'enfance. Il a toujours eu son propre rythme ses propres façons d'agir. Sa famille n'a jamais pu en faire un conformiste. Elle a renoncé aux pots-de-vin. Si elle grogne en silence, il n'en attend pas plus. Le courtisan est indépendant, mais froidement attaché aux membres de sa famille. Il les traite tout simplement comme des êtres humains, pas comme des parents, ni comme des frères et soeurs.

Il devient rarement intime avec votre cercle d'amis, bien qu'il soit poli et agréable avec ces derniers. Il a probablement ses propres amis, hommes et femmes, indépendamment de vous. Il les verra peut-être seul ou les invitera chez vous; mais il n'est pas rare que le courtisan et sa partenaire aient deux groupes d'amis.

On ne peut vraiment pas dire qu'il est tout pour vous. Il n'est pas le sauveur sur un cheval blanc, ni un pourvoyeur, ni un directeur d'entreprise. Il a d'autres avantages et désavantages: il est une joie et un plaisir, une présence, un amant et un fervent de la spontanéité. Mais il est surtout là parce que vous ne pouvez pas tout faire, tout sentir et être tout par vous-même. Vous ne pouvez pas vous attendre à ce qu'il économise en prévision de mauvais jours, ni qu'il construise des fondations extraordinaires. Il ne vous comblera probablement pas de diamants, bien qu'il puisse lui arriver d'utiliser l'argent de votre compte conjoint pour vous en acheter et vous en faire la surprise. C'est un roger-bon-temps.

Qu'est-ce qui vous attend?

Trop de rois Arthur poussent la patience de leur Guinevere à sa limite. Après tout, pendant combien de temps Guinevere a-t-elle eu son roi à ses côtés? Il était toujours occupé à gouverner, à faire la guerre ou à pontifier, pendant qu'elle se transformait graduellement en douairière. Si Arthur avait eu un téléphone, il aurait été occupé à téléphoner jour et nuit. Tôt ou tard, presque n'importe quelle femme est prête pour Sir Lancelot: un homme attentif, qui apprécie votre compagnie (et qui n'est pas ambitieux pour un sou). Ou, mieux encore, pour Sir Galahad, connu pour sa courtoisie, son humilité et sa calme sagesse, malgré son jeune âge.

Si vous êtes prête à dépenser ce que vous avez — argent, statut, sexe, beauté — et que le courtisan vous offre ce que vous aimez — sexe, beauté, compagnie, camaraderie — votre relation peut être agréable. Mais il est préférable d'être consciente de ce que vous faites. Le courtisan est flatteur pour vous. Souvenez-vous donc de cette vieille maxime: les flatteurs vivent toujours aux dépens de ceux qui les écoutent.

Tout de même, si vous aimez qu'on joue du violon à vos oreilles, pour ne pas mentionner le reste de votre corps, et si le prix vous importe peu, cela ne concerne personne d'autre que vous. Le courtisan n'est pas une première liaison. Il est l'étape deux; la première, c'est vous. Avant qu'il se présente à vous, vous en êtes venue à une nouvelle conclusion quant à ce qui est bon pour vous. Les nababs, les messieurs génies et les misogynes ne vous semblent plus des viandes de premier choix. Ils ont plutôt l'air de bouts de tendons dans votre steak. Vous avez décidé que le travail acharné, les bons revenus, la gloire et le prestige d'un homme vous laissent plutôt sur votre appétit. De toute façon, vous avez des quantités suffisantes de tout cela dans votre propre réfrigérateur, et maintenant, vous voulez vous nourrir de salade! Tout n'est pas facile avec le courtisan, mais si vous êtes assez sûre de vos intentions, vous pouvez surmonter les obstacles, car les courtisans ont habituellement l'avantage de vous rendre la pareille. Ils font les margaritas ET l'amour.

Dès le premier jour de votre relation, le fait que vous possédiez des choses que lui n'a pas présente un problème, et vous devez découvrir tous les deux comment vous vous sentez face à cette situation. Vous faites des manoeuvres délicates pour obtenir des réponses à certaines questions. Que veut-il? A-t-il ce que je désire? Suis-je en train de flirter? Est-il en train de me frauder? Qui a le dessus? Habituellement, vous allez chercher les réponses à ces questions en sourdine.

La première étape est privée parce qu'elle a aussi une autre raison: vous avez besoin de temps pour reprogrammer votre ordinateur, pour fouiller en profondeur et décider dans quelle mesure la normalité est importante pour vous et si vous êtes capable de faire fi des conventions. Si vous ne pouvez vaincre votre petit côté conformiste, si vous avez l'impression que vous allez toujours vous sentir gênée en public, probablement que votre relation avec le courtisan s'arrête là. Mais si vous pouvez passer outre à votre côté conformiste, vous vous branchez, vous devenez, vous et lui, un couple public, et vous affrontez ensuite les réactions. Les choses peuvent devenir sérieuses en peu de temps. Le potentiel existe pour des prises de bec avec des aînés en colère et des enfants méchants. Vous et votre courtisan devrez lutter ensemble contre les commérages et la dérision.

C'est habituellement alors que se produit votre première séparation. Les problèmes ne mettent habituellement pas en relief le meilleur de n'importe quel couple. C'est maintenant que vous faites face aux désavantages et à l'ennui. Peut-être n'aviez-vous pas assez de points en commun avec lui? Et puis, il y a ce cul-de-sac vers lequel la sophistication peut vous pousser: histoire d'en faire voir à vos amis, vous adoptez une attitude tellement blasée face à votre partenaire que vous le blessez. La culpabilité, la honte ou la jalousie sèment la confusion dans votre esprit.

Mais, généralement, seules des femmes très indépendantes se lient à des courtisans. Pour vous, lutter contre les exigences et les généralisations excessives des gens est une habitude. C'est ce qu'il y a entre vous deux qui solidifie ou détruit votre relation avec le courtisan, et la question à savoir si vous allez continuer de vous adoucir, car même le courtisan exige l'abandon. Vous n'êtes peut-être pas prête à perdre le contrôle. Vous n'y parviendrez peut-être pas. Ou vous pouvez triompher totalement. Mais même si vous survivez éventuellement aux critiques, la nécessité d'autres ajustements continue de surgir. Même des enfants sympathiques peuvent s'avérer un problème. Ils ont tendance à vous faire passer du rôle de mère à celui de copine, puisque vous faites ce que les jeunes font, et non pas ce que les parents sont censés faire. Votre position parentale disparue, vous devez restructurer la discipline. Vos enfants se moqueront peut-être des conventions, se mettront peut-être dans de mauvaises situations, pour se justifier ensuite en disant qu'ils vous imitaient. Et vos parents peuvent poser un problème eux aussi. Il est plus que probable qu'ils vous feront passer un mauvais quart d'heure.

Vous et votre courtisan devrez affronter tous les problèmes qui incombent à n'importe quel couple, en plus de quelques problèmes particuliers. La prédominance est toujours un problème. La dépendance et la peur peuvent vous troubler. Même si tout le reste va bien, le problème de l'âge est plus épineux pour vous que pour les autres. Dans la pire des unions avec un courtisan, vous restez collés ensemble comme un chien à son maître. Dans la meilleure des relations avec un courtisan, vous arrivez éventuellement à établir un équilibre entre qui possède et qui ne possède pas, qui donne et qui reçoit, qui domine et qui se soumet. Et votre relation devient une liaison à long terme parce que vous évoluez, parce que vous êtes amoureux.

Quels sont les signes précurseurs de problèmes?

Tout ce qui brille n'est pas or: c'est parfois une enveloppe de gomme à mâcher ou une escroquerie. Alors prenez garde. Il y a une énorme différence entre un courtisan et un voleur. Assurez-vous que vous avez affaire au premier, et pas au second. La meilleure façon de vous protéger est d'user de prudence.

Récemment, une femme écrivait à un courrier du coeur. Un jeune homme qu'elle ne connaissait pas avait assisté aux funérailles de son mari. Il lui a dit qu'il avait connu son mari et s'est mis à la visiter. Il était charmant et gentil. Elle a commencé à désirer sa présence réconfortante, mais une espèce de sixième sens lui disait de vérifier qui il était. À sa grande horreur, mais tant mieux pour ses finances, elle a découvert qu'il avait roulé bien d'autres veuves.

Les vrais courtisans n'apparaissent pas tout à coup de nulle part. Vous les rencontrez de la même façon que vous rencontrez n'importe qui d'autre: par le biais de votre travail, d'amis communs et d'événements sociaux. Ils ne vivent pas au crochet d'une femme après l'autre, même si vous n'êtes pas nécessairement la première. Ce sont simplement des hommes qui vivent au moment présent, et il s'adonne que vous vous entendez bien. Habituellement, lorsqu'un vrai courtisan vous fait signe, il offre un reçu: c'est peut-être un utilisateur, mais rarement un emprunteur. (Ce n'est que beaucoup plus tard, et à titre de partenaire, qu'il vous empruntera peut-être de l'argent.) La seule chose qui est étrange à son sujet, c'est que VOUS avez ce qu'il DEVRAIT avoir, selon la coutume qui prévaut.

Il y a des indices très clairs quand vous êtes liée à un courtisan et que les choses ne vont pas aussi bien qu'elles devraient aller: il a l'oeil errant, ou vous vous sentez agitée, ou vous voyez se pointer le monstre aux yeux verts de la jalousie. La situation peut être encore plus sérieuse si l'un de vous devient possessif et empiète sur l'espace vital de l'autre (c'est habituellement la femme, plutôt que le courtisan, qui a tendance à devenir possessive). Ou si l'un s'amuse à de petits jeux destinés à rendre l'autre jaloux. N'importe quelle relation finit par avoir des pattes d'oie. Mais dans une union avec un courtisan, elles devraient avoir l'air de rides d'expression. Peu importent votre âge, votre compte en banque ou votre sagesse, lorsque vos rides se dessinent vers le bas, cela signifie que vous ne vous amusez pas beaucoup. De tous les hommes, le courtisan est le plus apte à vous mener à une espèce d'extase.

Quelles sont vos possibilités et que devriez-vous faire?

Quelqu'un a-t-il envie d'essayer de répondre à cette énigme? Lorsque vous parlez de possibilités à propos d'un courtisan, il n'y a pas de réponse simple. Est-ce une bonne chose que de se lier avec lui? Cela dépend de vous. Votre relation durera-t-elle? Parfois oui, parfois non. Le hasard joue contre vous présentement, mais les temps changent et, au cours de l'histoire, certains couples ont réussi. Les avantages valent-ils la peine? Peut-être que oui, peut-être que non; je dirais que c'est du 60-40.

La plupart des gens ont encore de la difficulté à accepter le courtisan. En dehors de quelques villes sophistiquées et de quelques classes avant-gardistes, il est encore difficile de renverser les rôles masculins et féminins. Mais ce n'est pas impossible. Dans une petite ville de la côte de la Californie, j'ai rencontré une femme dans la quarantaine qui vivait avec un homme de vingt ans. Ils étaient ouverts au sujet de leur relation, ce qui est sain en soi, mais ils étaient tellement sur la défensive qu'il était évident que leur honnêteté leur coûtait cher. La femme en question vivait au bord de la marginalité. Et pourtant, on rencontrait partout des hommes de quarante ans avec des femmes de vingt ans. Presque partout, il faut encore que les femmes aient du courage pour dire au monde que personne ne leur enlèvera jamais leur enthousiasme.

Mais pensez-y. Votre plaisir mérite d'être protégé, même face à l'adversité de votre entourage. Après tout, se laisser intimider par les coutumes, c'est comme céder à la culpabilité, à la honte et à la peur. Les conventions sociales ne sont pas vraiment «réelles»; elles ne sont que des idées. Et c'est plutôt ridicule qu'une règle inventée par quelqu'un que vous ne connaissez même pas vienne s'immiscer entre vous et vos émotions.

Si vous êtes plus à l'aise avec ce qui est accepté socialement, reconnaissez-le. Si le stress particulier à une relation avec un courtisan s'avère au-dessus de vos capacités, d'accord; cherchez un homme qui réponde à vos exigences et avec qui vous avez de meilleures possibilités. Gardez votre enthousiasme, mais gardez-le dans des contextes plus courants.

À part cela, je suis tout à fait en faveur de l'aventure. Si un courtisan vous aborde et s'il a l'air intéressant, essayez-le. Voyez où cela vous mène. Mais seulement à certaines conditions. Vous devez être tous les deux convaincus de n'avoir rien à perdre si vous adoptez la bonne attitude. Et ne l'oubliez pas! Vous devriez prévoir la possibilité que l'un de vous décide de mettre un terme à la relation. Vous serez plus portée à le faire au début. Lui sera plus porté à le faire plus tard. Comme pour n'importe quelle autre relation, vous devez vous donner entièrement à votre union avec un courtisan si vous voulez en retirer le maximum. Si vous vous contentez de vous amuser ou si vous essayez de le dominer, vous faites probablement du vol de berceaux inversé: j'appelle cela de la chasse au poulet. Je ne trouve pas cela plus acceptable ni moins exploiteur quand c'est une femme qui le fait, plutôt qu'un homme. La chasse au poulet est très répréhensible lorsque l'homme est très jeune. Par contre, si vous avez un certain âge tous les deux et si vous optez tous deux pour une petite liaison charnelle, c'est votre affaire. Tout de même, si vous cherchez à obtenir quelque chose de lui tout en lui donnant le minimum de vous-même, je ne crois pas que vous allez en retirer grand-chose ni l'un ni l'autre.

Une liaison permanente avec un courtisan, ou une liaison temporaire mutuellement satisfaisante, exige que vous donniez plus de vous-même que d'habitude, pas seulement émotionnellement, mais aussi sur le plan du territoire, de l'argent et de votre position dans la communauté. Qu'il s'agisse de n'importe quel genre d'union, vous ne pouvez tout garder entre vos mains, et il n'y a qu'une approche efficace ici: ce que vous utilisez et ce que vous perdez n'ont aucune importance. Si vous commencez à vous inquiéter de votre propriété, vous faites mieux de mettre un terme à la relation.

Si vous commencez à avoir envie de quelqu'un dont l'intellect, les ambitions et les connaissances se rapprochent plus des vôtres, l'avenir s'annonce mal. Deux personnes n'ont pas besoin d'un grand nombre de similarités pour établir une base solide, mais certaines équivalences peuvent aider. Vous vous distancerez peut-être parce que le plaisir était éphémère, parce que votre feu de paille est en train de s'éteindre. Ou peut-être êtes-vous encore en train de vous remettre de certains types d'hommes? Vous avez essayé une nouveauté, mais votre courtisan s'est avéré transitoire. Ou peut-être est-il trop dévoué, comme un enfant à son professeur, et que son adoration ne vous apporte pas vraiment de gratification.

Si vous vous retrouvez dans n'importe laquelle de ces situations, vous devriez mettre votre relation dans la filière étiquetée «échu» et commencer une nouvelle étude. Mais si tout va bien et que votre intérêt, votre richesse et votre affection grandissent, faites un pied de nez à la tradition et gardez bien vivante votre liaison avec votre courtisan.

Quel rôle jouez-vous dans cette relation?

Les courtisans ont donc l'air sensuels. Mais vous n'êtes pas certaine de votre propre potentiel de veuve noire. Vous vous soupçonnez de ne désirer cet homme que dans le but de l'utiliser, puis de le jeter aux ordures. Ou bien d'autres courtisans sont déjà passés dans votre vie et il en est resté un relent désagréable que vous ne savez pas à qui imputer.

Il est probablement plus difficile que vous ne le croyez d'avoir une bonne relation avec un courtisan. Il n'est pas bon, en tout cas, d'entamer quelque chose dans un climat moins que parfait. Vous avez besoin de travailler à comprendre dans quoi vous vous embarquez. Prenez en considération certaines mauvaises raisons: très loin dans votre for intérieur, vous avez besoin de prouver que vous êtes capable d'appâter un homme jeune et attrayant. Puis vous vous rendez compte que, tout en ayant besoin d'un partenaire excitant pour prouver votre valeur ou pour vous servir d'escorte, avoir un homme en laisse n'améliore pas votre apparence. En fait, il l'empire. Peut-être craignez-vous plutôt d'avoir l'air de quelqu'un que personne ne trouve sexuellement attirante. Ou bien vous craignez que, laissée à vous-même, vos désirs érotiques vont s'atrophier et disparaître; vous voulez donc vous rassurer en vous payant un admirateur sensuel. Si c'est le cas, alors vous avez besoin d'apprendre que l'assurance sexuelle est difficile à obtenir. Elle vient de l'intérieur, pas de partenaires aguichants. Et même si vous passez des périodes sans partenaire de lit, cela ne veut pas dire que votre flamme est éteinte. S'il existe un charbon qui se rallume instantanément, c'est le souvenir de choses passées, et de comment les faire!

Si vous êtes séparée, divorcée ou veuve et que les mois n'en finissent plus de s'écouler, ne vous jetez pas sur le courtisan dans le but d'échapper au chagrin ou au deuil. Si c'est l'homme qui s'avance vers vous lorsque vous êtes prête, allez-y, mais il n'est pas un raccourci sur le chemin de la convalescence émotionnelle. Attendez tout le temps qu'il vous faut, jusqu'à ce que vous soyez forte et prête. Et ne désespérez pas de l'amour.

Souvent, les femmes se jettent dans des liaisons avec des courtisans comme s'il s'agissait d'orgies de magasinage. Puis l'instinct dépensier s'atténue et se conclut par un dilemme. Elles veulent garder la relation, mais mettre un terme aux dépenses extravagantes financières et psychologiques. Si cela vous arrive, dites-vous bien que les problèmes d'argent et de partage que vous avez avec le courtisan ne sont pas très différents de ceux de n'importe quelle autre union. Si vous avez l'impression qu'il faut que certaines choses changent, vous faites mieux d'en discuter honnêtement avec votre partenaire. Trop souvent, les femmes craignent de perdre leur amant si elles changent les règles. Mais si vous n'exprimez pas vos inquiétudes, elles risquent de se manifester de façons désagréables: vous humilierez votre partenaire en public, ou vous serez de mauvaise humeur en privé. Plutôt que d'en venir là, il est préférable de lui révéler votre anxiété, en espérant que les résultats soient positifs. Il est déjà assez difficile pour un homme qui ne possède pas grand-chose et une femme qui est à l'aise matériellement de maintenir leur respect mutuel. N'aggravez pas la situation avec des tendances caustiques. Prenez le risque de le perdre et continuez d'exprimer vos opinions avec franchise. Vous pouvez trouver la joie presque n'importe où. Ne niez pas le bonheur qui peut survenir de situations inattendues et, en apparence, sens dessus dessous. Chaque fois que vous vous inquiétez des conventions et de ce que les gens vont penser, répétez-vous que cela n'a aucune importance. Votre valeur vient de vous-même. De même que vos valeurs.

Un courtisan peut être un roi fainéant, qui ne fait rien et ne travaille jamais; ce n'est pas bon. Il peut aussi être un homme aimant à multiples facettes, et c'est le meilleur des courtisans.

Il sera rarement un homme-enfant. Mais si c'est un homme-enfant, celui qui fait l'objet du prochain chapitre, ne perdez pas votre temps avec lui. On devrait choisir un courtisan pour le plaisir, et l'enfant exige beaucoup trop de travail. L'enfant peut être bon pour certaines femmes, mais uniquement pour certaines femmes très spéciales. Donc, avant de vous engager trop sérieusement avec un homme qui est un éternel enfant — car c'est cela un homme-enfant — demandez-vous si vous êtes une de ces femmes spéciales. Car vos chances d'en être une sont plutôt minces. La plupart des femmes ne le sont pas.

Chapitre 18

L'HOMME-ENFANT

L'homme-enfant proverbial, celui qui ne mûrit jamais.

Une machine à arrêter le temps s'est amenée et a arrêté l'évolution de l'homme-enfant, juste au moment où il s'apprêtait à passer de l'adolescence à la maturité. Il a été fixé à tout jamais à un âge maladroit. Puis, malgré tous ses efforts pour y résister (lettres du médecin, lunettes en «fonds de bouteilles de Coke», daltonisme et surdité sélective), il a été appelé sous les drapeaux du monde adulte.

C'était une erreur. Il aurait dû être classé zéro pointé. Mais maintenant qu'il fait partie de l'armée de l'humanité vieillissante, il a trouvé le moyen de s'y tailler une place. Il joue à la recrue perpétuelle. Il se trouve un sergent, un mess et une caserne, et il devient une caricature de soldat de bandes dessinées. Il bousille toutes les tâches et les courses que lui assigne son officier supérieur. Il n'a jamais eu à se demander quel ordre donner. On finira peut-être par ne lui confier que des tâches serviles et, occasionnellement, du travail de cuistot, mais il ne risque pas de se voir octroyer une promotion. Il est tellement gauche que la plupart des gens le laissent tranquille, ce qui, bien sûr, est exactement ce qu'il désire.

L'homme-enfant ne mûrira jamais complètement. Il est très charmant; tout le monde l'aime. Il a bon caractère et il aime raconter des histoires drôles, même s'il les rate souvent. Mais il ne fait certainement pas sa part des corvées quotidiennes. C'est déjà bien assez qu'il occupe un emploi. Car il arrive habituellement au moins à travailler.

Toutefois, c'est un mari fidèle et un bon papa pour les enfants et, souvent, il a une caractéristique de plus: c'est un quasi-génie qui brille dans un certain domaine, ce qui le rachète aux yeux de son entourage. Le monde l'acclame et l'honneur retombe sur vous. Il est peut-être l'une des seules personnes dans le monde à connaître la formule et les propriétés du gastropostiasenucléique-13. Ou bien il sait comment faire fonctionner un ordinateur LXMN-532, il peut traduire le minoen moyen ou faire la mise au point des voitures de course ZYT Typhoon. Il lisait à l'âge de deux ans et calculait des fractions à quatre ans. À cinq ans, il a défait en morceaux la lessiveuse de sa mère et l'a ensuite rassemblée (maintenant munie de deux vitesses expérimentales, elle ne fonctionnera plus jamais).

Tout le monde sait qu'il était un enfant prodige. À mesure qu'il vieillissait, on l'a laissé transformer son génie en un moyen charmant et passif d'obtenir que tout le monde (surtout les femmes) fasse tout pour lui sans se fâcher.

En ce qui concerne les femmes, il est sélectif de façon négative: il laisse les femmes le choisir. Parfois, elles le choisissent directement; mais, d'autres fois, il tourne tellement autour d'elles qu'elles le choisissent tout simplement parce qu'il est toujours là. D'une façon ou d'une autre, cela diminue ses efforts de moitié. Ce qui signifie qu'il se retrouve avec des femmes timides mais déterminées. Sa partenaire est décidée, habile, efficace et tenace. Sa force de caractère le sécurise. Elle est tout ce qu'un amiral devrait être. Et pour lui, c'est le paradis. Il peut s'affairer en paix à des choses sans importance et lui confier l'organisation de sa vie.

Cas vécu

Aline, que je connais depuis que nous fréquentions toutes deux l'école élémentaire, n'a pas toujours été du genre de femme à se retrouver avec un homme-enfant. Elle l'est devenue à force d'adaptation. Et c'est ainsi qu'elle s'est retrouvée avec Olivier.

Aline était timide, mais trop fière pour l'admettre. Elle s'est donc organisée pour être la moins remarquable, la moins attrayante et la plus banale possible. Le genre de fille gentille-fiable-qui-agit-en-coulisses, l'amie-de-tout-le-monde-prête-à-faire-tout-ce-que-les-autres-n'ont-pas-envie-de-faire. Elle a eu un certain succès au secondaire et au cégep, mais n'était pas particulièrement populaire avec les garçons. Elle n'avait pas vraiment l'air solitaire, toutefois; on ne la remarquait tout simplement pas. Puis, tout à coup, elle a décidé qu'elle en avait assez de jouer le rôle de la fille sans attaches.

Derrière sa façade, elle avait toujours été ambitieuse et travailleuse. Lorsqu'elle voulait quelque chose, elle l'obtenait. Elle avait des notes excellentes et était une pianiste accomplie. Elle travaillait en comités, contribuait au journal de l'école et pouvait préparer le meilleur des gâteaux au chocolat. Il est vrai qu'elle n'avait jamais su comment être ni devenir ce qu'étaient les femmes qu'on disait «populaires». Mais elle n'avait jamais essayé.

C'est à peu près à cette époque qu'elle a rencontré Olivier. Non pas qu'Olivier ait été un nouveau venu dans son entourage. Il s'était retrouvé dans son cercle de connaissances à un moment donné (personne ne se souvenait exactement quand). En fait, sauf quand il était occupé à s'amuser avec des électrons, des protons et des neutrons, il était toujours dans le chemin. Personne ne le rejetait carrément, mais personne ne le prenait au sérieux non plus. Il était plutôt toléré qu'autrement. Il bousillait tout ce qu'il essayait de faire. Mais il était drôle et futé. Olivier ne semblait pas du tout conscient des femmes. Les seules formes qui l'intéressaient, semblait-il, étaient les formes géométriques, et la seule masse qui lui importait était la masse relative. Pourtant, il préférait la compagnie des femmes et se tenait plus souvent avec elles qu'avec les hommes. Les femmes jouaient rarement au baseball, un domaine où il n'avait pas de succès. Les femmes l'enduraient avec une plus grande résignation. Une fois convaincues de son inaptitude totale, elles cessaient tout simplement d'exiger quoi que ce soit de lui. Elles faisaient tout elles-mêmes. Et puis, Olivier était vraiment intéressé aux femmes et au sexe; il ne savait tout simplement pas comment exprimer son intérêt.

Aline s'est mise à réfléchir. Alors que les autres souffraient de jalousie, de peines de coeur et de catastrophes, elle s'est rendu compte qu'il y avait quelque chose d'unique, bien qu'étrange, dans sa propre cour: Olivier. Elle ne voulait pas avoir des tas d'expériences romantiques et essayer plusieurs amoureux, pas plus qu'elle ne voulait continuer de faire tapisserie et ne pas avoir d'amoureux du tout. Elle a vu Olivier comme un homme qui lui appartiendrait entièrement, et dont la permanence était presque garantie. Sa seule concurrence serait un cyclotron. Pour Aline, cela valait le prix à payer: des verres renversés accidentellement sur sa robe, de la vaisselle brisée, des vêtements qui tournent au rose dans la lessiveuse, et ainsi de suite.

Elle a donc invité Olivier à souper; les chandelles y étaient, et tout le reste. Elle l'a emmené en pique-nique, au zoo, au concert. Puis elle l'a amené au lit. Ni l'un ni l'autre n'avaient une grande expérience du sexe, mais Olivier était certainement consentant et enthousiaste. Mais tous deux avaient beaucoup lu sur le sujet. Ils avaient élaboré une espèce de technique dévorante qui leur convenait à tous les deux. Et même si elle n'était pas très complexe, leur vie sexuelle avait une qualité spéciale: personne d'autre ne l'avait partagée auparavant. Éventuellement, elle a mené à la fusion nucléaire d'une famille.

On pourrait peut-être dire que leur vie est restreinte. Encore aujourd'hui, Aline ne laisse absolument rien, ni ses amis, ni son travail, ni ses autres intérêts, contrecarrer ses plans. Elle s'occupe des tâches quotidiennes pendant qu'Olivier vit dans son microcosme. Il est charmant, irritant, délicat, maladroit, toujours confondu en excuses et incorrigiblement oublieux. Il a l'air d'avoir douze ans; Aline a l'air plus vieille. Il ne semble pas se rendre compte de la présence d'Aline. On ne pourrait pas dire qu'elle reçoit beaucoup d'attention. Mais si l'esprit d'Olivier n'est pas à la maison, il ne peut être qu'avec quelque atome ou quelque chose du genre. Il ne contribue certainement pas à une vie explosive; le sexe n'est pas quelque chose d'extraordinaire pour Aline. Mais ils sont passablement heureux.

Qu'arriverait-il si Aline avait besoin de retirer plus de plaisir d'Olivier? C'est la question qui n'a pas encore été abordée. Jusqu'à présent, il a fermé toutes les écoutilles. Mais, récemment, une petite ouverture est apparue. Aline s'est plainte à quelques reprises. Elle ne pensait pas vraiment qu'Olivier allait demeurer aussi irresponsable, pas plus qu'elle n'avait prévu que ses tâches allaient se multiplier si rapidement, sans que la participation d'Olivier ne change d'un iota. Elle avait cru que, à mesure que les corvées s'accumuleraient, il prendrait au moins l'habitude de lui donner un coup de main, s'il ne pouvait se charger d'un aspect de leur vie; mais cela ne s'est pas réalisé. Aline doit s'occuper de tout: des enfants, de l'école, des problèmes de transport, de la maison, du budget, des assurances, des achats, des voyages, de leur vie sociale, de leurs familles, des problèmes de santé, des animaux. Elle n'avait pas non plus prévu qu'Olivier la considérerait comme si elle faisait partie du décor. Mais l'attention qu'il lui accorde est de plus en plus irrégulière. Il l'aime, mais il la traite «comme un bon vieux fauteuil», toujours là. Aline ne s'était pas rendu compte non plus qu'en faisant d'Olivier le point central de sa vie, elle finirait par se couper d'une bonne part de ce qui se passait dans le reste du monde. En dépit de son travail, sa vie est complètement centrée sur sa relation avec Olivier et sur sa famille. Au début, elle était fière. Aujourd'hui, elle passe son temps à se retenir de ne pas dire ni montrer aux autres ce qu'elle ressent vraiment. Elle présente toujours la façade de la parfaite épouse et mère de famille, sans problèmes, toujours de bonne humeur et absolument heureuse. Une des amies d'Aline a quitté son mari, le copain d'Olivier, parce qu'elle ne pouvait plus supporter le travail, le cirque et la négligence que lui valait sa relation, même s'ils n'étaient pas intentionnels. Aline sait aussi que certaines personnes trouvent à rire de sa dévotion exclusive pour Olivier et de son rôle de mère poule.

Il n'y a pas beaucoup de femmes comme Aline. La plupart veulent plus d'attention et d'émotion. Aline «dérange» rarement Olivier pour quoi que ce soit. Il n'y a pas beaucoup de femmes qui s'accommoderaient d'autant de responsabilités, ou de l'exaspération d'avoir à composer continuellement avec un partenaire écervelé, préoccupé ou comique. C'est Aline qui mène le bateau; elle est l'unique second d'Olivier, mais elle n'a pas le loisir de créer le genre de remous qui puissent apporter des changements et de la variété dans sa vie. Malgré tout, Aline est relativement heureuse avec le marché qu'elle a conclu. Bien que l'homme-enfant ne convienne pas à toutes les femmes, Aline trouve Olivier passablement bon avec elle et elle est déterminée à ce que leur relation soit un succès.

L'homme-enfant est une question de poids et de mesures. Il a ses qualités, mais il a aussi amplement de désavantages. Du moins, il est facile à reconnaître. Vous n'avez qu'à penser à Harpo Marx, à Lou Costello, à Jerry Lewis, à Stan Laurel et à Einstein, combinés tous ensemble; le résultat: un charmant empoté. Ce qui est plus difficile à voir, c'est qu'il a l'intention de rester tel qu'il est; et aussi, combien vous êtes capable d'en «prendre».

Comment reconnaître ce genre d'homme?

Vous ne pouvez pas dire que l'homme-enfant s'est imposé dans votre vie. Il est plutôt tombé sur vous. Il ne vous courtise pas vraiment: il s'amène avec son air affamé. Il avale encore son bol de céréales avant de vous emmener souper au restaurant. Et il pensera toujours que des hamburgers, des hot-dogs, du Coke et du gruau sont des délices de gourmet.

L'homme-enfant... que peut-on en dire? Il est tellement p'tit gars, apparemment sans malice, il a l'air tellement innocent et charmant... bang, il vous tue! Même les femmes qui refusent de s'attacher à lui le laissent traîner autour d'elles. Chaque homme-enfant apporte sa propre signification au mot incompétence. Il n'est pas paresseux, extérieurement; au contraire, il essaie tout. Mais il ne réussit jamais à accomplir quoi que ce soit. Et des façons les plus étonnantes: il est incapable de faire bouillir un oeuf, de changer un pneu, de signer un chèque. Et pis encore, il «oublie» de ramasser une serviette échappée par terre, et son caleçon qu'il a laissé tomber. Il ne voit rien en bas de ses genoux.

Il a même le physique d'un éternel adolescent. Les différentes parties de son corps semblent appartenir à des personnes différentes; certaines sont celles d'un adulte, d'autres, d'un adolescent. Ses bras sont trop courts ou trop longs, jamais à hauteur des hanches. Ses pieds devraient appartenir à quelqu'un de plus corpulent. Il n'a pas encore les angles arrondis. Sa barbe essaie encore d'épaissir, ou bien il n'arrive pas à la garder propre et ne se rase que lorsqu'il y pense. Il souffre de colique chronique et aura toujours une mèche qui lui tombe sur le front.

Ou il manque de coordination, ou son esprit s'absente tout simplement de la course qu'il doit faire. Lorsqu'il s'agit du travail particulier auquel il excelle, toutefois, il est tout à coup très adroit et très précis. L'humour est un des rares moyens grâce auxquels il relie son cerveau à sa survie quotidienne. Son sourire de p'tit gars et son intelligence aiguisée lui rapportent beaucoup. Il tourne ses maladresses en farces. Il se crée une technique d'évasion absolument parfaite. Il échoue avec les petites tâches de façon tellement désarmante que peu de gens reconnaissent l'absentéiste qui vit en lui.

Derrière sa façade d'empoté, il est honnête et franc. Il est incapable de mentir. Il ne sait pas comment cacher un mensonge. Lorsqu'il veut échapper à une tâche, il reste tout simplement tranquille dans son coin ou trouve subitement une raison de faire autre chose, en espérant que personne ne s'en rendra compte. S'il se fait prendre, il feint la surprise, se lance immédiatement à la tâche assignée... et renverse le contenu du chaudron que vous lui avez demandé de brasser.

C'est une personne généralement heureuse, bien qu'il vive presque exclusivement dans son propre monde. Pour lui, la vie ressemble toujours à un jour où Mère Nature décide de faire cuire des biscuits. Il est aussi éthéré et délirant qu'un enfant dans une forêt enchantée, toujours absorbé par son propre esprit. Mais, comme à un enfant rêveur, beaucoup de choses lui échappent au cours de ses errances béates. Il porte peu d'attention aux allées et venues des gens et, naturellement, il commet bien des faux pas. Vous ne savez jamais à quel moment il va vous faire honte, comme un petit garçon qui crie «mais j'ai douze ans!» lorsque vous essayez de lui acheter un billet pour onze ans et moins. Vous ne savez pas non plus comment ni quand il va vous blesser. C'est à peine s'il remarquera que vous pleurez, encore moins que vous portez une robe neuve. Un de ses défauts, c'est qu'il n'apprend jamais. Il refait sans cesse les mêmes erreurs. Il veut réparer ses bévues, mais il ne sait pas comment.

Des indices additionnels

Les vêtements de l'homme-enfant ne lui conviennent jamais. À quel point ils ne lui conviennent pas dépend de qui les achète. Lorsqu'il magasine seul, il achète toujours les mauvaises grandeurs. Qui plus est, il choisit des couleurs et des styles tellement affreux que les gens traversent la rue lorsqu'ils le voient venir. Plus vous détestez ses vêtements, plus il les porte. Bientôt, les gens essaient de le prendre en main. Pensant l'aider ils lui achètent des ensembles, mais il range ces vêtements très loin dans le placard. Puis, un jour, il décide de passer en revue le contenu de son placard et se fait, à partir des différents cadeaux qu'il a reçus, des ensembles qui ne seraient jamais venus à l'idée de personne d'autre. Le résultat, c'est qu'il a son propre style. On pourrait l'appeler un style agglomération-contemporaine-et-historique-en-mode-décontracté. Souvent, il se retrouve vêtu d'un jeans et d'un T-shirt sur lesquels il a renversé de l'acide. Les lacets de ses souliers de tennis sont lacés jusqu'à l'os. (Il pense qu'il a des chevilles faibles.) Peu importe la pointure de ses souliers, vous avez envie de les faire bronzer. Personne d'autre ne pourrait donner à ses chaussures une forme pareille.

Sa peau est affreuse, ce qui est dû en partie à son éternelle adolescence. Ses ongles sont rongés au vif, et plutôt malpropres. Il n'aime pas avoir le soleil dans le visage et collectionne donc des casquettes de baseball, ce qui a au moins l'avantage de cacher sa mèche de cheveux. Ses traits ne l'intéressent pas. Il ne se regarde jamais dans le miroir.

Le seul moyen qu'il a de donner un sens à tout ceci, c'est en devenant un homme-enfant.

La plupart du temps, il possède un minibus, une wagonnette ou une vieille et grosse voiture ou fourgonnette. Il a besoin d'espace pour des tas de choses dans son véhicule: de vieux pneus, des appareils graisseux, des microphones, des amplificateurs. Habituellement, l'homme-enfant a de l'affection pour son véhicule, comme si c'était un vieux copain. Il l'essuie, plutôt que de vraiment le nettoyer. Il y apposera peut-être des décalques, mais ne le décorera d'aucune autre façon. Ou bien il gardera l'extérieur exactement tel qu'il était à l'achat, mais arrachera tout l'intérieur pour y installer un entrepôt d'outils mobile, un petit laboratoire ou quelque autre folie. Il se peut aussi qu'il soit un usager des transports en commun et capable de se rendre n'importe où sans se tromper.

Son espace vital ressemble pas mal à ce que vous imaginez: il a l'air de l'épave de l'*Hesperus*. Lorsque vous le rencontrez, il vit dans une pièce du sous-sol de quelqu'un, souvent chez ses parents. Ou peut-être qu'il hiberne dans un garage transformé. Peut-être aussi partage-t-il une vieille maison avec cinq autres hommes-enfants qui ne font jamais la vaisselle. Il se sent très à son aise dans le désordre.

Lorsqu'il est question de décoration, il pense peinture. (Il arrive à la même conclusion lorsqu'il est question de recouvrir la saleté.) Il a un talent incroyable pour choisir les couleurs les plus criardes; par exemple, une combinaison de jaune serin, vert avocat et bleu électrique. Il a peut-être quelques posters qui, une fois accrochés au mur, n'en descendront plus jamais. Bientôt, ils ont l'air d'avoir été laissés par le locataire précédent, ou le locataire d'avant le précédent. Ou peut-être, de toute façon, ne pouvez-vous pas les voir derrière l'énorme antenne de télévision. Si vous êtes responsable de la décoration et lui demandez d'accrocher un tableau, il aura besoin de quatre assistants. Il se croit homme à tout faire. Mais il ne vaut pas la peine de lui demander de réparer quoi que ce soit, car le travail nécessiterait deux fois plus de temps. Bien sûr, certains hommes-enfants ont toujours l'air d'être occupés à quelque chose. En fait, l'homme-enfant semble infatigable. Il suit un horaire des plus étranges et n'a pas besoin de beaucoup de sommeil. Il travaille de 2 heures à 6 heures du matin, puis dort de 7 heures à 11 heures, après ses deux bols de Cheerios. Puis il se lève pour se rendre au travail, pour faire le tour des ventes de garage ou pour aller feuilleter de vieux livres. Puis il arrive sans avertissement chez quelqu'un, juste à l'heure du souper. Il mange sept repas par jour, n'importe quand, n'importe où. Ou bien il ne mange aucun repas «formel» mais grignote toute la journée.

En fait, il se traite relativement bien, bien que de façon particulière. Il s'assure certainement qu'on ne le dérange pas. Il voit à ce qu'on lui épargne les tâches insignifiantes et fastidieuses et les décisions qui exigent de longues réflexions.

Les indices sexuels

L'homme-enfant ne traite pas les femmes comme des mères; il ne fait que provoquer leur instinct maternel. Peu de femmes peuvent compenser son incompétence d'autres façons. Il établit une espèce de contrat client-gérant avec sa partenaire: lui est le client; vous, la gérante à vie. Il devient tellement dépendant qu'il est difficile de dire s'il vous aime ou s'il s'attache graduellement à vous.

Il est également difficile d'établir s'il est sexuel ou non. Certains hommes-enfants ne semblent pas savoir vraiment s'il se passe, ou non, des activités sexuelles dans leur vie. D'autres ont autant d'enthousiasme pour le sexe qu'ils en ont pour leurs autres obsessions.

L'homme-enfant qui n'est pas sexuel attend que vous preniez l'initiative. Il se marie un peu ou beaucoup plus tard que les autres hommes. Après la lune de miel, il ralentit de beaucoup la fréquence de ses relations sexuelles. Il faut que vous lui rappeliez qu'il est censé en avoir.

L'homme-enfant qui aime le sexe ne prend pas vraiment l'initiative lui non plus. Il vous attend plutôt à un tournant de votre chemin. Il vous visite ou tourne autour de vous avec une telle insistance que n'importe quel autre admirateur qui vient frapper à votre porte doit passer devant lui, votre fou du roi. Ou il vous téléphone sans cesse et il devient aussi difficile de s'en débarrasser que s'il était votre frère siamois. Il joue à attendre. Il essaie et essaie encore. Le résultat, c'est que ce genre d'homme-enfant se retrouve en couple à un âge étonnamment jeune. Il trouve son garde-chiourme et s'installe pour de bon dès la fin de l'adolescence ou le début de la vingtaine.

D'une façon ou d'une autre, l'homme-enfant déguise sa puissante motivation sexuelle lors de sa première approche. Lorsqu'il se passe finalement quelque chose de sexuel, un baiser ou une étreinte, cela arrive comme par surprise, presque accidentellement. C'est comme s'il tombait sur vous et que sa chute se transformait en un baiser. Il échappe quelque chose et lorsque vous vous penchez pour le ramasser, il tombe par-dessus vous accidentellement. Une fois que vous avez commencé à vous embrasser et à vous toucher, il est affectueux, mais souvent, dans son enthousiasme, il saute directement au sexe et oublie les préambules. Il a besoin de directives et, souvent, n'arrive jamais à comprendre exactement ce que vous voulez. Il est plus énergique qu'érotique. Il se limite aux activités de base et à quelques légères variantes. Puis il s'endort, instantanément. Il préfère faire l'amour plusieurs fois en une même nuit, plutôt qu'une fois par jour. Les hommes-enfants très portés sur le sexe ne sont pas des amants qui font l'amour plus longuement: ce sont des amants qui font l'amour plus fréquemment.

Les deux types d'hommes-enfants sont souvent des hommes qui éjaculent rapidement.

Certains jeunes hommes-enfants, de même que certains divorcés, peuvent cacher des racoleurs sous leur façade charmeuse. Ils font leur petit cinéma en échange d'aventures d'une nuit. Mais personne ne sera étonné de savoir qu'à mesure qu'ils vieillissent, les hommes-enfants ont de plus en plus de difficulté à se trouver des partenaires sexuelles.

L'aspect financier

L'homme-enfant n'utilise pas beaucoup l'argent de qui que ce soit. Certains ont des revenus élevés, qu'ils gagnent en travaillant dans l'électronique ou autre chose du genre. Un grand nombre d'entre eux sont avocats ou comptables. D'autres ne font jamais beaucoup d'argent. Si son génie lui rapporte des gains financiers, tant mieux, mais l'homme-enfant préfère bricoler à travailler fort pour son argent. Il ne s'occupe pas de vos finances. C'est vous qui vous en occupez.

Comme il ne sait jamais exactement combien d'argent vous avez (il présume que vous le savez), il dépense modérément. Il se plaît à conserver et à utiliser des vieilles choses qui ont déjà servi. Il déniche des aubaines étranges et ricane à l'idée d'avoir déjoué le marchand. Il achète des restes de peinture, des horloges qui fonctionnent, sauf qu'il leur manque une pièce, ou des paquets mystères qui ont été égarés par la poste. Il finit souvent par perdre de l'argent. Souvent, il n'est pas très astucieux dans ce qu'il fait, alors il se retrouve avec des articles qui ne sont pas des aubaines du tout. Il remplit des formulaires d'impôts abrégés, alors que ce n'est pas avantageux pour lui. Il ne lit pas les remarques écrites en petits caractères sur les contrats; il prend des engagements verbaux et se fait poursuivre devant les tribunaux. Ses besoins ne sont pas très élaborés. Vous et lui ne sortez probablement pas souvent. Au mieux, vous allez voir des films qui sont à l'affiche pour une troisième fois, ou vous allez dans des cafés pour entendre des groupes de musiciens inconnus.

L'aspect familial

Lorsqu'il est question d'avoir des enfants, il dit: «Bien sûr, ce serait agréable», et cela s'arrête là. Il réfléchit rarement à tout ce que cela comprend, même plus tard, quand il vous voit enterrée sous une montagne de couches. Il pense que les enfants sont des camarades de jeu et puis, après tout, vous êtes là pour les nourrir. Il est tout à fait inconscient de leur horaire.

Pourtant, de bien des façons, c'est un père fantastique. Comme il est exactement comme eux, ses enfants le considèrent comme un ami, pas comme un parent. Et ils sont toujours certains de son amour pour eux. La plupart du temps, quand ils sont avec lui, vous ne savez pas où ils sont, ce qu'ils sont en train de faire, ni quand ils vont revenir. Mais même si vous ne pensez pas qu'ils sont entre bonnes mains, l'homme-enfant trouve toujours le moyen de les ramener sains et saufs.

Les parents de l'homme-enfant ont tendance à secouer souvent la tête. Ils ne peuvent rien faire d'autre. Ils ne comprennent pas ce qui ne lui est pas arrivé. Mais ils ne peuvent pas vraiment lui faire de reproches, parce qu'il est si gentil et si intelligent. Il entend à peine ce qu'ils lui disent, mais il leur sourit affectueusement. Il les aime mais les considère comme des égaux qui ne le comprennent pas. C'est vous qui devrez recevoir leurs appels, leurs conseils et leurs reproches. Ils n'arrivent jamais à rejoindre leur fils. Ils vous sont reconnaissants pour ce que vous faites.

Quant à votre famille, il ramènera votre père et vos frères à l'adolescence avec lui et laissera les femmes préparer les repas et nettoyer la cuisine chaque fois qu'il peut s'en sauver. Votre mère et vos soeurs seront dégoûtées et perdront patience, mais se sentiront totalement désarmées en sa présence.

L'homme-enfant cultive un cercle d'amis qui ont tous l'air de restes dépareillés. Il se fait ami avec tout ce qu'il rencontre sur son chemin. Certaines amitiés sont brèves, d'autres durent longtemps et certaines remontent aussi loin en arrière que l'école élémentaire. Il ne se fait pas beaucoup d'ennemis, ce qui est dommage parce qu'il a tendance à se faire duper. Parce qu'il ne manifeste aucune discrimination, il s'expose souvent, et vous et les enfants avec lui, à des mauvais traitements qui auraient pu vous être évités. Mais il est préférable qu'il soit naïf, plutôt que complètement coupé du monde extérieur.

Peu importe à quel point il est sociable et combien d'amis il a, il réussit à se séparer d'eux, de façon étrange. Il réussit toujours à être suffisamment autonome pour faire ce qui lui plaît. Comme une grande part de sa vie est mentale, personne n'arrive à entrer dans son monde.

Lorsque les gens parlent de lui, ils parlent de «le tolérer». Ou ils demandent: «Comment peux-tu l'endurer?», sans vraiment s'attendre à une réponse. Personne ne le rejette. Personne ne lui crie par la tête. Le pire qu'il lui arrive, c'est qu'on le harcèle de critiques quand il s'est montré trop distant. Il se met rarement en colère, mais il peut être plaignard. Il change rarement. En fait, personne ne l'encourage à changer, personne ne s'attend vraiment à ce qu'il change. C'est là son problème majeur: il a réussi à convaincre tout le monde du fait qu'il est sa propre justification. Chaque fois qu'il brise une lampe, qu'il trébuche dans les escaliers ou qu'il renverse de la limonade sur la robe de quelqu'un, tout le monde dit: «Oh! c'est bien lui!» Comme si le fait qu'il est un homme-enfant explique — et excuse — tout.

Qu'est-ce qui vous attend?

Il arrive en trombe une fois de plus, pendant une réunion de votre comité féminin, pour demander où est le tournevis. Il a tout simplement besoin de savoir ce qui se passe, et utilisera n'importe quelle excuse. Puis il embrouille tellement les femmes présentes que lorsqu'il finit par s'en aller, elles se mettent à parler des hommes plutôt que des lois qui les intéressent en tant que mouvement populaire. Et vous savez que vous devrez vous charger vous-même de la manifestation, parce que le comité n'a rien accompli. Ce genre de journée est typique de la vie avec un homme-enfant.

Avec l'homme-enfant, deux choses vous attendent. L'une d'elles est que ce qu'il ne fait pas détermine ce que sera votre avenir. (Et si vous êtes aveuglée par son intelligence et si vous comptez sur le fait que le reste suivra, vous faites mieux de compter de nouveau.) L'autre chose, c'est qu'il faut que vous compreniez qu'il est un enfant terrible, plutôt qu'un lutin. L'homme-enfant peut sembler insignifiant, mais il est le plus talentueux du monde pour prendre le plancher. Il réussit toujours à devenir le centre d'attention. Alors, peu importe ce que vous faites, avec lui vous serez reléguée à la fosse d'orchestre. La simplicité de son caractère ne veut pas dire qu'il manque de ruse. L'homme-enfant aime attirer l'attention et il se sert de son génie pour y parvenir. Après tout, il a assez de talent pour réussir à projeter l'image perpétuelle de quelqu'un au bord de l'adolescence. (Il a évidemment compris que sa liberté est rattachée au maintien de cette adolescence.) Et il est assez rusé pour être en tête d'affiche, peu importent tout ce que vous faites et le peu qu'il fait.

Mais retournons au numéro un, à savoir que ce qu'il ne fait pas détermine votre avenir, et voyons ce que cela signifie. L'homme-enfant a réussi à apprendre ce que nous aimerions tous savoir: comment ne pas faire ce que nous ne voulons pas faire. Comment y arrive-t-il? Vous connaissez cette envie irrésistible de parler lorsque les gens laissent passer des silences dans la conversation? Vous vous surprenez à parler de choses insignifiantes, par obligation ou pour cacher votre embarras. Vous êtes prête à dire n'importe quoi pour meubler le silence lourd et maladroit. L'homme-enfant est une de ces personnes, à cette différence près que, dans son cas, ce sont les actions qui ont des «trous», plutôt que les conversations. Plus il néglige de faire ce qu'il a à faire, plus vous en faites pour lui, plus vous bouchez les trous de ce qu'il n'accomplit pas. Et plus vous en faites, plus il vous en laisse faire. Son appétit pour l'irresponsabilité est presque insatiable. Non seulement vous encourage-t-il silencieusement à en faire trop, mais il vous pousse à le faire, d'une certaine façon.

Votre rôle a tendance à prendre de plus en plus d'importance. Vous devenez comme cette femme, dans l'annonce télévisée, qui se tient à la porte d'en arrière, bras ouverts. Les enfants, les chiens et son mari lui remplissent les bras de vêtements sales avant de sortir. Lorsque la caméra se retire à l'extérieur, on voit que la femme en question vit dans une boîte de détersif à lessive.

Avec le temps, parce que vous faites tout pour lui, votre vie devient complètement centrée sur lui et vous commencez à vous sentir emprisonnée. Les corvées incessantes ont tendance à avoir cet effet sur les gens. Peut-être que quelque chose se produit qui fait déborder le vase, et vous protestez, mais, le plus souvent, c'est quelque chose d'autre qui arrive. Vous vous transformez au point où aucune corvée n'est trop dure pour vous. Vous devenez une Walkyrie, ou peut-être une virago. Remarquez bien que vous ne recevrez peut-être pas plus d'admiration en échange de vos responsabilités. Quoique, dans un coin de son coeur, l'homme-enfant ressente de l'amour pour vous, il utilise surtout la vie facile que vous lui offrez pour se concentrer encore davantage sur ses propres préoccupations. En fait, il devient de plus en plus éthéré.

Bientôt, vous vous cramponnez davantage à l'idée qu'il vous aime qu'à n'importe quelle démonstration de son amour, parce que les démonstrations se font de plus en plus rares.

Par contre, l'homme-enfant vous offre une voie droite et stable. Les courbes et les détours sont rares. Il ne vous quittera probablement pas. Il a rarement des aventures extramatrimoniales. Il mange à la maison, mais il refusera peut-être de sortir le soir ou de prendre des vacances. Son idée de vacances est de vivre dans une maison mobile, où vous vous retrouvez dans la même situation qu'à la maison, avec cette différence que votre domicile a des roues. Manger au restaurant veut dire aller à la pizzeria. Le chop suey est quelque chose d'extravagant pour lui. Lorsque vous parlez de relaxation, il pense parcs et centres de camping. Non seulement a-t-il tendance à oublier les anniversaires, il ne sait même pas quel jour on est.

Du côté plus intéressant des avantages possibles, il y en a un que bien peu d'hommes autres que l'homme-enfant peuvent vous offrir. Il ne vous dira pas de bêtises. Il se fiche de savoir comment les choses sont faites, le budget organisé, les achats effectués. Tout ce que vous faites est parfait. Il ne juge pas et ne critique pas. Il est une permission garantie d'être reine et maîtresse chez vous, de mener les choses à votre guise. Bien sûr, vous aurez probablement à fournir le travail, mais vous serez aussi le patron.

Au bout d'une relation à très long terme avec un homme-enfant, vous avez tendance à vous transformer en l'un de ces couples qui sont tellement interdépendants qu'ils n'ont besoin de personne d'autre. Ils sont parfois gentils, parfois grognons. Vous pourriez devenir l'un ou l'autre.

Quels sont les indices précurseurs de problèmes?

Si une créature semblable à un dragon maladroit de Walt Disney se met à vous lécher la main, arrêtez-vous et réfléchissez. Songez à ce qu'il vous en coûtera en Purina et demandez-vous si vous êtes prête à en payer le prix. Rappelez-vous que son rythme cardiaque rapide signifie qu'il aura besoin de manger, et de manger, et de manger encore. Et comptez le nombre de fois où il se retrouve dans des situations embarrassantes, ou combien de fois il casse des porcelaines fragiles.

Contrairement à la plupart des autres hommes, l'homme-enfant est exactement ce qu'il semble être. Votre premier avertissement vient de ce qu'il ne devient pas plus mûr ni plus gracieux avec le temps.

Le fait qu'il ne soit pas conscient de vos humeurs et de vos états émotionnels est un deuxième avertissement encore plus sérieux. Mais c'est encore pire lorsque VOUS n'en êtes pas consciente. Vous pouvez conclure que les choses vont mal lorsque vous êtes fâchée, triste, excitée, misérable ou sur le bord d'exploser, mais que vous continuez d'agir comme un robot. Si vous n'existez que pour «fonctionner», vous vous dirigez vers de gros problèmes.

Si votre homme-enfant est si oublieux ou inattentif qu'il ne peut pas vous offrir de soutien lorsque vous en avez besoin, dites-vous ceci: on ne peut pas avoir besoin de quelqu'un qui n'est pas là. Dans ce cas, donnez-lui sa valise et engagez de l'aide. S'il revient, coupez la laisse et tournez votre attention vers quelqu'un qui peut vous payer en retour, c'est-à-dire vous-même.

Si, par contre, il vous fournit quelque soutien, considérez-vous vengée. En dépit des problèmes et des tribulations, vous aviez raison d'être là.

Quelles sont vos possibilités et que devriez-vous faire?

Que devriez-vous faire à propos de l'homme-enfant?

Bien sûr, comme c'est le cas pour tous les problèmes, il n'y a pas de bonne réponse. Vous pourriez rester avec lui, le quitter, rester et essayer de le changer, ou partir et essayer de le changer. Vous pourriez rester avec lui seulement un bout de temps, puis partir. Ou vous pourriez faire n'importe laquelle de ces choses et dans l'ordre que vous voulez. Mais qu'est-ce qui est préférable? Eh bien, voici une suggestion. Rester avec lui et essayer de le changer pèse probablement plus lourd dans la balance que les autres choix. Le quitter (ou menacer de le quitter) afin de provoquer des changements, puis retourner avec lui, est très courant et constitue un deuxième choix. Mais si vous en avez plein votre chapeau et pensez qu'il est impossible de le changer, votre seul choix est de faire vos bagages.

L'homme-enfant ne peut changer que dans une certaine mesure. Je ne m'attendrais pas à des miracles. Il sera toujours tel qu'il est. Mais après tout, il n'entretient pas de croyance à la supériorité masculine inaltérable. Il ne joue même pas au petit jeu de «si tu m'aimais vraiment, tu laverais la baignoire pour moi». Il joue tout simplement au sourd-muet. Et il n'a probablement jamais reçu d'ultimatum et ne s'est jamais fait arracher ses verres fumés. Il vous faut absolument attirer son attention sur ce que vous considérez intolérable, mais seulement si vous avez vraiment l'intention de le changer. Cela veut dire qu'il vous faudra l'«asticoter». N'importe quel enfant comprend quand vous lui dites «si tu ne nettoies pas ta chambre...» que vous n'êtes pas vraiment sérieuse. En fait, vous dites cela parce que vous vous attendez à avoir à le répéter. Faites attention à ces «si tu ne fais pas ceci» et soyez sérieuse lorsque vous dites «je vais...» (suivi d'une action). Améliorez la situation graduellement, par étapes régulières, jusqu'à ce qu'elle soit acceptable. Et rappelez-vous qu'il aura toujours besoin de périodes de solitude.

Il se peut que vous ayez mal calculé vos capacités, que vous ayez besoin de plus d'attention, de plus d'aide et de moins de travail. L'homme-enfant ne deviendra peut-être jamais le compagnon responsable de vos désirs. Dans ce cas, songez à une rupture amicale et affectueuse. Il n'est pas nécessaire de faire des scènes. Partir est une façon de gagner: cela vous offre le soulagement d'avoir à prendre soin d'une personne de moins. Avec l'homme-enfant, il est préférable de partir dans une tristesse résignée, plutôt que dans la colère. C'est un homme tellement résistant et retranché que si vous êtes incapable de vivre avec lui, vous n'avez qu'à le quitter, sans perdre votre temps à faire des accusations.

Par contre, c'est peut-être l'homme qu'il vous faut, même s'il ne change jamais d'un iota et que vous deviez tout faire pour lui. Si vous choisissez donc de rester avec lui, essayez d'accepter la situation. Ne le critiquez pas et évitez de devenir claustrophobe. Au fond de vous-même, vous préférez peut-être lire des Agatha Christie plutôt que de vous compliquer la vie avec les hauts et les bas d'une relation plus attentive. Il n'y a rien de mal à cela. Il peut être très gratifiant d'avoir quelqu'un à ses côtés à qui on n'est pas obligé de parler. Quant au travail et aux responsabilités, dites-vous simplement que vous êtes en train de vous entraîner au travail de cadre. Tout le monde n'a pas la chance d'être employé et patron en même temps. Peut-être votre expérience vous sera-t-elle utile plus tard. Vous pourrez ouvrir un refuge pour adolescents itinérants. Ou peut-être préférez-vous vous dire que vous êtes une mère célibataire. Lisez tout ce que vous pouvez sur l'art d'élever des enfants seule. Votre stress, votre fatigue et vos problèmes sont pas mal du même ordre. Ce n'est pas facile d'être toujours la personne qui doit prendre les décisions. Mais du moins, votre homme-enfant a toujours, dans votre lit, une présence que les vrais enfants ne peuvent pas vous donner.

Quel rôle jouez-vous dans cette relation?

Peut-être avez-vous besoin d'espace et refusez de le reconnaître. Vous avez peut-être besoin d'intimité, mais vous le camouflez si bien sous votre instinct maternel que vous vous mettez vous-même des bâtons dans les roues. Deux propositions très différentes, il est vrai. Mais l'une ou l'autre peut mener à une liaison avec un homme-enfant. En fait, vous avez peut-être même les deux tendances en même temps. Vous avez peut-être besoin d'espace ou vous voulez peut-être tellement diriger que lorsque vous devenez intime avec quelqu'un, vous le faites sous couvert d'un bouclier maternel. Une liaison d'adultes est peut-être trop intime à votre goût. Dans un cas comme dans l'autre, l'homme-enfant fait votre affaire. Tout en restant relativement distante et en prenant soin de l'homme-enfant, vous pouvez jouer le rôle de patron, et cela fait son affaire à lui.

Si vous avez l'une ou l'autre tendance, mais que cela ne vous dérange pas puisque votre relation avec l'homme-enfant vous convient, fantastique! Mais si vous avez un penchant fatal pour l'homme-enfant et trouvez votre relation moins que satisfaisante, le moment est venu de décider si vous avez une ou les deux prédilections mentionnées plus haut. Vous pourriez vous demander à quel point il est important pour vous de garder vos distances, et à quel point vous tenez à vous assurer de toujours être le patron dans votre relation. Et dans quelle mesure, peut-être inconsciemment, l'amour devient-il le synonyme de prendre soin de quelqu'un!

Si vous avez l'une ou l'autre de ces deux tendances, il n'est pas étonnant que vous cherchiez tout de même à établir une relation. D'abord, les femmes ont souvent de la difficulté à admettre qu'une trop grande intimité leur fait peur, ou qu'elles craignent de perdre le contrôle dans une liaison. Après tout, la croyance populaire dit que vous êtes censée vouloir un homme et que vous devez même être folle d'amour. Il est difficile pour n'importe quelle femme d'aller à l'encontre des tendances. Si vous préférez garder vos distances, ou ne pas avoir de relation du tout, les gens demandent: «Quel est ton problème?» Quant au second facteur, on vous a peut-être inculqué l'idée qu'aimer, c'est «materner», et vous le faites donc maintenant sans même vous en rendre compte. Dans notre société, on enseigne à toutes les femmes à materner et à réconforter, au moins dans une certaine mesure. On peut facilement confondre l'amour romantique et l'amour maternel. Il se peut que vous n'ayez pas appris d'autre version de l'amour. Aimer voulait simplement dire «prendre soin de». Mais si c'est le cas, c'est triste. Ne donner à l'amour que le sens de prendre soin de quelqu'un est très restreignant. Cela diminue l'énorme potentiel émotionnel de l'amour, et peut souvent provoquer l'autosuffocation et le sacrifice de soi.

Que faire si vous découvrez que vous avez une de ces tendances, ou les deux? Vous devez d'abord reconnaître qu'il n'y a rien de mal à découvrir que vous êtes plus à l'aise dans une relation à intimité limitée. Vous ne voulez peut-être pas de l'interaction constante d'une relation intime. C'est votre droit. Les seules fois où c'est mauvais, c'est quand la joie que vous trouvez dans la solitude et dans le fait d'être patron est secrète, lorsque vous pensez que c'est anormal ou lorsque vous usez de moyens détournés, lorsque vous maternez ou que vous vous surchargez dans le but inavoué d'obtenir l'éloignement que vous désirez. Il est de beaucoup préférable d'affirmer ouvertement que vous ne voulez pas d'une trop grande intimité ou que vous ne voulez pas renoncer au rôle prédominant.

Si vous voulez mener la barque, toutefois, il existe peut-être de meilleurs choix que de vous lier à un homme-enfant. Des choix qui vous vaudront moins de travail, plus d'attention et plus d'égalité dans votre union. Étudiez la possibilité d'une union avec un traditionaliste aimant, un homme aimant à multiples facettes ou un homme aimant à responsabilité limitée, au lieu de vous lier à un éternel enfant.

Vous voudrez peut-être également vous permettre de découvrir que l'amour entre adultes peut offrir un éventail d'émotions beaucoup plus varié que celui de l'amour parental. Vous devriez peut-être essayer quelques échantillons des différentes variétés d'amour entre adultes. Pourquoi vous emprisonner dans un amour sans couleurs en traitant un homme comme un enfant, ou dans une existence morne parce que vous êtes trop fatiguée pour ressentir des émotions, alors que vous pourriez vivre des expériences beaucoup plus enrichissantes? Il est vrai que les émotions peuvent faire peur et, oui, qu'elles peuvent mener à une perte de contrôle (une perte qui peut être évitée en ne se permettant que des sentiments maternels), mais regardez les choses sous cet angle: commencer à explorer vos émotions ne veut pas dire que vous ne pouvez plus reculer. Vous pouvez apprendre à utiliser... disons une porte tournante. Vous pourriez laisser entrer l'intimité et les sensations quand vous le désirez, puis mettre à votre porte une affiche «Fermé» quand vous avez besoin de solitude. Vous aurez probablement plus de facilité à vous construire une porte tournante en tant qu'adulte qu'à titre de mère.

Par contre, vous découvrirez peut-être que votre rôle de mère vous suffit. Si c'est le cas, vous voudrez peut-être élever votre homme-enfant, le quitter, puis éviter ceux que vous rencontrerez sur votre chemin. L'homme-enfant est un homme bon (mais peut-être pas pour tout le monde) et, comme je l'ai dit auparavant, si vous et votre homme-enfant êtes tous deux satisfaits de la distance relative entre vous deux, et de qui prend soin de l'autre, reconnaître que ce que vous avez est ce que vous voulez peut vous faciliter grandement la vie avec votre homme-enfant.

On trouve beaucoup d'hommes-enfants dans les milieux urbains, où refuser de vieillir et être drôle sont des façons de survivre. On peut aussi trouver beaucoup d'enfants parmi les hommes qui ont vécu des divorces pénibles. Ils ont tellement peur des engagements, de la douleur ou de se faire diriger par des femmes qu'ils se transforment en un mélange d'homme-enfant et de collectionneur de liaisons éphémères.

Entre-temps, nous nous sommes lentement dirigées vers les trois types d'hommes merveilleux, et bien que l'homme-enfant n'en soit pas tout à fait un et qu'il ne convienne pas à toutes les femmes, il est bien intentionné, responsable et, oui, il est même affectueux.

Vient ensuite un homme qui est bon lui aussi, mais qui a un défaut insidieux. Et c'est un défaut majeur. C'est le manipulateur sournois. Le problème c'est que, si les hommes-enfants sont rares, le manipulateur sournois, lui, est très courant. En fait, c'est probablement le plus commun des hommes. Gentil, merveilleux, affectueux, fidèle, il semble parfait, et pourtant, il réussit toujours à faire à sa tête. Il est fort probable que vous l'avez rencontré, que vous avez vécu avec lui ou peut-être vivez-vous avec lui actuellement. Il est difficile à reconnaître, mais il est habituellement prêt à changer lorsque vous le surprenez en flagrant délit. Il est le dernier sur la liste des hommes qui ne sont peut-être pas bons pour vous. Mais, comme cela arrive aussi avec les autres hommes, ce qui est mauvais pour certaines femmes peut être bon pour d'autres. Et il n'est pas loin d'être un des meilleurs.

Chapitre 19

LE MANIPULATEUR
SOURNOIS

L'homme qui semble merveilleux et que tout le monde aime, mais qui réussit toujours à obtenir ce qu'il veut.

Il est entouré d'un halo ensoleillé, comme si un gars aussi gentil ne pouvait pas être sournois. Il parle en code honnête et franc, comme s'il ne disait jamais rien auquel il ne croit pas. Il vous écoute attentivement, comme s'il tenait compte de tout ce que vous dites. C'est le manipulateur sournois. Il est tellement habitué à jouer au gars parfaitement honnête qu'il croit lui-même qu'il est absolument franc avec vous.

Le manipulateur sournois cache tellement ses intentions véritables que, souvent, il ne sait même pas qu'il en a. Vous savez qu'il en a, cependant, parce que vos plans et vos idées finissent toujours par s'en aller en fumée. Peu importe à quel point vous désirez quelque chose, cela n'arrive jamais. Peu importe combien souvent le manipulateur affirme ne pas avoir de préférence, les choses se passent toujours à sa façon. Il vous dit d'y aller, de faire à votre guise, mais ce que vous ne savez pas, c'est qu'au moment de vous passer le volant, il engage le pilote automatique. Toute fière, vous conduisez, sans même vous rendre compte que vous suivez le plan que le manipulateur a tracé.

Le manipulateur sournois n'a jamais eu une très forte estime de lui-même en grandissant. Il a mis du temps à sortir avec les filles, à devenir populaire et à faire l'expérience du sexe. Tout en observant jalousement les athlètes et les premiers de classe, il a appris à cultiver les femmes, il a découvert comment se faire ami avec elles et, plus important encore, comment faire en sorte qu'elles soient amies avec lui. Mais le fait qu'il écoute comme s'il était vraiment intéressé et le fait qu'il devient un bon gars, et même qu'il aime vraiment les femmes, cela ne voulait pas dire qu'il ne tenait pas à avoir le contrôle. Oh non! Sous cette façade aimante, il a élevé la manipulation au niveau de l'art. En surface, il est coopératif, bon, d'un grand soutien, juste. Mais dans le fond, il s'assure de toujours obtenir ce qu'il veut.

Il recherche les femmes. Presque n'importe quel genre de femmes. Mais il préfère celles qui sont enthousiastes, parce que plus vous avez l'esprit pratique, plus vous êtes directe et plus vous aimez à discuter, plus vous lui facilitez les choses. Et si votre but consiste simplement à vous trouver un gars aimant dont vous êtes l'égale et avec qui vous pouvez être meilleurs amis, vous êtes une cible parfaite. Mais il peut se mouler à presque n'importe quel type de femmes qu'il rencontre: grande, petite, vive, calme, femme de carrière, femme d'intérieur, impulsive ou d'humeur égale.

Cas vécu

J'ai entendu des tas d'histoires au sujet du manipulateur sournois. Je vais vous parler de Julie. Elle vous semblera peut-être une victime improbable mais, croyez-moi, elle est plutôt typique.

Julie était une femme normale, intelligente, compétente, qui est soudain devenue une maniaque bafouilleuse. Personne ne trouvait d'explication à sa métamorphose. Imaginez! Elle a fait sa valise et a quitté David, un homme absolument merveilleux! Les raisons qu'elle mentionnait paraissaient plutôt insignifiantes. Elle devait être en crise. Peut-être était-ce sa thyroïde ou sa glande pituitaire? Était-elle allée voir un médecin récemment?

David se disait complètement renversé. Un jour, tout allait bien. Le lendemain, Julie s'est mise à hurler et est partie en claquant la porte. (Bien sûr, il y avait eu des signes avant-coureurs; David n'en avait tout simplement pas tenu compte.)

Jeune, Julie avait été ce qu'on appelait autrefois un garçon manqué; en d'autres termes, elle avait été une jeune femme saine, indépendante et très forte. Elle est passée avec enthousiasme du tricycle à la bicyclette et à la voiture. Elle aimait fabriquer des choses, faire des choses et se servir de toutes ses capacités. Quand l'idée de l'égalité de la femme a commencé à faire son chemin, elle l'a trouvée conforme à sa nature. Sans être politique ou suiveuse de mode, elle s'est mise en quête d'une relation qui lui offrirait à la fois l'amour et l'égalité.

Elle connaissait David depuis longtemps et ne voyait en lui qu'un ami. Puis, un jour, elle l'a regardé d'un autre oeil. Il adorait les femmes, était d'accord avec l'idée d'égalité et désirait une relation à long terme, peut-être même, plus tard, une famille. Julie et David ont eu de longues fréquentations prudentes. Finalement, Julie s'est installée chez David. Mais même cette décision n'était pas impulsive. Fidèle à elle-même, Julie avait voulu faire un essai avant de s'engager de façon définitive.

David était affectueux et dévoué. Il faisait sa part d'entretien ménager. Il partageait les problèmes d'affaires. Lui et Julie discutaient de tous les plans et des finances. Ils ne se disputaient jamais: ils «rabâchaient» tout. Julie a décidé qu'ils étaient compatibles sur presque tous les points de vue. «Une relation qui fonctionne bien» était sa façon de résumer leur liaison. Et elle est vraiment devenue amoureuse de David, et l'essai est donc devenu permanent.

Mais ce que Julie n'a pas remarqué, c'est que tout en parlant de responsabilité partagée, David n'a jamais renoncé à son point de vue. En fait, il a simplement transformé Julie, à son insu, en animal favori. Il lui laissait dire et décider tout ce qu'elle voulait; puis il se retournait et faisait les choses exactement de la façon qui lui semblait, à lui, la meilleure.

Par exemple, David et Julie s'étaient mis d'accord que Julie se chargerait des assurances. Elle s'est informée auprès de plusieurs agences, puis elle a pris une décision. Quand elle en a parlé à David, il lui a annoncé qu'il venait juste d'acheter, le matin même, les polices d'assurance nécessaires. Indépendamment de Julie, David avait aussi fait des appels téléphoniques et était arrivé à ses propres conclusions.

Ou bien David demandait à Julie de décider du divertissement de la soirée. Cela lui était indifférent, disait-il. Il serait d'accord avec n'importe quelle décision qu'elle prendrait. Puis Julie choisissait une pièce de théâtre, et ils se retrouvaient au cinéma... à regarder une mauvaise comédie américaine, même pas un bon drame! Julie vérifiait le contenu du garde-manger, puis faisait une liste d'épicerie. David allait à l'épicerie (c'était son tour) mais revenait avec des denrées complètement différentes de ce que Julie avait demandé. Lorsque Julie est allée acheter la voiture qu'elle voulait (un modèle sport), David lui a dit «Est-ce que tu n'aimerais pas mieux...?» si souvent qu'elle a fini par acheter un coupé à hayon. Elle voulait accoucher selon la méthode Lamaze, mais dès que les choses ont commencé à être un peu difficiles, David a demandé qu'elle soit anesthésiée. De quoi se plaignait-elle: le bébé était né en santé!

Mais ce qui la vexait le plus, c'était le sexe. David avait de la difficulté à maintenir son érection: il éjaculait trop vite. En fait, il éjaculait instantanément. Comme ils étaient ouverts et modernes, non seulement en ont-ils discuté, mais ils ont travaillé à résoudre le problème. Mais malgré les préambules de Julie, les épilogues, les trucs et les accessoires bizarres, qui ont tout de même apporté une certaine satisfaction, David n'a pas changé.

C'est le problème sexuel persistant de David qui a donné à Julie le premier indice de ce qui se passait. Lorsqu'elle a compris qu'elle n'atteignait jamais David, peu importe ce qu'elle disait ou faisait, elle a saisi quelque chose de remarquable. En la pénétrant et en atteignant l'orgasme rapidement, David gardait le contrôle total de lui-même. Elle a compris que leur vie sexuelle ne faisait qu'exacerber tout le reste de leur relation. Dans le fin fond de lui-même, David ne déléguait jamais quoi que ce soit à l'autorité de quelqu'un d'autre. Tout le travail de Julie, au lit ou ailleurs, était inutile.

Elle a commencé à voir en David un adversaire sournois. Elle a essayé de se battre, mais elle n'arrivait pas à argumenter avec lui. Il l'écoutait toujours, puis il lui demandait d'expliquer et de répéter. Ce faisant, il la prenait au piège comme avant. Il la contournait en se mettant d'accord avec elle, puis faisait à sa tête, comme il avait toujours fait. Lorsqu'elle essayait de le coincer en lui faisant voir qu'elle perdait toujours, elle manquait son coup. Les décisions lui glissaient entre les doigts de façon si subtile qu'elle n'avait même pas le temps de dire «Hé!» avant qu'il soit trop tard.

Un jour, elle s'est trouvée seule à la maison. Ce soir-là, ils étaient censés aller quelque part où elle ne voulait pas aller. Elle avait dit, encore une fois: «Juste cette fois-ci.» La maison était pleine de meubles qu'elle détestait. Tout à coup, la situation lui a paru intolérable. Quand David est revenu à la maison et lui a dit: «Allô, chérie», quelque chose a cédé. Elle a sorti une valise, jeté quelques vêtements dedans, pris le bébé et rétorqué: «Tu peux tout garder. J'en ai assez.»

David était estomaqué. Au cours des quelques semaines qui ont suivi, tout le monde s'est mis de son côté pendant qu'il jouait à la pauvre victime éplorée. Julie ne voulait même pas lui parler. Elle se fâchait et se retranchait davantage chaque fois que des amis ou la famille la questionnaient. Finalement, un ami a suggéré à David et à Julie d'aller voir un psychologue, afin de pouvoir au moins commencer à se parler.

La thérapie a été une véritable bouffée d'air frais. La psychologue avait déjà eu affaire à des manipulateurs et savait ce qui arrivait à Julie. Le problème était David. Pendant longtemps, il a refusé d'admettre qu'il manipulait Julie. Il essayait tout simplement d'être d'accord avec la conseillère et avec Julie, puis continuait de faire comme avant. Mais Julie était déterminée. Elle a appris des techniques pour se défendre. Elle ne l'a plus laissé se servir du verbiage pour fuir les problèmes. Elle l'arrêtait chaque fois qu'il disait «Ne serait-il pas mieux de...?», et lui faisait remarquer que non, c'était lui qui trouvait qu'«il serait mieux de...», et pas elle. S'il se mêlait de ses plans et de ses arrangements, elle refusait de se plier à ses «tu ne penses pas que ce serait mieux...?» Elle a aussi appris à changer elle-même, à expliquer clairement ce qu'elle voulait et à ne pas céder.

David et Julie sont ensemble aujourd'hui et ce qui est étonnant, c'est que non seulement Julie est-elle plus heureuse, mais David l'est aussi. Jusqu'alors, il n'avait pas compris qu'en relâchant sa domination étroite, mais secrète, il pourrait se détendre davantage. Le couple aura bientôt un autre enfant...

Le vieux manipulateur sournois est difficile à identifier. Après tout, les manipulateurs sont comme la manipulation: indirects, inarticulés et secrets. Si les choses vous arrivent (ou manquent de vous arriver) continuellement comme par magie, voilà votre premier indice. Le deuxième indice est tout aussi indirect: si vous bouillez et dites des bêtises, si vous avez l'impression de gaspiller votre vie, il est possible qu'un manipulateur se trouve dans votre entourage. Personne ne peut vous mettre en colère autant qu'un manipulateur sournois.

Comment reconnaître ce genre d'homme?

Lorsqu'il est question de prévalence, le manipulateur sournois ne cède la place à personne. Presque tous les hommes en sont un peu atteints. Mais qu'un homme soit un peu ou très manipulateur, la manipulation se résume à une chose: aimer les femmes ne veut pas dire leur faire confiance. Même si, en apparence, le manipulateur sournois accepte les femmes comme étant ses égales, secrètement il est certain d'être... sinon supérieur, du moins plus compétent.

Il a été élevé en garçon après tout. Et inconsciemment, il présume que les mâles, du moins lui-même, sont un tantinet plus intelligents, meilleurs et plus compétents que les femmes. Souvent, il est enfant unique ou n'a qu'un frère; il n'a jamais eu de soeur pour le mettre à sa place. Et puis, comme tout le monde, il veut ce qui est le meilleur pour lui-même et ce qui lui plaît à lui. Alors, quand il combine sa croyance en ses capacités supérieures avec sa tendance secrète à l'autogratification, il en retire une clé brillante qui lui ouvre la porte d'une vie sans accroc: il ne se fie qu'à lui-même. Toutefois, il sait que ne se fier qu'à lui-même risque de paraître antisocial aux autres. Les gens qui sont incapables de laisser certaines décisions aux autres sont trop crispés pour avoir des amis. Et répugner aux autres, surtout aux femmes, c'est certainement agir à l'encontre de ses intérêts. Le manipulateur contient donc et camoufle son égocentrisme, uniquement pour le ressortir à la dernière minute.

Il recherche la compagnie des femmes parce qu'elles lui rendent la vie plus confortable. Ce n'est pas qu'il n'aime pas les hommes. Il les aime bien. C'est simplement qu'il n'est pas aussi sûr de pouvoir faire à sa tête avec les hommes. Il ne se sent en sécurité que lorsqu'il pense pouvoir se cramponner au facteur dominant, ce à quoi il parvient avec les femmes.

Des indices additionnels

Il s'habille en pensant confort. Ce n'est pas un homme très intéressé à la mode. Il aime avoir l'air du gars d'à côté, de votre frère, ou d'un buveur de lait, c'est-à-dire d'un homme sincère et sans prétention. Identifiez-le à ses vêtements confortables, un tantinet froissés, lavés au Tide (par lui-même). Il porte les mêmes chaussures (brunes) jusqu'à ce qu'elles aient l'air de cuisses de poulet grillé à la Kentucky.

Il ne sent pas le parfum, mais il ne sent pas la transpiration non plus. Il sent... humain. Il exhale une odeur qui donne envie de l'étreindre. S'il est grand, il essaie de paraître plus court (juste la bonne taille pour vous). S'il est petit, il fait lui-même des blagues au sujet de sa taille, comme s'il était sublimement synchronisé avec les femmes.

Il aime sa voiture et il la garde pas mal longtemps. Il aime se cramponner. Il préfère les choses usées et familières. Son volant est déformé par l'usure; il le tient par le bas, avec la paume de sa main (ce qui lui donne l'impression d'être plus costaud). Son véhicule est toujours équipé d'une couverture, pour recouvrir des épaules frileuses, et d'un oreiller. Il conduit une voiture normale. Une partie de son image consiste à ne jamais surprendre. On peut le retrouver au volant de n'importe quelle vieille voiture. Peut-être une Honda Accord, une Toyota Corolla, une Ford Escort, une camionnette Chevy, un minibus Volkswagen, ou une Datsun (avant qu'elle devienne une Nissan). Il a aussi tendance à conduire sa voiture jusqu'à l'arrêt d'autobus ou au train, puis à utiliser les transports publics, après avoir garé sa voiture pour la journée.

Souvent, c'est un homme à tout faire. Son domicile sera peut-être jonché de traces de menuiserie ou de photographies. Son sous-sol ou son garage est transformé en atelier, ou en chambre noire équipée d'établis. À part cela, il n'est pas très porté sur la décoration. Il s'entoure d'objets fabriqués ou choisis par des gens qu'il connaît, plutôt que d'objets achetés dans des magasins. Les articles qu'il accroche sur les murs sont toujours placés dans des endroits bizarres. Il a besoin d'aide sur le plan de la décoration. Il met dix ans à changer quoi que ce soit.

Sa maison (ou son appartement) n'est pas particulièrement esthétique ni située dans un endroit pratique. Elle est peut-être à dix pâtés de maisons plus au sud ou plus au nord qu'elle devrait être. Ce n'est pas qu'il se tienne à l'écart. C'est qu'il s'est lassé de chercher. Une fois établi, il fréquente les lieux publics de son quartier. Il n'aime pas tellement se déplacer. Il affectionne les banlieues.

Extérieurement, il est amical. Ses conversations contiennent toujours un tas de questions. Sa façon de marcher n'a jamais l'air trop déterminée, et il s'arrête souvent. Il vous offre toujours trois choix de places où aller ou de choses à faire. Parfois, vous vous demandez si sa personnalité est le résultat d'un «entraînement en vue de devenir un parent plus efficace».

De façon générale, il se traite très bien, à l'exception d'une tare majeure: il est incapable d'être complètement honnête avec lui-même et avec vous. Inconsciemment ou non, il manigance légèrement, il invente un peu, et il va même jusqu'à mentir. Il parle à double sens et se retient de vous dire, et peut-être même de se dire à lui-même, ce qu'il pense vraiment. Il pense et s'affaire continuellement à des plans destinés à lui assurer le contrôle, ce qu'il paie très cher: il n'ose pas laisser intervenir des facteurs stimulants qui pourraient le distraire, notamment l'amour. Il ne comprend pas ce qui se passe autour de lui. Et il n'entend pas ce que vous lui dites.

Les indices sexuels

Il n'est pas rare qu'un manipulateur sournois finisse par se marier avec une femme qui en vient à l'aimer graduellement plutôt que d'avoir le coup de foudre pour lui. C'est d'ailleurs son espoir secret. Avec son attitude amicale, son aise, son harmonie et toutes ces questions qu'il pose, il peut parler à n'importe quelle femme (et la séduire). Son désir d'être ami avec les femmes et sa perspicacité face à la vie le poussent à devenir presque tout ce qu'il prétend être en tant qu'homme, et presque tout ce que vous voulez qu'il soit. Il a certainement l'air aussi préoccupé par les qualités intérieures d'une femme que par sa beauté. Il devient intime avec vous, connaît et apprécie votre intelligence. Il peut être un homme très attirant lorsqu'on voit à quel point il aime vraiment les femmes.

Mais sa peur de s'abandonner à qui que ce soit apparaît souvent abruptement en cours d'intimité sexuelle. Il est toujours un peu nerveux à propos du sexe. Il ne peut tout simplement pas céder une si grande part de lui-même. Un grand nombre de manipulateurs sournois font l'amour aussi vite que des lapins. Ils vous donnent toutes sortes de compensations préalables: ils vous touchent, vous embrassent, et surtout vous étreignent. Pour compenser leur peur de se donner trop profondément, ils se concentrent sur les surfaces, jusqu'à ce qu'ils soient en dedans de vous, puis tout prend fin rapidement. Encore une fois, les manipulateurs sournois n'ont pas tous des problèmes d'éjaculation rapide; les détails peuvent être différents pour chaque homme. Il est possible que votre manipulateur ait cultivé une longue performance sexuelle, dans le cadre de l'attention qu'il porte aux femmes. Mais je suis prête à parier que sa façon de faire l'amour dénote un certain contrôle.

Autant le manipulateur éprouve de réticence à céder son corps, autant il est prêt à faire le contraire avec son esprit. Il aime parler de sexe et de n'importe quel problème sexuel que vous puissiez avoir. C'est aussi un dormeur intime. Le sexe n'est peut-être pas très enthousiaste, mais il aime vous étreindre pendant la nuit et se réveillera pour vous parler.

Toutefois, il est engagé sexuellement. Il tient ses promesses. C'est un époux fidèle. Et il ne vous humilie pas et ne vous critique pas.

L'aspect financier

Il n'est pas radin avec son argent, mais il est exigeant. Ni parcimonieux, ni dépensier, il garde simplement à l'oeil toutes les dépenses. Avant de faire un achat, il s'informe. Il vérifie les marques et les prix, pose toutes les questions possibles, essaie chaque modèle, demande l'opinion d'au moins sept personnes et lit *Protégez-vous*. Bref, il finit par utiliser son argent éventuellement, mais il a de la difficulté à le dépenser spontanément.

Cela lui est indifférent que vous gagniez moins d'argent que lui. Il préfère fournir tous les fonds, ou la plupart. Les budgets 50-50 jettent le doute sur sa croyance en sa compétence supérieure. Généralement, il dépense pour vous deux l'argent qu'il possède. Mais chaque fois que vous achetez quelque chose, il vous accompagne. Le fait qu'il vous donne accès à son argent ne veut pas dire que vous pouvez le dépenser librement. Il veut être là pour voir ce que vous faites et où va son argent.

L'aspect familial

Le manipulateur sournois désire une famille. Mais s'il vous frustre, il suffoque presque ses enfants. Il les adore à l'excès. Avec eux comme avec vous, il prétend être juste, mais il finit toujours par prendre la décision finale. Il les resquille jusqu'à ce qu'ils deviennent très méprisants (il faut bien qu'ils lui échappent par un moyen quelconque). Il se mêle de leurs affaires jusqu'à ce qu'ils lui crient d'arrêter. Il est bien intentionné, comme d'habitude. Mais il a de la difficulté à permettre à qui que ce soit d'être indépendant. Contrairement au papa a raison, toutefois, il prétend laisser ses enfants devenir indépendants. Mais les enfants savent que c'est faux. Cependant, il aime ses enfants (et, essentiellement, ses enfants l'aiment aussi) et il passe beaucoup de temps avec eux.

Il est proche de ses parents et bon pour eux. Tellement bon, en fait, qu'il ne s'est jamais révolté ouvertement contre eux. Il n'a pas eu à le faire. Il a appris à être furtif et à cacher ce qu'il faisait, peut-être même à les manipuler. Habituellement, ses parents le considèrent gentil, accommodant et bon. Il est probablement leur «meilleur fils». Quant à lui, il les considère inoffensifs. À leurs yeux, vous ne serez jamais tout à fait à la hauteur. Vous êtes bonne, mais jamais aussi bonne que lui.

Avec ses frères, il entretient une relation du genre «la voix du sang est la plus forte», c'est-à-dire une relation aveugle. Ils s'entraident n'importe où, n'importe quand, si l'un appelle l'autre à la rescousse. S'il a une soeur, il est très protecteur à son égard. Après tout, «il sait mieux» qu'elle, et elle a besoin qu'on prenne soin d'elle. Elle est la seule à être bourrue avec lui mais, secrètement, elle aussi se fie à lui. Il a un ami ou deux qui remontent à leur enfance. Souvent, ce sont des genres d'hommes qui lui ressemblent, des hommes impopulaires. Tous les cinq à dix ans, il se trouve d'autres amis intimes. Et, étonnamment, chacun d'eux lui ressemble d'une façon ou d'une autre sur le plan de l'inertie ou des ruptures amoureuses. Il a aussi des amies de longue date, des femmes avec qui il entretient des relations qui ont toujours été strictement platoniques.

Le manipulateur sournois a énormément de potentiel. Ses richesses sont comme un puits d'huile. Elles peuvent surgir et couler et durer longtemps. Mais il vous faut percer plusieurs épaisseurs — la tromperie subtile, la chicanerie et l'aveuglement — pour les atteindre. Et même alors vous avez des problèmes: vous devez puiser et ramener à la surface ce qu'il cache.

Qu'est-ce qui vous attend?

Presque toutes les histoires ont un héros et un méchant. Un personnage est vilain, l'autre attire votre sympathie. Mais alors, l'auteur rusé entortille le scénario et le rend plus excitant. Il fait briller le mauvais gars d'un halo angélique et transforme le bon gars en méchant.

C'est ainsi qu'il en est avec le manipulateur sournois: son scénario est entortillé. Sauf que c'est le manipulateur, et non l'auteur, qui flanque la pagaille. Ce qui vous attend, c'est que — comme Bugs Bunny et Porky Pig — alors que c'est lui qui fait les mauvais coups, c'est vous qui passez pour le méchant.

Et il arrive parfois que vous finissiez par devenir vraiment méchante.

Le manipulateur sournois fait passer chacune de vos décisions pour un caprice, chacun de vos désirs pour une simple lubie et chacune de vos façons de faire les choses comme une pure fantaisie. Lorsqu'on ne prend au sérieux rien qui vient de votre personne, vous finissez par vous faire arracher votre essence. Et, à long terme, cela peut vous mener à des problèmes très graves, car il n'y a rien de plus pénible que d'être pris à la légère.

Trop souvent, lorsque vous avez affaire à un manipulateur sournois, que vous ne comprenez pas ce qui se passe et que vous êtes incapable de vous défendre, vous vous joignez tout simplement à lui. Vous ne semblez pas avoir de gravité, vous êtes aussi bien de flotter. Après tout, rien ne se passe comme vous aviez prévu. Tout ce que vous faites est transformé en tournage de pouces inutile; aussi bien couper le contact. Vous devenez nerveuse et hystérique ou, pis encore, paranoïaque.

Peut-être, à un moment donné, faites-vous quelques efforts pour défendre votre point de vue quant à la façon dont vous voulez que les choses soient faites, ou peut-être vous fâchez-vous contre votre manipulateur. Mais, dans toute sa gloriole sournoise, le manipulateur peut jeter de l'eau froide sur votre colère tellement rapidement! Il transforme votre colère en lamentations. Il dit «Es-tu certaine?» pendant que vous lui criez par la tête, et «Je ne voulais vraiment pas... Je voulais simplement...» Il dilue vos accusations au moyen de phrases douces-amères, charmeuses, contre lesquelles il sait que vous n'avez aucune défense toute prête, parce que ces phrases sont exactement du genre que certaines femmes utilisent parfois pour faire croire aux hommes que ce sont eux qui ont pris les décisions. Il se fait si gentil que c'est vous qui commencez à avoir l'air d'être méchante et de faire des histoires; alors vous vous taisez. Vous ne criez pas longtemps lorsque vous découvrez que tous vos amis et votre famille vous blâment. Il argumente tellement lorsque vous essayez de lui expliquer ce qu'il vous fait que vous commencez à croire qu'il a raison de se plaindre. Bien sûr, vous l'avez mal compris. Vous étiez confuse, vous avez mal interprété, vous n'avez pas vu les choses de la bonne façon. Vous ramassez toute votre colère jusqu'à ce qu'elle prenne les dimensions d'un bazooka. Ou bien vous vous mettez à l'asticoter continuellement.

À long terme, si le processus n'est pas interrompu, ce qui se produit est loin d'être drôle. Si vous n'arrivez pas à comprendre pourquoi vous perdez toutes les décisions, si vous ne retrouvez pas votre autodétermination, vous vous mettez tout simplement à agir comme si vous aviez subi une lobotomie. Vous vous conduisez comme si votre cerveau était débranché, vos idées totalement dissociées de toute signification sérieuse, et vos gestes ne sont plus reliés à aucun but en particulier. Vous vous comportez comme si vous étiez sénile ou incompétente. Ou vous allez de dépression en dépression.

Si vous êtes chanceuse, peut-être qu'il se produira quelque chose avec votre manipulateur qui jettera la lumière sur ce qu'il fait. Peut-être que vous vouliez assister à une réception spéciale et qu'il a réussi a perdre l'invitation, à s'engager à une rencontre d'affaires, à laisser la voiture chez le mécanicien. Vous comprenez tout à coup à quel point il vous écrasait, et votre vexation atteint un point culminant. Ou plutôt, peut-être que vos instincts vous disent que quelque chose ne va pas et que vous commencez à essayer de trouver des moyens de reprendre une partie du pouvoir. Sans trop savoir pourquoi, vous commencez à aller voir des psychologues, à vous joindre à des groupements féminins, ou à poser quelque autre geste personnel. Parfois, qu'elle comprenne ce qui se passe subitement ou graduellement, lorsqu'une femme réalise à quel point elle a été manipulée, elle passe immédiatement à la vengeance sérieuse. Elle devient très dure et sévère. Elle tourne son foyer en champ de bataille. D'autres essaient de corriger la situation plus délicatement. Certaines, comme Julie, torpillent leur foyer et partent. Peu importe ce que vous faites, soyez prête à vraiment passer maintenant pour le vilain personnage de l'histoire.

Souvent, si vous rompez avec le manipulateur sournois, vous aurez une réaction étrange. Une fois libre, vous découvrez la joie de devenir aussi insensée qu'on vous avait fait sentir auparavant. Du jour au lendemain, vous vous comportez conformément à une image de quelqu'un que vous n'avez jamais été auparavant. Au grand étonnement du manipulateur, vous vivez votre version d'une vie libre, de la vie de quelqu'un qui a toutes les décisions entre les mains. Vous portez des bracelets et des bagues. Vous avez des aventures avec une série d'amants à court terme. Vous inscrivez les enfants dans des écoles privées qui enseignent selon les méthodes nouvelles. Vous déménagez à la campagne et vivez dans une camionnette. Il n'y a rien de plus excitant qu'un retour à la vie du genre «Regarde, maman, je ne me tiens pas!» Encore une fois, il joue au pauvre homme gentil, et vous à la femme folle.

Parfois, vous vous mettez même à vous conduire comme une folle si vous restez avec lui, mais vous ne cédez plus à ses manipulations. Et parfois, si vous restez avec lui ou si vous décidez de revenir parce qu'il a promis de changer, vous vous mettez à exagérer dans l'autre sens. Vous passez à l'autre extrême et vous exigez de faire à votre guise sur tous les plans.

La plupart du temps, la femme se «normalise», c'est-à-dire qu'elle redevient elle-même, qu'elle redevient «fine», qu'elle ait quitté le manipulateur ou qu'elle soit restée pour le changer. Dans un cas comme dans l'autre, vous êtes une personne nouvelle, plus sûre de vous-même. Vous devez vous habituer à aborder les choses de façons nouvelles. Et le manipulateur, de même que toutes les nouvelles personnes que vous rencontrerez, devra s'habituer à votre nouvelle personne.

Quels sont les signes précurseurs de problèmes?

Avec le manipulateur sournois, les problèmes n'éclatent pas au grand jour. Ils s'accumulent. Les petites contrariétés presque insignifiantes se juxtaposent l'une à l'autre comme de petits nuages chaque fois que les choses ne se passent pas comme vous voulez, et elles se transforment graduellement en puissante tempête. Par conséquent, quand toutes les vexations sont mineures mais qu'elles s'enfilent les unes à la suite des autres, ouvrez les yeux. Et rappelez-vous que, parfois, les petites choses ont besoin de beaucoup d'attention.

Vous atteignez un point critique dès que vous découvrez que vous errez. Vous allez de devoir en devoir, de corvée en corvée, de tâche en tâche, sans jamais accomplir quoi que ce soit, sans que rien n'arrive de la façon dont vous l'aviez planifié. S'il vous vient à l'idée que la seule raison pour laquelle un homme vous assignerait toutes sortes de petites tâches insignifiantes est de pouvoir garder toutes les décisions pour lui-même, vous êtes sur la bonne voie.

Si vous pensez que vous n'avez aucune raison d'être en colère contre votre partenaire, mais que vous êtes quand même très fâchée, c'est un autre avertissement important. Vous lui parlez brusquement, il dit «Qu'est-ce que j'ai fait?» Et vous ne le savez tout simplement pas. Mais vous savez qu'il y avait quelque chose. Il vous arrive de plus en plus souvent d'être en colère sans raison apparente: vous vous préparez à une explosion majeure, et elle sera peut-être si terrible qu'elle produira des dommages irréparables.

Malgré tout, il est préférable d'être en colère et même de mettre un terme à votre relation, plutôt que de vous sentir comme si les écrous et les boulons qui retiennent votre cerveau ensemble étaient en train de se dévisser. Si vous vous sentez «vaporeuse», inutile, ou comme un petit chien favori, n'éteignez pas vos lumières. Vendez plutôt la mèche.

Quelles sont vos possibilités et que devriez-vous faire?

Cela vous étonnera sans doute, mais si vous avez affaire à un manipulateur, je vous suggérerais de vous battre plutôt que de fuir.

Tout dépend de la mesure de votre dégoût et de la profondeur de votre affection pour lui. Si vous en avez plein votre chapeau et n'éprouvez plus aucune affection pour lui, partez par la porte la plus proche. Mais si vous avez encore une parcelle de patience et d'amour, persévérez encore un bout de temps. Il n'y a pas d'autre façon de savoir si son cas est désespéré que d'essayer de le corriger. Vous réussirez peut-être, peut-être pas. Si vos efforts échouent, vous pourrez toujours partir plus tard!

Regardez ce que vous avez en main au départ. Le manipulateur est déjà d'un grand soutien, aimant et bon... jusqu'à un certain point. Il est possible qu'il soit inconscient d'être ce qu'il est et de faire ce qu'il fait. Et bien que cela ne l'excuse pas, ce peut être une chance pour vous. S'il préfère ne pas voir ce qu'il fait et continuer de soutirer du pouvoir par en dessous, dites-vous bien que c'est lui qui y perd et qui devra en assumer la responsabilité. Mais s'il est prêt à reconnaître ce qu'il fait, vous avez un bon point de départ, notamment le fait qu'il aime vraiment les femmes.

La chose à faire est de le sommer d'exposer son jeu. Puisqu'il pense et affirme aimer les femmes, il peut difficilement nier quand vous le lui montrez qu'il n'agit pas en conséquence. Puisqu'il prétend vous considérer son égale, tout ce que vous avez à faire est de l'attraper chaque fois qu'il essaie de vous dominer. Il ne se rend pas compte qu'il se croit supérieur, tant que vous ne le forcez pas à le voir. Alors, si vous le lui montrez continuellement, il sera obligé d'en tenir compte. La plupart des manipulateurs sont bien intentionnés. Lorsqu'ils se font prendre à ne pas être aussi «fins» qu'ils le croient, ils ont honte d'eux-mêmes. Débrouillez donc ses actions pour voir s'il aime vraiment les femmes avant de penser qu'il ne les aime peut-être pas.

Exposer son complexe de supériorité donne lieu à deux problèmes différents. Le premier vous concerne: vous devez apprendre à réagir vite et à être directe. Vous ne pouvez pas empêcher les décisions de vous glisser entre les doigts si vous ne pouvez les maîtriser. Il est déjà trop tard si vous regardez en arrière et vous rappelez ce qui est arrivé. Il faut que vous sachiez ce que vous voulez et que vous l'obteniez au moment même où la décision est en train de se prendre. Rester alerte demande beaucoup de travail, mais vous devez le faire.

Le deuxième problème est le suivant: le manipulateur devra renoncer à ses vieilles façons efficaces de gagner et tenir compte de votre opinion. Et cela exige des efforts incroyables. Il a misé beaucoup sur son vieux système, et il trouvera le nouveau menaçant. Il sera peut-être capable de changer, mais peut-être pas. Il aura peut-être toujours un problème de confiance, et vous devrez peut-être vous battre continuellement contre ses manipulations.

Même si vous réussissez, vous aurez un autre dilemme: il vous faudra éviter de sombrer dans l'autre extrême. Quand la situation aura atteint une espèce d'équilibre, vous devrez en prendre conscience, cesser de pousser, et faire confiance à votre homme de nouveau. Vous ne devriez pas exiger plus de la moitié du pouvoir. N'oubliez pas de lui laisser sa part. Il est facile d'abuser du pouvoir une fois qu'on en a un peu, mais ce n'est là qu'un autre moyen de détruire votre relation.

Il y aura sûrement des débuts ratés, des retours en arrière et des moments désespérés. Je suggère de vous engager sérieusement. Il vous faudra beaucoup de temps, et beaucoup d'espoir. Si vous ne croyez pas vraiment pouvoir parvenir à être heureux ensemble, pourquoi essayer? Julie s'est battue pour changer David et il lui a fallu beaucoup de temps pour y parvenir. Mais après sa première fuite, elle était déterminée à réussir.

Si vous vivez présentement avec un manipulateur sournois ou que vous vous attendiez à en rencontrer un (ne riez pas: c'est très possible!), gardez à l'esprit une équation simple qui vous aidera à décider si vous devez fuir ou vous battre. Avant de faire des efforts pour sauver ou pour établir une bonne relation avec un manipulateur, mesurez combien vous l'aimez d'amitié, par comparaison avec combien vous l'aimez d'amour. Croyez-moi, ces deux types d'amour sont très différents. Si vous l'aimez d'amitié autant ou plus que vous l'aimez d'amour, les chances sont de votre côté. Mais si vous ne l'aimez pas tellement comme ami, vous faites mieux de couper la corde. Essayez de garder un peu d'affection pour lui et montrez-vous amicale, mais ne le laissez pas traîner à votre porte, ni dans votre lit. Le manipulateur sournois a tendance à renverser les rôles une fois rejeté. C'est lui qui deviendra le triste chien-chien à votre place. Si vous l'avez quitté parce qu'il refusait de changer ou parce que vous vouliez autre chose, évitez cette situation. Vous seriez étonnée de voir avec quelle facilité le vent peut le repousser à l'intérieur de chez vous. Vous recommencerez de nouveau. Et vous romprez encore.

Quel rôle jouez-vous dans cette relation?

Comment le manipulateur sournois parvient-il à ses fins, vous demandez-vous? Eh bien! il le fait avec l'aide d'une autre personne: vous!

Demandez-vous si vous n'avez pas un pied dans chacun de deux mondes. D'une part, vous êtes déterminée et vous connaissez votre valeur. D'autre part, à cause de la façon dont vous avez été élevée, vous êtes encore un peu pliante. Un manipulateur ne peut pas réussir à moins qu'on lui donne une longueur d'avance. Et c'est ici que vous vous faites sa complice: VOUS lui donnez la longueur d'avance. Il ne peut s'assurer la domination que si vous vous conduisez comme une «dame» lorsque la chicane prend.

Ce n'est pas que je sois contre les dames. Bien au contraire. Je vous mets en garde contre un prétendu «comportement de dame» appris. C'est cela qui vous crée des problèmes.

Lorsque vous perdez par défaut, vous perdez tout de même par votre faute. Cela veut dire que vous ne vous êtes pas présentée, vous avez battu en retraite, ou vous vous êtes avouée vaincue. Malheureusement, c'est beaucoup trop souvent ce que font les femmes. Pendant leur éducation, les femmes apprennent à démissionner et à céder. C'est l'une des meilleures choses qu'on puisse apprendre à changer. Mais vous devez d'abord prendre conscience de cette habitude. Demandez-vous si vous ne suivez pas encore ce vieux modèle inconscient, peu importe à quel point la philosophie que vous affirmez est émancipée.

Par exemple, vous êtes peut-être trop flexible parce qu'«une femme doit toujours être gracieuse». Ou vous renoncez peut-être trop facilement à vos convictions, surtout lorsqu'elles entrent en contradiction avec celles d'un homme. On vous a peut-être inculqué la croyance que les hommes ont ou «devraient» avoir raison. Vous acquiescez peut-être malgré vous parce que c'est plus «féminin» de céder et que cela vous gagne des bons points.

Bien sûr, vous pouvez désirer parvenir tout de même à vos fins «gentiment», c'est-à-dire sans batailles ni hostilité. Mais si vous cédez toujours en fin de compte afin de «plaire», vous pouvez être certaine que le manipulateur sournois s'en rend compte. Il peut compter sur le fait que vous allez courber l'échine avant de faire feu.

Vous devez aussi examiner votre langage, pour voir si vous n'usez pas de phrases typiquement féminines. Si les énoncés de votre partenaire sont persuasifs, les vôtres sont probablement empreints de soumission. Les femmes apprennent très tôt un langage qui accorde la décision finale aux hommes. Nous avons une façon de parler et de nous exprimer différente de celle des hommes. Les hommes utilisent des affirmations sans équivoque pour montrer leur domination, comme: «Va me chercher ceci» et «Allons-nous-en». Nous, les femmes, apprenons des petits trucs linguistiques pour mériter l'approbation des gens et pour nous assurer de ne pas nous retrouver seules. Par exemple: «J'aime bien celui-ci, et toi?», plutôt que «Je veux celui-ci», et «Tu ne crois pas qu'il serait temps de partir?», plutôt que «Partons!» Mais lorsque vous parlez ainsi, vous renoncez à votre droit de vote. Vous voulez que votre partenaire se mette d'accord avec vous mais, en réalité, vous lui offrez la possibilité de s'y opposer. Lorsque les femmes prennent des décisions délicates, il arrive souvent qu'elles demandent subtilement que l'on confirme la validité de leurs décisions. Lorsque vous dites «Ne crois-tu pas?», «Voudrais-tu?», «Pourrais-tu», vous semblez féminine et ouverte à la discussion. Mais lorsque quelqu'un se sert de vos questions rhétoriques pour vous contredire plutôt que pour confirmer vos décisions, cela risque de vous vexer énormément. Et vous ne pouvez pas vous défendre puisque, après tout, vous avez eu ce que vous avez demandé!

La meilleure façon de vous sauver vous-même, c'est de cesser d'utiliser des stratagèmes aussi futiles. Dites ce que vous pensez franchement et laissez tomber le besoin d'approbation. À mesure que votre discours et vos gestes deviennent moins ambigus, vous devenez plus sûre de vous, et être sûr de soi n'est pas un manque de féminité, peu importe ce qu'en disent certaines personnes. Il y a des centaines de façons d'allier la féminité, la douceur et le romantisme à l'affirmation de vos désirs et à l'assurance de vos actions. Lorsque vous coordonnez vos propos, vos gestes et vos préférences, vous gagnez une liberté spectaculaire. Une fois là, vous pouvez être le genre de dame que vous voulez. C'est à vous de choisir.

Par rapport aux autres comportements des hommes dans leurs relations avec les femmes, le manipulateur sournois ressemble le plus au chou à la crème chéri et au papa a raison. En fait, il peut ressembler beaucoup au papa a raison, sauf que ses méthodes sont plus sournoises. Mais, encore une fois, la manipulation inavouée peut faire partie du vocabulaire et du comportement de bien des hommes face aux femmes. Nous, les femmes, sommes souvent traitées de manipulatrices, mais nous sommes bien loin d'être les seules à manipuler.

Nous arrivons enfin aux derniers chapitres, ceux qui traitent des trois meilleurs types d'hommes et des trois meilleurs genres de relations. Chacun de ces hommes est intime, affectueux, aimant et merveilleux. Mais les trois sont extrêmement différents. Qui plus est, chacun d'eux n'est pas nécessairement bon pour chacune d'entre nous. Par exemple, bien que l'homme traditionaliste aimant soit un époux dévoué, fidèle et prêt à partager, certaines femmes l'évitent. Ses manières conventionnelles ne leur conviennent tout simplement pas. L'homme aimant à multiples facettes semble correspondre à ce que la plupart d'entre nous désirent de nos jours en fait d'homme, d'ami, de partenaire et surtout de mari. Pourtant, bien des femmes le trouvent presque trop engagé, trop intime et un peu trop imprévisible. Le partenaire aimant à responsabilité limitée est bon pour les femmes très indépendantes, mais pas nécessairement pour les autres. Encore une fois, bien que chacun de ces hommes puisse être un excellent compagnon — et vous devriez les étudier tous — la question est de savoir lequel est bon, et lequel n'est pas bon, pour vous. Même parmi les hommes intimes, vous devez déterminer ce que vous voulez, ce avec quoi vous êtes prête à vivre, où vous refusez tout compromis, et en qui vous voyez la possibilité d'obtenir ce dont vous avez besoin.

Je commence par l'homme intime numéro un: le traditionaliste aimant.

Chapitre 20

L'HOMME INTIME
NUMÉRO UN:
LE TRADITIONALISTE AIMANT

Le meilleur des maris, des pères et des pourvoyeurs de la vieille école.

L'homme est le pourvoyeur et la femme est la maîtresse de la maison. Bon nombre d'hommes préfèrent la vieille organisation ancestrale entre hommes et femmes: l'homme qui travaille à l'extérieur, et la femme qui travaille au foyer. Mais de tous ceux-là, le seul qui l'a vraiment bien compris est l'homme aimant traditionaliste. Si vous êtes portée vers les anciennes méthodes et si vous voulez le meilleur des arrangements «homme pourvoyeur, femme épouse et mère», trouvez-vous un traditionaliste aimant. C'est la crème des hommes d'autrefois, et souvent aussi la crème des hommes d'aujourd'hui.

Pourquoi le traditionaliste aimant est-il si spécial? Eh bien voici: il ne croit pas que les hommes sont supérieurs aux femmes. Il ne croit pas non plus que le travail que vous accomplissez à la maison est moins important que son emploi. Bien au contraire. Il pense que votre travail est PLUS important. Il désire un bon foyer et une famille plus que n'importe quoi d'autre, y compris sa carrière. C'est pour cette raison qu'il croit à la vieille formule. Il pense que le partage, une coordination heureuse des tâches, est le meilleur moyen d'établir un bon foyer et une bonne famille. Un foyer et une famille exigent autant de soins que de travail. Il faut deux personnes pour voir à tout, et le partage du travail et la division des pouvoirs sont à la base de la meilleure association et du centre familial le plus solide. Alors, il fait une chose, et vous, une autre, mais dans un même but: la formation, le soin et le maintien d'une unité familiale.

Ensemble, vous formez une petite entreprise, et votre petite entreprise est le centre de son univers. Vous tondez la pelouse et peignez les murs pour le garder beau. Vous vaquez à vos tâches quotidiennes chacun de votre côté, mais quand vous avez terminé, vous passez presque tous vos temps libres ensemble. Il revient à la maison pour jouer avec le train miniature ou regarder une bonne partie de baseball. Vous faites frire des oeufs, pansez des genoux éraflés et visitez la Maison des tissus. Ensuite, vous vous assoyez avec lui, planifiez avec lui, faites du camping avec lui. Il vous aime. Vous l'aimez. À perpétuité. Et vous êtes tous deux monogames.

Voyez-vous, le traditionaliste aimant tient pour acquis que c'est égal. Vous ne le trompez pas, et il ne vous trompe pas. Cela fait partie du marché. L'homme ne possède pas de droit de flirter, et la femme ne jouit pas davantage de ce droit. Donc s'il veut que vous n'ayez qu'un homme dans votre vie, ce n'est que juste qu'il n'ait qu'une femme dans la sienne.

Évidemment, une relation avec un traditionaliste aimant ne fonctionne que si la femme est d'accord avec lui. Le traditionaliste aimant a donc tendance à rechercher des femmes qui ont un petit côté vieux jeu, un mélange d'ingrédients sains et de vieilles valeurs. Il passe par toutes les étapes, sans en sauter une seule: il devient amoureux d'une femme, lui fait la cour, la fréquente à l'exclusion des autres, la demande en mariage et l'épouse. Cinq étages, four lent. Avec un peu de chance, vous avez le temps de goûter à la pâte avant d'y ajouter le glaçage.

Tout cela semble idéal. Mais, en réalité, comme c'est le cas avec tous les hommes intimes, il faut beaucoup d'efforts pour établir cette relation et encore plus pour la maintenir; l'échec d'une telle relation est également très douloureux parce que celle-ci est fondée en grande partie sur la confiance. Mais si vous vous sentez à l'aise avec les traditions, vous n'avez rien à perdre et tout à gagner d'un homme aimant traditionaliste. Si vous le trouvez, bien sûr, car les traditionalistes NON aimants sont beaucoup plus nombreux.

Cas vécu

Diane, une amie de ma soeur, se livre avec délices à la vie familiale, comme si elle était la reine de Saba; pour elle, avoir des mains d'eau de vaisselle n'a aucune importance. Il faut dire qu'elle est mariée à Paul. Et pour Diane, Paul est sensationnel. Rien ne leur fait plus plaisir que de s'asseoir ensemble à table au coup de six heures, même si c'est pour manger le «brasser et servir» préparé par leur fille.

Étrangement, la mère de Diane avait partagé son temps entre se conduire en femme fragile et incompétente à la maison, et poursuivre à l'extérieur une carrière de concertiste. L'apprentissage des arts domestiques n'a pas fait partie de l'éducation de Diane. Alors que bien des femmes issues d'une longue lignée de femmes d'intérieur solides veulent tenter leur chance dans le monde extérieur parce qu'elles connaissent déjà très bien le monde intérieur, Diane a suivi la voie contraire. Elle prisait n'importe quel afghan ou broche qui avait appartenu à sa grand-mère. Elle a appris à coudre et à tricoter avant d'apprendre à siffler et à faire éclater sa gomme à mâcher.

Non pas que Diane ait coupé court à ses études. Elle les a complétées. Mais même alors, elle s'est dirigée vers un rôle traditionnel: celui d'enseignante. Puis elle a accepté un poste dans une école élémentaire, dans une petite ville éloignée. Elle y a rencontré Paul lors d'un match de ballon-panier.

Paul était un peu plus jeune que Diane. Il avait abandonné ses études pour travailler de ses mains. On ne pouvait garder Paul à l'intérieur d'une maison pendant longtemps, encore moins derrière un bureau ou assis sur une chaise. Mais rien de cela importait. Diane et Paul étaient comme des pommes reinettes qui rencontrent de la pâte à tarte. Tout ce que Paul attendait de la vie était un foyer, une épouse et un ou deux enfants qu'il installerait quelque part où il pourrait les aimer à mort. Quant au travail, il ne désirait qu'un emploi offrant suffisamment d'intérêt et de possibilités d'avancement pour pouvoir les faire vivre sans qu'il ait à se tuer à la tâche, et qui leur permettrait même aussi d'acheter une caravane pliante.

Il ne faisait aucun doute que, dans sa tête, c'était pour toujours. Dans la tête de Diane aussi. En fait, ce n'est pas leur amour réciproque qui les a retenus ensemble durant les périodes difficiles (car ce n'était pas toujours le paradis), mais plutôt leur engagement à l'idée d'un seul mariage indissoluble.

Après de brèves fréquentations, ils se sont mariés. Même si Diane a été prise de panique à la dernière minute — elle n'était pas certaine que Paul soit l'homme qu'il lui fallait — ses instincts l'ont heureusement incitée à dire oui. Le premier bébé est arrivé pas mal vite: neuf mois après le mariage. Leur mariage n'en avait donc pas été un d'obligation.

Les sept premières années ont été les plus difficiles. Paul avait son travail, et comme ils avaient décidé ensemble que Diane quitterait son emploi, elle avait à s'occuper de la maison. Il leur a fallu pas mal de temps pour établir un équilibre entre les différents domaines de compétence. Paul avait tendance à supplanter la direction de la maison et à jouer un peu trop fort au «chef de famille». Diane usurpait parfois le pouvoir de Paul et minait son autorité. Ils ont dû s'adapter à leurs habitudes respectives, aux engueulades, aux querelles, aux mises à pied de Paul, à leurs différentes façons de conduire la voiture et aux mésententes avec les beaux-parents. Ils ont également eu d'autres bébés qui mangeaient beaucoup et qui détruisaient tout. Mais Diane et Paul se sont attelés à la tâche d'élever les enfants et de vieillir ensemble.

Diane n'éprouve jamais de regret parce qu'elle est restée à la maison et n'a pas eu de carrière. Elle aime ce qu'elle fait et l'affirme. Elle n'a pas à mentir ni à se sentir coupable. Paul ne radote jamais à propos d'avoir le dernier mot ou d'être le patron. Il ne se sent pas moins viril parce qu'il quitte son travail au son de la cloche et rentre chez lui. Leurs décisions sont tellement entremêlées que cela énerve leurs enfants. Paul dit toujours «si ta mère veut...», puis Diane les retourne en disant «va demander à ton père».

Leur vie sexuelle — il leur faut presque accrocher une affiche «ne pas déranger» à la porte de leur chambre — a eu des débuts rapides et maladroits, mais elle s'est améliorée. Elle n'a jamais été extravagante, simplement substantielle. Souvent, ils se contentent de s'étreindre. Lorsque le soir arrive, ils sont pas mal fatigués. Mais ils ont découvert que, pour eux, se blottir l'un contre l'autre était presque plus important qu'avoir du sexe.

Il y a eu des périodes difficiles, mais ils n'ont jamais été au bord du divorce. Parfois, Paul devient un peu distant et renfrogné. Occasionnellement, Diane se sent isolée et épuisée. L'âge, l'ennui et les problèmes les ont atteints, comme ils atteignent tous les adultes. Et comme tous les adultes, ils doivent résoudre ces problèmes eux-mêmes. Mais ils n'ont jamais remis en question qu'il est préférable de bâtir avec ce qu'on a déjà plutôt que de rompre et de recommencer avec quelqu'un d'autre.

Récemment, ils ont commencé à apprendre à chercher de nouvelles idées pour entretenir leur intérêt. Ils ont discuté de préretraite, de séjours dans le désert et de voyages en Amazonie. Ils changent souvent d'idées et ils ne réaliseront probablement pas la moitié de leurs projets, mais ils ont du plaisir juste à y penser. Il est assez évident que Diane et Paul vont rester ensemble jusqu'à la fin. Ils ont de bonnes chances. Diane dit qu'elle a l'intention de rester avec Paul. Paul dit qu'il ne pourrait pas vivre sans Diane. Et ils se le disent l'un à l'autre chaque jour.

C'est vrai, ils limitent leurs divertissements et leurs explorations de la vie. Leurs buts sont simples comparés à ceux de la plupart des gens. Mais ils en sont conscients, c'est le choix qu'ils ont fait et ils ne s'en excusent pas.

La tradition de l'homme pourvoyeur et de la femme maîtresse du foyer est évidemment inexacte. Des temps préhistoriques jusqu'à nos jours, le foyer a été alimenté en grande partie par les femmes. Elles ont récolté et labouré à l'extérieur du foyer jusqu'à très récemment, et elles le font encore aujourd'hui. Malgré tout, que notre perception soit exacte ou non, ce que nous supposons être la vieille recette — des biscuits à la farine d'avoine sans pépites de chocolat — est l'idée de paradis de bien des gens. Parfois la recette réussit, parfois, sous le stress des temps modernes, elle échoue. Malgré tout, la relation traditionnelle aimante possède tous les ingrédients nécessaires — surtout le plus important: le respect mutuel — pour vous aider à décrocher la médaille d'or.

Comment reconnaître ce genre d'homme?

L'homme traditionaliste aimant brasse toutes sortes de théories dans sa tête. Il n'est pas toujours conscient de les avoir, pas plus qu'il ne vérifie l'exactitude de ses principes; il présume tout simplement qu'ils sont bons et les met en pratique. Toutefois, il est étrangement libéral pour un homme conformiste. Il croit que la famille est l'atome de la société. Il considère votre alliance comme l'ancienne méthode de partage du travail. Il croit à la justice et à la démocratie, et à l'égalité des droits pour tout le monde. Si sa philosophie a une légère tare, c'est au plan de sa notion de liberté. Il n'est pas trop sûr de ce qu'est la liberté individuelle, mais il est sûr qu'elle a des limites.

Il fait le délice des spécialistes des sciences humaines. Il croit à des règles idéales qu'il ne tire d'aucune espèce de logique. Il vit un héritage parfait. Ce qui s'est avéré bon pour d'autres à travers les âges est assez bon pour lui; il fait sien cet héritage, à l'exception de quelques ajustements mineurs.

Il est certainement un homme positif. Comme une grande part des choses est simple et déjà décidée, il a le temps d'être heureux. Il fait plus que s'attendre à ce que vous partagiez le pouvoir avec lui: c'est ce qu'il veut. Pourquoi prendrait-il des décisions dans des domaines qui ne relèvent pas de sa responsabilité? N'est-ce pas pour cette raison qu'on se marie: pour diviser le fardeau en deux?

Il s'attendra peut-être à ce que vous vous adaptiez à certaines courbes majeures dans sa vie professionnelle. Cependant, ce n'est pas parce que son emploi est de première importance, mais plutôt parce que l'argent qu'il gagne est tout simplement une nécessité. Toutefois, il arrivera souvent qu'un traditionaliste aimant refuse une mutation ou un changement d'emploi si cela dérange la famille, les amis et l'harmonie.

Des indices additionnels

Le traditionaliste aimant n'est pas traditionaliste en principe seulement. Il s'habille habituellement aussi de façon conventionnelle. Il souscrit aux règles de l'étiquette. Le traditionaliste aimant n'est ni osé ni extravagant. Il aime les vêtements ordinaires, modestes et conventionnels. Gris, bleu et brun, avec des boutons, des fermetures éclair, et pas de décolletés plongeants. Il porte toujours une ceinture. Habituellement, il se choisit un style permanent, le style collégien, ou cowboy, ou menuisier ou comptable, et n'en change jamais. En fait, la plupart des hommes traditionalistes aimants ont deux ensembles de vêtements: un formel et un informel. C'est un homme d'affaires, un marchand ou un travailleur bien habillé dans le monde extérieur puis, lorsqu'il rentre à la maison, il prend sa douche et en ressort homme de la maison: propre, désinvolte, habituellement habillé du même genre de vêtements qu'il portait lorsqu'il était étudiant. Les vêtements ne l'intéressent tout simplement pas assez pour qu'il en change au gré de la mode.

Il est, toutefois, absolument propre. Il brille de propreté, à partir de sa chemise Arrow en coton et polyester, jusqu'à ses bas noirs (ou blancs). Ses cheveux sont plutôt courts et brillants. Il a souvent peur d'avoir des pellicules. Même s'il n'en a pas, il les éloigne au moyen de shampooings spéciaux avant même qu'elles ne s'approchent de lui. Il se rase souvent, bien qu'il lui arrive de temps à autre de se laisser pousser une moustache ou une barbe. Il n'est pas exactement méticuleux et sans tache. C'est tout simplement qu'il prend plaisir à éliminer les traces de ce qu'il faisait précédemment, et à assécher sa peau. (Il a également peur d'être huileux.) Il use des centaines de pains de Dial et de Irish Spring. Il ne laisse pas sa serviette sur le plancher en sortant de la salle de bains. Il l'accroche! Il ne veut pas vous occasionner davantage de travail: pas de pliage supplémentaire, pas de pistes mouillées.

Il aime l'ordre et il sait où les choses sont censées être rangées. La plupart du temps, il remettra les choses à leur place. Il se considère responsable de ce qu'il utilise, mais pas de la façon dont les fournitures arrivent sur les tablettes ni de ce qui se passe lorsqu'elles sont épuisées. Il sortira les poubelles et plantera les clous, mais il faut lui dire quand et où. Il trouve normal que vous adoptiez son nom de famille (quand la loi le permet) et qu'il soit le premier à signer les documents, les polices d'assurances, les emprunts, même si vous signez juste en dessous de lui et que les bénéfices sont pour tout le monde. Souvent, il se prive de petits extra pour vous en donner davantage, à vous et aux enfants.

Il n'aime pas que sa voiture soit trop neuve ni trop vieille. Si elle ne dure pas un laps de temps acceptable, il a l'impression de s'être fait avoir. Il choisit des voitures carrées et pratiques. Plutôt que d'être un peu plus spacieuse que la vôtre, la voiture qu'il conduit est un peu plus petite, comme dans le cas de l'homme qui rêve d'être nabab. Il présume que vous avez besoin de plus de sièges et d'espace. Il conduit une Maverick d'occasion, et vous conduisez la station-wagon ou le minibus. Ou bien vous conduisez tous deux des stations-wagons. Il conduit votre voiture plus spacieuse lors des expéditions en famille, après, bien sûr, avoir vérifié l'eau, l'huile et l'air dans les pneus.

Comme il considère que tous les engins relèvent de sa responsabilité, il lave les deux voitures, voit à leur entretien et se fait aider par les enfants pour le cirage. Il assigne une part du travail à tout le monde. Après tout, c'est un homme économe. Il assigne les tâches selon les différents âges et capacités. Et cela s'applique à la cuisson des crêpes, à l'achat des colliers antipuces et à la préparation des repas du chien.

Quand vient le temps de décider d'une place où vous allez vivre, il aime en choisir une entourée d'une pelouse. Avant, il partageait un appartement. Il n'achète pas de maison avant d'avoir trouvé sa «deuxième moitié». Il acceptera de vivre dans un condominium ou un appartement s'il n'a pas le choix, mais il évite habituellement le centre-ville. Il veut un peu d'espace, et il aime être propriétaire du refuge exclusif de son petit groupe. Il préfère habituellement acheter plutôt que louer. Il paierait comptant s'il le pouvait. Comme ses goûts sont modestes, il est plus à l'aise dans une maison de dimensions raisonnables; il n'est pas du genre à rêver de manoirs.

Il ne s'intéresse pas tellement aux murs et aux meubles. Il s'attendra probablement à vous suivre avec son chéquier quand vous faites des achats, mais il s'en remettra à vous pour les choix esthétiques. Si vous lui demandez ce qu'il préfère, il choisira probablement des articles gros et lourds, souvent des tissus à carreaux ou de l'érable. Il ne s'opposera probablement qu'au style provincial français, aux napperons et aux petites tables à thé.

Dans ses manières, il a tendance aux plaisanteries et à la galanterie. Il dit «s'il vous plaît» et «merci» et s'attend qu'on le traite de la même façon. Les gestes de respect lui plaisent et le sens des responsabilités est son principal facteur de motivation. Il travaille pour soutenir sa famille, même lorsque sa position ne l'intéresse pas vraiment. Et, au fond de lui-même, il entretient un instinct qui le pousse à protéger ceux qu'il aime, mais sans exploiter les autres. Il vise à donner une éducation à ses enfants, à s'assurer une retraite confortable, à satisfaire les désirs de sa partenaire, et à accomplir tout cela avec amour, attention et responsabilité. Même s'il peut sembler vieux jeu, il n'est pas vraiment démodé. Il fait tout simplement ce qu'il croit qu'on est censé faire et espère que la recette est encore efficace. Lorsqu'elle échoue, il souffre.

Comme les autres genres d'hommes intimes, il se traite avec soin et honnêteté. Il fait attention à sa santé et à son bien-être, mais une partie de ces soins dépendront de vous: il compte sur votre aide. Après tout, l'entretien fait partie de l'arrangement interdépendant d'une relation avec le traditionaliste aimant. Sans aide, il peut négliger l'importance d'une bonne nutrition et ne pas se préoccuper de perdre du poids (il en est probablement incapable). Il pratique souvent un sport ou une quelconque activité physique, avec d'autres hommes ou avec les enfants. Tout probable que son activité le mènera au parc avoisinant, dans la cour de l'école ou au gymnase. Son champ d'activité est plus grand que le vôtre. Et il sera peut-être parti trop souvent à votre goût. Il dirigera peut-être une équipe de soccer ou un groupe de scouts. Mais ses aventures sont limitées. Il est pris par son travail la moitié du temps, et par son foyer la plupart du temps qu'il lui reste.

Les indices sexuels

Le traditionaliste aimant recherche les femmes modérées, plutôt agréables que mignonnes, plutôt bonnes qu'exubérantes. Il évite les femmes timides qui n'osent pas dire ce qu'elles aiment. Il adore les petites remarques simples et parfois brusques. Il est plus à l'aise lorsqu'il sait ce que vous avez à dire. Après tout, son système est basé sur l'échange, et non sur la soumission, bien qu'il ne soit pas attiré par les femmes qui ont des ambitions professionnelles bien arrêtées. Comme il aime les femmes substantielles, il se sent le plus souvent attiré par les femmes qui ont toujours eu comme but d'avoir un foyer et une famille, mais qui ont aussi passé quelques années dans le grand monde.

Son idée de fréquentations est assez prévisible. Il vous sort, vous promène en voiture et dépense un peu d'argent, mais pas beaucoup. Il rayonne de joie lorsque vous lui préparez un repas ou que vous l'invitez à une journée de plein air. Il aime mettre son bras autour de vous, peut-être encore plus que de vous embrasser. Vous avoir dans le creux de son coude lui donne l'impression que vous aspirez à une union éventuelle.

Le sexe est quelque chose qui mijote, pas quelque chose qui bout. Il n'est pas très racoleur et ne prend pas le sexe à la légère. Il passera de longues périodes sans sexe plutôt que de se contenter de sexe sans relation. Il n'exige pas de vous, pas plus que de lui-même, que vous soyez vierge; la règle des deux mesures est plutôt du domaine du phallocrate. Vous avez eu tous les deux un ou deux engagements sérieux avant de vous rencontrer. Si vous en avez eu davantage, il aura des doutes. Une fois que vous êtes ensemble, il répond à vos requêtes et vous accorde l'exclusivité sexuelle. Il n'est pas question d'autres partenaires sexuels pour vous ni pour lui. Pour lui, la fidélité n'est pas motivée par la possessivité; elle est plutôt une grande preuve d'amour.

Au début, il aura peut-être des problèmes sexuels. Il est plus que probable qu'il éjacule un peu trop vite ou qu'il manque un peu de grâce. Peut-être ne peut-il être à son mieux que lorsqu'il est à l'aise et a confiance en lui-même. Il a besoin de temps pour découvrir sa technique avant que vos relations ne deviennent satisfaisantes. Cela est dû au fait que vous devez apprendre quelles versions sont exactement les bonnes pour vous deux.

Vos échanges sexuels se font à huis clos. Sa modération tourne à la modestie lorsqu'il est question d'érotisme. Selon les apparences extérieures, il y a peu d'allusions sexuelles entre vous. S'il se passe des choses merveilleuses entre vous, personne ne le sait. Plus tard, vos enfants diront à votre sujet: «Nous ne pouvons tout simplement pas vous imaginer en train de faire l'amour.» Mais vous le faites, et souvent.

L'aspect financier

L'argent du traditionaliste aimant n'appartient jamais à des personnes spécifiques. Il appartient à des buts particuliers. Une partie sert à l'entretien, une partie, à l'avenir, à des vacances, à l'éducation ou à l'achat d'une nouvelle voiture. Il divise les dollars et les dirige vers certains objectifs qu'il envisage pour sa petite unité familiale. Tous les fonds sont des valeurs sociétaires pour lui. Il a peut-être un vote majoritaire 51 à 49, par rapport à vous, ou c'est vous qui avez un vote à 51 contre 49. Parfois, ce sont les enfants qui remportent tout.

Il est loin de jeter son argent par les fenêtres. Il n'est pas mesquin, mais il est prudent et inflexible. Même les traditionalistes aimants riches dépensent modérément, pensent en termes de bons investissements et achètent des articles conventionnels qui ne perdent pas leur valeur.

Votre argent ou vos revenus posent un problème au traditionaliste aimant. De plus en plus de familles ont besoin de deux sources de revenus pour survivre, et il le sait. Son image en prendra un coup si vous devez travailler par nécessité, mais, contrairement au phallocrate, il s'adaptera si vos revenus servent une bonne cause. Le traditionaliste aimant résout son problème de fierté au moyen d'un truc brillant. Il garde les finances séparées. Vous épargnez l'argent que vous gagnez pour payer les études de vos enfants ou préparer votre retraite, et vous utilisez le sien pour acheter le pain quotidien.

L'aspect familial

Les traditionalistes aimants veulent des enfants, préférablement les leurs. Mais ils accepteront d'en adopter. Contrairement à l'homme aimant à multiples facettes, le traditionaliste ne contribue pas beaucoup à l'élevage quotidien. De façon générale, les enfants sont votre responsabilité. Après tout, il n'est pas à la maison lorsque la plupart des problèmes surviennent. Il se fie à votre expertise pour leur éducation générale. Il attache tout de même une grande importance à son rôle de père et établit sa propre version de l'interaction paternelle et de la discipline. Il traite ses garçons et ses filles de façon égale mais différente. Il veut que ses filles aient la même éducation et les mêmes droits, mais il exige davantage, souvent trop de ses fils, comme il le fait avec lui-même.

Le traditionaliste aimant cultive quelques bons copains de travail ou d'enfance, mais il aime surtout se retrouver en compagnie de vous et d'autres couples. Ses amis actuels sont des voisins ou des collègues qui vivent le même genre de vie que lui. Occasionnellement, lui et les autres hommes pratiquent des sports, jouent aux cartes, vont à la pêche ou s'adonnent à d'autres activités auxquelles les femmes ne participent pas; ce qui veut dire que, de temps à autre, votre traditionaliste aimant partira pour une nuit ou une fin de semaine.

Il a rarement d'autres amies que sa seule et unique compagne. Il est même un peu gêné d'approcher les femmes de ses amis, même s'il les aime beaucoup, les aide dans les périodes de crise ou leur offre du soutien. Il en va de même pour ses amis. Il les aime bien, il a hâte de les voir, il les aide s'ils en ont besoin, mais il ne recherche pas leur compagnie.

Aussi familial soit-il, il considère la parenté comme des amis. Il aime vos soeurs, vos cousins, vos nièces (si vous les aimez) et s'incline devant vos parents. Il n'est pas trop sûr de ce qu'il pense de votre frère. Il traite ses propres parents avec respect et ses frères et soeurs avec affection. Il pense que les fêtes et la parenté vont de pair. Ces occasions donnent habituellement lieu à de grosses réunions de famille. Cela ne veut pas dire qu'il n'y a jamais de disputes. Les traditionalistes aimants ne sont pas tous issus de familles heureuses. Souvent, un homme devient plus traditionaliste et plus familial justement parce que ses propres parents étaient troublés.

Il a certainement des défauts. Ce n'est pas l'homme le plus excitant du monde. Il peut être têtu, résister aux idées nouvelles et devenir rassis. Il peut vous tenir à l'écart de beaucoup de choses. Mais il a surtout des qualités. Il est à vous. Il partage. Il est intéressé. Il est respectueux et d'un grand soutien. Il aime les choses simples. Il mérite trois étoiles.

Qu'est-ce qui vous attend?

Vous n'avez donc jamais aspiré au monde du travail. Et vous êtes tout aussi heureuse de lire les *Contes de la Mère l'oie* que de lire Proust. Ce que vous voulez est un copain, un partenaire et un poulet dans le pot (que vous ferez cuire). Eh bien! c'est ce que vous aurez avec le traditionaliste aimant.

Vous avez plusieurs avantages de votre côté lorsque vous vous engagez dans une relation traditionnelle aimante. Le traditionaliste n'est pas mielleux, ni furtif, ni sournois. Il garde ses intérêts professionnels en équilibre avec sa vie intime. Son respect ne dépend pas du sexe ni de l'occupation d'une personne. Bien sûr, il est un peu possessif. Oui, il est un tantinet jaloux. Pas parce que vous êtes sa propriété ou qu'il est maniaque, mais parce qu'il se sent un peu titulaire et qu'il ressent toutes les complexités de l'amour et de l'attachement.

Mais rappelez-vous ceci: son idée de partage — de diviser et d'assigner selon le sexe — est établie en permanence. Il n'imbrique pas, n'alterne pas et n'assimile pas les rôles comme le fait l'homme aimant à multiples facettes. Préparez-vous au fait que vos vies seront toujours un peu séparées. Vous passez de nombreuses heures dans des endroits différents, occupés à des tâches très différentes. Et, bien que le traditionaliste aimant soit un amour d'homme, il n'est pas du genre à danser. Si vous rêvez de sauter et d'avoir du bon temps, trouvez-vous un autre Nureyev. Le traditionaliste aimant peut certainement venir de n'importe quelle classe de la société, du coin de la rue à la tour d'ivoire. Mais ses manières conservatrices et son manque de spontanéité le portent toujours à planifier ses amusements et à limiter ses plaisirs, peu importe son statut. Vous vous préparez à une vie planifiée. Le traditionaliste aimant ne prévoit pas de changements dans ses émotions, ses circonstances ou ses buts. Sa vision de l'avenir est un grand tunnel qui aboutit à des buts restreints, agréables et confortables. Tout au long de nombreuses années, vous établissez votre relation, construisez votre nid et récoltez vos récompenses. Les hauts et les bas, même s'ils sont profondément ressentis, ont l'air de longs mouvements de pendule, plutôt que des pics escarpés et des vallées profondes. Ce qui rend heureux la plupart des couples traditionalistes aimants, c'est que vous passez votre vie à préparer votre avenir et que, en fin de compte, vous récoltez exactement ce à quoi vous avez travaillé.

Garder vivante une relation à long terme, et pas seulement ensemble, exige toujours des efforts. Les humeurs, les sensibilités, la confiance et les motifs de deux personnes ne peuvent être toujours égaux. Et des points faibles majeurs apparaissent. L'un d'eux se produit lorsque vous attendez que la fin arrive pour avoir vos récompenses, que vous ne jouissez pas de votre vie pendant que vous attendez, et que vous vous apercevez en fin de compte que les résultats ne sont pas satisfaisants. Un deuxième point est la solitude. Ce n'est pas seulement au début et au milieu que vous passez beaucoup de temps chacun de votre côté, mais aussi à la fin. Un troisième est que, souvent, juste comme votre relation ensemble commençait à se solidifier, survient une période particulièrement difficile. Lorsque l'un de vous deux atteint la quarantaine, en a assez de son travail ou doit affronter la mort de parents et d'amis, vous risquez parfois de nager en eaux troubles. Et à ce point, le traditionaliste aimant peut parfois changer pour le pire plutôt que pour le meilleur. Habituellement, il retombe sur ses pieds, mais parfois pas. Il peut perdre son énergie et s'encroûter graduellement. Il peut même renier ses principes et se transformer en homme pas très intime. En fait, au cours des années, il peut traverser plusieurs périodes où il n'est pas heureux, où il est en crise ou en dépression. Il peut remettre en question ce pourquoi il travaille et les raisons de son dévouement. La retraite peut aussi être une période difficile pour lui, surtout s'il se retrouve sans champ d'activité particulier. Son intérêt sexuel peut diminuer sensiblement. Ce peut être un problème sérieux si votre libido est encore très active, mais pas la sienne. En outre, la plupart des couples traditionalistes ne s'adaptent pas facilement aux changements inattendus, surtout si leurs enfants ne s'avèrent pas à la hauteur de leurs espoirs, et c'est quelque chose qui arrive beaucoup plus souvent que vous ne le croyez.

Tout de même, la plupart des hommes traditionalistes aimants survivent à ces tempêtes. C'est pourquoi ils sont des traditionalistes aimants. Ils réussissent même à rire d'eux-mêmes. Après tout, vous travaillez tous les deux à maintenir votre relation. Il ne s'attend pas que son mariage survive sans que vous en preniez soin et sans que vous y travailliez ensemble. Vous gardez tous deux en perspective le passé, le présent et l'avenir.

De toute façon, il y a toujours un avantage constant avec le traditionaliste aimant, peu importe ce qui arrive. Une fois qu'il vous aime, c'est pour la vie. C'est pourquoi la partie romantique est si brève avec lui. Il veut que la partie amoureuse dure le plus longtemps possible.

Quels sont les signes précurseurs de problèmes?

Les hommes traditionalistes aimants sont presque toujours fantastiques et, habituellement, vous parvenez à maintenir votre relation toute la vie. Mais de tous les hommes intimes, le traditionaliste aimant est celui qui risque le plus, occasionnellement et étonnamment, de tourner au vinaigre. Les autres, l'homme aimant à multiples facettes et le partenaire à responsabilité limitée, ont une vision de l'avenir moins utopique. Ils comprennent que les miracles et les misères de la vie peuvent provoquer des événements inattendus. Le traditionaliste aimant prévoit ce qui va arriver avec une telle naïveté qu'il oublie la possibilité que des circonstances inattendues puissent changer la vie de quelqu'un de façon dramatique.

Plusieurs indices peuvent signaler qu'une relation traditionaliste aimante a perdu son équilibre vital. Votre partenaire cesse de reconnaître la valeur de votre travail; il dénigre votre rôle et exagère le sien; il garde ses chèques de paie; où il théorise sur les principes et la morale, mais ne met pas ses théories en pratique.

Très souvent, lorsqu'un traditionaliste aimant s'égare, il commence à mentir un peu. Il commence d'abord par se dire que ce qu'il fait ou ce qu'il envisage de faire avec son temps ou son argent est autre chose que ce qu'il fait vraiment, puis il se met à couvrir ses traces. La plupart des traditionalistes aimants qui rompent leurs promesses se sentent très coupables; alors, si le vôtre commence à se conduire comme un chou à la crème chéri, demandez-vous à quelle règle il est en train de déroger. Habituellement, il finit par avoir du dégoût pour lui-même et admet son erreur. Mais si ce n'est pas le cas, préparez-vous à un choc épouvantable. Si vous voulez éviter que cela vous arrive, considérez comme des augures les indices que je viens de mentionner.

C'est encore pire si ses contacts au travail ont fait de vous une balourde de banlieue. Dans ce cas, il cachait probablement depuis le début des désirs et des prétentions à un certain statut social. Des révélations aussi tardives sont difficiles à avaler, mais s'il n'est pas l'homme que vous pensiez qu'il était, il n'est pas l'homme pour vous. Un vrai traditionaliste aimant ne s'inquiète pas de ce que vous lui ressembliez comme une paire de chandails coordonnés. Il ne s'attend pas que vous obéissiez à ses ordres comme si vous étiez sa servante. Tout ce qui l'intéresse, c'est que vous soyez la deuxième moitié de sa vie.

Il y a un dernier point critique, rare mais possible, avec le traditionaliste aimant. Parfois, un couple reste ensemble (et reste même fidèle) par haine, plutôt que par amour. Les époux établissent un lien indestructible qui les tient ensemble plus solidement que ne le ferait de la résine époxyde. Leurs disputes continuelles deviennent le véritable aliment de leur vie. Si cela vous arrive, vous devriez partir, peu importent les enfants, les problèmes d'argent ou le nombre d'années passées ensemble. Vivre refoulée sur soi-même et amère n'est pas seulement une antivie, ce n'est pas une vie du tout.

De façon générale, peu de relations traditionnelles aimantes ont des crises soudaines et fatales. Le problème le plus courant est une descente graduelle vers l'absence de stimulation. Alors, faites attention. Lorsque vous commencez à sombrer dans l'ennui, n'attendez pas que votre partenaire vous offre une solution. Rassemblez vos énergies et entrez en action. Dansez le quadrille, faites du patin à roulettes ou joignez-vous à l'Association pour la protection des baleines. Puis amenez votre partenaire avec vous. Vous n'êtes pas obligée de vous asseoir sur votre postérieur juste parce que votre homme est vieux jeu. Levez-vous et que ça saute! C'est la vie, et seulement la vie! Ne la vivez pas parmi les toiles d'araignée.

Quelles sont vos possibilités et que devriez-vous faire?

Avec le traditionaliste aimant, vous avez la possibilité de devenir non seulement un portrait de famille, mais un dagguerréotype: vous assise dans votre fauteuil de velours, lui debout derrière vous, une main sur votre épaule. La couleur est peut-être un peu dépassée, la pose un peu formelle, mais vous deviendrez peut-être un couple septuagénaire. En fait de permanence possible, l'homme traditionaliste aimant est un pari gagnant. Aucune bonne chose n'est facile. Autant la relation dépend de lui, autant elle dépend de vous. Certains aspects particuliers ont besoin d'attention constante. Mais ne jetez pas le bébé avec l'eau du bain durant les périodes difficiles: continuez de frotter. Battez-vous avant de fuir. Et ne fuyez pas du tout si la situation est un tant soit peu vivable.

N'oubliez pas ces suggestions: prisez votre relation, ne rompez pas l'équilibre, gardez à l'esprit votre engagement à la vie de couple, et reconnaissez la profondeur des responsabilités, pas seulement celles de votre partenaire, les vôtres aussi. Si les choses commencent à aller mal, consacrez plus de temps à votre relation, surveillez-la de plus près et, si nécessaire, pardonnez.

Avec le traditionaliste aimant, vous partez tout autant que lui avec l'idée d'une relation permanente. Mais, évidemment, vous avez aussi besoin d'aimer et d'admirer votre partenaire pour que la relation soit réussie. Si vous perdez votre amour pour lui, si vous vous engagez dans la relation sans émotion, ou même si vous vous trompez sur la force de votre émotion, vous vouez vos efforts à de grandes possibilités d'échec.

Lorsque vous prodiguez de l'affection et de l'assurance, vous avez un avantage extraordinaire. Déjà, vous avez tous deux laissé entendre que vous êtes responsable de votre propre participation et que vous vous engagez à vaincre les problèmes qui vous assailliront. Alors, si la vie déplace les pièces de verre de votre kaléidoscope pour en faire un nouveau motif, rappelez-vous tout simplement que les pièces de verre sont les mêmes. Tout ce que vous avez est une nouvelle perspective. Adaptez-vous. Vous n'avez rien à craindre. Ne jouez pas de médisances, de tactiques de vengeance ou d'infidélités avec un traditionaliste aimant. Une entorse aux principes peut détruire irrévocablement la base d'une relation traditionnelle. Mieux vaut perdre la bataille que perdre ce pourquoi vous vous battiez.

De nos jours, aucune relation n'est garantie. Votre traditionaliste aimant pourrait changer, ou vous-même pourriez décider de vous retirer de la déclaration originelle de dualité. Mais si vous restez engagés tous les deux, votre contrat vous aidera à gagner un avenir à long terme ensemble. Bien sûr, cela ne vient pas sans sacrifices. Lorsque vous vous donnez à une sorte d'expérience, vous renoncez à la possibilité d'en essayer d'autres. Mais cela vaut le risque avec cet homme: vous pourriez en ressortir avec quelque chose de fantastique.

N'oubliez pas d'avoir du plaisir, peu importe ce que vous avez. Dans la vie, il n'y a pas de partie d'essai; prenez donc ce que vous pouvez. Ne perdez pas de temps avec les paradoxes. Ne vous inquiétez pas de ce que vous perdez en échange de ce que vous gagnez. Faites ce qui vous semble le meilleur pour vous-même, et faites-le totalement.

Quel rôle jouez-vous dans cette relation?

Ne renoncez jamais à un droit: c'est le meilleur conseil que mon père m'ait jamais donné. Cette maxime, qui s'applique à bien des situations, est la clé de voûte de l'association traditionaliste aimante. Cela semble-t-il en contradiction avec l'arrangement mâle-femelle traditionaliste? Pas du tout. En tout cas, pas si vous voulez une relation saine.

C'est votre droit de vivre comme vous voulez. Si vous voulez rester au foyer, vous occuper d'une maison, élever des enfants, faire de l'artisanat dans votre sous-sol, ou n'importe quoi d'autre, faites-le. C'est votre privilège de vous associer au partenaire de votre choix. Si vous préférez avoir un homme traditionaliste, allez-y, peu importe ce qu'en pensent vos amies et ce qu'en disent les revues avant-gardistes. Mais gardez à l'esprit ce qui, plus que toute autre chose, garde votre union en santé: le fait de savoir que vous faites ce que vous voulez faire.

Ne jamais renoncer à aucun droit ne vous aidera pas seulement à choisir un homme traditionaliste aimant, mais vous fournira également la meilleure formule pour maintenir la relation en bon état. L'union traditionnelle aimante réussira davantage si vous vous considérez, non pas comme mâle et femelle, mais plutôt comme des partenaires et des égaux. Si vous voulez avoir droit de vote sur toutes les décisions, cherchez un partenaire qui discute. L'association traditionnelle aimante ne repose pas sur la déférence et la soumission, mais sur des entreprises et des buts partagés. Si vous renoncez à vos désirs et à vos exigences, vous vous retrouvez avec quelque chose qui a moins de valeur.

Vous êtes prête à partir en quête d'un traditionaliste aimant lorsque vous décidez que vous désirez suivre le mode de vie féminin conventionnel et que vous avez besoin d'un homme conforme à vos qualifications. Vous ne ramassez pas le premier vieux pourvoyeur qui passe, en espérant qu'il vous traite comme son égale. Vous savez ce que vous êtes, et vous cherchez un homme qui est votre égal. Ce n'est que lorsque vous vous respectez et lorsque vous

vous admirez vous-même que vous pouvez choisir le bon partenaire et garder votre union stable. Vous êtes sur la bonne voie lorsque vous estimez votre travail et votre valeur personnelle au maximum, même si votre tâche favorite consiste à préparer des conserves avec votre autocuiseur. La traditionaliste aimante ne se sous-estime jamais. Pas plus qu'elle ne se présume plus dépendante de son partenaire que lui d'elle.

Comme c'est aussi le cas avec les autres hommes intimes, il est important, dans une liaison avec un traditionaliste aimant, de ne pas perdre le contact avec vous-même, et avec votre partenaire. Vous avez besoin de nombreuses lignes de communication et de beaucoup d'honnêteté. Vous avez beaucoup de marchandage à faire: qui a la responsabilité de quoi, aux ordres de qui telle décision est-elle soumise, comment chacun de vous se sent face aux changements proposés. Il voudra peut-être quitter un emploi et vous vous sentirez menacée. Vous en aurez peut-être assez de la maison et déciderez de retourner aux études, alors que lui pense que le travail devrait passer en premier. Rappelez-vous: vous êtes une entreprise. Prenez rendez-vous l'un avec l'autre. Faites des assemblées. Planifiez des périodes pour discuter. Vous pouvez même vous écrire des lettres.

Vous pouvez faire fausse route avec un traditionaliste aimant si vous vous attendez qu'il résolve tous vos problèmes. Ce n'est pas parce qu'il apporte le pain quotidien et qu'il installe son corps dans votre lit chaque nuit qu'il est aussi un père, un frère, un oncle ou un réparateur pour vous. Vous êtes tout de même responsable de vous-même dans la vie, peu importe votre combinaison domestique. Vous devez tout de même affronter les catastrophes quotidiennes, qu'il s'agisse d'un lave-vaisselle en panne ou d'une dépression. Ne perdez pas vos capacités et ne vous transformez pas en saule pleureur simplement parce que vous êtes mariée et que vous avez une épaule où reposer votre tête.

Son rôle de pourvoyeur, d'époux et de père est la base de l'estime de soi du traditionaliste. N'y touchez pas. Tirez vos satisfactions de ce que vous faites, et non pas du fait d'être son second. Votre contrat n'est pas celui du partenaire à responsabilité limitée. Vous êtes une partenaire à part entière, qui se charge de la moitié du travail. Vous devriez être au courant de son travail, de ce qu'il fait et de ce qui se passe.

Dans une relation traditionnelle aimante, il est de la plus haute importance que vous vous engagiez et que vous restiez sans l'ombre d'un doute. Ne devenez pas une partenaire et une mère parce que c'est ce qu'on attend de vous, parce qu'on vous y oblige, ou parce que c'est ce qui est considéré «normal». Ce n'est pas une relation facile. C'est vraiment une relation pour le meilleur ou pour le pire, riche ou pauvre, malade ou en santé. Alors vous faites mieux de vous assurer qu'elle en vaut la peine... pour vous.

Le traditionaliste aimant s'apparente aux deux autres types d'hommes intimes et les trois peuvent même se chevaucher. Le traditionaliste peut avoir des caractéristiques de l'homme aimant à multiples facettes ou du partenaire à responsabilité limitée.

Dans le prochain chapitre, nous parlerons de la deuxième des trois relations fantastiques, du partenaire qui est peut-être le plus recherché aujourd'hui: l'homme aimant à multiples facettes.

Chapitre 21

L'HOMME INTIME NUMÉRO DEUX: L'HOMME AIMANT À MULTIPLES FACETTES

L'homme moderne dont la personnalité a plusieurs facettes et qui partage avec vous sur tous les plans.

Après avoir réfléchi, l'homme aimant à multiples facettes tire une merveilleuse conclusion. La vie est un grand magasin de jouets où l'on ne fait pas que regarder les jeux et les poupées. Au contraire, on peut les vivre, on peut être ces jeux. Il sort ensuite du centre commercial de la vie, non pas à titre d'article unique, mais à titre d'ensemble de choses. Il est partenaire, père, pêcheur, homme d'affaires, joueur de baseball, professeur, chef de scouts, rat de bibliothèque, menuisier, dessinateur de robes et homme d'intérieur. Peut-être deviendra-t-il avocat, et peut-être abandonnera-t-il le droit pour devenir photographe. Peut-être quittera-t-il son emploi pour élever les enfants pendant un an. Peut-être apprendra-t-il à piloter un avion. C'est un travailleur et un homme de loisirs. Il est tout ce qu'il peut imaginer.

En fait, il a plus que des facettes, il a plusieurs identités. Et il veut les vivre toutes en même temps, ou pouvoir en changer au cours de sa vie. L'idée d'être un seul genre de personne ou de faire la même chose toute sa vie lui répugne. Il préfère exister à titre de créature multiple. Peu importe la combinaison de rôles ou de tâches qu'il adopte, il est tous ces rôles et ces tâches en même temps. Il ne se contente pas de les jouer, de les essayer, ni d'avoir l'air fantastique. Il trouve en lui-même différents désirs et différentes choses qu'il veut être et faire. Il considère chacune d'elles importante. Et il accorde à chaque facette autant d'importance et d'attention.

L'homme aimant à multiples facettes veut jouir de la vie, et il vise donc le plaisir. Il veut aussi rendre agréable ce qu'il fait. Il a l'intention d'adorer sa partenaire, d'aimer son travail et de jouir de ses loisirs, sinon il essaiera autre chose. Il a tendance à changer et à hésiter, surtout en ce qui concerne sa vocation et ses intérêts. Tout de même, il essaie d'équilibrer les ingrédients de son ragoût existentiel. Il veut une certaine mesure de succès, d'amour, et peut-être d'enfants, de chiens, de parties de volleyball et de voyages. Plutôt que de se retrouver enterré sous une montagne de dollars, il les dépensera pour son plaisir. Mais son amour est profond, de même que ses engagements.

Il a tendance à être le plus accommodant et le plus harmonieux des hommes. Il explore et partage volontiers les avenues qu'emprunte sa partenaire, en plus des siennes. Si un homme peut s'épanouir avec une femme qui vit sa vie à l'enseigne de la variété, c'est bien l'homme aimant à multiples facettes. Il se lie parfois à des femmes de carrière à vocation unique, ou parfois à des femmes d'intérieur, mais il préfère généralement celles qui sont une espèce de mélange. L'homme aimant à multiples facettes est attiré par la femme qui avance dans la vie d'un pas léger. Elle présente une gamme de facettes elle aussi. Elle ignore le prisme décrété par la société et elle se permet d'être tout ce qu'elle veut être: concepteur-projeteur, mère, adepte de la mode, membre de l'Association parents-maîtres, spécialiste en ordinateurs, essuyeuse de larmes, cuisinière et jardinière. N'importe quoi et tout à la fois. Et elle sait que, derrière toutes ses réfractions, se trouve un jet de lumière unique: elle-même.

Cas vécu

Jeune, mon ami Gabriel affichait tous les signes d'un futur homme aimant à multiples facettes. Un nombre étonnant de personnes l'avaient rejeté comme n'ayant aucune distinction particulière. Mais, de temps à autre, une dame découvrait qu'elle parlait au joueur de flûte d'Hamelin, qui la dirigerait vers toutes sortes d'aventures et la traiterait bien. Lise était une de ces dames. En moins de temps qu'il n'en faut pour le dire, elle s'est aperçue qu'elle avait affaire à un homme remarquablement en harmonie avec lui-même et, en même temps, qui savait s'adapter. Non seulement partagerait-il sa vie avec elle, mais il se joindrait d'emblée à la sienne.

Et elle avait raison. Gabriel était du genre à se lancer dans tous les domaines de la vie avec un abandon sans prétention. Il était toujours actif, mais détendu en même temps. Il était déterminé, mais aussi flexible et ouvert. Les règles à savoir qui était supposé faire quoi ne l'intimidaient pas. Il s'occuperait du nécessaire. Il n'était certes pas humble, mais juste assez humain pour ne pas être prétentieux. Il était bon avec les gens, bon avec lui-même, et de compagnie tout simplement adorable.

Gabriel est allé à l'école commerciale, et il a détesté cela. Il a étudié la sociologie et la menuiserie, pour finir en sciences de la santé. À un moment donné, il a songé à ouvrir son propre commerce. Malgré ses hésitations au sujet de sa vocation, il n'a jamais fui ses amis ni les responsabilités. Bien au contraire. Il s'est dit que le respect des personnes était la meilleure façon d'obtenir des résultats. Gabriel était donc rarement à court de personnes à aimer et qui l'aimaient en retour. Il avait toujours un chien ou quelque autre animal favori. Il s'occupait lui-même de son appartement. Il faisait le lavage, le magasinage et le lavage de plancher. Il avait des relations ouvertes et affectueuses avec les femmes et il recherchait une liaison riche et entière avec chacune de celles qu'il aimait. Mais cela ne veut pas dire que tout allait toujours comme sur des roulettes.

Quand Lise a rencontré Gabriel, il n'était pas sans passé. Mais elle non plus. Tous deux avaient déjà aimé auparavant, et même si leurs liaisons antérieures s'étaient terminées dans le chagrin, ni l'un ni l'autre n'avaient peur de se risquer de nouveau. L'amour et le risque faisaient partie de la vie de Lise et de Gabriel.

Lise a rencontré Gabriel tout à fait par hasard: elle s'est butée contre lui dans un magasin de livres d'occasion où, appuyé contre une étagère, il lisait des revues de bandes dessinées. Pour cacher son embarras, Lise lui a demandé de lui suggérer une B.D. pour son fils de quatre ans. Gabriel l'a invitée à dîner. Et elle a accepté.

Le cola et le hot-dog auraient pu être du champagne et du homard et ils n'auraient pas vu la différence. Ils étaient trop occupés à s'amouracher l'un de l'autre. Lise raconte encore que le choix de restaurant de Gabriel était sa vengeance contre Lise pour l'avoir bousculé. Lui dit que le hot-dog était le seul repas convenable pour accompagner la revue de *Bugs Bunny* qu'ils venaient d'acheter. En tout cas, le dîner a mené au souper, le souper a mené à une soirée au cinéma, et la *Panthère rose* a mené au lit. Ils sont partis au beau milieu du film. Pourquoi aller au cinéma quand on peut s'en faire soi-même?

Leur vie sexuelle, dit Lise, était et est encore merveilleuse. Gabriel est chaleureux et intime; il s'abandonne entièrement à son plaisir et à celui de Lise. Il la fait fondre comme du beurre, et il adore les occasions où elle prend l'initiative. Il peut être enjoué; elle peut être passionnée. Il peut parfois l'étreindre sans faire l'amour.

Lise et Gabriel sont encore ensemble. Lentement mais sûrement, après leur première rencontre, ils se sont tout simplement amalgamés. Gabriel a présenté Lise à ses amis et lui a ouvert tout son monde. Lise a établi clairement qu'elle, son fils, ses amis, son travail et ses habitudes étranges faisaient partie du paquet. Lise sait qu'à titre d'ergothérapeute, d'artiste, de professeure de danse, de mère et de maîtresse, sa vie ne sera jamais simple. Ajouter Gabriel à tout cela la complique davantage. Afin de suivre ses tangentes et de partager ses intérêts, elle renonce à certains des siens ou les adapte. Mais elle retire autre chose en échange: lui aussi l'aide, il partage ses fardeaux et lui permet de faire ses folies.

Après deux ans de vie commune, ils ont eu un enfant; Lise en voulait un autre. Comme elle venait juste de présenter sa première exposition et que Gabriel en avait assez de son travail, il a donné sa démission et a décidé de s'occuper de la maison et du bébé. Trois ans plus tard, Lise a économisé puis elle a pris tout son argent et ils ont ouvert la librairie de Gabriel.

Ils savent que l'avenir aura toujours un petit côté don Quichotte. Mais ils ne savent jamais lequel des deux est don Quichotte et lequel est Sancho Panza: il y en a toujours un qui est en train de se préparer à se battre contre un moulin à vent pendant que l'autre l'aide. Ils ont eu des périodes difficiles. Ils ont eu deux retraites dans des endroits séparés, durant lesquelles ils ont partagé les enfants également. Ils ne se promettent pas de rester ensemble pour la vie, seulement d'essayer. Ils sont fidèles l'un à l'autre. Ils n'ont pas d'aventures amoureuses. Ils savent que, s'ils en avaient une, ils risqueraient de finir par rompre et ils ne veulent pas courir ce risque. Tout de même, s'il s'en présentait une tout à fait par hasard, peut-être que l'aventure amoureuse ne serait pas suffisante, à elle seule, pour les détruire. Leur relation exige beaucoup de travail. Mais ils trouvent qu'elle en vaut la peine. Ils ont le don de rester fidèles à eux-mêmes tout en étant totalement engagés.

Aujourd'hui plus que jamais, les femmes se retrouvent souvent chargées de nombreuses tâches différentes. Vous vous retrouvez avec une maison à entretenir et à diriger (et nous savons toutes que la tâche de diriger un foyer est déjà, à elle seule, un travail à temps plein). Vous allez travailler à l'extérieur, vous démissionnez, vous essayez un genre de travail, puis peut-être un autre, ou vous gardez toujours le même; vous préparez un délicieux spaghetti, vous réparez une tablette, vous organisez une fête d'anniversaire pour un petit de cinq ans; vous travaillez comme bénévole pour une oeuvre de charité. Vous changez l'huile de votre voiture, vous achetez trois actions de Polaroïd, vous tricotez un chandail. Et vous savez que vous n'êtes pas l'une des personnes ci-haut, mais toutes ces personnes à la fois. C'est pleine d'exubérance que vous passez d'un rôle à l'autre. Le bonheur, c'est de passer de grano à yuppie à 100 km à l'heure.

L'homme aimant à multiples facettes est assez semblable. Il a adopté, par choix, une philosophie de la vie qu'un grand nombre de femmes modernes ont adoptée par nécessité. Il veut tout faire et être tout, et il n'a jamais été aussi libre d'essayer. Lorsque vous cherchez un homme aimant à multiples facettes, préparez-vous à rencontrer l'homme émancipé.

Comment pouvez-vous reconnaître ce genre d'homme?

L'homme aimant à multiples facettes connaît un secret qu'un grand nombre d'hommes ne découvrent jamais: il peut dire non mais, plus important encore, il peut dire oui. Il contredit le syndrome du mâle à identité unique.

Il se libère du simple état de chauffeur de camion, de juge ou de tout autre titre. Il se croit le meilleur amant du monde, le meilleur moniteur de soccer, le meilleur nettoyeur de tapis et aussi le meilleur gardien d'enfants. Il coopère. Dans les réceptions, quand quelqu'un lui demande ce qu'il fait dans la vie, il ne sait que répondre. Il dit: «Eh bien, voyons voir! Je nettoie, je téléphone, j'écris, je soigne, je lobe, j'utilise Aramis, je bois du scotch, je suis très intelligent et je suis un expert en dindes rôties.»

Il aime le changement. Il ne le sait peut-être pas, mais il le recherche tout de même. Il est en équilibre sur un ballon, pas sur une boîte. Il ne peut prédire son avenir en termes absolus. Parfois, il sait qu'il doit faire autre chose et ses promesses ne sont donc garanties qu'à 99,44 pour cent. Il serait stupide de ne pas se garder un 0,56 pour cent, et il le sait.

L'homme aimant à multiples facettes n'offre aucune garantie permanente. Dans la vie, les ballons roulent, mais parfois ils rebondissent. Il offre cependant les meilleures intentions du monde. Et les quasi-promesses de l'homme aimant à multiples facettes donnent habituellement de meilleurs résultats que les promesses à cent pour cent d'un homme moins intime.

Comme il est sincère dans ses voeux et qu'il accepte ses tares plus facilement que n'importe quel autre type d'homme, l'homme aimant à multiples facettes est honnête, franc et aussi sincère qu'il est possible de l'être. Il est un peu écervelé et impulsif. Lorsqu'il vous arrive avec un aquarium qu'il a acheté avec vos dix derniers dollars — parce qu'il fallait absolument qu'il élève un poisson tropical — vous savez qu'il vient juste de vous accorder un vote de confiance. Il veut une relation qui lui permet, de même qu'à vous, de dire, de ressentir et de partager presque n'importe quoi. Et c'est ce qu'il fait. Il est prêt à vous aimer en permanence. Mieux encore, il n'a pas peur d'être lui-même.

Des indices additionnels

L'homme aimant à multiples facettes est résolument lui-même. Il fait de l'exercice de façon irrégulière. Sa discipline est en guerre contre sa tendance à la paresse. Il se laisse aller physiquement sous certains aspects, mais certainement pas complètement. Il a tendance à devenir un peu grassouillet et hirsute plutôt que maigre. Il adore les desserts.

Il s'en tient aux vêtements qu'il préfère, le plus souvent des vêtements confortables. Lorsqu'il porte ce qu'il veut, il donne l'impression d'avoir porté les mêmes vêtements depuis des années. Même lorsqu'il doit se présenter devant le patron, le diable ou le secrétaire général dans un tuxedo tout neuf, ce qu'il fera volontiers et avec plaisir, il réussit à mouler le tissu selon la forme particulière de son corps, juste avant l'heure du rendez-vous.

L'aisance avec laquelle il porte ses vêtements cache souvent le fait que certaines parties sont superposées ici et là. Son apparence générale trahit presque toujours de légères erreurs dans les détails. Lorsqu'il passe de son rôle de père ou d'ami à celui d'homme du monde et vice versa, il porte les mauvais souliers, ou des boutons de manchettes avec un veston à col chinois; il coud des boutons dépareillés, se coupe avec votre rasoir, essaie de tailler ses cheveux lui-même ou se sert de sa ceinture comme laisse de chien, si bien que son pantalon Cardin est retenu par une lisière de cuir marquée de morsures. Mais son ordre ne laisse à désirer que sur les bords et lui donne un air «j'avais l'intention de revenir là-dessus mais je n'en ai pas eu le temps».

Certains hommes aimants à multiples facettes gardent leurs voitures propres, mais jamais immaculées. Un grand nombre d'entre eux laissent leur voiture prendre soin d'elle-même et prient pour une averse occasionnelle. Peu importe dans quel état il la garde, la voiture de l'homme à multiples facettes est plus qu'une voiture pour lui; c'est un appartement! Puisqu'il devra y passer beaucoup de temps, il va s'organiser pour s'y sentir à l'aise! À n'importe quel moment, sa voiture contient une liste, un billet, la moitié d'une carte géographique, des papiers, un paquet de gomme, une vieille balle de tennis qui roule sur le plancher. Elle exhale la même odeur que lui. (Ses vêtements aussi, mais il faut dire qu'un grand nombre de ses vêtements se promènent dans sa voiture.) Il choisit habituellement une voiture pas trop grosse, pas trop petite, qu'il sent bien. Le tape-à-l'oeil le laisse froid. Il choisira peut-être des camionnettes ou des voitures plus sport, une Daytona, une Camaro, une Mazda 626, des voitures robustes, comme la Blazer ou la Nissan 4 X 4, des voitures régulières, telles que la Nova, la Saab, la Subaru, un camion classique Chevy 53, ou une vieille Mercedes cabossée. Même lorsqu'il est à l'aise financièrement, il attache rarement de l'importance à l'apparence et à la grosseur de sa voiture. Malgré l'atmosphère confortable de sa voiture personnelle, il aime souvent en changer et conduire la vôtre pendant un bout de temps. De fait, il conduit la première qui lui tombe sous la main. Lorsque vous sortez ensemble, il est bien content de vous laisser conduire la moitié du temps. Son ego ne repose pas sur la question de savoir qui sera au volant.

Comme l'homme aimant à multiples facettes s'intéresse plus aux gens qu'à n'importe quoi d'autre, il se sent attiré par les occupations qui permettent un contact avec eux, souvent, par exemple, des entreprises de services, et par les endroits remplis de gens, c'est-à-dire surtout la ville. Il se fond à sa communauté. Même lorsqu'il vit dans des régions rurales, il connaît les habitants du village et eux le connaissent. À la ville, il préfère souvent les quartiers qui portent des désignations spécifiques, ceux qui luttent contre la construction d'autoroutes, qui plantent des arbres et qui sont relativement politisés.

Son désir de se mêler aux gens et de participer le pousse parfois à rechercher des environnements encore plus étroits que les quartiers. Il vivra peut-être en appartement ou dans des copropriétés. Lorsqu'il achète un logement ou une maison, il évite le gigantesque.

Plus il utilise sa maison, plus il s'y fait un nid. Son milieu est confortable, un peu bizarre. Il vit beaucoup sur le plancher. Son bureau, sa bibliothèque et son téléphone sont probablement situés tout près de son lit. Il aime avoir facilement accès à l'intérieur et à l'extérieur. Il aime les barbecues, les boîtes de sable et les mares à poissons. Il est intrigué par les arrangements de plusieurs petites pièces et adore les tiroirs, les coins et les recoins.

Ce qui démarque surtout sa vie de célibataire de sa vie en couple c'est que, en couple, ses possessions sont mélangées avec les vôtres alors que, lorsqu'il vit seul, elles ne le sont pas. Qu'il vive seul ou avec vous, la niche de l'homme aimant à multiples facettes n'est jamais complètement organisée ou décorée. Quand des amis, des parents ou quelque occupation étrange entrent en jeu avec l'homme aimant à multiples facettes, tout peut attendre au lendemain.

Comme il aime vraiment s'amuser avec des jouets (des jouets d'adultes, bien sûr), il a tendance à acquérir des choses non pas pour le prestige, mais parce qu'il aimerait les essayer. Une fois utilisés, toutefois, les objets ont moins d'intérêt pour lui et se retrouvent dans le garage. De temps à autre, il jette tout aux poubelles et passe à la prochaine étape de sa vie.

L'homme aimant à multiples facettes use les choses. Ses possessions favorites ont l'air d'avoir beaucoup servi. Parfois, vous aussi. Son ballon de volleyball est bien gonflé, mais il est éraflé à cause du nombre de paniers qu'il a traversés: il ne trouvait pas son ballon de basketball. Et s'il possédait une bible de Gutenberg ou les oeuvres de Shakespeare en version numérotée, ces livres, comme tous les autres, se retrouveraient sur le plancher en piles organisées d'après l'ordre de ses lectures. Quant à ses outils, il les garde à trois endroits différents. Mais allez savoir dans lequel de ces trois endroits ils se trouvent présentement!

Si son espace extérieur est en désordre, son espace intérieur l'est rarement. Malgré ses variations, l'homme aimant à multiples facettes est inébranlable dans sa philosophie de la vie et dans sa croyance à l'effet qu'il est une bonne personne. Et il est fidèle à lui-même. Les valeurs sont importantes pour lui. Il prend soin de les garder. Il a une perception de mutualité totale. Pour lui, les compromis sont des façons de vivre tout à fait pratiques. Il sait que sacrifier et céder lui apportent ce qu'il veut: l'amour, la confiance et le respect.

Les indices sexuels

Puisqu'il veut être tant de choses, l'homme aimant à multiples facettes recherche une femme avec qui il peut se sentir le plus libre possible. Il recherche une maturité assurée qui signifie la joie de vivre, une indépendance qui sous-entend une volonté d'adaptation. La femme qu'il aime possède les ingrédients de base nécessaires à la flexibilité. Elle est à la fois curieuse et facile à satisfaire. Il traite sa partenaire comme une égale à part entière, sur toute la ligne et ce, dès les premiers instants. Il croit que la meilleure compagne prend ses propres décisions, après l'avoir consulté, et vice versa. Il est prêt à donner, et donne de fait une vaste gamme d'émotions, mais les jeux ne l'intéressent pas. Il veut que vous soyez vous-même, pas seulement d'accord avec lui. Il sait avec qui il vit.

L'homme aimant à multiples facettes aime la nudité, tout ce qui concerne les corps, autant qu'il aime l'honnêteté. Il vous trouve plus attrayante quand vous ne portez pas de maquillage. Il aime le sexe. Il est très sensuel. Il aime le sexe riche, charnel, caressant, sans honte, mais pas le sexe théâtral. Il aime les préambules prolongés et préfère souvent adopter la position inférieure ou pénétrer par l'arrière, dans la position de la cuillère double. Il veut que sa partenaire ait assez d'influence sur ce qui se passe pour pouvoir être vraiment satisfaite. Il est déconcerté lorsque vous n'avez pas envie de sexe ou qu'il ne se sent pas stimulé. Même lorsqu'il n'est pas en train de faire l'amour, il regarde votre visage et touche votre peau. Il exhale une extase facile. Il est chaleureux et radieux. Le plus difficile, lorsque vous dormez avec lui, c'est de l'empêcher de se répandre partout de votre côté.

L'aspect financier

L'argent n'est pas de l'argent pour l'homme aimant à multiples facettes: c'est un jouet créatif. Vous faites peut-être des plans et visez des buts ensemble, mais il ne pense pas que vous devriez vous priver pour le simple plaisir d'amasser de l'argent. Les dollars servent à se payer des sacs de couchage en duvet, des sorties, un vieux tacot, ou un enfant! L'argent sert à s'amuser et à vivre.

Habituellement, son argent est votre argent, et le vôtre est le sien. Vous vous soutenez mutuellement et vous partagez tout le travail, peu importe qui apporte son chèque de paie à la maison. Parfois, vous échangez vos rôles de pourvoyeur et de personne d'intérieur. La plupart du temps, vous jouez les deux rôles tous les deux. Occasionnellement, l'un de vous décidera de démissionner et de ne rien faire pendant un bout de temps. La question à savoir qui fait de l'argent et qui lave le plancher n'a aucune importance.

L'aspect familial

Un homme aimant à multiples facettes a presque toujours envie de se jeter dans le flux des générations et d'avoir des enfants. Il voudra peut-être ses propres descendants, ou sera parfaitement heureux de partager ceux d'un autre. Il considère que les enfants font partie de la vie, peu importe à qui ils appartiennent. Il veut essayer son côté père, de même que ceux d'ami, d'entraîneur et de conseiller. Il s'intéresse à fond à l'éducation des enfants et trouve une solution typique aux personnes à multiples facettes: il traite les enfants comme des êtres humains ordinaires. Il les écoute et joue avec eux. Il accorde beaucoup de temps et d'intérêt à ses enfants, prend soin d'eux autant qu'il peut et aussi souvent que vous.

Habituellement, l'homme aimant à multiples facettes arrive à une certaine entente avec sa famille, qui lui permet d'aimer librement ses parents et ses frères et soeurs. Par la suite, il les traitera plus en amis qu'en parents. Il aime ses liens avec les autres générations. Son père et sa mère deviennent des amis et des confidents. Il passe outre à la rivalité fraternelle et vise le travail d'équipe. Il découvre des intérêts et des antécédents communs à sa famille, et à la vôtre. Peu importe à quel point sa famille est différente de lui, elle a beaucoup à offrir.

Mais, étrangement, alors que l'homme aimant à multiples facettes se fait des amis de bien des gens, hommes et femmes, il n'a pas tellement d'amis intimes. Il s'entend bien avec les gens et trouve qu'ils font les meilleurs jouets, mais il n'est pas particulièrement dépendant de relations avec des copains. Il voit ses amis par pur plaisir, plutôt que par besoin de soutien. Il consacre la plupart de son temps à ses nombreux rôles et à l'intensité avec laquelle il les vit, et bien qu'il aime les rencontres sociales et les sports, ses liens avec ses camarades sont moins étroits que vous pourriez le croire.

L'homme aimant à multiples facettes est imprévisible. Parfois, il prend des risques stupides. Il n'atteindra peut-être jamais des sommets très élevés. Il va à l'encontre de bien des attentes traditionnelles, mais répond à un plus grand nombre d'espoirs contemporains. Parfois, il semble manquer d'ambition et de direction, avec cette façon qu'il a d'abandonner les choses en plein milieu et de ne plus jamais y toucher. Il ne vous avertit pas quand il s'apprête à un remue-ménage. Vous devez toujours vous tenir sur vos gardes avec lui. Il est un peu éparpillé et instable. Et vous avez peut-être raison de vous inquiéter d'où vous mènera son agitation.

Mais il offre aussi de nombreux avantages. Il sait sûrement qui il est et comment prendre soin de lui-même. C'est l'un des meilleurs compagnons et camarades de jeu que vous puissiez trouver et il est plus proche que n'importe quel autre homme du point de vue de la femme. Du moins, il essaie de s'en rapprocher. Et il est un spectacle auquel vous pouvez assister pendant de nombreuses années, car le don des découvertes heureuses de l'homme aimant à multiples facettes fait de lui une version vivante d'une émission de variétés.

Qu'est-ce qui vous attend?

Vous êtes donc allée voir l'oracle pour lui poser l'éternelle question: y a-t-il une façon d'aimer un homme et d'avoir quand même du plaisir? Y a-t-il une façon d'en aimer deux et d'être quand même fidèle? Et comment en aimer trois, et avoir quand même un certain homme? Ou une façon d'en aimer quatre et peut-être davantage? La réponse est la suivante: ce n'est pas impossible si tous ces hommes sont rassemblés en un seul.

Vous avez de bonnes chances avec l'homme aimant à multiples facettes. Et pourtant, vivre avec lui n'est pas toujours facile. Comme l'homme à multiples facettes est un mélange, il peut être, à un moment donné, mécanicien, cuisinier, ermite ou Casanova. Vous devez être alerte et prête à dire: «Oh! C'est toi!» Il peut être en partie prévisible et peut-être avoir, dans son paquet, un élément qui lui plaît particulièrement, comme il peut ne pas avoir de traits traditionnels ni de prédilections particulières. En tout cas, vivre avec lui exige que vous renonciez à un grand nombre d'idées et de catégories (si vous en avez encore alors que lui n'en a pas). Cela inclut les idées préconçues au sujet de qui fait quoi pour qui, et les questions à savoir si vous travaillerez ensemble à atteindre certains buts, si vous serez constants ou si vous resterez toujours dans la même ville. Vous devez avoir confiance en vous-même et dans votre relation si vous avez aussi peu de règles de base absolues pour vous retenir ensemble, et aussi peu d'habitudes coutumières pour vous soutenir. Plus vous réussirez à vous libérer de l'avenir, des rôles, de la culpabilité et des jeux, meilleure sera votre relation avec ce genre d'homme.

Avec l'homme aimant à multiples facettes, vous pouvez vous attendre à de l'intimité sur à peu près tous les plans. Chaque couple diffère quant à la quantité de collaboration mais, en général, l'homme aimant à multiples facettes ne refuse pas grand-chose. La plupart des aspects de sa vie sont ouverts, sinon à votre contrôle, du moins à votre conscience et à votre considération. Contrairement à l'homme aimant à responsabilité limitée, il n'a pas de domaines fermés qui excluent sa partenaire. Et contrairement au traditionaliste, il ne base pas son union sur la division des pouvoirs et des rôles. Ce qui vous attend, c'est une coopération véritable. Vous obtenez l'indépendance, en même temps que du soutien interdépendant. Il n'y a presque pas de différence entre la période des fréquentations et celle de l'engagement à une vie de couple. Il se plie à vos obligations, à vos entreprises et à vos désirs et vous libère pour que vous puissiez vous adonner à vos intérêts tout autant que lui.

Mais, sous certains aspects, vous formez le couple le plus subtil et le plus complexe. Aucune autre relation n'exige de calculer aussi souvent les différents avantages de la capitulation et de l'obstination. Puisque vos actions autonomes respectives exigent presque toujours de l'autre, sinon un sacrifice, du moins un certain ajustement, vous devez toujours évaluer, non pas seulement ce que vous voulez, mais si ce que vous voulez vaut plus que ce que vous avez. Vous devez également vous demander si votre partenaire vous doit de répondre à vos désirs, plus que vous lui devez de combler les siens. Il est vrai que vous pouvez adopter différentes formes et faire beaucoup de choses avec l'homme aimant à multiples facettes. Mais vous ne pouvez pas avoir tout le temps tout ce que vous voulez et maintenir aussi votre relation.

Certaines des autres conditions rattachées à l'homme aimant à multiples facettes peuvent aussi être très astreignantes. Lorsque deux personnes apportent continuellement de nouvelles propositions dans leur existence, la solution de problèmes devient un processus presque continuel. Presque chaque jour commence par une définition des choses à faire, suivie d'une décision (quand, comment, et par qui?), d'une évaluation (cela satisfera-t-il toutes les personnes concernées?), puis de la réalisation. Et le fait d'arriver à une entente avec l'homme aimant à multiples facettes ne veut pas dire que le problème est résolu. Presque toutes les questions que vous réglez réapparaissent de façon régulière.

Avec un homme aimant à multiples facettes, vous avancez habituellement d'un pas modéré. Vous atteindrez rarement une célébrité spectaculaire ou une richesse abondante. Toutefois, cela peut arriver, comme il peut arriver, d'autres fois, qu'un homme riche se transforme en homme aimant à multiples facettes. Habituellement, l'homme à multiples facettes n'est tout simplement pas très ambitieux et ses intérêts sont trop diversifiés pour qu'il puisse atteindre des sommets. Généralement, vous adoptez une certaine modestie dans votre façon de vivre. Vous composez avec certaines dettes et certaines éraflures. En voyage, vous séjournez dans des motels mais pas au Ritz.

Le caractère de l'homme à multiples facettes affiche certaines faiblesses qui peuvent l'égarer de sa voie à l'âge moyen. L'équilibre qu'il a établi entre les compromis et les exigences peut être déstabilisé, et il peut se mettre à vous exclure. Avec sa mutabilité profonde, un homme aimant à multiples facettes est sujet à la révolte et, parfois, au désir de changer de vie et de femme.

Tout de même, le défi est fantastique. L'avenir, avec lui, est un parallélogramme. Vous faites confiance à la vie et à votre partenaire. Si vous avez découvert que la sécurité extérieure n'existe pas, et si vous vous sentez en sécurité dans votre for intérieur, vous êtes à la bonne place avec l'homme aimant à multiples facettes.

Quels sont les signes précurseurs de problèmes?

Soudain, tout est clair. Vous n'avez pas entendu de menaces (celles du misogyne), d'excuses (celles du collectionneur de liaisons éphémères), de halètement lascif (du racoleur), de soupirs de désapprobation (du chou à la crème chéri), ni de cris à l'aide déchirants (de l'homme véhément mais fou). À la place, votre homme se rend à son travail le coeur heureux et vous téléphone encore juste pour vous demander de vos nouvelles. Il trouve facile de rentrer s'amuser à la maison et de laisser ses problèmes professionnels au bureau.

Vous et lui vous attendez probablement à ce que votre alliance s'approfondisse. Le couple aimant à multiples facettes est habituellement conscient des cycles de hauts et de bas, des périodes d'amour et de haine, et des intervalles d'ennui et d'enthousiasme. Le temps change la perspective de n'importe quel couple et, parfois, l'homme aimant à multiples facettes devient flou. Avec l'homme aimant à multiples facettes, le premier signe précurseur de problème est presque toujours physique. Il cesse de vous toucher et de vous étreindre, en public et en privé. Il se peut qu'il soit fâché ou tout simplement blasé. Il n'est pas certain de ce qu'il veut changer. Habituellement, il est préférable de lui donner un peu d'espace et de temps. Mais si un redémarrage naturel ne le rapproche pas bientôt de vous, il est temps de discuter. C'est peut-être à vous de lui suggérer un plan pour revitaliser votre union.

Occasionnellement, l'un des partenaires commence à trop exiger et à ne pas faire suffisamment de compromis. L'association prend alors l'apparence d'une domination et d'une soumission. Quelqu'un commence à gagner, et l'autre à perdre. Si les choses vont trop loin, vous vous dirigez vers des problèmes sérieux. Le partenaire blessé se met à compter les «tours» et insiste pour établir une rotation. Vous prenez votre tour par principe, plutôt que par besoin. Puis vous négligez le sens véritable de donner et de recevoir. Dans le cas de la relation aimante à multiples facettes, garder l'oeil sur l'autre plutôt que de répondre à des besoins est une mauvaise spirale rétrécissante.

Certains hommes aimants à multiples facettes se transforment en manipulateurs sournois ou, pis encore, en choux à la crème chéris. Si votre homme commence à obtenir sournoisement tout ce qu'il veut, ou s'entend ouvertement avec vous, tout en continuant d'additionner secrètement ses sacrifices, l'intimité qu'il y avait entre vous vient de prendre un tournant qui débouche sur une impasse. Occasionnellement, un homme aimant à multiples facettes se transforme en roi fainéant et ne fait plus rien. Ou il s'amourache tellement du changement qu'il devient immédiatement un courtier en catastrophes, ou il se distance et réapparaît sous les traits d'un collectionneur de liaisons éphémères. Évidemment, n'importe laquelle de ces transformations affecte sérieusement la nature de votre alliance.

Vous pouvez surmonter beaucoup de problèmes avec l'homme aimant à multiples facettes. Vous pouvez travailler, attendre, exiger des compromis, ou accepter. Mais, occasionnellement, un des partenaires décide d'une politique que l'autre trouve tout à fait inacceptable. Vous vous affronterez peut-être au sujet d'amants ou de maîtresses, d'une séparation, d'un déménagement en Uganda, d'une vie en forêt où vous vous alimentez de fruits et de baies, ou d'un manque de coopération. Si les changements vont vraiment à l'encontre de vos désirs, il est préférable que vos voies se séparent. Vous ne pouvez pas soutenir la partie aimante de votre relation si vous avalez stupidement des conditions insupportables. Vous pouvez faire pat pour le moment et espérer arriver à un accord plus tard, mais puisque mettre fin au pat signifie que l'un des partenaires doit plier, vous aurez habituellement à faire face à un échec et mat tôt ou tard.

Quelles sont vos possibilités et que devriez-vous faire?

Une union aimante à multiples facettes est celle de personnes intimes et engagées. À titre de partenaires, vous avez l'intention de travailler à faire durer votre couple. Une relation à long terme est donc possible, et même probable. Mais bien que toutes les relations avec les trois hommes intimes soient riches et entières, aucune d'elles ne tombe du ciel toute faite. Pas plus qu'elles ne restent fantastiques sans effort. L'union aimante à multiples facettes, plus que toute autre, a besoin d'être alimentée.

Deux points faibles cruciaux menacent la relation à multiples facettes. L'une est de présumer que ce qui est bon pour vous est bon pour votre partenaire. La théorie veut que votre satisfaction et votre bonheur permettent à votre amant et aux autres de retirer davantage de vous. Et c'est vrai. Mais il y a un accroc: lorsqu'un des éléments importants de votre satisfaction est la relation elle-même, vous devez toujours considérer que ce qui est bon pour vous peut être ce que votre partenaire désire plutôt que ce que vous désirez.

Lorsque vous éliminez les limites des rôles et des responsabilités, vous vous retrouvez parfois avec davantage de problèmes à régler. Avec l'homme aimant à multiples facettes, vous risquez de souffrir de «fatigue due au sur-menage». Travailler à votre relation exige beaucoup d'énergie, et les gens ont tendance à devenir paresseux ou tout simplement à se lasser d'être constamment attentifs. L'alliance à multiples facettes est trop complexe pour être laissée à elle-même. S'asseoir sur ses lauriers signifie trop souvent s'encroûter.

Toutefois, voici une mesure défensive: travaillez sur vous-même. À partir de là, vous pouvez travailler sur votre relation avec votre partenaire. Plus vous êtes heureuse et équilibrée, plus vous serez en mesure de vivre avec ce qui vous arrive et d'accepter les changements, tout en continuant de partager. Plus vous êtes philosophe dans votre façon de vivre, moins les détails auront d'importance.

Avec l'homme aimant à multiples facettes, je vous conseille d'éviter la jalousie le plus possible. Et je ne parle pas seulement de la jalousie charnelle — au cas où il se produirait quelque aventure amoureuse — mais de celle qui est liée à ce que vous avez fait ou n'avez pu faire. L'homme aimant à multiples facettes est essentiellement monogame et mutuel. Il est fidèle et ouvre sa vie au partage. Il s'attend à recevoir éventuellement la même chose en retour, comme preuve d'engagement. Rappelez-vous simplement que la clé de votre union réside dans votre vote de confiance et votre promesse, peu importent les événements particuliers.

Prenez garde à la répression et aux restrictions. N'oubliez pas que la curiosité et la liberté sont essentielles à l'homme aimant à multiples facettes. Limitez vos non et soyez généreuse avec vos oui. Au diable! Lâchez votre fou et amusez-vous! Buvez du Chablis directement de la bouteille, assise dans une chaloupe sur un canal interdit. Apprenez la danse disco. Achetez-vous un jacuzzi. Débarrassez-vous de vos inhibitions et ne résistez pas au plaisir. Mais restez fidèle à vous-même. Votre coopération ne devrait en aucune façon être synonyme d'obéissance. Si vous transformez votre homme aimant à multiples facettes en homme dominateur, contre son gré, et vous-même en femme soumise — ou vice versa — vous allez avoir de sérieux problèmes et risquez même de détruire votre relation.

Rompre avec un homme aimant à multiples facettes est triste et douloureux. Trop souvent, les partenaires aimants à multiples facettes essaient de rester amis pendant qu'ils se détachent émotionnellement, ce qui prolonge la période de deuil et rend le détachement plus difficile. Si cela vous arrive, rassemblez toute la force de vos convictions et rompez carrément; ne rétablissez la communication que beaucoup plus tard. Habituellement, il reste un lien d'affection et d'admiration mutuelle; avec le temps, vous pouvez devenir des amis et des assistants. Mais il faut d'abord procéder au détachement. Si vous êtes appelée à avoir un ex-amant, au moins vous en aurez un qui se soucie de vous, s'il s'agit de l'homme aimant à multiples facettes.

Il faut que j'ajoute un dernier conseil. Si vous avez l'intention de vivre avec un homme aimant à multiples facettes ou d'en essayer un parce que vous le trouvez tellement bon, et non pas parce que vous l'aimez... ne le faites pas. À titre de personnage varié et de soutien, il peut avoir l'air du meilleur moyen d'être bonne pour vous-même, que vous l'adoriez ou non. Mais vous ne vous faites pas de faveur lorsque vous vous alliez à qui que ce soit qui ne vous enflamme pas. Vous priver de l'amour est toujours une erreur. Et vous finissez toujours par payer, en remords, en déceptions ou en amertume, peu importent les bénéfices que vous en avez retiré entre-temps. Qui plus est, il vous reprochera votre manque de franchise et, tôt ou tard, il se vengera: il deviendra égoïste ou il prendra la porte.

Mais si vous vous amourachez de l'homme aimant à multiples facettes, je vous conseille de tout coeur de fermer les yeux et de sauter à pieds joints dans la relation, pour le meilleur et pour le pire. S'il manque de garanties et n'offre que des promesses imparfaites, dites-vous bien qu'il ne sait pas qu'est-ce qui peut le changer ou le transporter ailleurs; il sait seulement que la possibilité de changement sera tapie au fond de lui-même aussi longtemps qu'il vivra. S'il trouble vos attentes et ne sera jamais tout à fait normal, n'oubliez pas qu'il restera là où les récompenses sont bonnes et qu'il fera des compromis pour continuer à les obtenir.

Vous pourriez difficilement espérer plus de vous-même.

Quel rôle jouez-vous dans cette relation?

L'annonce dit «t'es venue de loin, bébé». C'est peut-être vrai. Vous avez certainement en vous le désir de faire, de penser et d'être tout ce que vous voulez. Et c'est un pas de géant pour l'humanité, peu importe votre sexe. La résolution d'être tout ce que vous êtes réside dans votre esprit. Chercher à réaliser tout votre potentiel va de pair avec atteindre l'intimité. Certaines personnes appellent cela la réalisation de soi. D'autres l'appellent être en contact avec soi-même, être sa propre meilleure amie. D'autres encore disent, avec raison, que c'est simplement une question de n'avoir rien à perdre. Mais peu importe comment vous appelez cela, lorsque vous décidez d'essayer ou d'être une personne aimante à multiples facettes, vous devez atteindre un point qui surpasse la simple connaissance de soi. Vous devez devenir pleine de vous-même. Cela veut dire surpasser les mythes qui dictent comment vous êtes censée vivre, pour tout simplement ÊTRE. Cela ne veut pas dire que vous ne pouvez pas CHOISIR ensuite de vivre de façon traditionnelle mais que, peu importe le chemin que vous choisissez, votre choix se fait en vue de vous épanouir.

Presque toutes les femmes que je connais disent avoir besoin d'amour. Et elles le cherchent donc. Et presque toutes les femmes se demandent aussi si elles sont comme les autres; pas seulement si elles cadrent bien avec les autres, mais si elles n'auraient pas, par hasard, une tare congénitale. Certaines personnes s'accrochent les pieds dans ces bourbiers et n'en sortent jamais. Elles passent la majeure partie de leur vie en quête d'affection et d'approbation. Le résultat, c'est que peu importe ce qu'elles font, elles souffrent d'anxiété. Elles s'inquiètent si elles n'ont pas mis la bonne robe, si leur conduite est inconvenante ou si leur verbiage est banal. Elles sont certaines de déplaire si elles ne sont pas parfaites.

Malheureusement, lorsqu'on s'enlise dans un tel bourbier, on court le risque de gaspiller la possibilité d'intimité, alors même qu'on l'a dans le creux de la main. L'homme intime, et surtout l'homme aimant à multiples facettes, exige une certaine évolution personnelle de votre part, au-delà du besoin d'amour et d'approbation. Lorsque vous vous fichez de savoir si vous répondez à la norme, vous trouvez les situations plus intrigantes que menaçantes. De changements en surprises, une chose merveilleuse se produit. Vous trouvez du plaisir en tout et partout!

Une fois que vous avez atteint ce plateau, vous décrochez quelque chose qui a encore plus d'importance, un secret spécial. Vous découvrez que ce sont les défis eux-mêmes qui vous font vibrer. Vous êtes prête à essayer n'importe quoi de neuf et de différent. Vous devenez, dans votre propre monde, Marco Polo, Colombus, l'amiral Byrd, Einstein et madame Curie. Vous transformez votre énergie de potentiel en dynamisme. Vous vous activez. Vous apprenez que résoudre des problèmes est aussi vital pour vous que boire et manger.

Mais faites attention à deux erreurs courantes. Si vous prenez l'actualisation pour un excès d'activités, vous ferez tout simplement de votre énergie un autre mécanisme de défense, alors que vous avez probablement encore besoin d'approbation extérieure. La femme qui devient femme parfaite, mère parfaite et travailleuse extraordinaire élimine l'intimité et la remplace par la frénésie. Et si vous pensez qu'une fois que vous avez atteint les sommets de l'équilibre, vous serez toujours parfaitement équilibrée, vous vous racontez des histoires. Les vraies émotions ne s'accordent pas toujours avec l'intellect. Les gens montent et ils descendent aussi. Si vous niez vos émotions, vous niez aussi vos cycles, et vous risquez de descendre longtemps avant de pouvoir remonter.

Si vous êtes prête à permettre à votre partenaire de changer et d'osciller, et à accepter de nouveaux défis et moyens d'épanouissement... pourquoi ne pas vous le permettre à vous-même? C'est bon, et bon pour vous!

Les trois hommes intimes se ressemblent dans leurs caractéristiques et leurs comportements. Parfois, ils se combinent, ils sont un homme de base affichant certains traits des autres. Par exemple, un homme aimant à multiples facettes peut préférer jouer le rôle de pourvoyeur principal et entretenir certaines idées conventionnelles, à la manière du traditionaliste aimant. Il peut aussi se consacrer à un intérêt particulier, un sport, ou son travail, de sorte que même s'il est plus complet et qu'il partage plus que les autres hommes, il ressemble un peu au partenaire à responsabilité limitée.

Le partenaire à responsabilité limitée est le dernier homme que je vais décrire. C'est un homme intime, rempli d'adoration, mais il possède une caractéristique particulière qui le différencie des deux autres types. Voyez-vous, alors que la relation avec une femme est la principale préoccupation des deux autres hommes intimes, ce n'est pas le cas du partenaire aimant à responsabilité limitée. Quelque chose d'autre occupe la première place, et la relation passe en deuxième. Un rang élevé, bien sûr, mais tout de même secondaire. Comment puis-je alors le qualifier d'homme intime? Parce que, même s'il est dévoué à quelque chose d'autre, il reste un homme intime. Les partenaires aimants à responsabilité limitée ont toujours existé et ont toujours été de bons hommes mais, autrefois, ils ne nous convenaient pas très bien. Les femmes désiraient davantage, avaient besoin de plus. Nous ne le reconnaissions pas. Aujourd'hui, nous avons changé. Nous avons souvent, nous-mêmes, du travail accaparant ou nos propres intérêts et, soudain, le partenaire aimant à responsabilité limitée s'est mis à briller pour nous de toute sa gloire. Il est parfait pour bon nombre d'entre nous aujourd'hui. Peut-être est-il parfait pour vous!

Chapitre 22

L'HOMME INTIME NUMÉRO TROIS: LE PARTENAIRE AIMANT À RESPONSABILITÉ LIMITÉE

Son travail passe en premier — peut-être le vôtre aussi — mais après, il est le meilleur des hommes romantiques, aimants et engagés.

C'est la crème des amants. Il est prêt à être votre seul et unique partenaire. Mais à une condition. Vous aurez de la concurrence, et cette concurrence passera toujours en premier. Tout de même, il vous aime et vous adore. Il n'aime rien de mieux que de parler avec vous, de vous voir, de vous faire la cour, après le travail et les fins de semaine. C'est le partenaire à responsabilité limitée.

L'homme aimant à multiples facettes est un pot-pourri de tout ce qu'il peut être. Le traditionaliste aimant gagne le pain quotidien de la dame qu'il a installée dans son château. Mais le partenaire à responsabilité limitée est un peu différent. Il a des obligations qui exigent la part du lion de son dévouement. Mais après, c'est un ami et un confident extraordinaire.

Le partenaire à responsabilité limitée désire un amour et une union intimes. Mais sa vocation, ses intérêts, son passe-temps, quelque chose de particulier, tout cela est primordial dans sa vie, et il le sait. Peu importe la force de son amour pour une femme, il refuse tout simplement de subordonner l'objet de son dévouement impératif aux exigences d'une relation totale. Habituellement, c'est son travail qui transcende tout le reste. Pourtant, son travail ne l'occupe pas entièrement. Il n'est pas obsédé par le pouvoir, le prestige ou le devoir, au point de passer chaque heure avec cinq téléphones, dix stylos et une planche à dessin dans chaque main, comme l'homme qui rêve d'être nabab. Oui, il veut réussir, mais il veut aussi la compagnie et l'engagement de quelqu'un de spécial.

Il aime. Il aime les choses. Il connaît l'intimité et la désire. Il retire du plaisir de sa partenaire. Il veut établir une relation. Mais sa relation passe tout simplement en deuxième. S'il le fallait, il renoncerait à sa partenaire plutôt que de renoncer à son intérêt principal.

Tout de même, malgré cette condition, il n'est pas loin d'être parfait comme partenaire. En fait, il est presque l'homme rêvé. Il a tendance à être romantique, parfois impétueux, toujours dévoué et intéressé. C'est la plus belle des roses de corsages. Il est galant, délicieux, et il engagera quelqu'un d'autre pour faire la vaisselle.

À cause de son dévouement à un intérêt particulier, ce qui lui convient le mieux est une femme qui lui ressemble. Si vous avez des buts impératifs qui entrent en compétition avec votre vie amoureuse, si vous avez une carrière ou une vocation qui a plus d'importance pour vous que toute autre chose, si vous avez un intérêt majeur, ou si vous avez tout simplement besoin de beaucoup d'autonomie et de temps pour vous-même, et désirez un partenaire intime, trouvez-vous un partenaire à responsabilité limitée.

En fait, la dame qui affiche autant d'individualisme et de concentration est exactement ce que recherche le partenaire à responsabilité limitée. Lorsqu'il se choisit une épouse, il agit avec prudence. Habituellement, il se trompe une ou deux fois dans ses choix de partenaires, jusqu'à ce qu'il prenne douloureusement et clairement conscience de l'importance de son travail pour lui, et du fait qu'il passe avant sa relation. Une fois qu'il a compris cela, il se met en quête d'une femme qui désire elle aussi un certain détachement. Il aime les femmes indépendantes, les femmes qui savent ce qu'elles veulent. Une combinaison de maîtrise de soi et de détermination l'impressionne. Si vous affirmez votre position et maintenez votre équilibre, si vous trouvez du plaisir à la fois dans l'amour et dans autre chose, vous pourriez rendre un partenaire à responsabilité limitée heureux comme un roi.

Cas vécu

Nadine est probablement la personne la plus déterminée, la plus persévérante et la plus sûre d'elle-même que j'aie rencontrée au cours de mes années de recherches. Elle avait la ferme intention de devenir médecin, et pas seulement pédiatre. Un scalpel à la main et un masque chirurgical vert sur le visage, elle a complètement bouleversé sa classe et les professeurs quand elle leur a annoncé qu'elle avait l'intention de devenir neurochirurgienne et de découper des cerveaux.

Depuis l'âge de quatre ans, un anniversaire fatidique où, malgré la désapprobation de ses grands-parents, Nadine avait insisté pour avoir une trousse de médecin plutôt qu'une trousse d'infirmière, elle n'a jamais douté de sa vocation. Déterminée et ambitieuse, Nadine n'était tout de même pas un bouteur ni une femme frigide. Et personne n'aurait pu l'étiqueter de «masculine». Elle préférait le Chanel au PhisoHex à tout coup. Son ambition de faire carrière ne signifiait pas qu'elle voulait renoncer à une vie amoureuse. Elle avait besoin d'amour et le désirait autant que n'importe qui d'autre. Mais dès le début, elle savait qu'elle jetterait à la poubelle toute passion stressante si elle risquait de l'empêcher de brandir un scalpel.

Au début de son entraînement médical, elle s'est engagée, trop engagée, dans une aventure amoureuse tumultueuse avec un camarade de classe. Avec ses hauts et ses bas, ses crises et ses exigences, ses agonies et ses droits gaspillés, cette liaison a failli la mener à sa perte. Par la suite, et tout le temps qu'elle a été au collège, Nadine s'est limitée à des relations superficielles et à court terme. À titre d'interne puis de stagiaire, elle avait peu d'énergie à dépenser en drames personnels. Néanmoins, ses liens amoureux superficiels lui laissaient une impression de vide, comme s'il lui manquait quelque chose. Et puis, un grand nombre de ses courtisans assidus semblaient des personnes dépendantes qui avaient besoin d'elle de façon inquiétante. Elle savait, elle espérait, qu'il existait quelque part une relation dénuée de la pression de trop ou de trop peu d'émotion. Mais elle ne savait pas où la trouver, et elle ne savait pas comment l'établir.

Puis elle a rencontré Claude. Il semblait totalement différent d'elle sous plusieurs aspects. Ses parents étaient divorcés. Lui-même était divorcé. Il se consacrait aux arts plutôt qu'aux sciences. Mais il partageait une caractéristique avec Nadine: rien, absolument rien n'était plus important pour Claude que l'architecture, son obsession et son travail. La principale chose que Claude désirait dans la vie était un espace vide, un taille-crayon, du papier et pas de téléphone. La deuxième chose qu'il cherchait, mais seulement après la première, c'était une personne. Il voulait quelqu'un à aimer. Il cherchait depuis longtemps une partenaire spéciale, émancipée, avec qui vivre.

Il y a deux sortes de partenaires à responsabilité limitée: ceux qui développent une affection profonde (plutôt que l'amour) et qui recherchent une vie de couple chaleureuse mais mutuellement «convenable», et ceux qui sont plus érotiques et romantiques, qui continuent, en quelque sorte, de courtiser la partenaire avec qui ils vivent. Nadine a trouvé une heureuse combinaison des deux en la personne de Claude. L'érotisme joue un rôle important dans leur relation. Plus leur engagement s'approfondit, plus leur érotisme est vigoureux. Pourtant, ils se traitent l'un l'autre comme des associés d'affaires et de fermes négociateurs quant à qui fait quoi. Publiquement, il est clair qu'ils forment un couple, même s'ils ne sont pas toujours ensemble. Lorsqu'ils assistent à un même événement, il leur arrive souvent de se présenter à des heures différentes et dans des voitures séparées. Ils adorent donner des réceptions. Ils ne manquent pas de se téléphoner lorsqu'ils sont séparés, en retard ou retenus, bien qu'il soit difficile de dire s'ils s'ennuient lorsque l'un ou l'autre est parti en voyage. Ils se disent que le respect et la politesse sont les clés qui leur permettent de maintenir leur union tout en faisant ce qu'il leur plaît. Lorsqu'ils sont seuls ensemble, ils aiment aller au restaurant, partir pour la fin de semaine, ou tout simplement passer des heures en silence, à lire dans leur grand lit. Ils refusent systématiquement de s'informer de leurs professions respectives, et ne partagent qu'un nombre limité de leurs amis professionnels. Mais ils ont toutes sortes d'autres intérêts en commun: la symphonie, des films qu'ils font jouer sur leur magnétoscope. Leur principal problème, au début, quand leurs revenus étaient limités, était le partage des tâches: qui s'occuperait des factures, de l'entretien, du magasinage. Ils ont failli se séparer plusieurs fois à ce sujet. Aujourd'hui, ils engagent de l'aide même lorsqu'ils n'ont pas beaucoup d'argent, et ils s'en tiennent à une assignation rigide des tâches de chacun. Ils gardent des comptes en banque séparés, tout en contribuant à parts égales aux frais de la maison et des voyages. Nadine gagne plus d'argent et de façon plus régulière; les revenus de Claude ont des hauts et des bas.

Souvent, ils discutent objectivement de la permanence de leur relation. Si les conditions changeaient et que Nadine déménageait à Pago Pago pour ouvrir une clinique, Claude ne suivrait pas mais il prendrait occasionnellement l'avion pour aller la voir. Lorsque Claude devient obsédé et irascible, Nadine se réfugie dans son bureau et dans la compagnie de collègues. Nadine et Claude ont l'intention de toujours rester ensemble. Mais leur entente stipule que si leurs désirs respectifs les séparent, ils réorganiseront leur relation sur une base à temps partiel ou se quitteront affectueusement.

À peu près tous les trois ans, ils discutent de la question des enfants. Et, chaque fois, ils décident de ne pas en avoir. Compte tenu du peu de temps qu'ils passent ensemble, ils s'entendent pour le garder jalousement pour eux-mêmes. Ils aiment aller dans les restaurants, voyager et faire toutes sortes d'autres choses auxquelles les enfants feraient obstacle. Et comme ils s'attirent encore sexuellement, ne pas avoir d'enfants leur laisse le temps et l'intimité nécessaires pour se courtiser.

Le partenaire à responsabilité limitée exige plus de retenue, mais aussi plus de promesses (des paroles d'honneur, des déclarations) que les deux autres types d'hommes intimes. Tout de même, un des problèmes qu'il présente est qu'il préfère éviter les longues discussions et que, en fin de compte, vous devez vous fier à vous-même. Il faut beaucoup de détermination et de largesse d'esprit pour surmonter des questions qui sonneraient le glas pour beaucoup d'autres relations: la solitude, la séparation, l'autodétermination. Mais les bénéfices peuvent être extraordinaires. Au pire, vous obtenez une certaine sécurité, de l'affection, du confort et le partage. Au mieux, l'élégance, l'indépendance et la stimulation sexuelle. Autrefois, il y avait plus de partenaires à responsabilité limitée mâles que de partenaires à responsabilité limitée féminines. Aujourd'hui, les partenaires à responsabilité limitée comptent presque autant de femmes que d'hommes. Les deux reconnaissent que vivre une intimité contrôlée est une possibilité raisonnable.

Comment reconnaître ce genre d'homme?

Les tempêtes d'un engagement total? Il préfère ne pas les essuyer. Une passion qui enveloppe tout? Il dit non, merci. Il ne veut pas venir jouer, comme l'homme aimant à multiples facettes. Et être un pourvoyeur n'est pas son rôle favori. Il est une personne unique, qui trouve la satisfaction et des expériences enrichissantes avec sa partenaire. Donc, même s'il sait que l'amour pourrait lui occasionner des problèmes et rendre sa route cahoteuse, il prend le risque d'obtenir quelque chose de mauvais, dans l'espoir d'obtenir quelque chose de bon. Mais il établit d'abord des limites.

Le partenaire aimant à responsabilité limitée est un homme qui a beaucoup de sang-froid et qui est plutôt discret. Il est habituellement déterminé, linéaire dans son approche face à son occupation et aux autres choses et, bien sûr, il s'intéresse fortement à un sujet. Mais cela ne veut pas dire qu'il ne s'intéresse pas à d'autres sujets. Il ajoute d'autres intérêts comme points d'équilibre. Ces autres intérêts enrichissent sa vie et lui apportent des nuances nouvelles et différentes. Il les aime, s'y intéresse, s'informe à leur sujet, mais seulement à titre d'à-côtés. Par exemple, il aimera peut-être la musique, en plus de son intérêt principal. Ou il aimera certains sports (qu'il pratiquera plutôt que d'être spectateur), ou la vie au grand air. Il s'intéressera peut-être beaucoup à l'art, à la cuisine et au vin, ou à l'électronique. Mais, encore là, ce ne sont que des teintes de plus à sa couleur principale.

Il a aussi tendance à se considérer rationnel. En fait, il se considère l'homme rationnel incarné. Il croit que la logique, la planification et les grandes lignes peuvent résoudre n'importe quoi. Mais il possède un bon sens de l'humour (ou plutôt, la plupart des partenaires à responsabilité limitée ont le sens de l'humour; certains sont trop occupés pour avoir le temps de rire), et vous pouvez habituellement le taquiner au sujet de sa logique. De toute manière, même s'il vous trouve irrationnelle dans votre façon de faire les choses, ce n'est pas de ses affaires et il l'admettra lui-même.

Il a tendance à mener sa vie avec modération. Il accorde son temps et son attention à doses mesurées et concentrées. Il suit un horaire. Il se lève et le met en application. Il prévoit. Il est responsable et respectueux de ses obligations. Il est sujet à s'agiter quelque peu.

Des indices additionnels

Le partenaire à responsabilité limitée a tendance à être propre, précis et pondéré dans ses habitudes personnelles. Il est habituellement un modèle d'efficacité. Ses cheveux caressent tout juste le bout de ses oreilles. Sa barbe n'est jamais embroussaillée. Sa routine de salle de bains est précise et il y consacre toujours exactement la même longueur de temps.

Ses vêtements et ses accessoires ont l'air d'un c.v. ambulant. Il affirme ce qu'il est par son habillement, et il l'affirme brièvement et clairement. Il a l'air d'un homme d'affaires, s'il est en affaires. Il a l'air d'un concepteur-projeteur s'il en est un. Il a l'air d'un homme des bois s'il est écologiste, d'un scientifique s'il est en sciences ou d'un sportif s'il fait de la course automobile. Il n'aime pas les accoutrements compliqués. Peu importe son occupation, il n'est pas du genre à porter des pièces d'applique, des loques ou des motifs. (Étrangement, toutefois, il aime les aliments complexes et très assaisonnés, qu'il s'agisse de cuisine française de ville ou de chili de campagne.)

Son discours révèle une certaine réticence. Il laisse passer un moment de silence avant de parler; il ne sourit qu'à moitié. Au lieu de rire, il exprime son plaisir en plissant ses pattes d'oie. Il n'est pas vraiment un homme heureux, mais un homme qui a appris à ne pas être malheureux en découvrant la joie du contentement.

Sa maîtrise de soi se lit dans son environnement. Il garde ses papiers en ordre et attachés, ou il vit dans un désordre merveilleux qu'on pourrait appeler un «désordre organisé», où il connaît la place de chaque chose. Il écoute du Haydn, du Bach ou du Mozart, parce que les thèmes se répètent merveilleusement, ou bien il écoute du Coltrane.

Il a une vision holistique des choses. Un détail, un coup d'oeil, et il a une vue d'ensemble. Il a tendance à généraliser et est avare de détails. Il ignore peut-être comment il arrive à ses conclusions. Souvent, les partenaires à responsabilité limitée affirment que l'introspection est une perte de temps. Parfois, ses conclusions rapides le rendent insensible aux autres. Il ne l'est pas, toutefois. Il ne sait tout simplement pas comment résoudre les problèmes des autres.

Il préfère que ses outils soient une prolongation de lui-même, plutôt qu'une obstruction. Il choisit une voiture efficace, sinon une automatique, du moins quelque chose qui lui va comme un gant. Une Porsche n'est pas impensable, pas plus qu'une Alfa Romeo ou une Corvette. Ou bien, ce sera une Jeep parfaite, une camionnette, une Thunderbird propre, ou même une Acura ou une Honda. Peu importe la marque de sa voiture, elle convient parfaitement à son travail ou à son style. Il prend soin de sa voiture. L'homme aimant à responsabilité limitée la garde habituellement bien huilée, bien réglée et bien polie. C'est peut-être son seul bébé. Il n'aime pas la prêter à qui que ce soit, même pas à sa partenaire.

Plutôt que d'avoir simplement un endroit où dormir, il préfère s'offrir un foyer. Même avant de vivre en couple, il donne un air de foyer à son appartement, ou bien il s'achète une maison. Il s'attache à son nid, ce qui est étonnant compte tenu de ses autres détachements. (Souvent, il vous faudra emménager avec lui. Il n'abandonnera pas son domicile pour le vôtre.) Il aime les meubles massifs et les maisons spacieuses, bien qu'il ne les choisisse pas pour le prestige, comme c'est le cas pour l'homme qui rêve d'être nabab. Il aime les pièces nombreuses, pour le calme qu'elles permettent. Il choisit toujours un emplacement retiré. Il crée souvent une atmosphère spartiate. S'il lui arrive de remplir les murs, ce sera avec des livres ou quelque collection spéciale. Le partenaire à responsabilité limitée est toujours fasciné par l'idée d'«utiliser», qu'il étend jusqu'aux parapets et aux tablettes de cheminée. Donc, en plus de compter des pièces d'art, ses collections incluront des objets qui fonctionnent ou qui ont déjà fonctionné, tels que des caméras, des ustensiles ou des outils antiques. Lorsque sa vocation lui permet de travailler seul, sa résidence devient un bureau en plus d'un domicile. Sa chambre à coucher devient une salle de travail et son lit double devient son bureau.

Lorsqu'il vit en couple, il a davantage besoin d'intimité. Même s'il a un bureau ailleurs, il s'organise, chez lui, une petite niche que personne d'autre que lui n'aura le privilège d'épousseter: un repaire, un cabinet de travail au sous-sol ou dans le garage. Il vous encourage à vous installer un coin bien à vous et à avoir votre propre bureau. Lorsqu'il est au travail ou dans sa cachette, il coupera peut-être le contact pendant des heures. Il branche le répondeur (ou met l'appareil de téléphone dans le réfrigérateur). Il demande à sa secrétaire de tenir tout le monde à l'écart ou bien il baisse les stores et glisse le courrier à ouvrir sous la litière du chat.

Lorsqu'il passe de ses occupations à la chaleur de la communication, il le fait rapidement. Il se dirige vers la cuisine, qui fait peut-être même partie de son territoire. La préparation des repas fait souvent partie de ses responsabilités. Les partenaires aimants à responsabilité limitée aiment souvent cuisiner, et ils préfèrent habituellement la haute cuisine du Nord de l'Italie, la cuisine chinoise ou du Lac-Saint-Jean!

Les indices sexuels

Lorsqu'il rencontre une femme, il prend le temps de l'étudier. Il est très sélectif. Il cherche une coconspiratrice sexuelle affectueuse et veut éviter les collectionneuses de trophées et les femmes-crampons. Il n'est définitivement pas un homme-enfant. Parfois, on dirait même qu'il n'a pas vraiment besoin d'amie. En fait, à mesure que la relation se développe, il n'a pas grand-chose à dire qu'il n'a pas déjà dit au cours des quelques premiers mois.

L'amour est important pour lui. Il veut que sa permanence et son engagement avec la dame de son choix aient une raison. Et il aime que les liens soient à la fois intellectuels et physiques. Lorsqu'il est avec vous, il est avec vous jusqu'au bout. Vos conversations traitent habituellement de choses (telles que les mijoteuses, les rosiers et les expositions de musée) plutôt que d'émotions. Il est tout de même un genre de compagnon à qui vous n'êtes pas obligée de parler. Ses silences sont éloquents.

Il est plus bavard sexuellement, et, en général, il s'exprime fortement et clairement. Il aime que le sexe soit intime, très spécial et érotique, plutôt que nerveux, un tantinet traditionnel. Il est très artistique. Il fait l'amour comme s'il était Rembrandt en train de peindre un chef-d'oeuvre. Il étudie vos lignes, vos contours et vos coins. Il vous transporte un étage à la fois, jusqu'à ce que vous éclatiez en couleurs. Il reste maître de la situation. Il aimera peut-être faire l'amour souvent pendant quelque temps, et passer ensuite de longues périodes sans sexe. Mais même les ébauches rapides qu'il dessine le matin sont peintes avec beaucoup d'adresse! Malgré sa réserve, c'est un homme très sexuel. Une fois établis en couple, sa sexualité vous enveloppe tous les deux.

Le partenaire aimant à responsabilité limitée s'engage avec sa partenaire. Lorsqu'il vit en couple, il ne se conduit jamais en célibataire, même s'il fait beaucoup de choses sans sa partenaire. Il ne fait pas semblant d'être libre afin de mieux manoeuvrer, comme l'homme qui rêve d'être nabab. Le partenaire aimant à responsabilité limitée attache beaucoup d'importance à sa vie amoureuse et à l'honnêteté. Son attachement est réel et ne cache rien.

L'aspect financier

Le partenaire aimant à responsabilité limitée préfère habituellement garder vos finances séparées. Il est presque intransigeant en ce qui concerne les arrangements financiers. La question de l'argent le rend toujours nerveux et susceptible, assez susceptible pour le rendre malheureux si tout son argent est combiné à celui de quelqu'un d'autre. Il n'aime pas vous soutenir ni être soutenu financièrement. Tout probable qu'il a son propre compte en banque et vous, le vôtre. Et de la même façon que vous ne vous échangez pas vos voitures, vous n'utilisez pas le chéquier de l'autre.

Vous avez toutefois un fonds mutuel qui sert aux dépenses communes. Habituellement, vous contribuez des sommes égales, ou vous partagez 60/40 ou 70/30 selon vos revenus. Mais vous tenez toujours des livres, vous recalculez et vous vous faites même des prêts par écrit. Le désavantage de cet arrangement, c'est le nombre de décisions que cela nécessite. Les frais d'électricité, les somnifères et l'huile d'olive font-ils partie des dépenses communes? Si oui, qu'en est-il des gants de conduite, des talons hauts et des services de secrétariat?

Vous vous associerez peut-être dans toutes sortes d'entreprises commerciales. Il investira peut-être avec vous et pour vous (il préfère les valeurs immobilières). Le partenaire aimant à responsabilité limitée est prudent avec son argent. Il aime l'accumuler graduellement et prudemment. Mais qu'il soit riche ou non, il est rare qu'il se laisse aller, ou qu'il vous laisse aller à la faillite.

L'aspect familial

La plupart des partenaires à responsabilité limitée se méfient des enfants. Ils hésitent à en avoir ou n'en veulent pas du tout. Ce n'est pas la responsabi-

lité rattachée aux enfants qui les dissuade, mais l'obstacle qu'ils représentent. Après tout, le partenaire à responsabilité limitée est un homme égoïste et il l'admet. Il préfère dépenser son argent et le peu de temps libre qu'il a pour des plaisirs d'adultes. Il sait qu'un enfant pourrait menacer le travail qu'il prise tant et lui nuire. Occasionnellement, lorsqu'il atteint un certain âge et que sa carrière, ses revenus et sa relation sont plus solides, ou si sa partenaire en exprime l'ardent désir, il sera tenté d'essayer la paternité. Mais, même alors, il a tendance à limiter le nombre. Il ne permet qu'un enfant, qui sera dorloté.

Il ne s'oppose pas seulement à des descendants, mais également aux ascendants et aux collatéraux, notamment à ses parents, ses frères et soeurs et ses cousins. Il peut très bien être enfant unique ou l'enfant de parents divorcés, qui a appris tôt à aimer la solitude. Le partenaire aimant à responsabilité limitée garde ses liens avec sa famille aussi restreints, formels et symboliques que possible. Il souligne Noël, la fête des Mères et les autres fêtes au moyen de cartes de souhaits, d'appels téléphoniques et peut-être de cadeaux. Il se pliera peut-être à la visite de deux jours obligatoire. À cause du détachement qu'il ressent à leur égard, il se demande de quelle façon il va prendre soin de ses vieux parents. Il considère votre famille comme vous appartenant exclusivement. Il établit rarement plus qu'un lien amical avec elle.

Le partenaire aimant à responsabilité limitée cultive habituellement de longues amitiés avec un ou deux hommes qui travaillent dans le même domaine que lui. Il les voit au bureau, à la maison, il dîne et pratique des sports avec eux; en d'autres termes, il les voit souvent. Il fera peut-être du jogging avec son copain. Même s'il a l'air isolé ou studieux, le partenaire à responsabilité limitée est habituellement très athlétique. Parfois, lui et ses deux amis jouent au bowling ou au squash. Mais ils aiment surtout se visiter et jaser; leurs conversations sont tellement suivies qu'elles ne semblent avoir ni début ni fin. Le partenaire et ses copains semblent tous avoir peur de vieillir. Ils s'imaginent qu'ils vont tous partir en même temps s'ils se tiennent ensemble.

Il est fort probable que le partenaire aimant à responsabilité limitée aura aussi une ou deux bonnes amies parmi les femmes. Ils ont peut-être déjà eu une aventure amoureuse et ont réussi à devenir des amis platoniques. Habituellement, ils exercent la même profession. Plutôt que de se perdre l'un l'autre, ils se transforment en consultants amicaux.

Toutefois, au-delà de son cercle familier, le partenaire aimant à responsabilité limitée dit non. Il décline habituellement les invitations. Il préfère s'en tenir à la personne avec qui il ne se sent pas obligé de jaser, c'est-à-dire vous. Tous deux, vous formez une communauté fermée qui n'inclut que vous deux.

Il n'accepte pas facilement les changements. Il résiste aux expérimentations. Sa façon de prendre des décisions sans vous consulter peut être vexante, et il lui arrive de traiter des émotions avec froideur. Mais c'est un partenaire fantastique et un amant intime. Il est rempli de merveilleuses qualités. Sa propre détermination fait de lui une source constante d'intérêt. Il ne manque jamais d'énergie. Il sait aimer et partager et il est honnête et fiable. Et vous n'êtes pas obligée de prendre soin de lui. Il est capable de prendre soin de lui-même.

Qu'est-ce qui vous attend?

Voici une toute nouvelle recette pour faire un couple. Les ingrédients sont les mêmes que d'habitude — un homme et une femme — mais vous n'avez pas à les mélanger complètement. Parfois, cette méthode donne une concoction des plus réussies. Parfois, l'expérience échoue et la sauce se gâte. Mais si vous suivez le mode d'emploi à la lettre, une chose est certaine: personne ne se retrouvera dilué ni écrémé.

Non, le plaisir de cuisiner n'est pas le livre de références du festin du partenaire aimant à responsabilité limitée. Le livre dont vous avez besoin est un livre de droit. Le terme «responsabilité limitée» sort tout droit du domaine juridique. Il se rapporte à des ententes contractuelles entre associés d'affaires. Alors qu'avec la plupart des autres types d'hommes, la relation est plutôt du genre «marital», l'alliance dont il est question ici ressemble plutôt, à bien des points de vue, à une association commerciale, mais augmentée d'un aspect romantique.

Bref, vous pouvez vous associer de l'une ou l'autre des deux façons. Vous pouvez opter pour une association générale, du genre «un pour tous et tous pour un». Ou vous pouvez établir des limites spécifiques et des conditions particulières. Évidemment, les différences entre ces deux méthodes sont importantes, notamment en ce qui concerne ce que les deux parties risquent de perdre ou de gagner selon les hauts et les bas de chacune, et en ce qui a trait à la mesure de l'influence que chacune peut avoir sur les décisions de l'autre. Dans le cas de l'association générale, vous partagez également toutes les obligations, les possessions et les tâches, peu importe à qui elles appartiennent. Évidemment, aucune décision n'est prise unilatéralement. Ce sont toutes des décisions mutuelles, qu'elles soient vraiment prises ensemble ou non. Et tous les profits et les dépenses sont partagés, peu importe qui a encouru la dépense ou le profit. Par contre, dans une association limitée, vous n'êtes tenue responsable que de la quantité d'argent, de travail et d'obligations que vous déclarez. Vous n'êtes responsable que des conditions que vous avez acceptées, qui sont aussi les seules que vous partagez, et les seules où vous avez droit de vote. Vous n'avez pas droit au chapitre des sujets qui débordent des cadres de votre participation officielle. Au-delà du domaine des sujets partagés, toutes vos décisions, vos achats, vos frais, vos pertes et vos profits vous appartiennent exclusivement. Votre partenaire ne les partage pas avec vous. Et il en va de même pour lui. Ses décisions individuelles lui appartiennent, de même que ses possessions, ses dettes et ses revenus. Vous ne partagez pas automatiquement. Toutes choses considérées, vous courez moins de risques avec une association à responsabilité limitée qu'avec une association générale, qui vous offre une gamme d'avantages plus restreinte: vous avez moins d'influence sur votre partenaire, sur ses actions, ses possessions et ses choix. Mais vous gardez une plus grande autonomie quant à vos actions et vos possessions.

Les ententes particulières varient énormément entre la relation à responsabilité limitée de type «pratique» et celle de type plus romantique. Le contrat entre vous et votre amant peut être étroit et ne s'appliquer qu'à des occasions particulières et à des articles spécifiques, sans partage de possessions. Ou il peut être large et englober tout l'argent, l'espace, la fidélité, les soins, la propriété, les objets, les passe-temps, les passeports et les brevets. Dans un cas comme dans l'autre, le partenaire aimant à responsabilité limitée est un «associé» plutôt qu'une personne qui prend soin de vous. Il n'écoute vos tribulations qu'à titre d'oreille sympathique et pour vous permettre d'essayer vos idées. Il ne résout pas vos problèmes. Quant à vous, même si vous écoutez ses requêtes, vous n'avez pas à les satisfaire. Vous pouvez tous deux faire état de vos désirs, mais il revient à chacun de vous de trouver la satisfaction par vous-mêmes.

Dans une relation à responsabilité limitée de type «pratique», vous mijotez plus que vous bouillez. Vous voulez et avez un partenaire en vue de vous assurer du confort et une présence, de partager votre vie et votre mode de vie, et non pas pour la passion. Dans l'autre genre de relations à responsabilité limitée, il y a plus de romantisme et d'érotisme. Vous êtes fous d'amour l'un pour l'autre; vous êtes profondément et lascivement amoureux. Mais vous êtes tout de même dévoués à quelque chose qui passe avant votre amour. Vous éprouvez de fortes émotions, mais vous les maîtrisez assez pour que votre passion ne nuise pas à votre intérêt principal.

Dans le premier genre, qui paraît peut-être moins romantique, vous avez tout de même une potion puissante. Lorsque vous êtes intéressés l'un à l'autre, que vous éprouvez une grande affection, que vous avez partagé beaucoup de plaisirs, vous pouvez développer un genre d'amour très spécial, malgré votre indépendance. Un genre d'amour profond, stable et amical, plutôt qu'un amour exacerbé. C'est comme avoir, pour toujours, un meilleur ami que vous n'êtes pas obligée de voir continuellement mais sur qui vous pouvez compter en tout temps. Dans l'autre type de relation à responsabilité limitée, vous pouvez acquérir un autre genre d'amour spécial, ici aussi un amour rare. Vous pouvez avoir une relation qui est comme une prolongation de la phase des fréquentations. Ce peut être excitant et stimulant. Vos séparations ont pour effet d'entretenir une calme anticipation, pendant que vous attendez de vous revoir tous les deux. Et l'anticipation est l'une des émotions les plus agréables du monde.

Le meilleur aspect des deux types de relations à responsabilité limitée, c'est qu'ils nécessitent énormément d'acceptation adulte réciproque. Et c'est le summum de l'amour. Le mauvais côté, s'il y en a un, c'est que vous devez continuellement garder un équilibre prudent entre votre indépendance et votre dépendance, votre autonomie et votre partage. Cet équilibre est très très complexe. Sur certains plans, vous devez devenir dépendante de votre partenaire afin de maintenir la relation, comme le fait n'importe quel autre couple. Mais en même temps, et sur d'autres plans, vous devez absolument maintenir votre indépendance. Si vous ne menez pas votre propre vie, vous changez les fondements mêmes de la relation, et vous la détruisez. Sur une base quotidienne, cela signifie que vous devez savoir exactement dans quelle mesure partager, et dans quelle mesure garder vos distances. Vous devez surveiller le flux et le reflux de vos émotions, comme un météorologue qui surveille les nuages.

D'autres aspects de la relation à responsabilité limitée peuvent s'avérer problématiques. Bien que le partenaire de la relation en question soit très honnête (comme c'est le cas pour tous les hommes intimes), c'est un homme qui éprouve des difficultés particulières à vous dire exactement comment il se sent. Il peut vous faire des affirmations générales, du genre «je t'aime», mais il n'est pas très habile à vous décrire exactement le pourquoi et le comment. Ou bien il vous apportera des roses et des broches de diamants, mais ne vous dira jamais qu'il vous aime. Avec un partenaire à responsabilité limitée, vous devez accepter que ce qu'il dit et ce qu'il fait sont suffisants.

En outre, il est très sérieux au sujet des limites qu'il a établies. Il n'en changera pas. Il vous dira quelles sont ses règles, ce qu'il aime et n'aime pas, ce qu'il peut et ne peut pas accepter, ce qu'il fera et ne fera pas. Peut-être vous en dira-t-il trop. Poussé par la prudence, il a tendance à être excessif lorsqu'il s'agit d'établir des limites. Il se dit qu'il est plus prudent d'en avoir trop que pas assez. Donc, s'il vous arrive de vouloir changer certaines de ses limites, vous devrez procéder avec prudence et ne pas vous attendre à de grands changements. Souvent, il se coince dans ses propres définitions et se restreint excessivement. Cela peut avoir pour effet de réduire le temps que vous passez et le nombre de choses que vous faites ensemble. Tout ce qu'il refuse de faire, mais que vous désirez quand même (qu'il s'agisse de sortir les poubelles ou d'aller voir Fidelio à Vienne), vous devrez le faire vous-même.

Votre petite danse, tantôt séparés, tantôt merveilleusement ensemble, pourrait durer toute la vie. Avec l'âge et la retraite, vous vous rapprocherez peut-être et ferez plus de choses ensemble. (Rappelez-vous qu'il ne pourra peut-être jamais abandonner longtemps son obsession centrale et que les voyages seront donc limités. Mais peut-être ne pouvez-vous pas vous passer de votre obsession vous non plus.) D'autre part, il se peut que votre indépendance et votre désir de faire ce qui vous plaît durent toujours eux aussi. Vous aurez peut-être à voyager ensemble à l'occasion, et à voyager séparément d'autres fois, à explorer la vie à deux et chacun de votre côté, même lorsque vous serez vieille. Avec un partenaire à responsabilité limitée, c'est possible.

Quels sont les signes précurseurs de problèmes?

Lorsqu'un homme vous attribue une note excellente, mais qu'il ne vous place pas en première place sur sa liste, vous devez prendre une décision immédiatement. Si vous voulez vraiment être le sujet principal d'un homme et sa préoccupation numéro un, vous devriez changer d'homme le plus rapidement possible. Mais si la deuxième place (puisque la concurrence n'est pas une autre femme) fait votre affaire, si, en fait, c'est la place que vous désirez, vous venez peut-être de rencontrer l'homme qui sera votre deuxième intérêt pour le reste de votre vie.

Généralement, les choses se déroulent bien, mais si elles commencent à se déséquilibrer, vous entendrez votre partenaire à responsabilité limitée prononcer souvent trois petits mots. Ces mots sont argent, temps et travail. Plus souvent il soulève un ou plusieurs de ces trois sujets, plus il vous signale un dérangement interne, de la colère, du ressentiment, une déception ou de la frustration. Après avoir utilisé ces mots, il commencera à s'éloigner, vous répétant par ses gestes ce qu'il vous dit en paroles. Il sent que quelque chose, vous ou n'importe quoi d'autre, fait obstacle à son intérêt principal. Ce qui est drôle, évidemment, c'est que vous utilisez le même genre de signaux. Lorsque vous sentez qu'il empiète sur votre argent, vos préoccupations ou votre temps, vous vous retirez. Vous pouvez régler ces problèmes de trois façons: tenez compte des avertissements, forcez une discussion et allez au fond du problème; trouvez un autre exutoire où décharger vos besoins et vos émotions sans déranger votre partenaire; ou levez-vous et déclarez que la relation à responsabilité limitée ne fonctionne pas pour vous et que, pour quelque raison que ce soit, vous avez besoin d'autre chose.

Occasionnellement, un partenaire à responsabilité limitée amer ou jaloux se met à se comporter comme un misogyne. Il se retrouve aux prises avec des émotions confuses et décide de vous accuser d'en être la cause. Il vous attaque et vous déclare fautive plutôt que de remettre de l'ordre dans ses propres idées. Il devient froid et critiqueux. D'autres fois, le partenaire aimant à responsabilité limitée pèche par excès de rationalisme. Il invoque continuellement la logique et élimine toute intimité. Tirez-lui les vers du nez. C'est déprimant d'avoir affaire à une personne qui prétend que les gens n'ont des relations sexuelles que parce qu'ils en ont «besoin», ou qui dit que l'amour est une émotion inventée pour justifier la dépendance. S'il persiste à détester les femmes ou à rationaliser à l'excès, il est peut-être temps de rompre, et de vous chercher un autre partenaire à responsabilité limitée.

Quelles sont vos possibilités et que devriez-vous faire?

La preuve d'engagement, c'est de faire le trajet. Le partenaire à responsabilité limitée est déterminé à le faire. Travailler à votre relation et vivre ensemble sont, comme avec les autres hommes intimes, de fortes possibilités.

Toutefois, la relation à responsabilité limitée peut se présenter en différentes versions, qui influenceront vos chances de succès pour l'avenir. Le plus souvent, les deux partenaires de l'union ont diverses préoccupations. Parfois, les deux membres exercent la même profession, mais chacun de son côté: deux médecins, deux sénateurs, deux journalistes ou deux traiteurs. Parfois, ils sont associés dans une entreprise: un magasin, un bureau ou une boutique. Occasionnellement, la carrière de l'un englobe l'occupation de l'autre: il chante, elle est son gérant; elle danse, il fait sa promotion. Dans tous les cas, les relations à responsabilité limitée ne réussissent que si les parties coordonnent leurs ambitions individuelles et leur travail avec leurs relations personnelles. Je n'aime pas pointer du doigt et prédire. Mais il semble que plus les affaires et la sexualité du couple sont entremêlées, plus il est difficile de maintenir l'équilibre. Lorsque des partenaires se côtoient nuit et jour, au travail et au jeu, les occasions d'affrontement se font plus nombreuses, et les chances de succès deviennent plus douteuses. En d'autres termes, plus vos vocations sont séparées et plus souvent vous travaillez chacun de votre côté, meilleures sont vos chances de rester ensemble.

Tout de même, avec le partenaire à responsabilité limitée, même la période d'essai est bonne. Toutes sortes de relations à responsabilité limitée donnent de longues périodes agréables de durées différentes et qui se prolongent parfois jusqu'à la retraite. Certains couples ont l'intention, dès le début, de durer toujours. D'autres n'essaient jamais de prédire l'avenir, vivent un jour à la fois, mais durent tout de même jusqu'au bout.

Il faut beaucoup de courage pour s'épanouir dans la divergence constante de goûts, d'opinions, d'horaires, de volontés et de lieux. Vous pouvez maintenir ou détruire votre relation, selon votre capacité de garder votre sérénité. Puisqu'il est très difficile de marcher sur cette corde raide, de vous tenir en équilibre, vous et lui, de jongler avec vos occupations respectives et votre vie amoureuse, de balancer votre intimité et votre solitude, je vous suggère de limiter vos obligations. Si vous songez à ajouter d'autres problèmes, des enfants, par exemple, ou des obligations supplémentaires, calculez prudemment: vos deux vies sont peut-être déjà trop remplies pour permettre des extra. Peut-être exigerez-vous la fidélité sexuelle, peut-être pas. Il semble que la plupart des partenaires à responsabilité limitée soient monogames ou très discrets. La jalousie est une boîte de Pandore pour n'importe qui. Vous exigerez peut-être des périodes de célibat, des vacances séparées où vous pouvez faire ce que vous voulez, ou du moins des périodes où vous êtes séparés pendant un bout de temps. Vous préférerez peut-être vivre dans des villes différentes, peut-être même sur des continents différents, et avoir une relation intermittente. Mais vous faites mieux de discuter ouvertement du sexe et de vos relations sociales et d'en venir à une entente.

Les partenaires à responsabilité limitée ont plus d'armes à leur disposition que les autres couples pour se blesser l'un l'autre. Ils peuvent se servir de la distance, de l'absence de réaction, de la compétition, de l'autonomie et de la transgression des règles pour humilier leur partenaire. Ce n'est pas parce que vous divergez d'opinion avec votre partenaire que vous pouvez vous permettre de devenir hypocrite. Faites attention de ne pas transformer votre équilibre délicat en combat de boxe.

Vous avez si peu de temps à accorder à votre intimité, n'oubliez pas de vous battre pour elle. La clé du coffre aux trésors consiste à garder votre amour vivant. Si vous aimez le concept du partenaire à responsabilité limitée et aimez votre homme, je vous conseille non seulement de vous soucier de votre compagnon, mais de vous soucier aussi de sa compagnie. Vous pouvez éviter de toucher aux sujets délicats et vous en tenir à vos intérêts communs, jusqu'à ce qu'il ne vous reste plus rien qu'une présence vide. Ce sont vos joies et vos chagrins qui gardent la relation en vie.

À cause de toutes ces complexités, il se produit des ruptures et, malgré toutes les préparations, les dissolutions sont souvent plus douloureuses que vous auriez cru. Parfois, vos carrières vous amènent dans des directions différentes. Je vous suggère de lutter pour votre union, mais s'il n'y a rien à faire séparez-vous et ne regardez pas en arrière. Ce que vous apprenez d'un partenaire à responsabilité limitée, vous pouvez l'appliquer à un autre. La relation à responsabilité limitée vaut la peine d'être essayée de nouveau.

Quel rôle jouez-vous dans cette relation?

Certaines femmes préfèrent les espaces restreints et les lieux familiers; même si elles sortent occasionnellement, elles préfèrent rester chez elles. D'autres aiment parcourir le monde. On les trouve rarement chez elles, mais elles veulent tout de même au moins un semblant de nid.

La clé de voûte de la relation à responsabilité limitée est tout simplement de reconnaître qui vous êtes. Si, vraiment, vous ne voulez pas qu'on fasse obstacle à votre autonomie, si vous préférez une certaine distance, si un excès d'intimité vous répugne, ou si vous nourrissez des ambitions qui n'ont vraiment rien à voir avec une relation romantique, il est inévitable que votre nature devienne apparente.

Les problèmes surviennent lorsque vous ne reconnaissez pas ce penchant en vous, mais que vous agissez tout de même selon ce penchant. Votre carrière se porte bien, mais votre vie amoureuse se détériore. Vous pensez que vous voulez une union permanente, mais vous vous engagez dans des liaisons que vous savez vouées à l'échec. Vous parlez de l'homme qu'il vous faut, mais il semble que vous ne le rencontrerez jamais. Vous choisissez continuellement des perdants et vous vous demandez pourquoi. Vous commencez à explorer un certain nombre de bonnes unions mais vous vous trouvez des raisons pour expliquer pourquoi elles ne dureraient pas, puis vous vous sauvez. Vous vous retrouvez dans une bonne situation et vous devenez tellement impossible que vous faites fuir votre partenaire. Vous dites que les bons couples n'existent plus, puis vous vous assoyez dans votre salon et regardez les jours passer. Vous vous mettez à collectionner les liaisons éphémères («Je ne suis pas encore prête») ou vous racolez («Les aventures d'une nuit ont tellement moins de contraintes»).

Le fait est qu'il n'y a rien de mal à désirer la solitude et l'autodétermination. Lorsqu'un homme n'en finit plus de partir le matin et que vous lui suggérez subtilement que vous avez des choses à faire et qu'il serait temps qu'il s'en aille, vous n'avez pas commis de péché. S'il pense que oui, ce n'est pas le bon homme pour vous. Et il n'y a rien de mal à ne pas vouloir d'homme ni de partenaire.

Ce n'est qu'après avoir établi ce que vous voulez et ce que vous ne voulez pas une relation profonde que vous pouvez décider si vous voulez au moins une union partielle. Ce n'est que lorsque vous ne considérez plus des liens comme un emprisonnement que vous pouvez déterminer de quelle façon vous voulez vous lier. C'est seulement alors qu'une intimité limitée peut devenir une possibilité réfléchie.

Une fois que vous avez découvert que vous voulez vraiment un partenaire et peut-être même une relation à long terme, mais seulement à certaines conditions, vous avez du travail à faire. Plutôt que d'agir sans réfléchir, vous devez prendre conscience de ce que vous voulez. Plutôt que de faire des hypothèses, vous devez vous exprimer. Et soyez honnête au sujet de vos propres règlements. Si vous voulez être autonome, demandez un pacte qui stipule que vous vous soutenez vous-même. Si vous avez affaire à un partenaire aimant à responsabilité limitée, vou faites mieux de réfléchir à vos déclarations avant de les faire. C'est à vous de les respecter. Mais si vous pouvez le faire et si c'est ce que vous faites, une relation avec un partenaire à responsabilité limitée peut être la solution idéale. Car il est excitant, aimant, romantique, il se soucie de vous tout en vous donnant l'espace dont vous avez besoin, et il en vaut la peine.

Parfois, un partenaire à responsabilité limitée est prêt à jouer un plus grand nombre de rôles et à partager à un plus grand nombre de niveaux, comme un homme aimant à multiples facettes. Parfois, il sera le pourvoyeur exclusif et vivra en couple avec une femme qui n'a pas de revenus. Il le fera surtout si sa partenaire a une autre vocation très impérative, telle que le bénévolat, les arts ou la musique. Il ressemble aux autres types d'hommes intimes, car tous les hommes qui ont vraiment compris le mystère de l'intimité se ressemblent: ils comprennent la proximité, l'amour et le partage. Mais même si les trois sont intimes, cela ne veut pas dire que n'importe lequel d'entre eux convient à n'importe quelle femme. Une traditionaliste aimante aurait de la difficulté à s'entendre avec un homme à multiples facettes, et encore plus avec un partenaire à responsabilité limitée. Une femme qui convient parfaitement à un homme à multiples facettes ruerait probablement dans les brancards d'un traditionaliste aimant. De la même manière, et étonnamment, une femme aimante à responsabilité limitée aurait de la difficulté à vivre non seulement avec un traditionaliste aimant, mais aussi avec un homme aimant à multiples facettes. Oh! elle réussirait peut-être à s'adapter. C'est un homme bon et aimant. Mais son besoin d'engagement la rendrait folle, et son besoin à elle d'indépendance inconditionnelle le vexerait probablement tout autant.

Y a-t-il une conclusion à tirer de toute cette information sur différents hommes? Oui, et j'y arrive. Une fois encore, cela se résume au fait que chaque type d'homme nous révèle quelque chose au sujet de l'amour, et chacun nous révèle quelque chose à propos de nous-mêmes.

Chapitre 23

MAINTENANT QUE VOUS POUVEZ FAIRE LA DIFFÉRENCE...
COMMENT CHOISIR?

Maintenant que vous avez fini de lire *Les hommes qui sont bons pour vous et les hommes qu'il vous faut éviter*, j'espère que cela vous aidera.

Les détails que je donne ne sont pas exhaustifs. Aucun ouvrage ne peut l'être. Nous ne pouvons pas remarquer tous les aspects d'un homme. Tout de même, j'espère qu'après avoir pris connaissance de cet ouvrage nous cesserons de nous engager et de rester dans des relations sans les analyser, peu importe si nous venons juste de rencontrer un homme, si nous le fréquentons depuis des mois ou des années, ou si nous espérons trouver éventuellement l'homme qu'il nous faut.

Nous pouvons déceler le caractère d'un homme et déterminer où nous mènera une relation avec lui. Nous pouvons définir nos propres attentes et avec qui nous avons le plus de chances d'y répondre. Nous pouvons reconnaître que nous sommes aimées, tout en sachant que l'homme n'est tout de même pas celui qu'il nous faut. Nous pouvons apprendre que même si une union n'est pas exactement merveilleuse, l'homme est tout de même le bon choix pour nous.

Nous pouvons commencer à distinguer entre un homme qui est bon pour nous et un homme qui est mauvais.

Et nous apprenons qu'il y a d'autres choix.

J'espère aussi que nous apprendrons des choses sur nous-mêmes. Nous commençons à reconnaître les hommes qui nous attirent, et pourquoi. Nous apprenons pourquoi certains hommes sont attirés vers nous et comment contribuer à nos relations avec eux. Si nous voulons une union permanente mais que nous choisissons continuellement des hommes qui ne veulent que de brèves liaisons, nous prenons conscience de notre comportement. Si nous avons besoin de sécurité, nous évitons les courtiers en catastrophes. Si nous avons besoin de compagnie, nous dirons adieu aux hommes qui rêvent d'être nababs. Nous adaptons notre esprit, nos décisions et nos actions en fonction de ce que nous voulons.

Mon but n'est pas d'éliminer le désir d'une femme d'essayer elle-même toutes sortes d'hommes. Pas du tout. Même en connaissant d'avance les qualités et les défauts des hommes, n'importe quelle femme peut décider de découvrir n'importe quel homme par elle-même et de suivre n'importe quel chemin. Mais nous ne sommes plus obligées de le faire inconsciemment. Si nous décidons de traiter avec un homme qui a des déficiences majeures, nous savons à quoi nous attendre. Nous pouvons établir continuellement le même genre de relations avec les hommes, mais cela devient alors un choix plutôt qu'un piège. Si nous voulons nous lier encore une fois avec le même genre d'homme, d'accord. Mais nous n'y sommes pas forcées.

Nous pouvons aussi avoir l'assurance de ne pas être stupides. Si nous ne recherchons pas ou ne restons pas avec les trois hommes les plus intimes, ni même avec les hommes «moyennement» bénéfiques, c'est d'accord aussi. Peut-être avons-nous d'autres buts à l'esprit. Peut-être visons-nous une liaison passagère. Peut-être sommes-nous les seules à savoir ce qui est bon pour nous.

Une partie du message de cet ouvrage veut que ce qui est bon pour une femme ne l'est pas nécessairement pour une autre. Certaines d'entre nous s'épanouissent dans des circonstances moins qu'idéales. Nous ne sommes pas toutes bouleversées par des unions imparfaites. D'autres parmi nous ne veulent pas d'unions totales. Elles veulent des liaisons brèves, purement sexuelles, ou elles ne veulent qu'une escorte ou un ami occasionnel. Et cela s'applique même à nos relations avec les trois hommes les plus intimes. Certains d'entre eux conviennent à certaines d'entre nous, mais pas à d'autres.

Nous ne sommes pas obligées non plus de nous «installer» avec un homme. Certains livres publiés récemment nous ont averties que les bons hommes ne sont pas aussi excitants que les mauvais, et nous devrions en tenir compte. Mais nous n'avons pas à en tenir compte si c'est ce que signifie pour nous, être avec un «bon» homme. Nous pouvons opter pour l'excitation. Du moment que nous savons ce que nous faisons. Nous avons juste besoin de savoir quels hommes sont bons pour nous et lesquels sont mauvais, et d'apprendre à faire la différence.

Toutefois, maintenant que je vous ai rassurées en vous disant que vous êtes libres de fréquenter un homme qui n'est pas le meilleur, je tiens à vous suggérer fortement de prendre à coeur les conseils contenus dans cet ouvrage et de partir en quête des hommes qui sont les meilleurs pour les femmes. Les raisons expliquées dans les différents chapitres devraient être claires, mais je vais en ajouter quelques autres.

D'abord, pourquoi rester avec quelqu'un qui vous maltraite, vous insulte ou vous ignore? Pourquoi risquer la domination? Même pour une liaison brève ou purement sexuelle, nous pouvons choisir les meilleurs des hommes. Nous devrions certainement le faire, en tout cas, si nous voulons une union permanente.

Deuxièmement, la décision de traiter avec un homme qui n'est pas bon cache un piège. Et c'est un piège insidieux et auquel nous nous laissons prendre trop souvent. Les hommes qui sont difficiles, distants, dominateurs ou injurieux nous attirent comme des aimants. Nous sommes très attirées par eux. Il nous est étonnamment facile de penser que nous sommes «en amour» avec eux, qu'ils sont les hommes «qu'il nous faut». Nous connaissons leurs défauts et nous les désirons quand même. Mais, en réalité, nous ne sommes pas «en amour» avec eux. Nous le sommes plutôt avec le défi qu'ils représentent. S'ils ne nous aiment pas autant que nous les aimons, il y a, en eux, une idée de «gagnants» qui nous attire. S'ils ne nous traitent pas comme nous aimerions être traitées, nous voulons prendre de l'importance à leurs yeux et nous cherchons à savoir dans quelle mesure nous pouvons y arriver. Nous essayons de les forcer à nous traiter comme nous aimerions qu'ils nous traitent, ne serait-ce qu'une fois. Nous sommes incapables d'abandonner tant que nous n'avons pas réussi à leur faire reconnaître notre importance. Voyez-vous, il n'y a rien de tel que l'absence d'approbation pour nous pousser à tenter de l'obtenir, et rien de tel que l'absence de pouvoir pour nous pousser à espérer en avoir.

Pendant ce temps-là, ces genres d'hommes nous offrent autre chose. Ils provoquent en nous une crise après l'autre. Avec eux, nous avons toujours d'autres problèmes à régler, d'autres obstacles à surmonter. Nous avons une excuse interminable pour ne pas vivre notre vie.

Je conseille à n'importe quelle femme, avant de décider de rester avec un homme qui n'est pas un des meilleurs ou qui est mauvais pour elle, de séparer son amour pour ce partenaire de son désir d'obtenir quelque chose de lui. Elle devrait faire la distinction entre l'affection qu'elle a pour lui et son désir d'une réaction de sa part. Si vous vivez actuellement ou envisagez de vivre avec un homme qui n'est pas bon pour vous, songez à demander de l'aide professionnelle. Assurez-vous de comprendre où vous vous situez dans cette relation et quel rôle vous jouez. Vous pourriez demander conseil à des amies ou vous joindre à un mouvement féminin. Vous engager dans une bataille perpétuelle avec un homme qui n'est pas bon pour vous n'est pas de l'amour, c'est une obsession. Il est vrai que même une union saine exige beaucoup de travail, mais ce travail devrait être gratifiant, pas humiliant. L'union devrait évoluer, et non diminuer. Le travail devrait être rafraîchissant. Il devrait vous nourrir et contribuer à votre évolution. Il devrait être serein.

Il y a un autre piège. Nous, les femmes, avons une forte tendance à rester avec un homme dans l'espoir qu'il change. Il verra la lumière. Il se transformera. Pourtant, non seulement certains hommes ne changent-ils jamais, mais souvent, ils n'ont aucune raison de le faire. Ils ne voient pas leurs déficiences ni celles de la relation. Ils aiment peut-être les choses telles qu'elles sont. Pourtant nous restons et restons. À notre détriment, nous restons avec notre partenaire et nous entretenons le souhait qu'il finira par se réveiller et se rendre compte à quel point nous sommes merveilleuses. En outre, nous adoptons volontiers une version de changement qui n'est pas un changement du tout. Les femmes qui vivent avec des misogynes ou des messieurs génies, en particulier, s'enlisent dans des bourbiers à penser qu'elles parviendront à changer leur homme si elles changent tout simplement ceci ou cela à propos de leurs propres personnalités. Elles pensent que lorsqu'elles se seront adaptées à sa toute dernière critique, leur partenaire va se mettre miraculeusement à les aimer et à se soucier d'elles. Mais cela arrive rarement. Pour chaque correction que la femme fait, l'homme trouve quelque chose de nouveau à lui reprocher. Lorsque nous adoptons cette définition de changement, nous ne réparons pas nos unions, nous perpétuons le problème. Nous ne cessons pas d'être des victimes, nous nous laissons prendre au piège.

Pour pouvoir rester dans une relation dans l'espoir de la changer, une femme doit d'abord prendre conscience de ce qui constitue réellement un changement. Nous devrions aussi déterminer le potentiel de changement d'une relation particulière. Nous devons savoir quel rôle nous jouons dans le syndrome.

Oui, une partie de ce que je dis dans cet ouvrage, aussi banal que cela puisse sembler, c'est qu'on ne peut pas tout avoir et qu'il ne faut pas s'y attendre. Déterminez plutôt ce que vous voulez et ce qu'il vous en coûtera en conséquences. Si le prix de certaines alliances est trop élevé, laissez tomber. Si vous tenez à une relation et pouvez vivre avec ses déficiences, tant mieux.

N'oubliez pas que les hommes difficiles et les mauvaises relations ne sont pas entièrement votre faute. Vous ne pouvez pas tout arranger. Les hommes sont souvent la cause de nos mauvaises unions. Vous n'êtes pas non plus entièrement toujours à blâmer pour les choix que vous avez faits. Souvent, la femme ne sait pas dans quoi elle s'embarque. D'autres fois, nous nous engageons dans des relations parce qu'on nous choisit, qu'on nous poursuit et qu'on nous harcèle. Et si vous faites une erreur, ne vous réprimandez pas. Reconnaissez-la et essayez de nouveau. Toutefois, gardez à l'esprit que ce n'est pas parce que vous reconnaissez les indices d'un mauvais partenaire ou d'une mauvaise relation que vous ne ferez plus d'erreurs. Longtemps avant de me marier, je savais quel genre d'homme était mon futur époux. Je savais qu'il n'était pas du genre à me réconforter ou à m'offrir la relation la plus fructueuse. Mais je me suis quand même embarquée dans le mariage. J'ai eu deux enfants. Aujourd'hui, j'essaie de mieux coordonner mes connaissances et mes actions. Je suis liée depuis plusieurs années à un homme intime merveilleux. C'est grâce à lui que je sais que les choses ne sont pas toujours parfaites, mais toujours bonnes.

Après avoir lu et examiné les différents types d'hommes, vous penserez peut-être que la seule façon de vous protéger contre les relations désastreuses est de les éviter entièrement. Les bons hommes sont rares et on n'en rencontre pas souvent. Ils sont difficiles à trouver et, même lorsqu'on les trouve, les relations avec eux exigent beaucoup de travail. Peut-être ne pouvez-vous pas changer un homme qui vous attire ou qui est attiré par vous. Peut-être est-il inutile d'essayer de changer votre homme ou la relation dans laquelle vous êtes déjà engagée. Peut-être, pensez-vous, serait-il préférable de vous enfermer dans votre coquille et de dire non à tous les hommes qui vous approchent.

Mais je ne crois pas que ce soit une bonne idée. Si vous songez à essayer une relation, ou à changer celle que vous avez déjà, je vous conseille de le faire.

Bien sûr, il y a des hommes que vous devriez absolument quitter ou éviter. Ne restez pas avec un marchand de passion amoral ou un batteur de femmes. Évitez les hommes qui maltraitent les femmes psychologiquement, tels que les misogynes, les rois fainéants, les messieurs génies et les racoleurs. Mais si vous n'êtes pas certaine du caractère d'un homme, si vous vous demandez si une relation pourrait être améliorée, essayez.

Essayez jusqu'à ce que vous soyez certaine. N'oubliez pas: certains hommes ne s'épanouissent qu'après avoir vécu avec une femme pendant un bout de temps. Ils ont besoin de la sécurité de l'amour pour se dévoiler. Certaines unions prennent du temps à se perfectionner. Il n'y a pas de mal à prendre le temps de voir ce qui se passe.

Ne jugez pas trop rapidement, à moins que les signes soient vraiment très évidents. Car même si, parfois, l'amour a un prix, ne pas aimer coûte encore plus cher.

Dépôt légal, 1er trimestre 1989
Bibliothèque nationale du Québec
Bibliothèque nationale du Canada
ISBN 2-89089-501-7

Conception et réalisation graphique
de la page couverture: Bernard Lamy et Carole Garon

Impression: Imprimerie L'Éclaireur